그림과 실습으로 배우는
도커 & 쿠버네티스
개념과 작동 원리가 쏙쏙 이해되는 완벽 입문서

그림과 실습으로 배우는
도커 & 쿠버네티스
개념과 작동 원리가 쏙쏙 이해되는 완벽 입문서

지은이 오가사와라 시게타카

옮긴이 심효섭

펴낸이 박찬규　**엮은이** 이대엽　**디자인** 북누리　**표지디자인** Arowa & Arowana

펴낸곳 위키북스　**전화** 031-955-3658, 3659　**팩스** 031-955-3660

주소 경기도 파주시 문발로 115 세종출판벤처타운 311호

가격 28,000　**페이지** 400　**책규격** 188 x 240mm

1쇄 발행 2022년 04월 05일
2쇄 발행 2022년 09월 20일
3쇄 발행 2023년 05월 10일
4쇄 발행 2024년 06월 20일
5쇄 발행 2025년 10월 31일
ISBN 979-11-5839-303-8 (93000)

등록번호 제406-2006-000036호　**등록일자** 2006년 05월 19일

홈페이지 wikibook.co.kr　**전자우편** wikibook@wikibook.co.kr

SHIKUMI TO TSUKAIKATA GA WAKARU DOCKER&KUBERNETES NO KIHON NO KIHON
Copyright © 2021 Shigetaka Ogasawara
Korean translation rights arranged with Mynavi Publishing Corporation
through Japan UNI Agency, Inc., Tokyo and Botong Agency, Gyeonggi-do
Korean language edition published by WIKIBOOKS, Copyright © 2022

이 책의 한국어판 저작권은 Botong Agency를 통한 저작권자와 독점 계약한 위키북스에 있습니다.
신저작권법에 의해 한국 내에서 보호를 받는 저작물이므로 무단 전재와 복제를 금합니다.

이 책의 내용에 대한 추가 지원과 문의는 위키북스 출판사 홈페이지 wikibook.co.kr이나
이메일 wikibook@wikibook.co.kr을 이용해 주세요.

그림과 실습으로 배우는
도커 & 쿠버네티스

개념과 작동 원리가 쏙쏙 이해되는 완벽 입문서

오가사와라 시게타카 지음
심효섭 옮김

위키북스

서문

도서 홈페이지

도서 홈페이지에서 이 책에서 사용되는 예제 파일을 제공합니다. 정오표와 참고 자료 역시 이곳에서 제공됩니다.

https://wikibook.co.kr/dkkb/

- 예제 파일을 내려받으려면 인터넷 환경이 필요합니다.
- 예제 파일을 사용했을 때 발생하는 일은 독자 여러분의 책임입니다. 예제 파일 및 동영상의 내용을 사용한 결과로 인해 발생한 손해나 손실, 그 외의 사태에 대해 출판사 및 저자는 일절 책임지지 않습니다.
- 예제 파일에 포함된 데이터 및 프로그램, 파일은 모두 저작물이며, 각각의 저작자에게 저작권이 있습니다. 이 책을 구입한 독자가 학습을 위해 개인적 목적으로 사용하는 것 외의 사용은 인정되지 않습니다. 영리 목적, 개인 사용 여부와 상관없이 데이터의 복제 및 재배포를 금합니다.
- 이 책에 실린 예제는 학습용으로 작성된 것으로, 실제 사용을 가정하고 작성된 것이 아닙니다. 양해 부탁드립니다.

이 책의 실습

독자가 직접 실습해 볼 수 있는 내용에는 연필 모양 아이콘이 표시돼 있습니다. 이 아이콘이 표시된 명령이나 파일이 나오면 실제 명령을 입력해 실습을 진행하세요.

✏️ 터미널 창에 입력

```
docker version
```

서문

주의 사항

- 이 책의 내용은 윈도우 10 프로/홈, macOS(10.14), 우분투 서버 20.04.1 환경을 대상으로 합니다. 이 밖의 다른 환경에서는 출력 내용이 다르거나 동작하지 않을 수 있습니다.

- 이 책의 내용을 실행하기 위한 사용 조건이 56쪽에 언급돼 있으니 참고 바랍니다.

- 이 책의 내용을 학습하려면 인터넷 환경이 필요합니다.

- 이 책에 나오는 소프트웨어 또는 URL 정보는 2020년 12월을 기준으로 합니다. 집필 시점 이후 변경될 가능성이 있습니다.

- 이 책을 제작하면서 내용의 정확성을 위해 최선을 다했지만 출판사 및 저자 모두 이 책의 내용에 대해 어떤 보증도 하지 않습니다. 또한 이 책의 내용을 운용한 결과에 대해서도 일절 책임지지 않습니다. 양해 부탁드립니다.

- 이 책에 실린 회사명 및 상품명은 각 회사의 상표 또는 등록상표입니다. 본문 중에서는 TM 또는 R 마크가 생략됐습니다.

책 사용 설명서

본문 내용을 시작하기에 앞서 이 책의 도서 홈페이지 및 예제 파일을 소개하고, 이 책에서 사용된 편집 서식에 대해 알아보겠습니다.

도서 홈페이지

이 책의 홈페이지 URL은 다음과 같습니다.

- 책 홈페이지: https://wikibook.co.kr/dkkb

이 책을 읽는 과정에서 내용상 궁금한 점이나 잘못된 내용, 오탈자가 있다면 홈페이지 우측의 [도서 관련 문의]를 통해 문의해 주시면 빠른 시간 내에 안내해 드리겠습니다.

예제 파일

이 책의 예제 파일은 깃허브 저장소에서 관리됩니다. 아래 깃허브 저장소에서 예제 파일을 확인하고 내려받을 수 있습니다.

- 깃허브 저장소: https://github.com/wikibook/dkkb

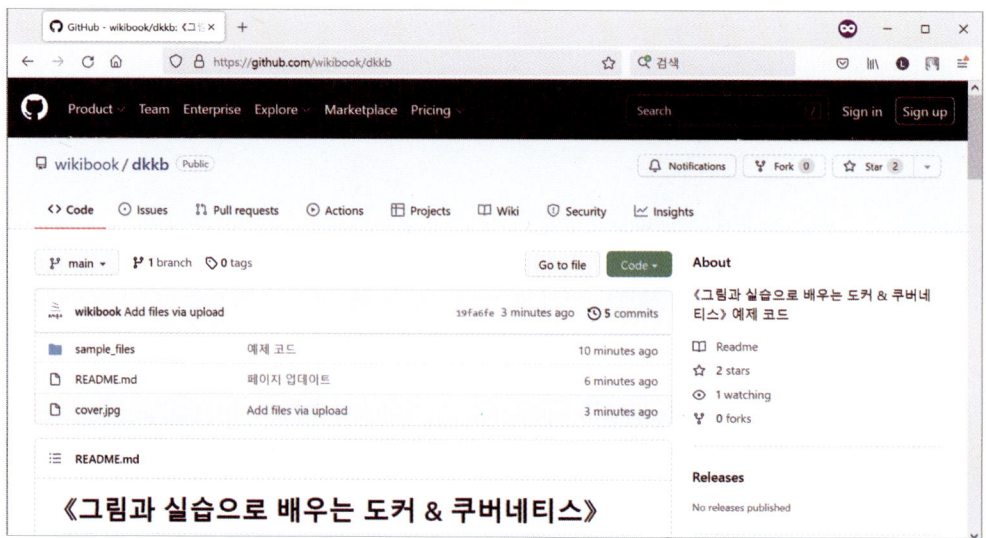

예제 파일이 변경될 경우 위 깃허브 저장소에 반영됩니다.

예제 파일 다운로드

이 책의 예제 파일을 다운로드하는 방법을 알아보겠습니다.

1. 웹 브라우저로 깃허브 저장소(https://github.com/wikibook/dkkb)에 접속해 우측 상단의 [Code]를 클릭한 후 [Download ZIP]을 클릭합니다.

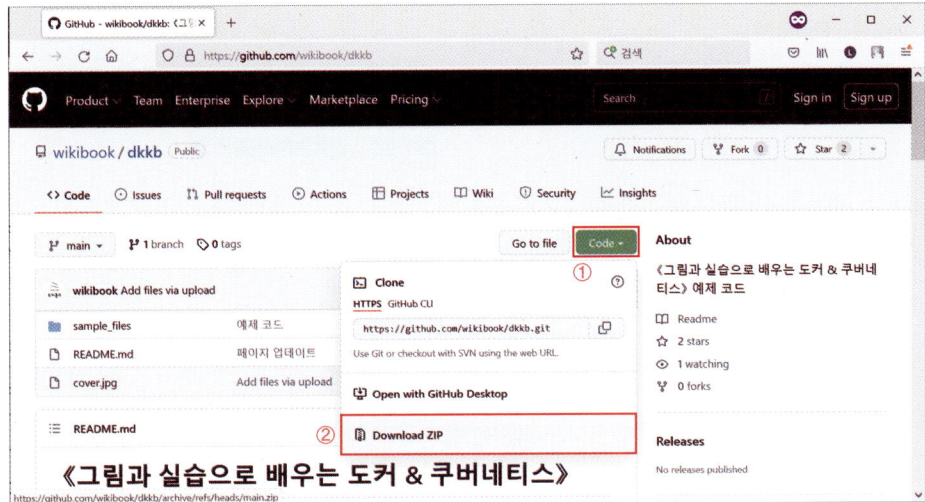

2. 다운로드할 폴더를 지정해 압축 파일(ZIP 파일)을 내려받습니다. 특별히 폴더를 지정하지 않으면 다운로드 폴더에 내려받습니다.

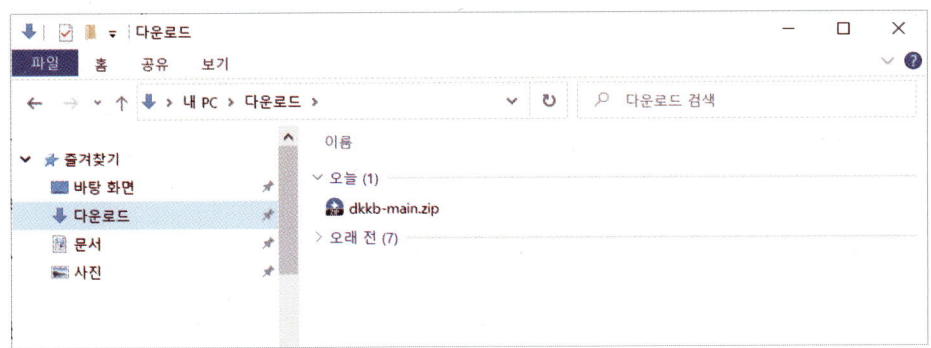

3. 다운로드한 압축 파일(dkkb-main.zip)의 압축을 풉니다. 이때 압축 해제된 파일이 위치할 대상 폴더를 지정하거나 현재 디렉터리에 압축을 해제한 후 대상 폴더로 옮길 수 있습니다.

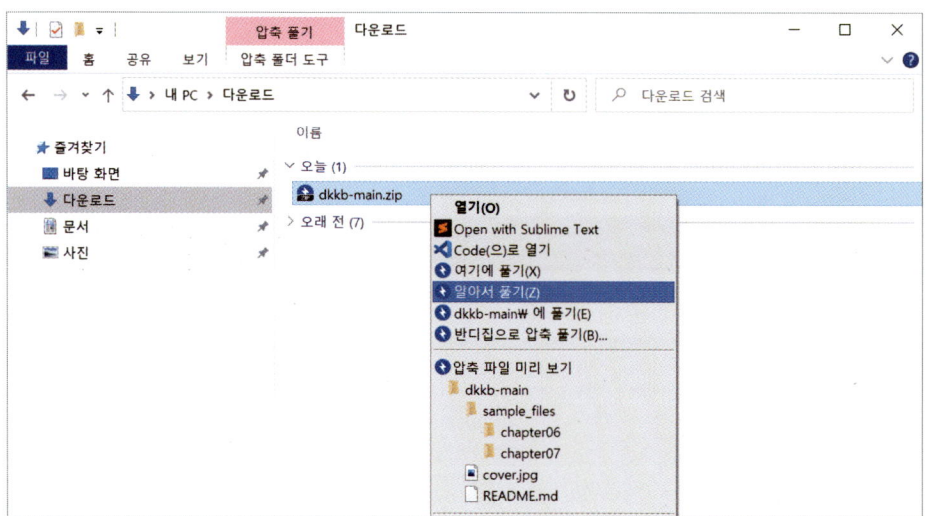

4. 압축을 해제한 폴더로 이동하면 폴더 구성을 확인할 수 있습니다. sample_files 폴더에 각 장과 관련된 명령어나 실습 파일이 들어 있습니다.

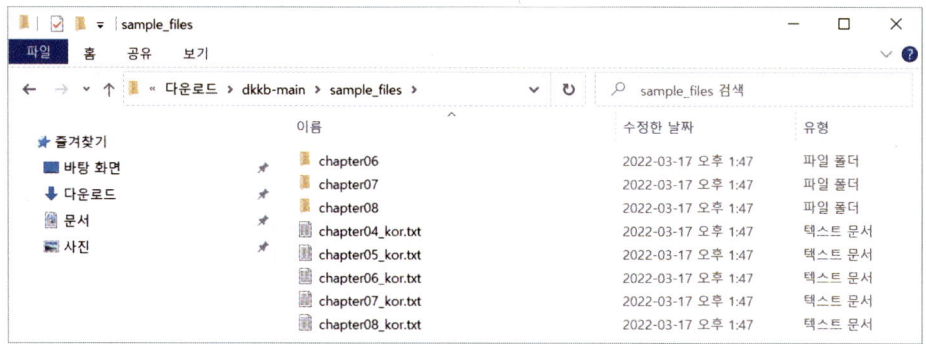

책 사용 설명서

편집 서식

이 책의 본문에 사용된 서식은 다음과 같습니다.

볼드체: 본문에서 강조하는 내용을 나타냅니다.

> 도커를 한마디로 정의하자면 **'데이터 또는 프로그램을 격리시키는 기능'**을 제공하는 소프트웨어라고 할 수 있다.

영문 병기: 용어나 개념의 원문을 나타냅니다.

> 이 조립형 창고를 컨테이너^{container}라고 한다. 그리고 이 컨테이너를 다루는 기능을 제공하는 소프트웨어가 도커^{Docker}다.

본문 코드: 본문에서 명령어, 코드, 파일명, 옵션 등과 관련된 사항을 나타냅니다.

> 예를 들어, `container run` 커맨드에 `-d`라는 옵션을, `penguin`을 대상으로 `--mode=1`이라는 인자를 붙이면 다음과 같은 명령어가 된다.

명령어: 터미널 창에 입력할 명령을 나타냅니다.

> ✏️ 터미널 창에 입력할 명령
> ```
> docker run --name apa000ex1 -d httpd
> ```

실행 결과: 명령이나 코드를 실행한 출력 결과입니다.

> 실행 결과
> ```
> Unable to find image 'httpd:latest' locally
> latest: Pulling from library/httpd
> bf5952930446: Pull complete 3d3fecf6569b: Pull complete … (생략)
> Status: Downloaded newer image for httpd:latest … (이하 생략)
> ```

저자 서문

이 책은 컨테이너 기술을 어렵게 느끼는 엔지니어, 그리고 백엔드 기술에 자신이 없는 사람을 위해 쓴 도커 입문서다. 다양한 그림과 실습을 통해 리눅스에 대한 지식이나 서버 구축 경험이 없더라도 이해하기 쉽도록 최선을 다했다. 새로운 기술을 배우는 데 필요한 배경 지식이 너무 많으면 학습에 흥미를 잃기 쉬우므로 필요한 만큼만 적시에 배경 지식을 제공하며 학습을 진행한다. 그러므로 "뭐가 뭔지 잘 모르겠지만, 도커를 써보고 싶다"라고 생각하는 독자라도 쉽게 도전할 수 있을 것이다.

'서버 구축 경험이 없더라도'라는 표현에서 직감했듯이 도커는 서버에서 사용되는 경우가 많기 때문에 서버에 대한 지식 없이 도커를 배운다면 알파벳도 모르는 상태에서 영어를 배우는 것과 마찬가지일 수도 있다. 그러나 여기에는 이유가 있다.

사실 이 책은 필자가 개인적으로 집필했던 무크지[1] '이틀 만에 배우는 도커 입문'을 기초로 한 책이다. 출판 서적을 여러 권 집필한 적이 있음에도 굳이 무크지 형태로 집필한 것은, 어떤 서점에서 만난 시스템 엔지니어와의 대화가 계기였다. 그날 도커 관련 서가 앞에서 다양한 책을 들춰보고 있자니 "도커에 대해 잘 아시나요"라면서 말을 걸어왔다. 그분의 말로는 도커 관련 참고 자료를 찾으러 왔는데, 어떤 책을 골라야 할지 모르겠다고 했다.

그분은 시스템 엔지니어지만 서버 엔지니어는 아니었던듯, 도커가 무엇인지 잘 모르는 듯했다. 그래서 그 자리에서 도커가 어떤 기술인지 간단히 설명한 후, 수준에 맞는 책을 몇 가지 소개했다. 필자의 조언이 얼마나 도움이 됐을지는 잘 모르겠으나 필자 역시 초보자 시절에는 어떤 책을 사야 할지 몰라 비슷한 주제의 책을 여러 권 샀던 기억이 났다.

이런 분들에게 도커가 어떤 기술인지 간단히 설명하려면 의외로 난감할 때가 많다. 우선 도커는 서버나 리눅스에 대한 지식이 없으면 이해하기 어렵고, 컨테이너 기술이라는 개념 자체도 이해하기 쉽지 않다. 그러나 컨테이너 기술이 널리 확산되면서 이제는 필수적인 지식이 됐고, 어차피 도커를 배워야 한다면 고생하지 않고 배우는 쪽이 나을 것이다.

---

[1] (옮긴이) 단행본과 잡지의 특성을 동시에 갖춘 출판물. 편집이나 제책의 형태는 잡지와 비슷하나 부정기적이란 점은 단행본과 비슷하다. (출처: 표준국어대사전)

저자 서문

이러한 마음으로 배경 지식이 없더라도 어렵지 않게 도커를 배울 수 있는 책을 쓰기로 했다.

서버나 리눅스에 대해 이미 잘 아는 사람이라면 이 책의 설명이 답답하게 느껴질 수도 있다. 그러나 이런 분들은 이미 '신입생'이 아니라 '편입생'에 가깝다. 이 책은 제목 그대로 '기본 중에서도 기본'을 배우기 위한 입문자용 책이다. 독자의 수준에 따라서는 부족하게 느껴질 수도 있겠으나 이제 막 도커의 세계에 첫발을 딛은 독자 여러분을 위한 책이므로 그 점을 감안해 읽어주시면 좋겠다.

2021년
오가사와라 시게타카

저자 소개

오가사와라 시게타카

애칭은 야옹이폐하. 테크니컬 라이터이자 일러스트레이터.

시스템 개발에 종사하며 데이터베이스 및 서버, 매니지먼트에 대한 글을 잡지에 기고하거나 책을 집필했다. 그림을 많이 사용한 쉬운 설명으로 정평이 나 있다. 누빔솜옷 애호가다.

최근 관심 있는 동물은 흑표와 성대(어류)다.

주요 저서 및 기고 아티클

"그림으로 배우는 AWS의 구조와 관련 기술"(기술평론사)

"Automation Anywhere A2019 시리즈로 시작하는 RPA 초입문"(닛케이BP)

"궁금증이 풀린다! 데이터베이스"(쇼에이샤)

"야옹이장군과 함께 배우는 웹서버", "MariaDB 가이드북"(공학사)

"미니프로젝트를 관리하라!"(닛케이 xTECH Active 외)

"RPA 도구를 활용한 업무개선! UiPath 입문 기본편, 애플리케이션 조작편"(슈와시스템)

외 다수

역자 서문

이 책은 생초보를 위한 도커 책이다. 지금까지 나온 도커 관련 서적은 이미 서버 운영이나 리눅스 사용이 능숙한 사람들이 컨테이너 환경으로 넘어가기 위한 길잡이 역할은 할 수 있었으나 서버에 대해 아무것도 모르는 초보자 입장에서는 필요한 배경 지식이 너무 많아 오히려 혼란을 가중시키는 경우가 많았다.

물론 서버 운영이나 리눅스 사용법을 모르는 상태에서 도커로 할 수 있는 일이 그리 많지는 않다. 하지만 컨테이너 기술이 상업용 서비스 인프라 운영을 넘어 개인용이나 취미용 환경 구축에까지 많이 활용되고 있기 때문에 서버 운영과 관련이 없던 사람도 이런저런 이유로 도커에 대해 듣거나 "도커가 뭐길래?" 또는 "도커를 한번 배워보고 싶다"는 필요를 느낀 분들이 많을 것이다. 이 책은 바로 이런 독자들을 위한 책이다.

이 책은 크게 세 부분으로 나뉜다. 첫 번째는 1장부터 3장까지 도커와 컨테이너 기술을 소개한다. 두 번째는 4장부터 6장으로 구성되며 도커를 사용해 컨테이너를 실행하고 여러 컨테이너로 하나의 시스템을 구성하는 방법을 배운다. 세 번째 주제는 컨테이너 오케스트레이션이다. 먼저 도커 컴포즈로 컨테이너 오케스트레이션을 가볍게 경험해 보고, 본격적인 오케스트레이션 도구인 쿠버네티스를 소개한다. 이 부분은 컨테이너 오케스트레이션이라는 큰 주제를 자세히 다뤘다고는 하기 어렵겠지만 향후 추가 학습을 계획하는 독자에게 학습을 시작하는 출발점 역할은 할 수 있을 것이다.

지적 호기심이나 업무적 필요, 또는 그 목적이 무엇이든 독자 여러분이 컨테이너 기술을 학습하며 배움의 즐거움을 누릴 수 있기를 바란다.

목차

CHAPTER 1 도커란 무엇인가? ... 1

01 도커란 무엇인가? ... 2
- 안개 속에 숨겨진 도커의 정체는? ... 2
- 데이터나 프로그램을 독립된 환경에 격리해야 하는 이유 ... 7
- 프로그램의 격리란? ... 10

02 서버와 도커 ... 11
- 서버의 두 가지 의미 ... 11
- 컨테이너를 이용해 여러 가지 서버 기능을 안전하게 함께 실행하기 ... 17
- 자유로이 옮길 수 있는 컨테이너 ... 19

CHAPTER 2 도커의 동작 원리 ... 21

01 도커의 동작 원리 ... 22
- 도커의 구조 ... 22
- 도커는 기본적으로 '리눅스용'이다 ... 27

02 도커 허브와 이미지, 그리고 컨테이너 ... 29
- 이미지와 컨테이너 ... 29
- 도커 허브와 도커 이미지 ... 33

03 도커 컨테이너의 생애주기와 데이터 저장 ... 39
- 도커 컨테이너는 '쓰고 버리는' 일회용품 ... 39
- 데이터 저장 ... 40

| 04 | 도커의 장점과 단점 | 42 |

도커의 구조와 성질 및 그 장단점　42
도커의 장점과 단점　44
도커의 주 용도　45

CHAPTER 3 도커를 사용해보자　47

| 01 | 도커를 사용하려면 | 48 |

도커는 기본적으로 리눅스용이지만 윈도우와 macOS에서도 사용할 수 있다　48
윈도우용/macOS용 도커 사용하기　50
도커를 실행하기 위한 조건　56

| 02 | 도커 설치 | 60 |

도커는 간단히 설치할 수 있다　60
윈도우용 도커 데스크톱을 설치하자　61
도커 데스크톱의 첫 실행 및 화면 확인　64
도커 데스크톱의 화면 확인　66

| 03 | 도커의 조작 방법과 명령 프롬프트 및 터미널 실행 | 70 |

도커는 명령 프롬프트 또는 터미널에서 다룬다　70
명령 프롬프트 및 터미널에 대해 주의할 점　72
[실습] 명령 프롬프트와 터미널을 사용해보자　75

목차

CHAPTER 4 컨테이너를 실행해 보자 — 81

01 도커 엔진 시작하기/종료하기 — 82
- 도커 엔진을 시작/종료하는 방법 — 82

02 컨테이너의 기본적인 사용 방법 — 85
- 컨테이너 사용의 기본은 도커 명령어 — 85
- 기본적인 명령어 – 정리 — 87
- [실습] 간단한 명령어를 사용해 보자 — 90
- 대표적인 명령어 — 91

03 컨테이너의 생성과 삭제, 실행, 정지 — 96
- docker run 커맨드와 docker stop, docker rm 커맨드 — 96
- docker ps 커맨드 — 100
- [실습] 컨테이너를 생성하고, 실행, 상태 확인, 종료, 삭제해 보자 — 102

04 컨테이너의 통신 — 106
- 아파치란? — 106
- 컨테이너와 통신하려면 — 107
- [실습] 통신이 가능한 컨테이너 생성 — 110

05 컨테이너 생성에 익숙해지기 — 114
- 다양한 유형의 컨테이너 — 114
- [실습] 아파치 컨테이너를 여러 개 실행하기 — 116
- [실습] Nginx 컨테이너 실행하기 — 120
- [실습] MySQL 컨테이너 실행하기 — 123

06 이미지 삭제   127
이미지 삭제   127
docker image rm 커맨드   128
docker image ls 커맨드   129
[실습] 이미지 삭제하기   130

CHAPTER 5 여러 개의 컨테이너를 연동해 실행해보자   135

01 워드프레스 구축   136
워드프레스 사이트 구성 및 구축   136
도커 네트워크 생성/삭제   137
MySQL 컨테이너 실행 시에 필요한 옵션과 인자   138
워드프레스 컨테이너 실행 시 필요한 옵션과 인자   141

02 워드프레스 및 MySQL 컨테이너 생성과 연동   143
이번 절의 실습 내용과 사용할 커맨드   143
워드프레스와 MySQL 컨테이너 생성 및 실행   145

03 명령어를 직접 작성하자   149
소프트웨어와 데이터베이스의 관계   149
run 커맨드를 직접 작성하는 방법   150

04 레드마인 및 MariaDB 컨테이너를 대상으로 연습하자   154
레드마인 및 MySQL 컨테이너 생성   154
레드마인 및 MariaDB 컨테이너 만들기   157

목차

CHAPTER 6 실전에 활용 가능한 컨테이너 사용법을 익히자 163

01 내게 필요한 지식이 무엇인지 정리하기 164
자신의 역할에 따라 알아야 할 지식이 달라진다 164
앞으로 설명할 도커 기술 166

02 컨테이너와 호스트 간에 파일 복사하기 169
파일 복사 169
[실습] 호스트의 파일을 컨테이너 속으로 복사 173
[실습] 컨테이너의 파일을 호스트로 복사 176

03 볼륨 마운트 179
볼륨과 마운트 179
스토리지 마운트의 종류 181
스토리지 영역을 마운트하는 커맨드 184
[실습] 바인드 마운트해보기 186
[실습] 응용편 – 볼륨 마운트해보기 190

04 컨테이너로 이미지 만들기 197
컨테이너로 이미지를 만드는 방법 197
[실습] commit 커맨드로 컨테이너를 이미지로 변환 200
[실습] Dockerfile 스크립트로 이미지 만들기 202

05 컨테이너 개조 206
컨테이너의 개조란? 206
도커의 구조, 도커 엔진을 통해야 하는 명령과 컨테이너 안에서 실행해야 하는 명령 210

목차

06 도커 허브 등록 및 로그인 — 214
이미지는 어디서 내려받는 걸까? — 214
도커 허브와 도커 레지스트리 — 215
태그와 이미지 업로드 — 218
레지스트리를 만드는 방법 — 220

CHAPTER 7 도커 컴포즈를 익히자 — 223

01 도커 컴포즈란? — 224
도커 컴포즈란? — 224

02 도커 컴포즈의 설치와 사용법 — 228
[실습] 도커 컴포즈 설치 — 228
도커 컴포즈의 사용법 — 229

03 도커 컴포즈 파일을 작성하는 법 — 232
도커 컴포즈 정의 파일의 내용 살펴보기 — 232
컴포즈 파일(정의 파일)을 작성하는 방법 — 234
[실습] 컴포즈 파일 작성 — 240

04 도커 컴포즈 실행 — 246
도커 컴포즈 커맨드 — 246
[실습] 도커 컴포즈 실행 — 251

CHAPTER 8 쿠버네티스를 익히자 — 255

01 쿠버네티스란? — 256
쿠버네티스란? — 256

02 마스터 노드와 워커 노드 — 259
클러스터의 구성 – 마스터 노드와 워커 노드 — 259
쿠버네티스는 항상 '바람직한' 상태를 유지한다 — 263

03 쿠버네티스의 구성과 관련 용어 — 268
쿠버네티스의 구성과 관련된 용어(파드, 서비스, 디플로이먼트, 레플리카세트) — 268
그 밖의 쿠버네티스 리소스 — 273

04 쿠버네티스 설치 및 사용법 — 276
쿠버네티스의 종류 — 276
어떤 종류의 쿠버네티스를 사용할까? — 278
[실습] 도커 데스크톱의 쿠버네티스 준비 — 281

05 매니페스트 파일(정의 파일) 작성 — 284
매니페스트 파일이란? — 284
매니페스트 파일로 작성할 내용 — 287
메타데이터와 스펙 작성(1) – 파드 — 289
[실습] 매니페스트 파일 작성(1) – 파드 — 292
메타데이터와 스펙 작성(2) – 디플로이먼트 — 295
[실습] 매니페스트 파일(정의 파일) 작성(2) – 디플로이먼트 — 298
메타데이터와 스펙 작성(3) – 서비스 — 301
[실습] 매니페스트 파일 작성(3) – 서비스 — 304

06 쿠버네티스 명령어 · 308
쿠버네티스 명령어 · 308
[실습] 매니페스트 파일로 파드 생성(1) – 디플로이먼트 · 309
[실습] 매니페스트 파일로 파드 생성(2) – 서비스 · 311

07 쿠버네티스를 연습하자 · 314
[실습] 매니페스트 파일로 파드의 개수 늘리기 · 314
[실습] 매니페스트 파일로 아파치를 nginx로 바꾸기 · 316
[실습] 수동으로 파드를 삭제한 후 자동복구되는지 확인 · 318
[실습] 생성했던 디플로이먼트와 서비스 삭제 · 320

저자 후기 · 323

Appendix 부록 · 327

01 (윈도우용) 설치 관련 정보 · 328
[실습] 윈도우의 32비트/64비트 여부 및 버전 확인 · 328

02 (macOS용) 도커 데스크톱 설치 방법 · 330
[실습] macOS에서 도커 데스크톱 설치 · 330

03 (리눅스용) 도커 설치 · 333
[실습] 리눅스 설치 · 333
[실습] 도커 설치 · 342

목차

04 VirtualBox의 포트 포워딩 설정 … 346

05 (리눅스용) nano 에디터의 사용법 … 348

06 (리눅스용) 쿠버네티스 설치 … 349
　[실습] kubectl 설치 … 349
　[실습] Minikube 설치 … 350

07 도커 데스크톱 콘솔의 사용법 … 353

08 도커 커맨드 … 355

09 VirtualBox를 이용한 실습 준비 … 358
　[실습] VirtualBox 실습 준비(1) – VirtualBox 설치 … 358
　[실습] VirtualBox 실습 준비(2) – 가상 머신 만들기 … 360
　[실습] VirtualBox 실습 준비(3) – ISO 이미지 마운트 및 미세 조정 … 363
　[실습] VirtualBox 실습 준비(4) – 리눅스(우분투) 설치 … 365

10 AWS를 이용한 실습 준비 … 367
　[실습] AWS 가상 머신에 우분투 설치 … 367
　[실습] SSH로 EC2 인스턴스에 접속 … 372

도커란 무엇인가?

CHAPTER 1

1장은 '도커란 무엇이며, 어떻게 사용하는 기술'인지 간단히 설명한다. 실습보다는 우선 도커가 어떤 기술인지 감을 잡고, 자신에게 어떤 의미가 있는 기술인지 의식하면서 도커의 개요를 익혀가도록 한다.

CHAPTER 1 | 도커란 무엇인가?

도커란 무엇인가?

SECTION 01

이 책을 구입한 여러분은 도커에 대해 어떤 인상을 갖고 있는가? "편리해 보이지만, 뭔지 잘 모르겠다"는 이미지를 갖고 있지는 않은가? 한마디로 설명하기는 어렵겠지만 도커가 무엇인지 요점을 짚어가며 설명하겠다.

 안개 속에 숨겨진 도커의 정체는?

도커(Docker)는 과연 무엇일까?

개발 당초에는 도커가 서버 엔지니어를 중심으로 개발환경에서 사용됐으나 지금은 운영 환경은 물론이고 프런트 엔지니어의 개발환경에도 널리 도입되기에 이르렀다.

이 때문에 "도커를 배워야겠다"고 초조해하면서도 정작 도커가 무엇인지 잘 모르는 분이 많다.

주변에 잘 알 것 같은 사람에게 도커가 무엇인지 물어보면 "컨테이너 기술이 어떻다"든가 하는 대답이 돌아올 뿐 명확하게 대답해주지 않는다. 마치 안개 속에 정체를 숨긴 느낌이다. 진짜 알고 싶은 건 이런 것이 아니었는데 말이다.

이 책에서는 '도커의 정체'와 함께 도커를 사용하는 이점과 사용법을 설명하겠다.

이 설명에서까지 애매모호한 말로 얼버무리는 일은 없을 테니 안심하기 바란다.

그림 1-1-1 안개 속에 숨겨진 도커의 정체

도커는 '데이터 또는 프로그램을 격리시키는' 기능을 제공한다

도커를 한마디로 정의하자면 **'데이터 또는 프로그램을 격리시키는 기능'**을 제공하는 소프트웨어라고 할 수 있다.

이 기능은 주로 서버에 사용된다. 클라이언트 컴퓨터에서도 사용할 수는 있지만 현 시점에서는 서버에서 사용하는 것이 주 용도다.

개인용 컴퓨터나 서버에는 여러 가지 프로그램이 함께 동작한다. 지금 독자 여러분이 사용하는 컴퓨터에도 워드나 엑셀, 메일 프로그램을 동시에 사용할 수 있을 것이다. 이와 마찬가지로 서버에도 아파치[1], MySQL[2] 등 여러 프로그램(소프트웨어)이 함께 동작한다.

도커는 이렇게 다양한 프로그램과 데이터를 각각 독립된 환경에 격리하는 기능을 제공한다. 그것도 운영체제(비슷한 것) 통째로 격리하는 기능이다.

---

[1] 웹 서버 기능을 제공하는 소프트웨어로, 서버에서 사용되는 소프트웨어의 대표격이다.
[2] 데이터베이스 기능을 제공하는 소프트웨어인 DBMS의 일종이다. 또 다른 유명한 DBMS로 PostgreSQL이 있다.

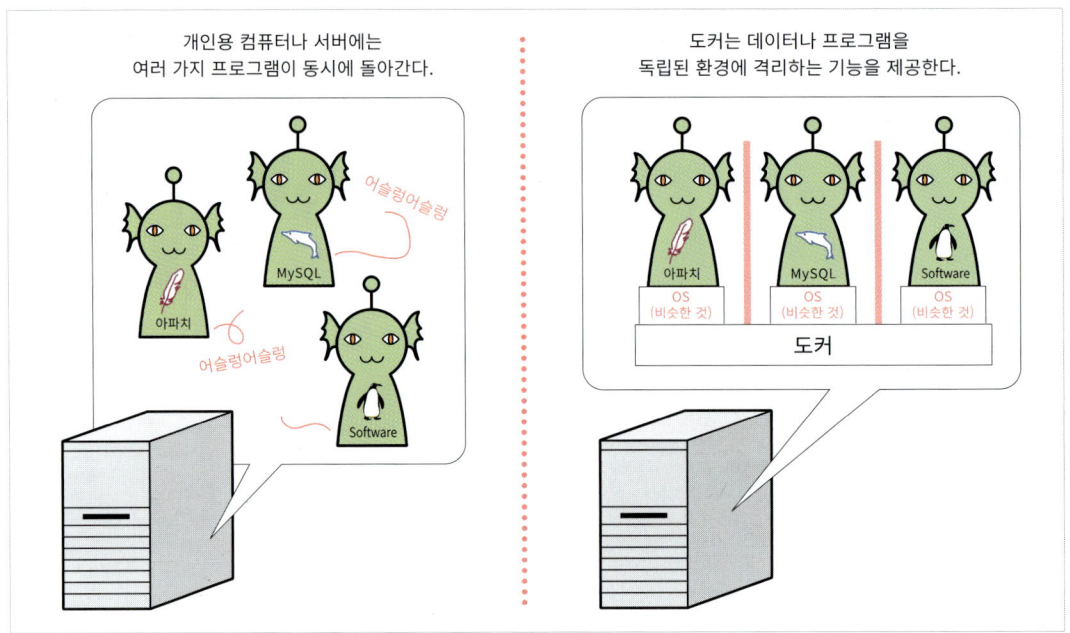

그림 1-1-2 도커는 '데이터 또는 프로그램을 격리시키는' 기능을 제공한다.

컨테이너와 도커 엔진

예를 들어, 개인용 컴퓨터 또는 서버 상의 환경을 마치 코스트코에서 판매하는 조립형 창고 같은 작은 방으로 분할하면 어떻게 될까. 그리고 이렇게 작게 쪼갠 독립된 창고에 데이터나 프로그램을 두는 것이다.

이 조립형 창고를 컨테이너container라고 한다. 그리고 이 컨테이너를 다루는 기능을 제공하는 소프트웨어가 도커Docker다.

도커를 사용하려면 도커 소프트웨어의 본체인 도커 엔진Docker Engine을 설치해야 한다. 그리고 도커 엔진을 사용해 컨테이너를 생성하고 구동시킬 수 있다.

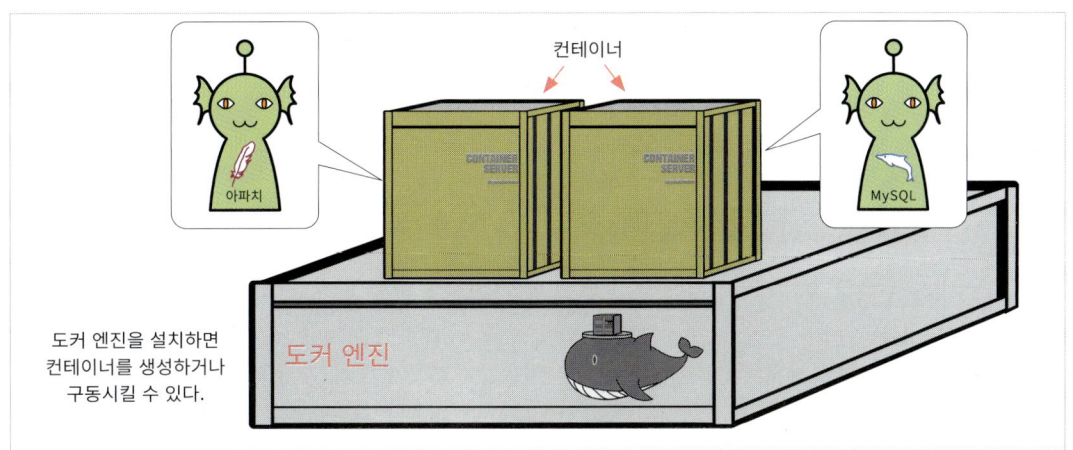

그림 1-1-3 컨테이너는 독립된 조립형 창고와 같다.

컨테이너를 만들려면 이미지가 필요하다

도커 엔진이 있어야 컨테이너를 만들 수 있다고 설명했다. 그러나 컨테이너를 만들려면 도커 엔진 외에도 컨테이너의 빵틀과도 같은 역할을 할 **이미지**[3]가 필요하다.

이미지는 종류가 아주 많다. 담고 있는 소프트웨어의 종류에 따라 다양한 이미지를 사용한다. 아파치 컨테이너를 만들려면 아파치 이미지를 사용하고, MySQL 컨테이너를 만들려면 MySQL 이미지를 사용해야 한다.

컨테이너는 여러 개를 만들 수도 있다. 용량이 허락하는 한 하나의 도커에서 여러 개를 만들 수 있다.

그림 1-1-4 컨테이너를 만들려면 이미지가 필요하다.

---

3 이미지는 광디스크의 전체 내용을 그대로 파일에 담은 ISO 파일 등을 생각하면 이해하기 쉽다. ISO 파일을 사용해 원래의 CD나 DVD를 복원할 수 있으므로 서버에서 운영체제나 소프트웨어를 설치하는 데 많이 쓰인다. 인터넷 상에서 ISO 파일을 배포하고 이 파일로 CD나 DVD를 만들어 설치하는 형태다. 현재도 리눅스 운영체제 배포에 널리 쓰인다.

도커는 리눅스 컴퓨터에서 사용한다

다만 도커를 사용하는 데는 몇 가지 제약 사항이 있다.

우선 종류와 상관없이 리눅스 운영체제[4]가 필요하다. 윈도우나 macOS에서도 도커를 구동할 수는 있지만 이 경우 **내부적으로 리눅스가 사용된다**.

또, **컨테이너에서 동작시킬 프로그램도 리눅스용 프로그램**이다.

이는 도커가 리눅스 운영체제에서 사용하는 것을 전제로 만들어졌기 때문이다. 윈도우나 macOS에서 도커를 사용하다 보면 이를 잊기 쉬운데, 이런 경우에도 내부적으로는 리눅스 운영체제가 사용된다는 점을 기억해두기 바란다.

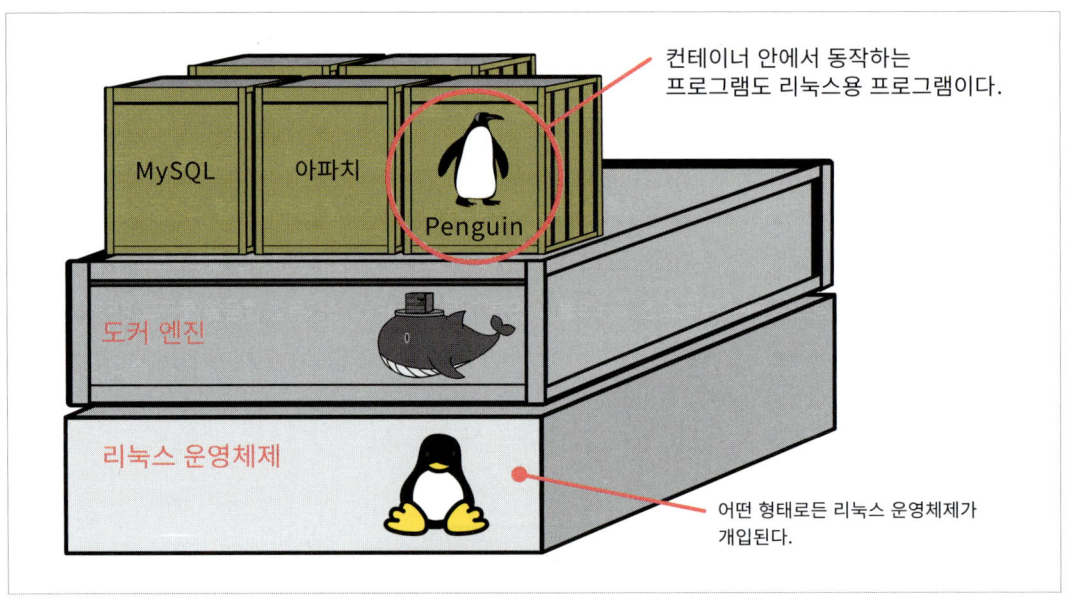

그림 1-1-5 윈도우나 macOS에서도 도커를 사용하려면 내부적으로 리눅스 운영체제가 사용된다.

---

[4] 서버에서 주로 사용되는 운영체제

데이터나 프로그램을 독립된 환경에 격리해야 하는 이유

도커는 주로 서버 환경을 격리하기 위해 사용된다고 설명했다. 그렇다면 데이터나 프로그램을 독립된 환경에 격리해야 하는 이유를 생각해보자.

데이터는 둘째치고 프로그램을 독립된 환경에 격리해야 하는 이유는 잘 이해가 가지 않을 수도 있다.

대부분의 프로그램은 프로그램 단독으로 동작하는 것이 아니라 어떤 실행 환경이나 라이브러리, 다른 프로그램을 이용해 동작한다.

예를 들어, PHP로 작성된 프로그램을 실행하려면 PHP 실행 환경이 필요하고, 파이썬으로 작성된 프로그램은 다른 라이브러리를 사용하는 경우가 많다(그림 1-1-6).

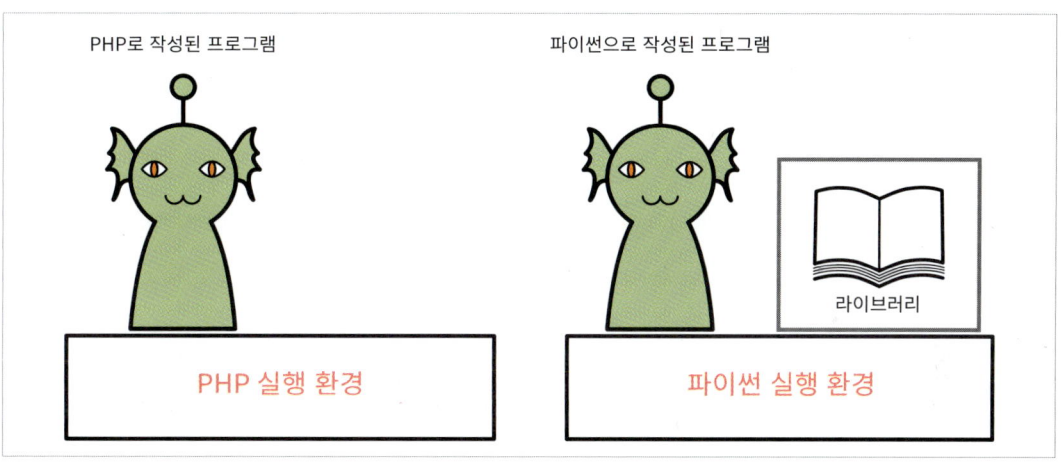

그림 1-1-6 프로그램을 실행하기 위해서는 그 프로그램의 실행 환경이나 라이브러리가 필요하다.

소프트웨어 역시 단일 프로그램이 아니라 여러 개의 프로그램으로 구성된 경우가 많다. 예를 들어, 워드프레스WordPress는 MySQL 데이터베이스를 따로 갖추지 않으면 사용할 수 없다.

또한 다른 프로그램과 특정한 폴더 또는 디렉터리[5]를 공유하거나 같은 경로에 설정 정보를 저장하는 경우도 있다.

---

[5] 윈도우에서는 폴더, macOS나 리눅스에서는 디렉터리라고 부른다.

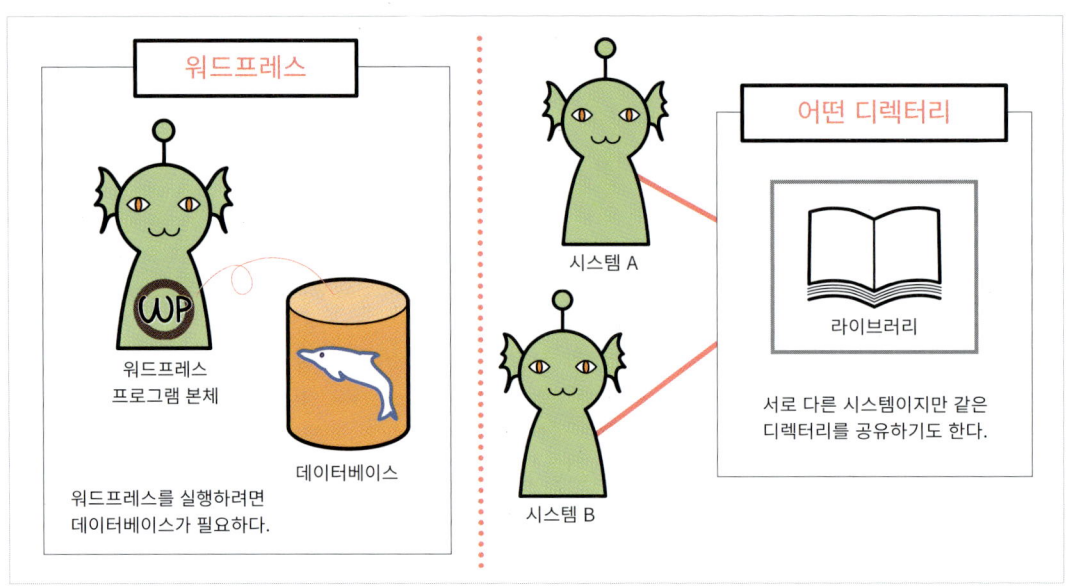

그림 1-1-7 소프트웨어는 여러 프로그램으로 구성되며, 다른 프로그램과 정보를 공유하기도 한다.

이 때문에 프로그램 하나를 업데이트하면 다른 프로그램에도 영향을 미치게 된다.

쉽게 예를 들면, 시스템 A와 시스템 B가 모두 '무슨무슨 프로그램'[6]과 연동되는 상황을 생각해보면 된다. 시스템 A가 '무슨무슨 프로그램'이 5.0 버전이어야만 동작하도록 만들어졌는데 시스템 B만을 위해 '무슨무슨 프로그램'을 8.0 버전으로 업데이트했다면? 시스템 A가 동작하지 않게 될 것이다.

이 예는 공통으로 함께 연동되는 소프트웨어를 예로 들었지만 실행 환경이나 라이브러리, 디렉터리나 설정 파일에서도 같은 일이 일어날 수 있다. 공유하는 대상을 어느 한쪽만을 위해 수정하면 다른 쪽에서 오류가 발생하게 된다.

---

[6] 자주 있는 예로, 시스템 A, B가 모두 MySQL 또는 PostgreSQL을 사용할 때 버전을 업데이트하는 경우. 이 밖에 아파치나 운영체제의 버전으로 인한 문제도 자주 발생한다.

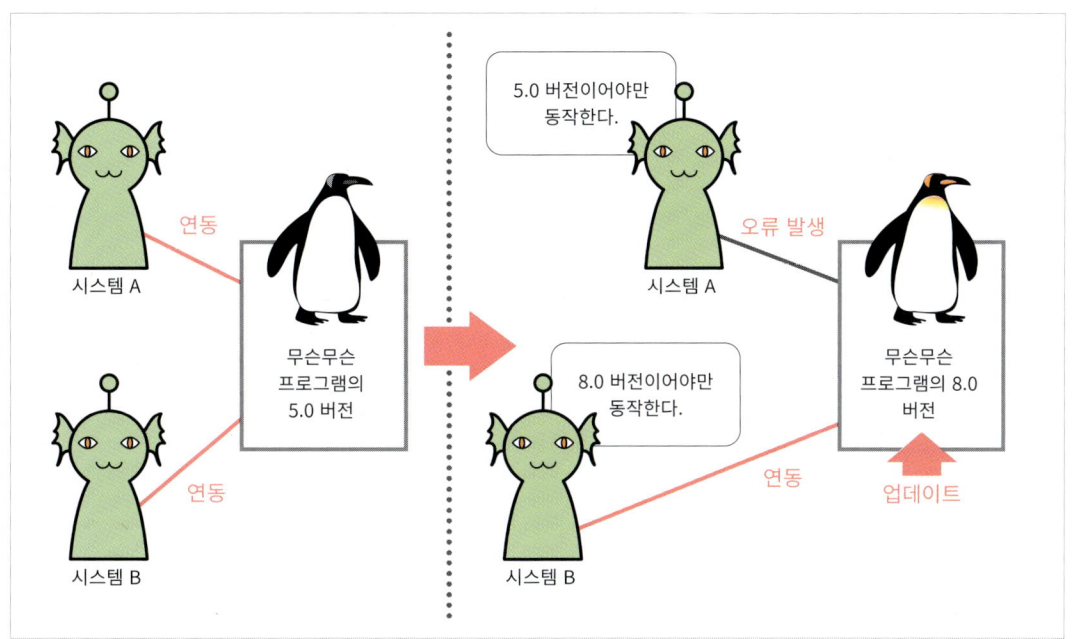

그림 1-1-8 프로그램은 단독으로 동작하지 않는다.

이러한 문제가 업데이트할 때만 발생하는 것도 아니다.

서버에서는 여러 프로그램이 함께 동작하므로 서버를 처음 구축할 때부터 신중하게 따져보지 않으면 안 된다.

설계할 때는 문제가 없었던 프로그램끼리도 실제로 설치해보면 오류를 일으키는 경우도 있다. 이러한 **문제의 원인은 대부분 프로그램 간 공유**에 있다.

프로그램에 따라서는 한 서버에 한 버전밖에 설치할 수 없으므로 최소 버전을 같이 맞춰놓으면 문제가 되지 않는다. 그러나 신규 개발이라면 모를까, 기존 프로그램을 함께 설치하려는 상황이라면 연동 프로그램의 버전을 맞추지 못할 수도 있다.

디렉터리 역시 시스템 A, B가 같은 디렉터리를 사용하게 돼 있어서 설정 파일이 섞이거나 설정에 충돌이 발생할 수도 있다.

프로그램도 한 서버에서 함께 지내려면 사람이 함께 지내는 것 이상으로 신경 쓸 것이 많이 생긴다.

프로그램의 격리란?

도커 컨테이너는 다른 컨테이너와 완전히 분리된 환경이라고 설명했다. 즉, 컨테이너 안에 들어있는 프로그램은 다른 프로그램과 격리된 상태가 된다.

도커 컨테이너를 사용해 프로그램을 격리하면 여러 프로그램이 한 서버에서 실행되면서 발생하는 문제를 대부분 해결할 수 있다.

예를 들어, 시스템 A가 무슨무슨 프로그램의 5.0 버전을 사용하고, 시스템 B는 무슨무슨 프로그램의 8.0 버전을 사용해야 하는 상황이라면 이들을 세트로 묶어 따로 격리하면 된다.

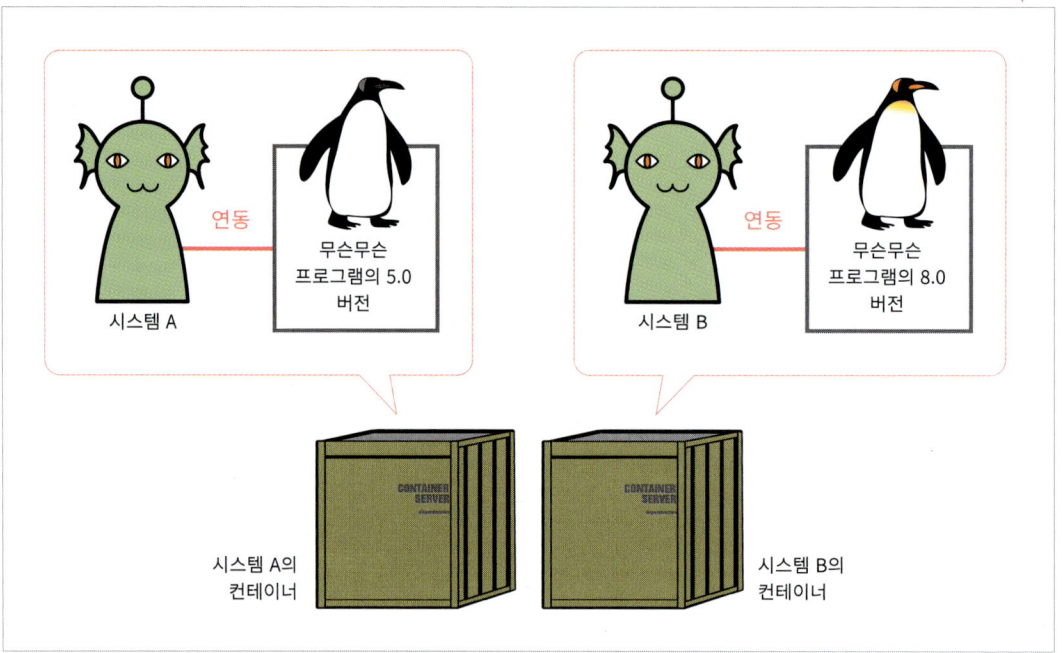

그림 1-1-9 프로그램의 격리

일반적인 환경에서는 한 대의 서버 혹은 컴퓨터에서 한 벌만 설치할 수 있는 소프트웨어가 대부분이다. 워드나 엑셀처럼 버전별로 여러 벌을 설치할 수 있는 경우도 있으므로 가능하지 않을까 싶기도 하지만, 원칙적으로는 불가능하다고 보는 것이 옳다.

그러나 도커 컨테이너는 완전히 독립된 환경이므로 여러 컨테이너에서 같은 프로그램을 실행할 수 있다. 버전이 완전히 동일해도 상관없다.

CHAPTER 1 | 도커란 무엇인가?

서버와 도커

SECTION 02

도커를 설명하려면 서버 이야기를 하지 않을 수가 없다. 이번 절에서는 도커와 연관되는 부분을 중심으로 서버가 무엇인지 설명하겠다.

 서버의 두 가지 의미

도커는 서버에서 사용되는 소프트웨어다.

클라이언트 컴퓨터에서도 사용할 수는 있지만 현시점에서는 서버에서 사용하는 것이 주 목적이라고 생각해도 좋을 정도다. 그러므로 도커를 본격적으로 설명하기에 앞서 서버에 대한 기본적인 지식을 짚고 가겠다. 서버에 대해서 이미 잘 알고 있다고 생각하는 독자라면 17쪽의 "컨테이너를 이용해 여러 가지 서버 기능을 안전하게 함께 실행하기"로 건너뛰어도 좋다.

서버란 무엇일까? 서버는 이름 그대로 **'어떤 서비스(service)를 제공(serve)하는 것'**을 가리킨다.

IT 기업에서 일하고 있다면 개발한 시스템을 올리거나 웹 서버를 다뤄본 경험이 있을 것이다. 이러한 경험이 없더라도 회사에서 파일 서버나 온라인 게임의 서버를 선택하는 경험을 통해 서버라는 용어 자체는 들어본 적이 있을 것이다.

그러나 서버가 구체적으로 무엇인지 설명해보려면 의외로 말문이 막히는 경우가 많다.

그림 1-2-1 서버란 무엇인가?

 기능적 의미의 서버와 물리적 컴퓨터로서의 서버

개발 현장에서 '서버'라는 용어는 두 가지 의미를 갖는다. 한 가지는 **'기능적 의미의 서버'**이고 다른 한 가지는 **'물리적 컴퓨터로서의 서버'**를 가리킨다.

그림 1-2-2 서버의 역할

흔히 들을 수 있는 표현인 "웹 서버에 올려줘", "메일 서버가 죽었어" 등에서 말하는 서버가 기능적 의미의 서버를 가리킨다.

'무슨무슨 서버'라는 말은 '무슨무슨 기능을 제공한다'는 의미이므로 '웹 기능을 제공하는 서버'는 웹 서버이고, '메일 기능을 제공하는 서버'는 메일 서버가 된다.

이 밖에 데이터베이스 서버 또는 파일 서버 등도 들어본 적이 있을 것이다.

그림 1-2-3 기능적 의미의 서버의 예

이와 달리 물리적 컴퓨터로서의 서버는 "신입 직원이 올 테니 저 책상 위의 서버 좀 치워라", "저번에 사장님이 서버에 꽂혀 있던 랜 케이블을 뽑아버렸지 뭐야" 같은 상황에서 가리키는 의미다. 즉, **실물**을 말한다.

최근에는 회사에 서버를 두는 경우가 줄었기 때문에 근무하는 회사에 따라 실물 서버를 본 적이 없을 수도 있지만 서버 역시 **데스크톱 컴퓨터와 마찬가지로 어딘가에 물리적으로 존재**하는 컴퓨터다.

그림 1-2-4 기능적 의미의 서버와 물리적 컴퓨터로서의 서버

"서버가 그냥 서버지"라고 생각할 수도 있겠지만 이렇게 의미를 구분하는 이유는 하나의 '물리적 컴퓨터로서의 서버'에 여러 개의 '기능적 의미의 서버'를 함께 둘 수 있기 때문이다.

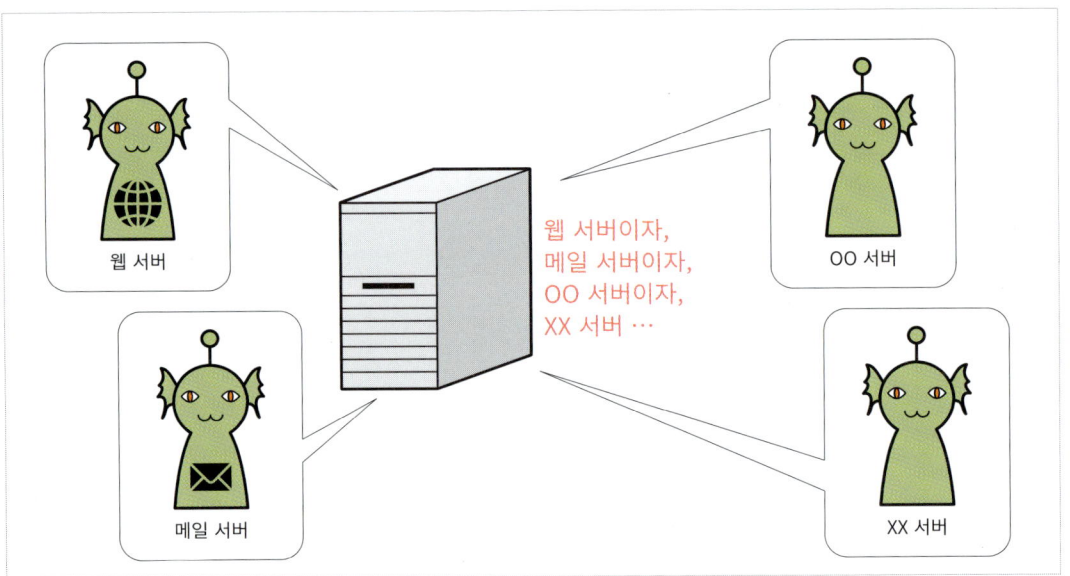

그림 1-2-5 하나의 물리적 컴퓨터에 여러 개의 기능적 의미의 서버를 함께 둘 수 있다.

서버라고 하면 뭔가 특별히 복잡할 것 같고 어려운 느낌이 들지만 사실 일반적인 컴퓨터와 다를 것이 없다. 일반적인 **개인용 컴퓨터는 개인이 사용**하지만 **서버는 여러 사람이 원격으로 접근해 사용**한다는 점이 다를 뿐이다.

물론 이러한 차이로 인해 컴퓨터의 사양이나 요구사항이 달라지기는 하지만 우리가 쓰는 개인용 컴퓨터와 마찬가지로 운영체제가 동작하고, 그 위에 소프트웨어를 실행하는 것은 똑같다(그림 1-2-6).

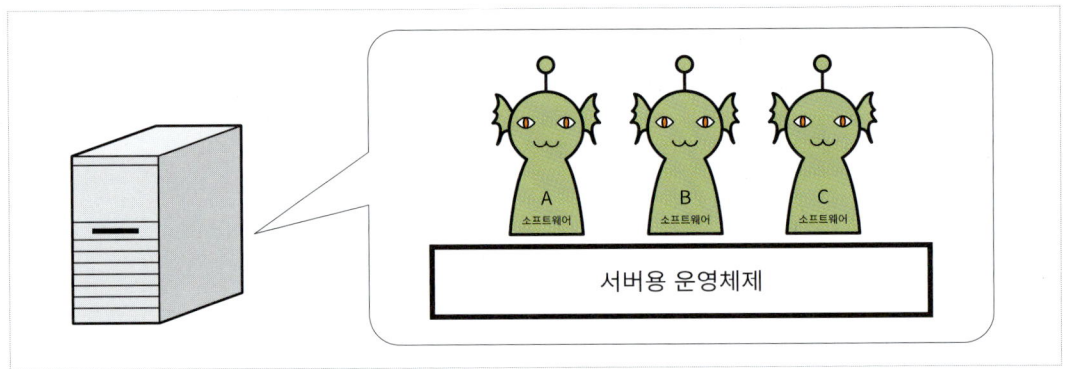

그림 1-2-6 서버 역시 운영체제가 동작하고 그 위에서 소프트웨어가 실행된다.

서버의 기능은 소프트웨어가 제공한다

따라서 서버의 기능 역시 특별할 것이 없다.

서버의 기능은 소프트웨어가 제공하는 것으로, 소프트웨어를 설치하면 '서버'의 기능을 갖게 된다.

예를 들어, 아파치 같은 웹 서버 소프트웨어를 설치하면 웹 서버 기능을 갖추며, Sendmail 같은 메일 서버 소프트웨어를 설치하면 메일 서버가 된다. '무슨무슨용' 소프트웨어를 설치하면 '무슨무슨 서버' 가 되는 식이다.

> 웹 서버용 소프트웨어를 설치 ➡ 웹 서버가 된다.
> 메일 서버용 소프트웨어를 설치 ➡ 메일 서버가 된다.

즉, '무슨무슨 서버를 만든다'는 말은 '무슨무슨용 소프트웨어를 설치해 이 기능을 갖춘다'는 말과 같다.

그리고 서버의 기능이 소프트웨어에서 나온다는 말은 **여러 가지 소프트웨어를 한 컴퓨터에 설치할 수도 있다**는 말이다. 구체적으로 설명하면 웹 서버와 메일 서버, FTP 서버를 한 컴퓨터에서 제공하는 경우는 흔히 볼 수 있고, 시스템 서버와 데이터베이스 서버가 함께 동작하기도 한다.

그러므로 여러 기능적 의미의 서버가 하나의 물리적 컴퓨터에 함께 존재할 수 있는 것이다.

 서버의 대표적인 예

하나의 물리적 컴퓨터에 여러 기능적 의미의 서버를 함께 동작시키는 것이 도커의 장점과 관계 있다는 것은 이해했을 것이다.

다음 표에 '기능적 의미의 서버'에 어떤 종류가 있는지 정리했다. 이 내용을 다 기억할 필요는 없으므로 가볍게 훑어보기 바란다.

서버의 대표적인 예

서버의 종류	설명
웹 서버	웹 사이트 기능을 제공하는 서버. HTML 파일 또는 이미지 파일, 프로그램을 배치하고, 클라이언트 컴퓨터의 브라우저에서 접근해오면 이들 파일을 제공한다. 대표적인 소프트웨어로 아파치, Nginx, IIS 등이 있다.
메일 서버	메일 송수신을 담당하는 SMTP 서버와 클라이언트에 메일을 전달하는 POP 서버로 나뉜다. 이들을 합쳐 메일 서버라고 부르는 경우가 많다. 메일을 내려받지 않고 서버에 둔 채로 읽는 IMAP4 서버도 있다. 대표적인 소프트웨어로 Sendmail, Postfix, Dovecot이 있다.
데이터베이스 서버	데이터를 저장하거나 검색하는 데이터베이스 기능을 제공하는 서버. 대표적인 소프트웨어로 MySQL, PostgreSQL, MariaDB, SQL Server, Oracle Database가 있다.
파일 서버	파일을 저장하고 다른 사람과 공유하기 위한 서버다. 대표적인 소프트웨어로 Samba가 있다.
DNS 서버	IP 주소와 도메인을 연결해주는 DNS 기능을 제공하는 서버.
DHCP 서버	IP 주소를 자동으로 할당하는 기능을 제공하는 서버.
FTP 서버	FTP 프로토콜을 사용해 파일 송수신 기능을 제공하는 서버. 웹 서버와 함께 설치하는 경우가 많으며, 파일을 제공하는 데 사용한다.
프락시 서버	통신을 중계하는 역할을 맡는 서버의 통칭. 사내 로컬 네트워크 등 인터넷과 격리된 장소에서 인터넷 상의 서버에 접속할 때 사용한다. 프락시 서버를 경유하면 접속 대상 컴퓨터에 자신의 정체를 숨길 수 있으므로 정체를 드러내고 싶지 않을 때도 사용한다.
인증 서버	사용자 인증을 위한 서버. 윈도우 네트워크에 로그인하기 위한 Active Directory 서버 또는 무선 LAN이나 원격 접속에서 사용자 인증을 맡는 Radius 서버 등이 있다. 대표적인 소프트웨어로 OpenLDAP, Active Directory가 있다.

 서버의 운영체제로는 주로 리눅스가 사용된다

우리가 사용하는 개인용 컴퓨터와 서버는 크게 다르지 않다.

서버는 사용 목적에 따라 발열에 견디도록 구성하거나, 그래픽 기능을 사용할 일이 적기 때문에 서버 전용으로 특화되는 경향이 있지만 물리적 컴퓨터가 존재하고 그 위에 운영체제가 동작하며 소프트웨어를 설치한다는 점에서는 개인용 컴퓨터와 마찬가지다. 다른 것은 역할뿐이다.

따라서 독자 여러분이 지금 사용하는 개인용 컴퓨터도 서버로 사용할 수 있다. 앞에서 설명했듯이 서버의 기능은 소프트웨어가 제공하는 것이므로 해당 소프트웨어를 설치하면 된다.

다만 서버의 역할 특성상 운영체제는 서버용 운영체제를 사용하는 경우가 많다.

또 서버용 운영체제로는 리눅스 또는 유닉스 계열을 주로 사용하며, 서버용 소프트웨어도 리눅스용 소프트웨어가 대다수를 차지한다. 윈도우도 서버용 버전이 따로 있지만 점유율 면에서는 리눅스와 유닉스가 높다.

리눅스와 유닉스도 여러 종류가 있다. 리눅스 계통에서는 레드햇, CentOS, 우분투 등이 유명하다.

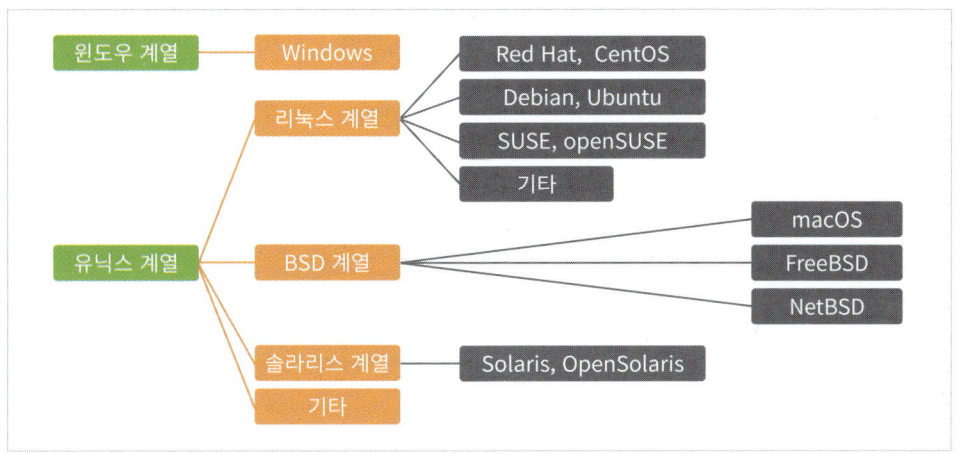

그림 1-2-7 서버 운영체제의 종류

 컨테이너를 이용해 여러 가지 서버 기능을 안전하게 함께 실행하기

다시 도커 이야기로 돌아가자.

도커 환경에서 컨테이너를 사용하면 프로그램을 완전히 격리시킬 수 있다고 설명했다.

그렇다면 예산이 부족해 한 대의 서버에서 실행하던 웹 서버와 메일 서버, 시스템과 DB 서버를 각각 독립적인 환경에서 안전하게 운용할 수 있을 것이다. 무엇을 업데이트하더라도 서로 영향을 미치지 않을 것이다.

또 일반적으로 한 대의 서버 컴퓨터에는 웹 서버를 한 벌(아파치 한 벌)밖에 실행하지 못한다. 그러나 컨테이너 기술을 활용하면 여러 개의 웹 서버를 올릴 수 있다. 이 점도 매우 편리한 점이다.

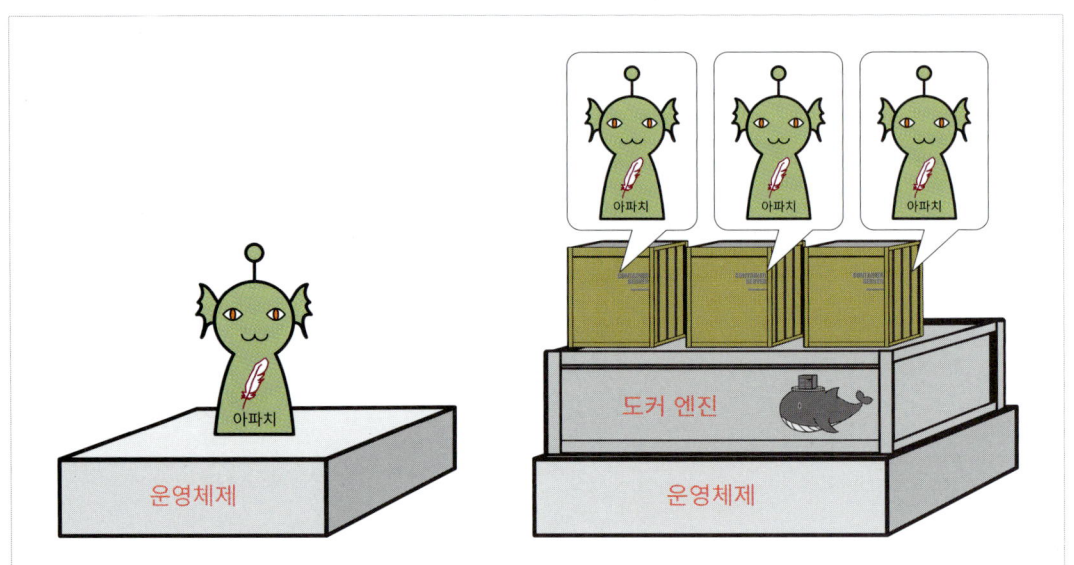

그림 1-2-8 컨테이너 기술을 활용하면 하나의 물리 서버에 여러 개의 웹 서버를 띄울 수 있다.

또, 물리 서버 한 대에 여러 개의 웹 서버를 띄우면 그만큼 물리 서버 수를 줄일 수 있다. 예를 들어, 어떤 소프트웨어 회사에서 관리하는 프로젝트 A와 프로젝트 B의 웹 서버가 있다고 하자. 이들 웹 서버는 둘 다 필요한 용량이 그리 크지 않아서 물리 서버를 따로 두면 그만큼 낭비가 발생한다. 이 두 웹 서버를 하나의 물리 서버에 함께 둔다면 프로젝트 하나의 비용이 절반으로 감소할 것이다.

만약 컨테이너 기술을 활용하지 않고 물리 서버 한 대에 두 웹 서버를 함께 올린다면 프로젝트 A에 참여 중인 개발자가 프로젝트 B의 환경을 건드리게 될 수도 있고, 아파치는 서버 한 대에 하나밖에 올리지 못하기 때문에 웹 서버의 기능을 공유해야 하는 한계도 생긴다. 컨테이너 기술을 이용하면 이러한 리스크를 감수하지 않고 두 웹 서버를 하나의 물리 서버에 함께 올릴 수[7] 있다.

개발 측면에서의 이점은 개발환경을 갖추거나 운영 환경으로 쉽게 넘어갈 수 있다는 점 등을 들 수 있겠다. 이러한 이점은 컨테이너가 그저 격리된 환경이 아니라 **쉽게 옮길 수 있다**는 특성에서 비롯된다.

[7] 컨테이너 기술 외에도 이를 가능케 하는 기술이 있다. 이들 기술에 대해서는 "도커와 가상화 기술의 차이" 칼럼에서 설명하겠다.

자유로이 옮길 수 있는 컨테이너

컨테이너는 자유로이 옮길 수 있다.

실제로는 컨테이너 자체를 옮긴다기보다는 컨테이너의 정보를 내보내기한 다음, 다른 도커 엔진에서 복원하는 형태가 되지만 어쨌든 컨테이너를 어떤 도커 엔진에서 다른 도커 엔진으로 옮기기는 그리 어려운 일이 아니다.

이런 특성을 이용하면 똑같은 상태로 튜닝한 컨테이너를 팀원 전원에게 배포해 모두가 동일한 개발환경을 사용할 수 있다.

도커만 설치돼 있으면 되므로 운영체제가 달라도 이를 신경 쓰지 않고 컨테이너를 옮길 수 있다.

도커를 이용하면 **물리적 환경의 차이, 서버 구성의 차이를 무시**할 수 있으므로 운영 서버와 개발 서버의 환경 차이로 인한 문제를 원천적으로 방지할 수 있다.

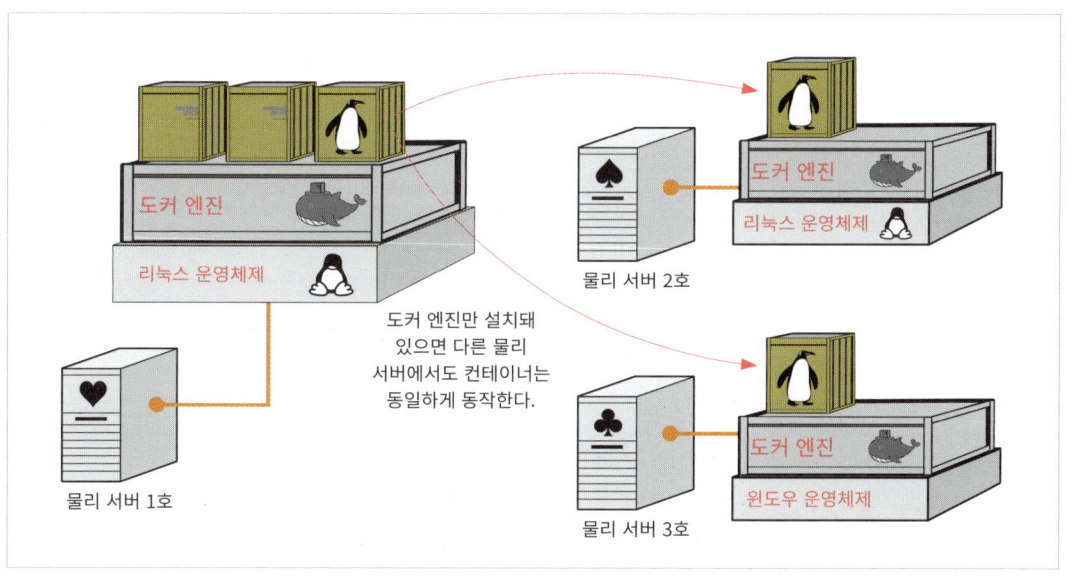

그림 1-2-9 도커를 이용하면 환경 전환도 간단히 할 수 있다.

COLUMN : Level ★★★   도커와 가상화 기술의 차이

도커는 특성상 가상화 기술과 비교되는 경우가 많다. 그러나 도커는 서버 가상화와는 분명한 차이가 있다. '실행 환경을 독립적으로 격리한 컨테이너'라고 표현하는 것이 정확하다.

도커와 가상화 기술의 차이

VirtualBox나 VMware 같은 가상화 기술은 가상의 물리 서버를 만드는 것과 같다. 여기서 '가상'이라는 말은 물리적인 대상을 소프트웨어로 대체했다는 의미다.

즉, 메인보드와 CPU, 메모리[8] 등의 물리적인 부품을 소프트웨어로 구현하는 것이다.

실질적으로 물리 서버와 동등한 것이므로 당연히 운영체제도 아무 것이나 설치할 수 있고, 그 위에서 어떤 소프트웨어를 구동해도 무방하다.

이와 달리 도커는 컨테이너에서 리눅스가 동작하는 것처럼 보이지만 실제 리눅스가 동작하는 것은 아니다. 운영체제의 기능 중 일부를 호스트 역할을 하는 물리 서버에 맡겨 부담을 덜어 둔 형태다.

다시 말해 컨테이너는 운영체제의 일부 기능을 호스트 컴퓨터에 의존하기 때문에 물리 서버에도 리눅스 기능이 필요하며, 컨테이너의 내용도 리눅스 운영체제가 될 수밖에 없다.

> **MEMO**
> 메인모드와 CPU, 메모리: 컴퓨터를 구성하는 가장 기본적인 부품

도커와 AWS EC2의 차이

AWS EC2에도 도커의 컨테이너와 비슷한 '인스턴스'라는 개념이 있다.

EC2 역시 가상화 기술이다. 다시 말해 각각의 인스턴스가 완전히 독립된 컴퓨터처럼 동작한다. 따라서 EC2와 도커의 관계는 VirtualBox나 VMware와 도커의 관계와 같다.

다만 인스턴스는 컨테이너와 마찬가지로 AMI라는 이미지로부터 생성하므로 인스턴스를 배포하는 방법은 도커와 비슷하다.

도커와 호스팅 서비스

AWS ECS가 이에 해당한다. 이들 서비스를 사용하면 별도로 가상 서버를 만들지 않아도 컨테이너 이미지를 그대로 실행할 수 있다.

[8]

도커의 동작 원리

CHAPTER 2

이번 장에서도 실습 없이 이론 설명을 계속한다. 2장에서는 도커와 컨테이너에 대해 좀 더 자세히 설명한다.

도커와 컨테이너가 물리 서버 안에 어떤 형태로 자리 잡는지, 컨테이너는 어떻게 만들어지는지, 컨테이너를 잘 사용하기 위해 지녀야 할 사고 방식, 요령 등을 배우게 된다.

CHAPTER 2 | 도커의 동작 원리

SECTION 01

도커의 동작 원리

앞서 1장에서는 도커를 간단히 소개했다. 하지만 아직 도커가 정확히 무엇인지 잘 감이 잡히지 않는 독자도 있을 것이다.

이번 절에서는 도커를 더 잘 이해할 수 있도록 도커의 동작 원리를 설명한다. 도커의 정체가 서서히 밝혀지게 될 것이다.

 도커의 구조

도커의 구조를 조금 더 자세히 살펴보자.

일반적으로 도커와 컨테이너는 서버에서 사용되며, 다음 페이지의 그림 2-1-1과 같은 구조를 띤다. 사실은 이보다는 조금 더 복잡하지만 지금은 이 그림과 같다고 생각하면 된다.

우선 물리 서버가 있고, 이 물리 서버에서 동작하는 리눅스 운영체제가 있다. 여기까지는 일반적인 서버와 다를 바 없다.

일반적인 서버라면 운영체제 위에 프로그램이나 데이터가 직접 올라가겠지만 도커를 사용하는 경우에는 **운영체제 위에 도커 엔진이 동작하고 그 위에서 컨테이너가 동작**한다.

프로그램이나 데이터[1]는 컨테이너 안에 위치한다.

---

[1] 데이터는 컨테이너 안에 위치한 것과 밖에 위치하는 것이 있다. 자세한 내용은 뒤에 설명하겠다.

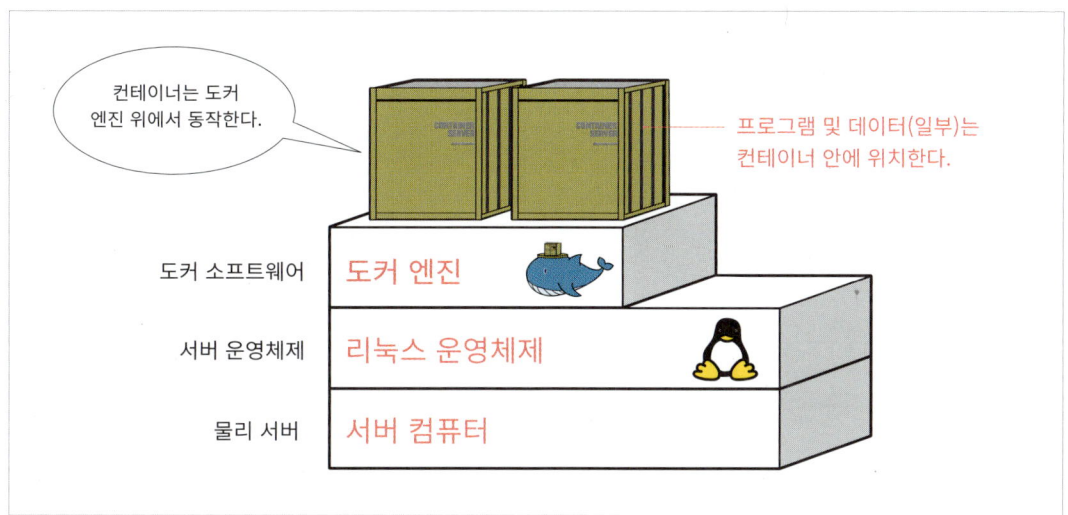

그림 2-1-1 컨테이너는 도커 엔진 위에서 동작한다.

컨테이너 안에는 운영체제 '비슷한 것'이 들어있다

그렇다면 컨테이너 속은 어떤 구조로 돼 있을까?

'컨테이너에 넣는다'는 표현을 생각하면 빈 컨테이너에 무언가를 넣는 상상을 하게 되지만 '정말로 텅 빈 컨테이너'는 의외로 잘 사용되지 않는다[2]. 텅 빈 컨테이너가 진짜로 있긴 하지만 이를 사용할 일은 거의 없을 것이다.

컨테이너의 구조에 대한 이야기로 돌아가면, **모든 컨테이너에는 '리눅스 운영체제 비슷한 무언가'가 들어 있다.** 술집에서 아무것도 주문하지 않아도 기본 안주가 나오듯, 최소한의 컨테이너에도 '리눅스 운영체제 비슷한 무언가'가 딸려 나온다. '빈 컨테이너'라고 했지만 정말로 텅 빈 것은 아닌 셈이다.

그런데 '리눅스 운영체제 비슷한 무언가'는 또 뭘 말하는 것일까? 나중에 설명하겠지만 정말로 '운영체제 비슷한 무언가'일 뿐 실제 운영체제가 아니기 때문이다.

---

2 scratch라는 이미지를 이용하면 텅 빈 컨테이너를 만들 수 있지만 초보자가 이를 사용할 일은 거의 없다.

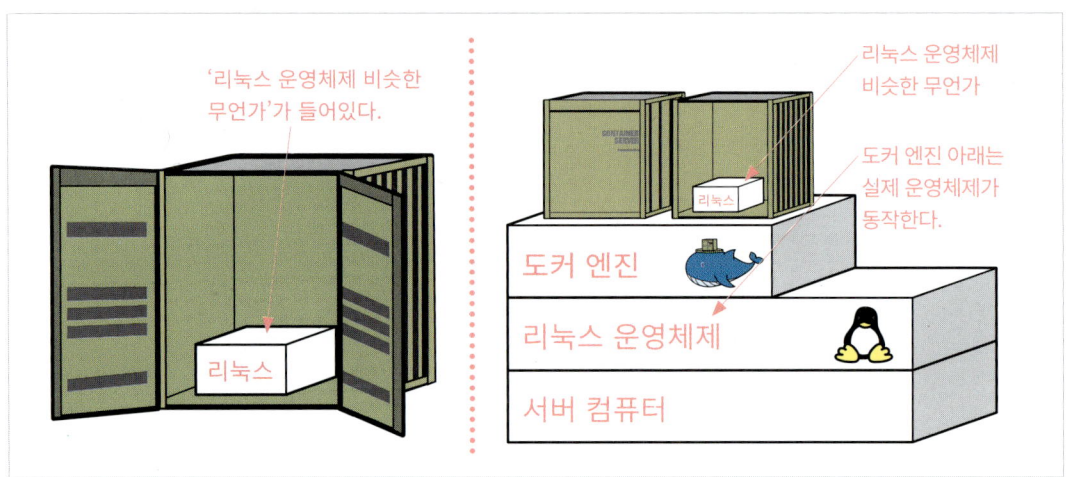

그림 2-1-2 컨테이너 속에는 '리눅스 운영체제 비슷한 무언가'가 들어 있다.

운영체제가 하는 일은 뭘까?

여기서 잠깐 운영체제가 하는 일에 대해 알아보자. 운영체제는 **소프트웨어나 프로그램의 명령을 하드웨어에 전달하는 역할**을 한다.

사람이 보면 복잡하기 짝이 없는 프로그램이지만 하드웨어(기계)의 입장에서 보면 대강의 명령으로만 구성돼 있다. 그 이유는 사람은 하나의 단어로 여러 동작을 나타낼 수 있기 때문이다. 하드웨어는 자신의 판단으로 여러 의미 중 적절한 것을 고르거나 적당히 일을 할 수 없고, 지시받은 대로만 수행할 수 있기 때문에 세세한 동작 하나하나를 지정해주지 않으면 안 된다.

예를 들어, 테이블 위에 귤이 하나 있을 때 "귤을 먹어라"라고 명령한다면 사람은 아무 어려움 없이 명령을 수행할 수 있지만 하드웨어는 "테이블 오른쪽 상단에 위치한 귤을 손에 쥐고 껍질을 벗겨 알맹이를 먹어라"와 같이 구체적으로 지시하지 않으면 이해하지 못한다.

프로그램에 적힌 것은 "귤을 먹어라" 정도의 수준이며, 이보다 자세한 사항은 운영체제가 풀어서 하드웨어에 지시한다.

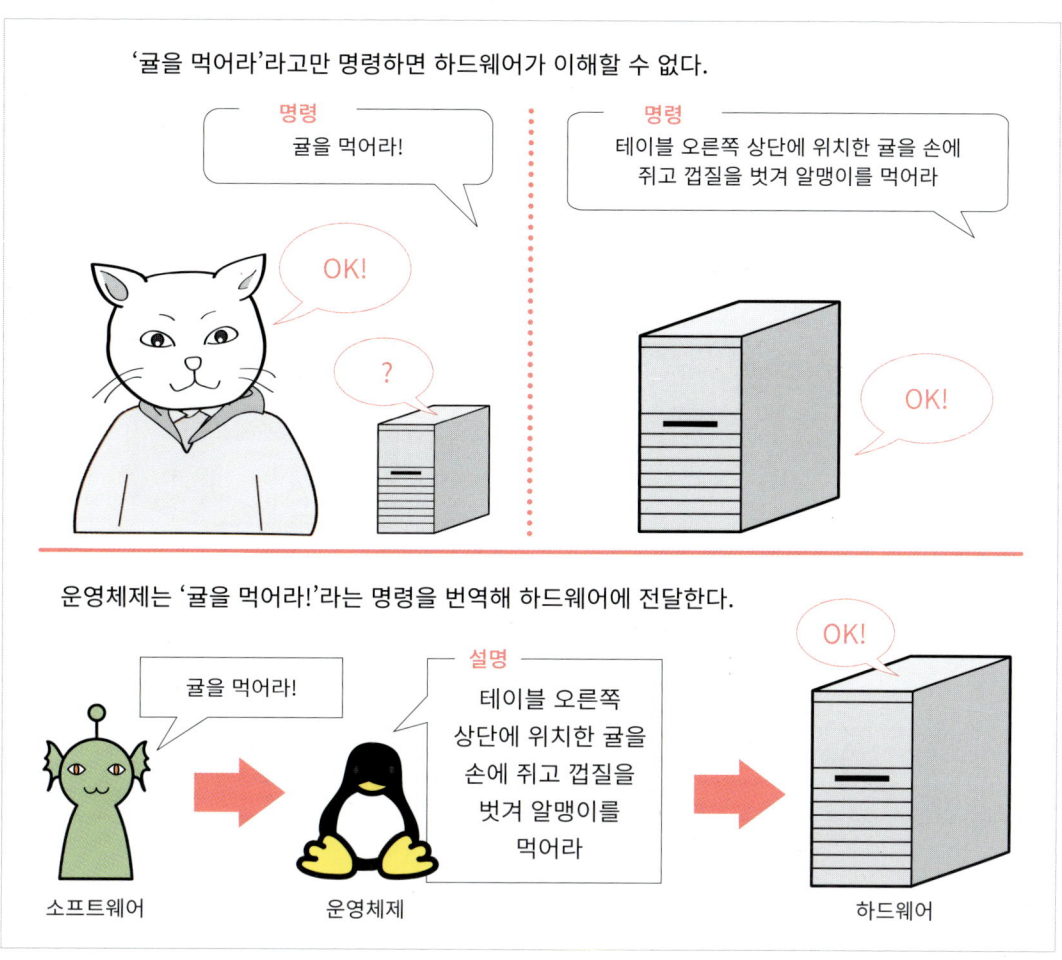

그림 2-1-3 운영체제의 역할

운영체제의 역할을 이해했으니 다시 컨테이너에 대한 설명으로 돌아가자.

그림 2-1-2를 보면 **도커 엔진 아래에도 리눅스 운영체제가 있는데, 컨테이너 속에 또 리눅스 운영체제(비슷한 것)가 있다.** 왠지 기묘한 구조다.

하지만 바로 이 점이 도커의 가장 큰 특징 중 하나다.

본래 운영체제는 **'커널'이라는 부분**과 **'그 외의 주변 부분'**[3]으로 구성된다.

주변 부분이 프로그램의 연락 내용을 커널에 전달하고 커널이 하드웨어를 다룬다.

---

3 주변 부분은 프로그램에서 명령을 전달받거나 커널이 실행한 결과를 프로그램에 다시 전달하는 역할을 한다. 키보드로 입력한 내용을 전달받고 모니터에 데이터를 출력하는 것이 이러한 예다. 이 주변 부분을 커널과 합친 패키지가 배포판이다. 널리 알려진 배포판으로 레드햇과 CentOS, 우분투 등이 있다. 커널만으로 리눅스를 사용하는 경우는 거의 없으며, 배포본 형태로 사용하게 되므로 "난 레드햇 리눅스를 써"라고 하듯 배포판의 이름으로 구별하는 경우가 많다.

도커에서는 컨테이너가 완전히 분리돼 있으므로 밑바탕이 되는 리눅스 운영체제의 주변 부분이 컨테이너 속 프로그램의 명령을 전달받을 수 없다. 따라서 컨테이너 속에 운영체제의 주변 부분이 들어 있어 프로그램의 명령을 전달받고 이를 밑바탕이 되는 커널에 전달하는 구조로 돼 있다.

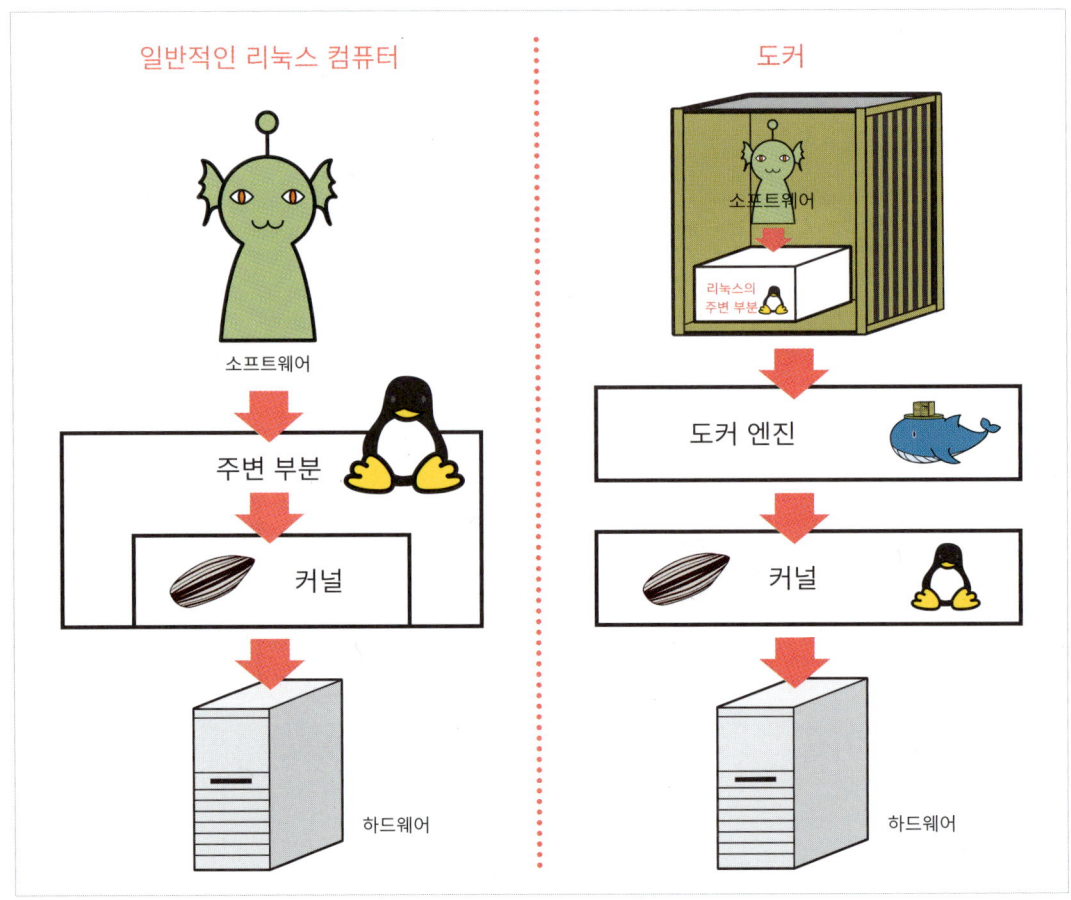

그림 2-1-4 컨테이너는 외부와 완전히 분리돼 있으므로 컨테이너 속에 운영체제의 주변 부분이 따로 들어 있다.

컨테이너 속에 '리눅스 운영체제 비슷한 것'이 들어 있는 것은 이 때문이다. 전체 리눅스 운영체제가 들어있는 것이 아니라 주변 부분만 들어 있기 때문에 '비슷한 것'이라고 표현하는 것이다.

간단하게 리눅스 운영체제 전체를 컨테이너 속에 넣으면 되지 않을까 싶지만 주변 부분만 컨테이너에 넣고 커널은 밑바탕에 있는 것을 빌려 쓰는 형태 덕분에 도커의 가장 큰 특징인 '가벼움'을 얻을 수 있다.

도커는 기본적으로 '리눅스용'이다

도커는 기본적으로 리눅스 운영체제에서만 동작한다.

이유는 짐작하는 그대로다. 도커는 밑바탕에서 **리눅스 운영체제가 동작하는 것을 전제**로 하는 구조로 돼 있기 때문에 **리눅스 운영체제에서만 동작**할 수 있다.

또 컨테이너 안에 들어 있는 주변 부분도 이에 맞춰 리눅스 운영체제의 주변 부분이어야 한다.

그리고 컨테이너에서 실행할 소프트웨어(프로그램) 역시 리눅스용 소프트웨어다. 윈도우나 macOS용 소프트웨어는 컨테이너에 넣어도 동작하지 않는다.

즉, 도커는 리눅스 컴퓨터에 독립된 격리 환경을 만드는 것이며, 리눅스에서만 동작하고, 컨테이너에서 동작할 프로그램도 리눅스용 프로그램이다.

도커에 대한 이야기는 대개는 서버 환경을 전제로 한 것이 많은데, 리눅스 운영체제가 서버에서 사용되는 경우가 많고 리눅스용 소프트웨어도 서버용 소프트웨어가 많기 때문이다.

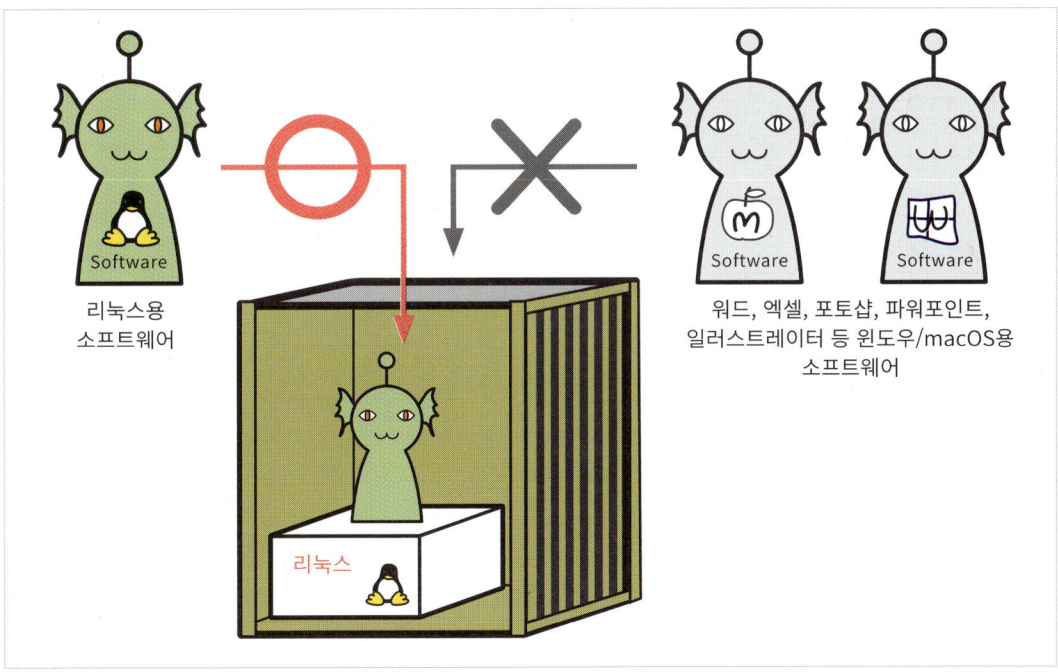

그림 2-1-5 컨테이너에 들어가는 프로그램은 리눅스용이어야 한다.

윈도우와 macOS에서 도커 구동하기

이렇듯 도커는 리눅스 운영체제를 사용한다고 전제하기 때문에 우리가 평소에 사용하는 윈도우나 macOS 운영체제를 사용하는 컴퓨터에서는 도커를 사용할 수 없어야[4] 한다. 그러나 실제로는 윈도우 또는 macOS 컴퓨터에서 도커를 사용할 수 있다.

이런 경우는 크게 VirtualBox나 VMware 같은 가상 환경 위에 리눅스 운영체제를 설치하고 그 위에서 도커를 실행하거나 '윈도우용 또는 macOS용 도커 데스크톱'처럼 도커를 실행하는 데 필요한 리눅스 운영체제를 포함하는 패키지를 설치해 사용하는 두 가지 경우로 나뉜다.

간단히 말하면 윈도우나 macOS 위에 리눅스 운영체제를 끌어들여 도커를 실행하는 것이다.

도커를 사용하려면 **어떤 형태로든 리눅스 운영체제를 갖춰야 한다**는 것만 기억해두기 바란다.

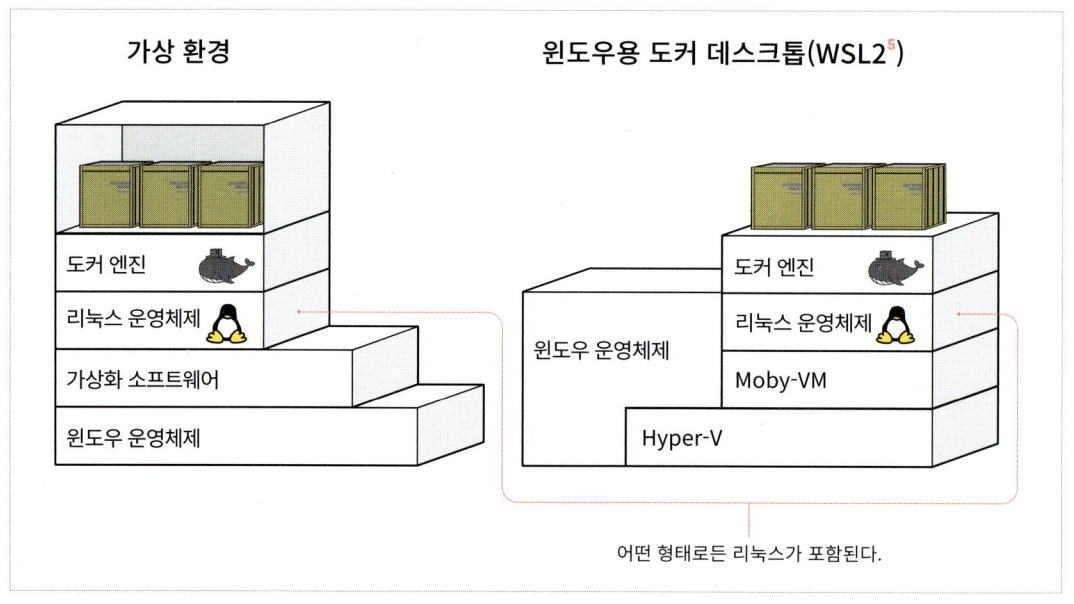

그림 2-1-6 도커는 기본적으로 리눅스용이다.

---

4 리눅스 외의 유명한 운영체제인 유닉스, BSD에서도 물론 동작하지 않는다.
5 'WSL2'는 Windows Subsystem for Linux 2의 약자로, 윈도우에서도 리눅스를 사용하게 해주는 기능이다. 55쪽의 칼럼 "WSL2는 무엇일까? 윈도우 홈 에디션에서도 도커를 사용할 수 있을까?"에서 더 자세히 설명한다.

CHAPTER 2 | 도커의 동작 원리

SECTION 02

도커 허브와 이미지, 그리고 컨테이너

이어서 도커 이미지와 도커 허브를 알아보자. 간단히 설명하면 이미지는 컨테이너를 만드는 '빵틀'과 같은 것이며, 도커 허브는 인터넷 상에 도커 이미지를 모아놓은 곳이다. 도커의 장점은 도커 허브와 도커 이미지에서 기인하는 바가 크다.

 이미지와 컨테이너

컨테이너를 생성하려면 먼저 이미지를 만들어야 한다. 이미지는 컨테이너를 찍어내는 '빵틀'과 같은 것으로, 컨테이너의 설계도[6] 역할을 한다. 이해하기 쉬운 예를 들자면, 로봇 장난감을 찍어내는 금형과 같다.

 이미지는 금형과 같다

로봇 장난감을 원하는 아이에게 로봇을 만드는 금형은 아무 소용이 없다. 이미지 역시 이미지 자체로는 큰 쓸모가 없다. **이미지는 컨테이너를 만드는 데 사용**한다.

우리가 실제 사용하는 것은 컨테이너이며, 이미지를 그대로 사용하는 일은 없다.

---

[6] 운영체제나 소프트웨어를 설치할 때 사용되는 ISO 파일과 비슷하다.

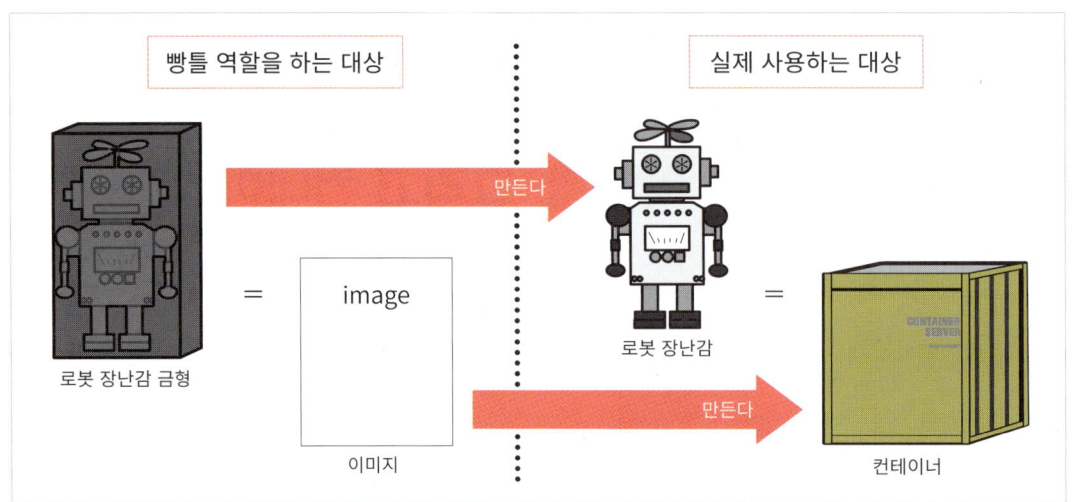

그림 2-2-1 이미지는 컨테이너를 만드는 데 사용한다.

이미지는 금형과 같은 역할을 하는 것으로, 하나만 있으면 똑같은 것을 여러 개 만들 수 있다.

따라서 동일한 컨테이너를 여러 개 배치하기 편리하다.

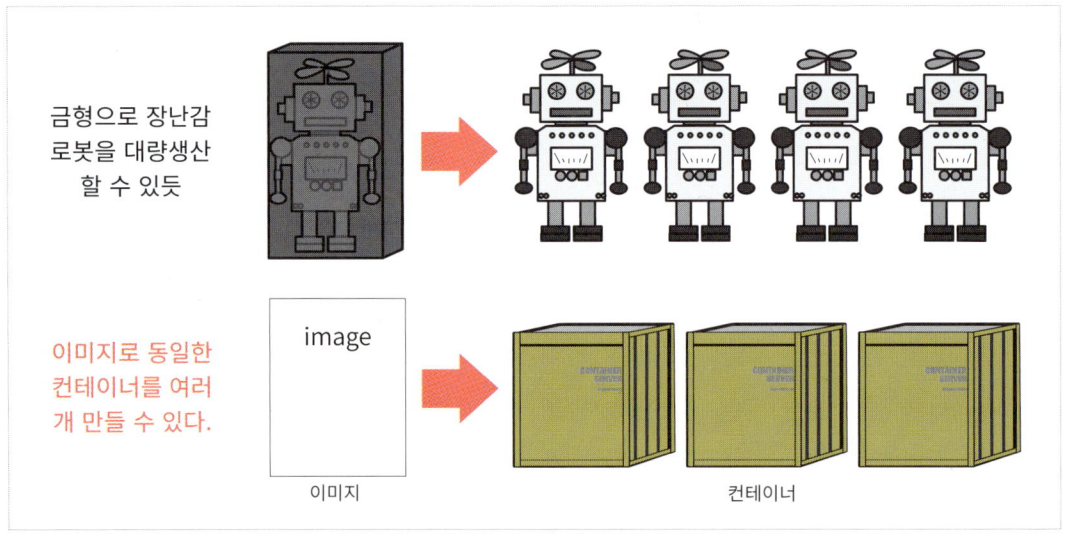

그림 2-2-2 하나의 이미지로 동일한 컨테이너를 여러 개 만들 수 있다.

컨테이너로도 이미지를 만들 수 있다

이미지로만 컨테이너를 만들 수 있는 것이 아니라 컨테이너로도 이미지를 만들 수 있다.

이미지로 컨테이너를 만드는 것이면 모를까, 그 반대의 경우는 어떤 이점이 있는지 잘 감이 오지 않는다. 컨테이너로 이미지를 만드는 것은 이미 만든 컨테이너에 손을 대서 컨테이너의 금형을 새로이 만드는 과정이다.

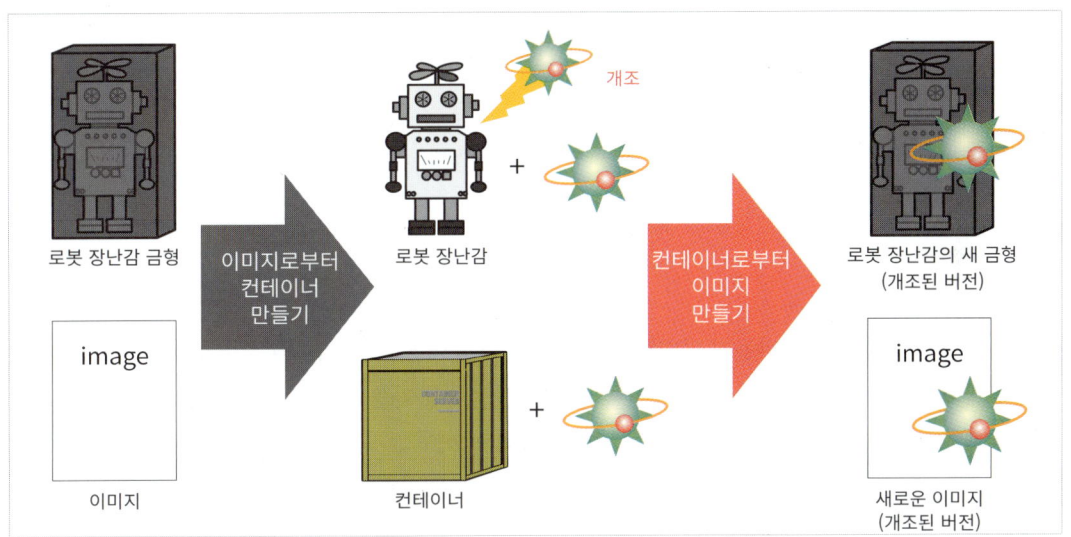

그림 2-2-3 컨테이너로도 이미지를 만들 수 있다.

컨테이너로부터 이미지를 만들 수 없었다면 여러 개의 컨테이너를 일일이 수정할 수밖에 없었을 것이다. 매우 번거로운 일이다.

개조된 컨테이너로부터 이미지를 만들고 나면 새로 만든 이미지를 사용해 개조된 컨테이너를 여러 개 만들 수 있다. '개조'라고 하면 약간의 수정을 가한 정도를 생각하기 쉬운데, 예를 들어 소프트웨어나 시스템을 넣은 새로운 이미지를 만들면 다수의 서버를 준비하는 작업이 매우 간단해진다.

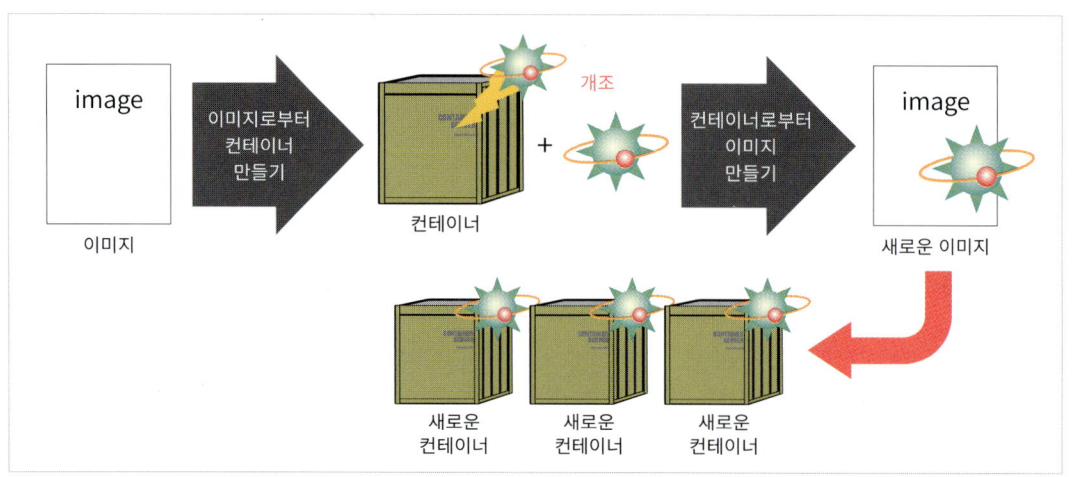

그림 2-2-4 새로운 이미지를 사용해 '개조된' 컨테이너를 대량으로 만들 수 있다.

도커 엔진 간에 이동이 가능하다

동일한 컨테이너를 여러 개 만들지 않더라도 이러한 특성을 이용해 다른 물리 서버에 설치된 도커 엔진으로 컨테이너를 이동시킬 수 있다. 컨테이너는 도커 엔진만 설치돼 있으면 구동이 가능하므로 다른 서버나 컴퓨터에 도커 엔진을 설치하고 새로운 도커 엔진에 이미지를 이용해 똑같은 컨테이너를 생성하면 된다. 사실 컨테이너 자체가 이동하는 것은 아니지만 이미지를 통해 컨테이너가 이동한 것과 같은 효과를 얻을 수 있다.

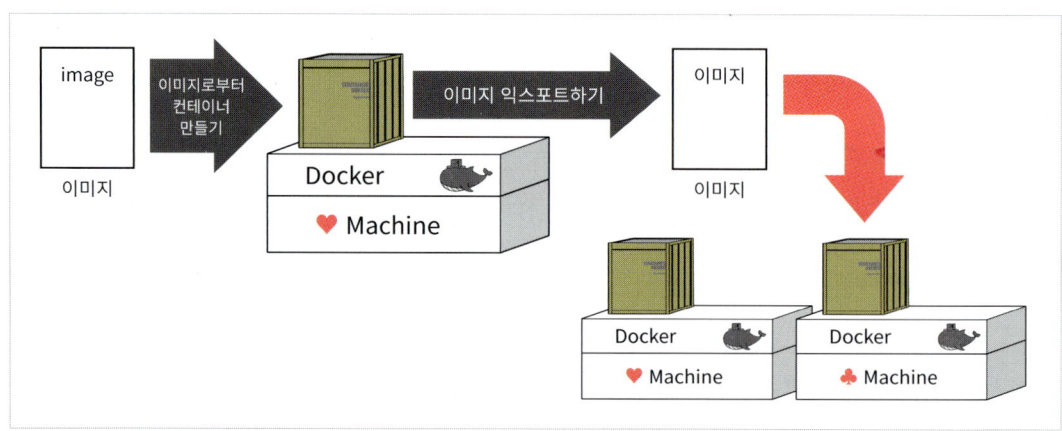

그림 2-2-5 컨테이너로부터 만든 이미지를 이용하면 다른 환경에서 원래의 컨테이너를 복원할 수 있다.

도커 허브와 도커 이미지

초보자가 컨테이너의 이미지를 밑바닥부터 만들어 낼 일은 거의 없다. 그럴 일이 있다면 상당히 특수한 상황일 것이다. 굳이 만든다면 빈 컨테이너에 운영체제(비슷한 것)를 포함시켜 만드는 경우가 있겠지만 이런 경우에도 주로 사용할 이미지가 이미 준비돼 있다.

그럼 이미지는 어디서 구해야 할까? 이미지는 주로 '도커 허브'에서 구하게 된다. 도커 허브는 공식적으로 운영되는 도커 레지스트리(도커 이미지를 배포하는 서비스)의 이름이다.

누구든지 편리하게 이용할 수 있다.

- 도커 허브: https://hub.docker.com

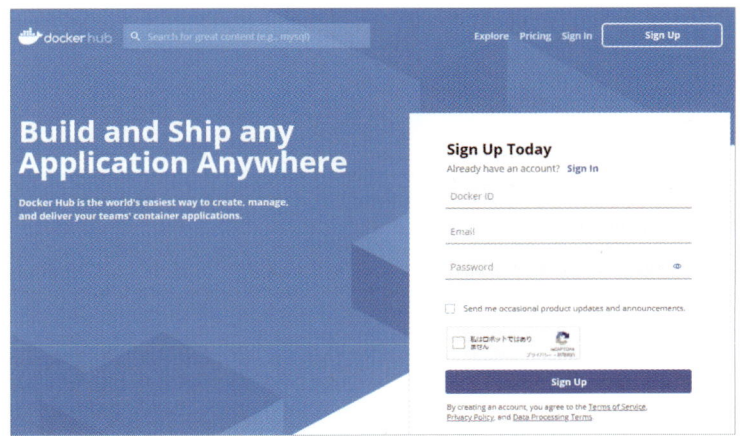

그림 2-2-6 도커 허브

도커 허브는 스마트폰의 구글 플레이 스토어와도 같은 존재로, **공개된 컨테이너 이미지가 모여 있는 곳**[7]이다. 이곳에서 원하는 컨테이너의 이미지를 내려받을[8] 수 있다.

도커 허브에는 다양한 공개 컨테이너 이미지가 제공된다. 누구든지 이미지를 등록하고 공개할 수 있으므로 이미지의 종류도 아주 많다.

---

[7] 사내 서버에 비공개 도커 레지스트리를 두는 경우도 있다.
[8] 실제 방법은 4.3절 '컨테이너의 생성과 삭제, 실행, 정지'를 참고한다.

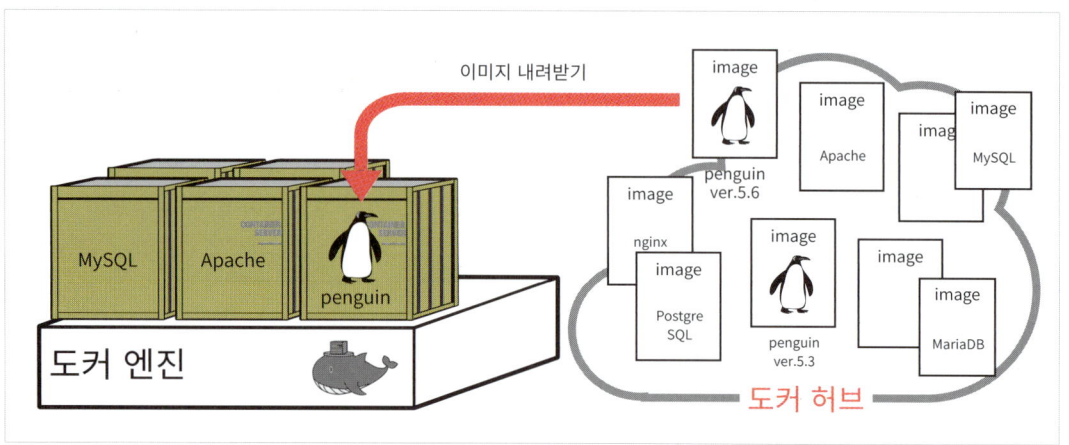

그림 2-2-7 도커 허브에서 원하는 이미지를 내려받을 수 있다.

도커 허브에는 어떤 이미지가 공개돼 있을까?

도커 허브에는 운영체제(비슷한 것)만 들어 있는 이미지부터, 여러 가지 소프트웨어가 함께 포함된 것까지 다양한 이미지가 제공된다. 직접 수정하고 싶다면 간단한 이미지, 편리하게 사용하고 싶다면 설정이 완료된 이미지 등 용도에 따라 원하는 것을 선택하면 된다.

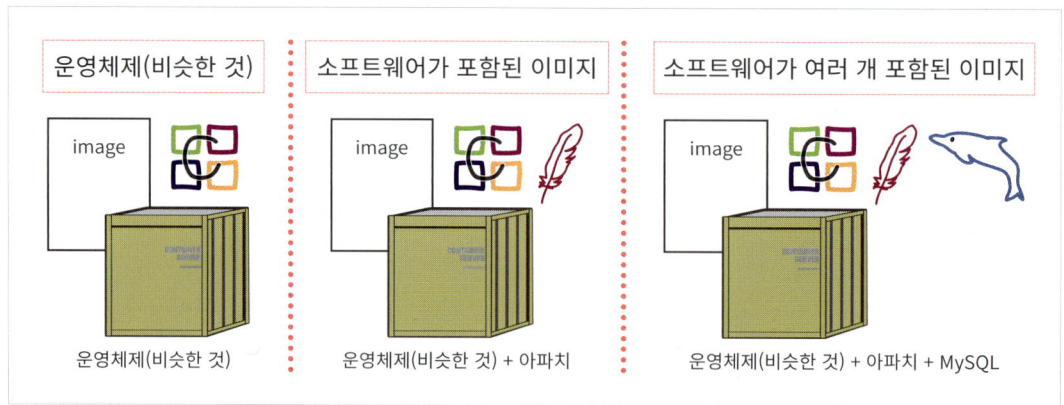

그림 2-2-8 도커 허브에는 다양한 이미지가 제공된다.

같은 소프트웨어도 다양한 변종의 이미지가 제공된다.

예를 들어, 리눅스에는 다양한 배포판(종류)이 있는데, 주요 배포판은 모두 이미지로 제공된다. 더 나아가 배포판의 버전마다 운영체제(비슷한 것)만 들어간 컨테이너도 별도로 제공된다.

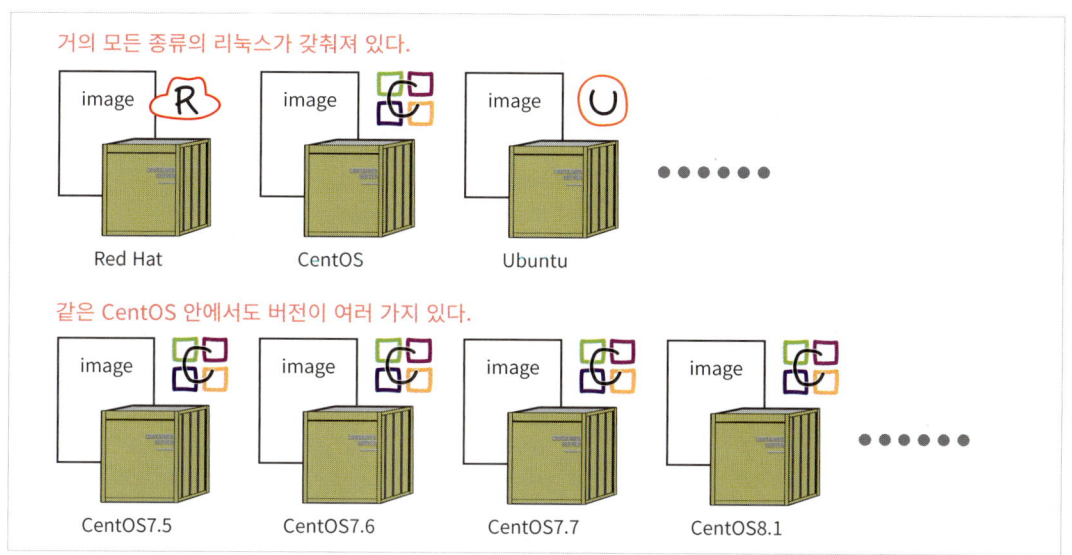

그림 2-2-9 운영체제(비슷한 것)만 들어있는 컨테이너도 여러 가지가 존재한다.

여기에 다시 소프트웨어(프로그램)가 들어가므로 조합의 가짓수는 셀 수 없이 많다.

공식 컨테이너 이미지가 제공되는 아파치(웹 서버 소프트웨어)나 MySQL(DBMS 소프트웨어)을 예로 들면 다음과 같이 '운영체제(비슷한 것)'[9] 및 소프트웨어 버전을 조합할 수 있다.

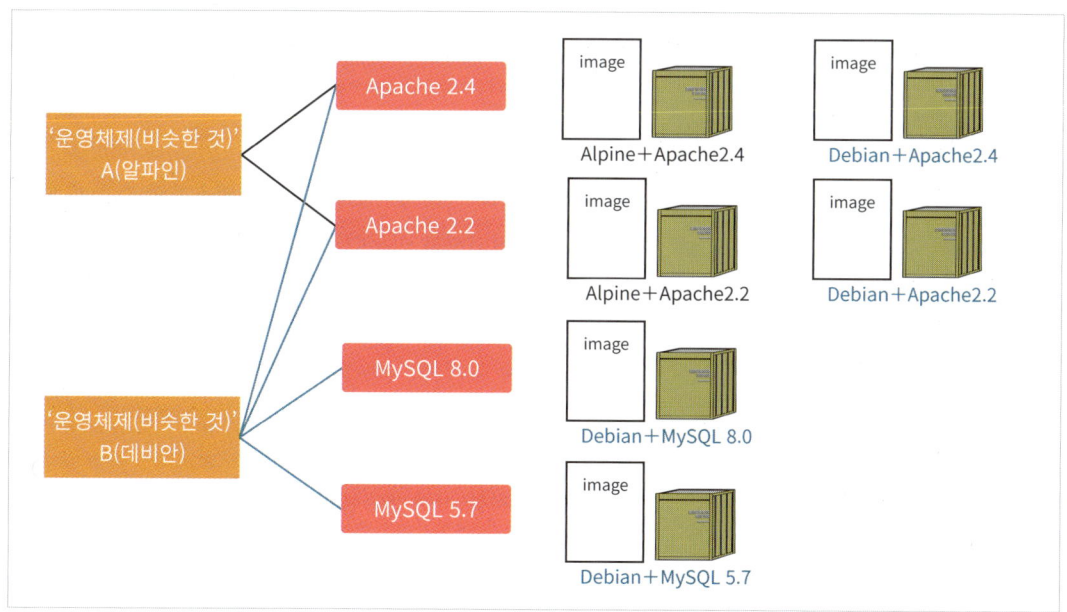

그림 2-2-10 '운영체제(비슷한 것)'과 소프트웨어의 조합은 버전에 따라 더 다양해진다.

---

[9] 알파인과 데비안 모두 대표적인 리눅스 배포판이다. 두 가지 모두 매우 가볍기 때문에 아파치나 MySQL 공식 이미지에서도 사용된다.

아파치와 MySQL 외에도 nginx(웹 서버 소프트웨어)나 Sendmail(메일 서버 소프트웨어), PostgreSQL(DBMS 소프트웨어) 등 오픈소스 소프트웨어는 대부분 이미 만들어진 이미지를 제공 중이다.

안전한 컨테이너 이미지를 고르는 법

이렇게 이미지의 종류가 많다 보니 이미지를 선택하는 데 어려움을 느낄 수도 있다. 거기다 도커 허브는 누구나 자유롭게 이미지를 등록할 수 있기 때문에 안전하지 못한 이미지가 있을 수 있다.

안전한 이미지를 선택하는 주요 방법을 살펴보자.

공식 이미지를 사용한다

컨테이너 이미지 중에는 공식 이미지가 여럿 있다. 이들 공식 이미지는 도커에서 직접 배포하거나 해당 소프트웨어를 개발 및 관리하는 기업이나 조직에서 제공하는 것도 있다.

공식 이미지를 사용하면 이미지 선택도 쉽고 보안도 챙길 수 있다.

다만 컨테이너에 포함된 '운영체제(비슷한 것)'이 특정 운영체제 및 버전으로 한정된 경우가 있어서 원하는 것을 선택하지 못할 수도 있으므로 꼭 특정 운영체제 및 버전을 사용해야 하는 상황에는 주의가 필요하다.

커스텀 이미지를 직접 만들어 사용한다

컨테이너 이미지를 원하는 대로 구성해 커스텀 이미지를 만들 수 있다. 필요한 최소한의 요소가 담긴 이미지에 필요한 소프트웨어를 추가로 설치해 커스텀 이미지를 만든다.

'운영체제(비슷한 것)'만 들어있는 컨테이너부터 직접 만드는 것은 추천하지 않으나 운영체제가 포함된 이미지에 소프트웨어를 넣는 정도는 그리 어렵지 않다.

또한 공식 이미지가 아닌 모든 이미지가 위험성을 안고 있는 것은 아니다.

공식 이미지가 아니더라도 선량한 사용자들이 만든 안전한 이미지도 많다.

다만 경험이 쌓일 때까지는 섣불리 판단하지 말고 신중하게 이미지를 선택해 사용하도록 한다.

다양한 형태로 조합이 가능한 컨테이너

컨테이너는 이미지의 선택 외에도 다양한 조합을 고려해야 한다.

도커를 사용할 때의 원칙 중 하나로, '한 컨테이너에 한 프로그램'이라는 것이 있다. 말 그대로 하나의 프로그램만 담긴 컨테이너를 사용한다는 의미로, 보안 및 유지 관리 측면에서 유리[10]하기 때문에 많이 쓰이는 정책이다.

따라서 단순히 워드프레스를 구축할 때도 다양한 구성이 가능하다.

워드프레스를 사용하려면 아파치(웹 서버 소프트웨어), MySQL 같은 DBMS, 워드프레스로 세 가지 소프트웨어가 필요하다.

도커를 사용해 워드프레스를 구축하는 방법은 이들을 각각 별도의 컨테이너로 구성할 수도 있고, 한 컨테이너에 모두 집어넣는 방법[11]도 있다.

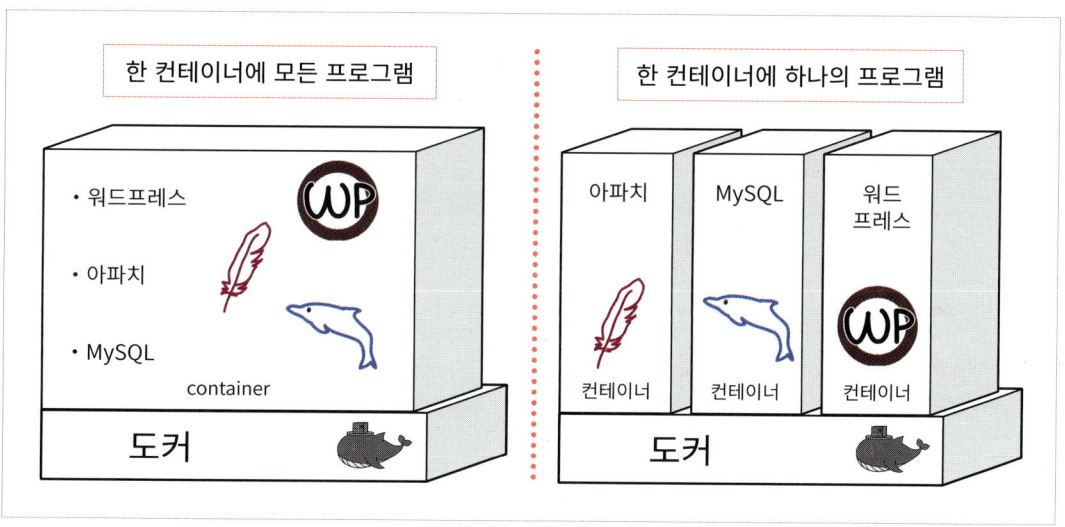

그림 2-2-11 한 컨테이너에 하나의 프로그램 또는 여러 개의 프로그램을 넣을 수도 있다.

---

[10] 1장에서 설명했듯이 다른 소프트웨어와 독립된 환경을 갖기 때문에 다른 소프트웨어의 영향을 덜 받는다는 특징이 있다. 또, 사이드 이펙트가 적은만큼 업데이트가 쉬워서 유지보수 측면에서도 유리하다. 이 점은 '운영체제(비슷한 것)'을 포함해 컨테이너가 완전히 격리된 환경이며 가볍다는 특징을 이용한 것이다.

[11] 다만 유지보수나 도커의 장점을 누리기 어렵기 때문에 추천하지는 않는다.

> **COLUMN : Level ★★★**　　　**모든 프로그램이 담긴 컨테이너를 만드는 방법**
>
> 컨테이너를 구축하는 방법은 다양하다. 따라서 컨테이너의 구성도 그만큼 다양하지만 그중에서도 모든 프로그램을 한데 모아 담은 컨테이너는 바로 실행할 수 있어서 자주 쓰인다.
>
> 고객 납품이나 특수한 환경에서는 사용할 수 없겠지만 IT 직종에 몸담은 만큼 '맛보기로라도 써보고 싶다'는 마음이 들기 마련이다.
>
> 이럴 때는 모든 프로그램을 담은 컨테이너도 편리하게 사용할 수 있다.

> **COLUMN : Level ★★★**　　　**'운영체제(비슷한 것)'을 한 종류로 통일해야 할까?**
>
> 도커를 사용하면 호스트 컴퓨터와 컨테이너에서 모두 리눅스 운영체제가 동작한다. 다시 말해, 하나의 물리적 컴퓨터에 여러 개의 운영체제가 있는 상태가 된다. 뭉뚱그려 리눅스라고는 했지만 그 안에도 여러 배포판이 있다고 앞서 설명한 바 있다.
>
> 그렇다면 호스트 컴퓨터와 컨테이너에서 각각 다른 배포판을 사용해도 괜찮은 것일까?
>
> 결론부터 말하면 호스트 컴퓨터와 컨테이너 또는 컨테이너 간에 배포판이나 버전 차이가 있어도 아무 문제가 없다. 컨테이너끼리 서로 다른 배포판을 사용할 수 있다는 것도 도커의 매력 중 하나다.
>
> 거기다 애초에 도커를 사용하는 경우에는 컨테이너에 세세한 설정을 하지도 않고, 이미지를 선택할 때도 '운영체제(비슷한 것)'이 무엇인지도 크게 신경 쓰지 않고 그냥 'Latest'(최신 버전)를 선택하는 경우가 많다.
>
> 다만 컨테이너에 로그인할 필요가 있거나 특정 DBMS를 사용할 때는 운영체제 종류에 따라 문제를 일으킬 수 있으므로 배포판을 정확히 선택해야 한다.

CHAPTER 2 도커의 동작 원리

SECTION 03

도커 컨테이너의 생애주기와 데이터 저장

이어서 도커 컨테이너의 생애주기를 알아보자. 사실 컨테이너는 '오랫동안 아껴 쓰는' 물건이 아니라 '그때그때 쓰고 버리는' 일회용품에 가깝다. 이 점을 이해해야 컨테이너 기술을 제대로 활용할 수 있다.

 도커 컨테이너는 '쓰고 버리는' 일회용품

컨테이너에 대한 설명을 듣다 보면 '컨테이너의 수명' 또는 '컨테이너의 생애주기'라는 이야기가 반드시 나오게 된다. 그 이유는 **컨테이너는 '쓰고 버리는' 일회용품 같은 것이기** 때문이다.

'버린다'는 말에 조금 위화감을 느낄지도 모르겠다.

앞서 얘기했듯이 컨테이너는 쉽게 만들 수 있다. 그러므로 컨테이너 하나를 업데이트하면서 계속 사용하기보다는 업데이트된 소프트웨어가 들어있는 새로운 컨테이너를 사용하는 것이 좋다.

즉, 새로운 버전이 나오면 새로운 컨테이너로 갈아타는 것이다.

이것이 가능한 이유는 컨테이너는 일반적으로 여러 개를 동시 가동하는 상황을 전제로 하기 때문이다. 여러 개의 컨테이너를 하나하나 업데이트하려면 많은 수고가 든다. 초기 구축은 간단히 마쳤는데 유지보수할 때마다 컨테이너를 일일이 업데이트하려니 컨테이너의 장점이 반감된다. 유지보수 횟수가 훨씬 많은 것도 그렇다.

이러한 이유로 오래된 컨테이너를 버리고 새로운 이미지로부터 새로운 컨테이너를 만들어 갈아타는 방식을 사용한다. 이런 방법을 사용하면 수고를 크게 덜 수 있다.

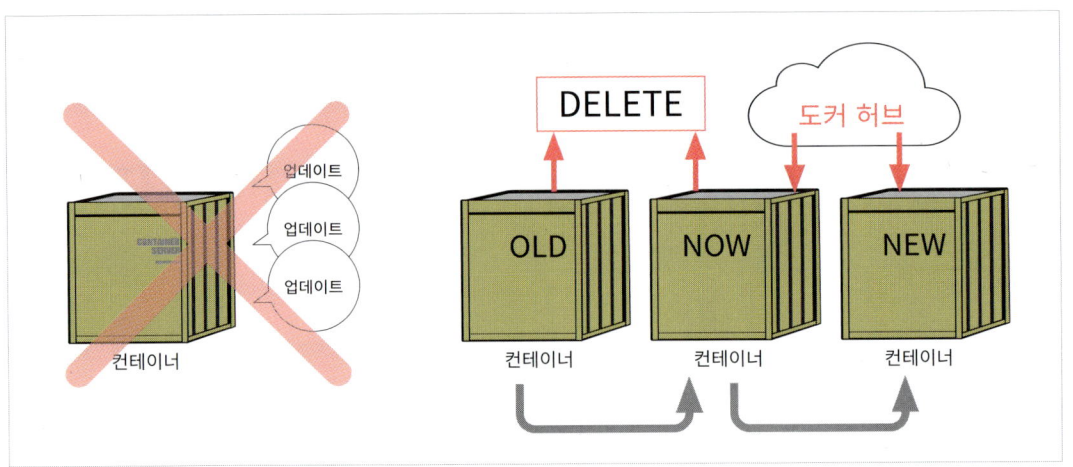

그림 2-3-1 컨테이너는 '쓰고 버리는' 일회용품에 가깝다.

이렇듯 컨테이너를 '만들고', '실행하고', '종료하고', '폐기한' 다음, 다시 컨테이너를 '만드는' 일련의 과정을 **'컨테이너의 생애주기'**라고 부른다.

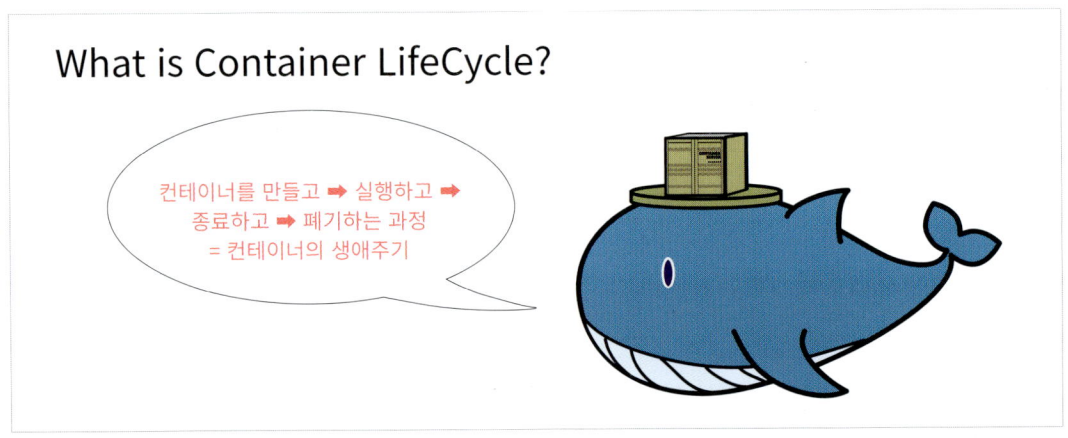

그림 2-3-2 컨테이너의 생애주기

데이터 저장

컨테이너를 폐기했다면 컨테이너에 들어있던 데이터는 어떻게 될까?

컨테이너를 폐기하면 해당 컨테이너 안에서 편집했던 파일은 당연히 사라진다. 이 파일은 컨테이너 안에 들어있었기 때문이다. 이래서야 곤란한 일이 아닐 수 없다.

이런 일을 방지하기 위해 보통은 **도커가 설치된 물리적 서버(호스트)의 디스크를 마운트해** 이 디스크에 데이터를 저장한다.

마운트는 '디스크를 연결해 데이터를 기록할 수 있도록 한 상태'를 의미하는데, 예를 들어 우리가 매일 사용하는 클라이언트 컴퓨터에 외장 USB 메모리나 HDD를 연결하듯이 도커 컨테이너도 물리적 컴퓨터의 디스크(HDD 또는 SSD)를 연결해 데이터를 기록할 수 있다.

이런 방법으로 컨테이너가 폐기되더라도 데이터는 컨테이너 외부에 안전하게 저장되어 사라지지 않는다. 최악의 경우 도커 엔진 자체에 무슨 일이 생기더라도 데이터는 그대로 보존된다. PC가 망가질 때를 대비해 외부에 데이터를 저장하는 것과 같은 이치다.

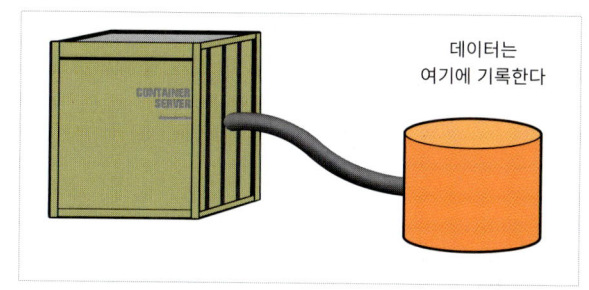

그림 2-3-3 물리적 컴퓨터의 일부를 마운트하고 여기에 데이터를 저장한다.

그리고 데이터를 이렇게 외부에 저장하면 다른 컨테이너와 데이터를 공유할 수도 있어서 매우 편리하다.

'일회용품 같은 컨테이너'의 개념을 이제 이해했는가?

간단히 설명하면 운영체제나 소프트웨어 부분은 컨테이너 형태로 만들었다가 쓰고 버리는 것을 반복하고, 데이터는 다른 곳에 저장해두고 같은 것을 계속 사용한다고 보면 된다. 설정 파일도 마찬가지다. 파일을 수정했다면 삭제되지 않을 곳에 저장한다.

그러나 프로그램을 개발할 때는 다른 저장소에 저장하지 않는 경우도 있으므로 컨테이너를 폐기하기 전에 중요한 데이터가 컨테이너에 포함돼 있지 않은지 확인해야 한다.

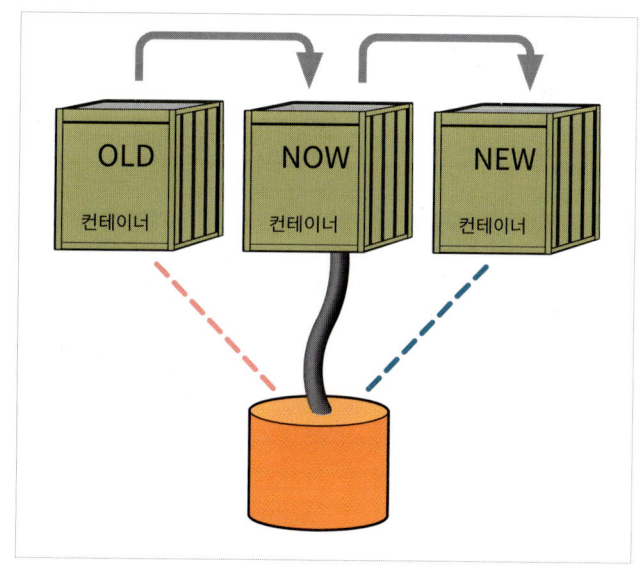

그림 2-3-4 컨테이너가 바뀌어도 외부에 저장된 데이터는 그대로 사용할 수 있다.

CHAPTER **2** | 도커의 동작 원리

도커의 장점과 단점

SECTION **04**

지금까지 도커의 여러 가지 특징을 알아봤다. 이번 절에서는 지금까지 설명한 도커의 특징을 나열하고 각각의 장점과 단점을 정리해 보겠다.

 도커의 구조와 성질 및 그 장단점

이 시점에서 일단 도커의 구조와 성질을 정리해 보자.

지금까지 이해하기 쉬운 예를 들어 설명했으니 대강의 내용은 이해했겠지만 다시 한번 다이어그램으로 정리했다.

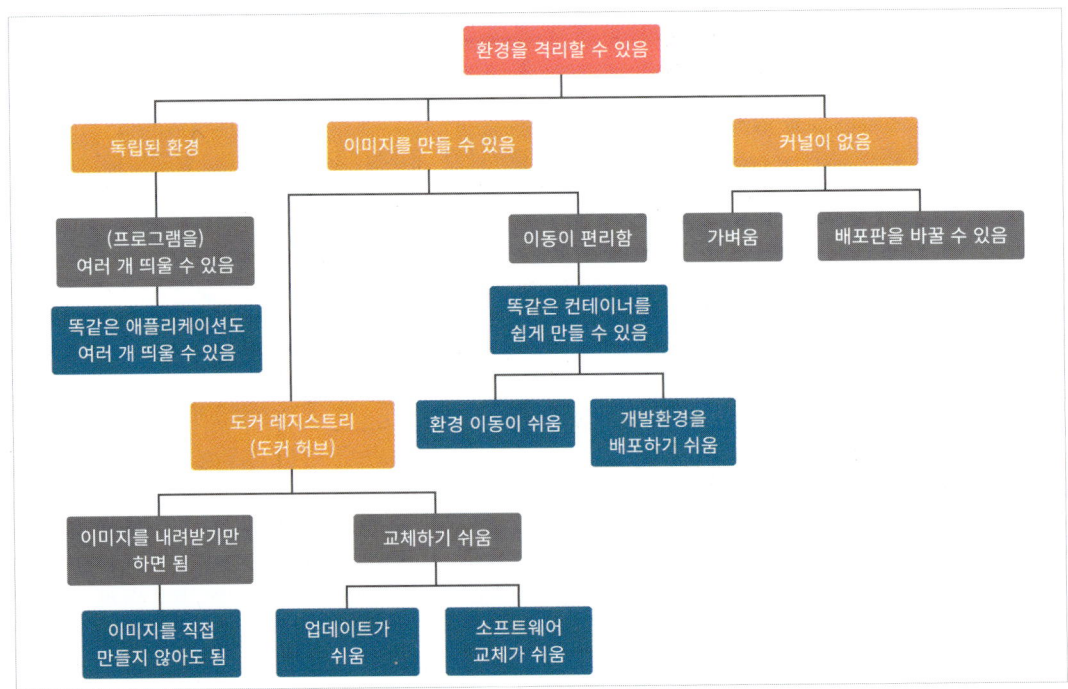

그림 2-4-1 도커의 성질

'환경을 격리할 수 있다'는 것이 핵심이다

우선 가장 핵심이 되는 성질은 '환경을 격리할 수 있다'는 점이다. 이러한 성질 덕분에 1. '독립된 환경'과 2. '이미지를 만들 수' 있게 되며 3. 컨테이너에 '커널을 포함시키지 않아도 되는' 구조가 가능했다.

독립된 환경

독립된 환경 덕분에 '여러 개의 컨테이너를 띄울 수' 있으며, '똑같은 애플리케이션도 여러 개 띄울 수' 있다.

그중 일부를 교체하거나 수정할 수도 있다.

이미지를 만들 수 있다

이미지를 만들 수 있다. 그리고 만든 이미지를 '도커 허브에서 배포'할 수 있다. 그러므로 모든 이미지를 스스로 처음부터 만들지 않아도 '이미지를 내려받기만 하면' 컨테이너를 사용할 수 있다. 또 구축 작업이 간단해지므로 '교체가 쉽고', '업데이트가 쉬운' 장점도 있다.

이미지를 만들 수 있다는 특징은 이동성이 좋다는 특징으로도 이어진다. '똑같은 컨테이너를 쉽게 만들 수 있으므로', '환경 이동'이나 '개발환경을 구축'하기도 쉽다.

컨테이너에 '커널을 포함시킬 필요가 없다'

컨테이너에는 커널(운영체제의 핵심이 되는 부분)을 포함시킬 필요가 없으므로 가볍다. 또 배포판도 원하는 것을 사용할 수 있다.

도커를 이해하기 어려운 이유는 이러한 장점만을 나열할 뿐 '도커의 어떤 구조로 인해 이러한 장점이 생기는가'에 대해 제대로 설명하지 않기 때문이다.

앞의 다이어그램과 같이 정리하면 모든 장점은 '격리가 가능하다'는 성질에서 시작되어 각각의 구조적 특징이 어떤 장점을 낳는지 잘 이해할 수 있다.

 도커의 장점과 단점

서버 관리의 관점에서 도커의 장점과 단점을 자세히 살펴보겠다.

도커의 장점은 '여러 개', '이동성', '생성', '보안'이라는 키워드로 나타낼 수 있다. 어떤 형태로 운영하더라도 이와 같은 점에서 도커의 장점을 느끼기 쉽다.

 도커의 장점

한 대의 물리 서버에 여러 대의 서버를 띄울 수 있다

첫 번째 장점은 한 대의 물리 서버에 여러 가지 기능을 안전한 상태로 띄울 수 있다는 점일 것이다. 여러 가지 기능을 띄우는 것 자체는 일반적인 서버로도 가능하다. 하지만 도커는 격리된 환경을 제공하므로 이들이 각각 안전한 상태로 실행되며, 일반적인 서버에서는 함께 실행할 수 없는 조합(같은 소프트웨어를 여러 벌 실행하는)도 가능하다.

또, 컨테이너에는 커널이 포함되지 않으므로 물리 서버의 운영체제에 의존한다. 이러한 이유로 소프트웨어적으로 하드웨어를 재현하는 가상화 기술에 비하면 압도적으로 가볍다.

서버 관리가 용이하다

컨테이너를 이용해 각 소프트웨어를 독립된 환경에 격리하므로 다른 소프트웨어에 영향을 끼치지 않는다. 업데이트도 그만큼 간단하다. 항상 최신 상태로 소프트웨어를 유지하기 쉬운 구조가 된다.

여기에 더불어 컨테이너 교체나 수정이 쉬우므로 환경 이전도 간단하다. 생성 및 폐기가 간단하므로 초기 설정에 따르는 시간과 수고를 들일 필요가 없다. 컨테이너를 수정했다면 이 컨테이너에서 이미지를 만들고 다시 이 이미지로 컨테이너를 대량으로 생성할 수도 있다.

서버 고수가 아니어도 다루기 쉽다

명령 한 줄로 서버 구축이 끝나므로 '터미널에 명령을 직접 입력해야 한다는' 것 외에는 장애물이 없다. 서버에 대해 잘 모르는 초보자라도 명령어만 익히면 컨테이너를 사용할 수 있다.

도커의 단점

공평하게 도커의 단점도 함께 알아보자.

우선, 당연한 이야기지만 리눅스 운영체제를 사용하는 기술이므로 리눅스용 소프트웨어밖에 지원하지 않는다. 서버에서는 리눅스 운영체제를 많이 사용하긴 해도 유닉스도 사용할 수 없고 윈도우 서버는 아예 지원하지 않는다.

그리고 물리 서버 한 대에 여러 대의 서버를 띄우는 형태이므로 호스트 서버에 문제가 생기면 모든 컨테이너에 영향이 미친다.

이 점은 가상화 기술이나 여러 명의 사용자가 서버를 공유하는 렌탈 서버, 렌탈 클라우드 등의 가상화 플랫폼에서도 마찬가지지만 하나의 물리 서버에 하나의 기능을 띄우는 상태와 비교하면 물리 서버에 문제가 생겼을 때 영향이 미치는 범위가 커진다.

그만큼 물리 서버의 이상에 대해 확실히 대책을 세워야 한다.

또 컨테이너를 여러 개 사용하는 형태를 가정하므로 컨테이너 하나를 장기간에 걸쳐 사용할 때는 그리 큰 장점을 느끼기 어렵다.

애초에 도커를 사용하려면 반드시 도커 엔진을 구동해야 하는데, 컨테이너를 하나밖에 사용하지 않는다면 도커 엔진이 단순한 오버헤드에 지나지 않기 때문이다.

도커의 주 용도

도커의 장점과 단점을 알아봤으니, 도커의 용도에 대해 알아볼 차례다.

팀원 모두에게 동일한 개발환경 제공하기(=동일한 환경을 여러 개 만들기)

개발환경에서는 팀원 모두에게 동일한 개발환경을 제공할 수 있어 편리하다. 특히 여러 프로젝트에 동시에 참여하는 현장에서는 프로젝트별로 컨테이너를 따로 사용할 수 있다. 컨테이너는 운영환경과 완전히 동일하게 생성되므로 개발환경과 운영환경의 차이가 근본적으로 사라진다.

개발환경으로 사용한 컨테이너는 운영 서버 구축을 담당하는 사람이 만들어 팀원에게 배포한다. 하나의 개발 서버를 공동으로 사용하면 수정으로 인한 경합이 발생할 수 있지만 이런 형태에서는 로컬에서 개발을 마치고 적절한 때에 적용하면 되므로 팀 내에서 조정하면 된다.

새로운 버전의 테스트(=격리된 환경을 이용)

운영체제나 라이브러리 등의 새로운 버전을 먼저 개발환경에서 테스트한 후 운영환경에 적용할 때도 컨테이너를 활용할 수 있다. 컨테이너 형태를 유지하는 한 도커 엔진이 구동을 보장해 주므로 물리 서버와의 상성은 고려하지 않아도 된다. 새로운 버전뿐만 아니라 변경된 환경에 대한 테스트에도 유용하다.

동일한 서버가 여러 대 필요한 경우(=컨테이너 밖과 독립된 성질을 이용)

동일한 서버가 여러 대 필요한 경우에도 컨테이너를 이용해 한 대의 물리 서버에 똑같은 서버를 여러 개 만들 수 있다. 이렇게 하면 관리도 간편하고 물리 서버를 여러 개의 컨테이너가 공유하므로 비용도 절약할 수 있다.

명령 한 줄이면 서버를 필요한 만큼 띄울 수 있으므로 운영체제를 설치하고, 로그인한 다음 소프트웨어를 설치하는 단순 업무를 반복할 필요가 없다. 소프트웨어까지 하나로 묶은 패키지를 사용하면 더욱 편리하다.

이 밖에도 스케일링에 유리하므로 웹 서버나 API 서버로 활용하는 등 다양한 활용 방법이 있다. 관심있는 독자는 그 밖의 활용 방법을 찾아보기 바란다.

> **COLUMN : Level ★★★**　**도커에서는 파일이 날아가기 쉬울까? 도커에 대한 오해**
>
> 도커를 잘 모르는 사람들이 도커에 대해 오해하곤 하는데, 그중에서도 '도커에서는 파일이 날아가기 쉽다'는 오해가 널리 퍼져 있다.
> 우선 '날아간다'는 표현부터 오해를 부르기 쉽다. '날아간다'는 말은 '지워질 수도 있고 그렇지 않을 수도 있다'는 뜻으로 읽힌다. 즉, 불의의 사고 등의 이유로 '지워질 확률이 매우 높다'는 말을 '날아간다'고 한다. 그렇다면 과연 도커에서는 파일이 '날아가기' 쉬울까?
> 정답은 '명시적으로 지우는 경우가 많다'다.
> 도커 컨테이너 속 파일은 컨테이너를 폐기하면 당연히 함께 지워진다. 그러나 컨테이너는 '쓰고 버리는' 방식이 기본이다. 그러므로 '지워지면 안 되는 파일은 주의해서 다뤄야 하는' 것이지, 파일이 잘 '날아가는' 것이 아니다. '지울 때가 많은' 것이다.

도커를 사용해보자

CHAPTER 3

드디어 도커를 실제로 설치해 보겠다.

앞에서 설명했듯이 도커 환경을 구축하는 방법에는 여러 가지가 있다. 이 책에서는 윈도우용 도커 데스크톱을 기준으로 설명하지만 그 밖의 환경에서 설치하는 방법도 부록에서 설명했으므로 자신의 환경에 맞는 방법을 참조하기 바란다.

CHAPTER 3 　 도커를 사용해보자

SECTION

도커를 사용하려면

3장에서는 실제로 도커를 설치하고 사용해 볼 것이다. 그러나 앞에서 설명했듯이 도커 환경을 구축하는 방법은 여러 가지가 있다. 각 방법을 자세히 설명하겠다.

 도커는 기본적으로 리눅스용이지만 윈도우와 macOS에서도 사용할 수 있다

지금까지 1, 2장에 걸쳐 도커에 대해 설명했다. 이번 장부터는 드디어 여러분이 기다리던 실습을 진행한다.

3장에서는 **도커를 설치**하고, **기본적인 조작 방법**을 익힌 다음, 4장부터 **명령어**를 이용해 사용한다.

도커를 사용하려면 **도커 엔진이라는 무료[1] 소프트웨어를 설치**해야 한다. 도커 엔진을 설치하려면 2장에서 설명했듯이 '기본적으로 리눅스 운영체제가 필요'하다.

하지만 리눅스 컴퓨터가 아니면 도커를 사용할 방법이 없는 것은 아니다. 역시 2장에서 설명했듯이 VirtualBox나 VMware 같은 가상화 소프트웨어에서 만든 가상 머신을 이용해 윈도우나 macOS에서 리눅스 환경을 구축하거나 윈도우용/macOS용 도커를 사용해 윈도우 및 macOS에서 도커를 사용할 수 있다.

도커 환경을 구축하는 방법은 크게 다음의 세 가지가 있다.

---

[1] 유료 버전도 있다. 자세한 내용은 69쪽의 '도커 엔진 유료 버전 'Enterprise Edition'' 칼럼을 참고.

도커 환경을 구축하는 세 가지 방법

❶ 리눅스 컴퓨터에서 도커 사용하기
❷ 가상 머신이나 렌탈 환경에 도커를 설치하고 윈도우나 macOS를 통해 사용하기
❸ 윈도우용/macOS용 도커 사용하기

요약하자면, ❶ **리눅스 컴퓨터를 사용**하거나, ❷ **어떤 형태로든 리눅스 환경에 설치하고 윈도우 또는 macOS를 통해 사용**하거나, ❸ **윈도우 또는 macOS용 도커를 사용**하는 방법이다.

어떤 방법을 사용해도 준비 과정에 조금 차이가 있을 뿐 명령어는 공통적으로 사용할 수 있다.

그림 3-1-1 리눅스, 윈도우, macOS 각각의 환경에 맞춰 도커 환경을 준비한다.

이 책에서는 3번에 해당하는 윈도우용 도커를 기준으로 설명한다. 다른 방법도 그때그때 보충설명할 것이므로 그 밖의 방법을 사용하고 싶다면 1번이나 2번 방법을 사용해도 무방하다.

1번과 2번 방법으로 학습을 진행할 때 필요한 지식을 3장 끝의 칼럼에서 설명한다. 또 간단한 설치 방법을 부록에 정리해 뒀으니 참고하기 바란다.

윈도우용/macOS용 도커 사용하기

도커를 사용하는 세 가지 방법 중 가장 손쉬운 방법은 윈도우용 및 macOS용 도커를 사용하는 것이다. 지금부터는 이 방법을 기준으로 설명하겠다.

윈도우와 macOS에서는 리눅스 운영체제가 들어있는 패키지(도커 데스크톱)를 사용한다

윈도우와 macOS에서는 각각 '윈도우용/macOS용 도커 데스크톱'이 패키지 형태로 제공된다. 이 책에서는 이들 패키지를 합쳐 **'도커 데스크톱'**이라고 부를 것이다.

리눅스 컴퓨터에 도커를 설치하려면 도커 엔진만 있으면 되지만 윈도우나 macOS에서는 리눅스 운영체제 등의 실행환경이 추가로 필요하기 때문에 이들을 함께 패키지로 묶어 배포한다.

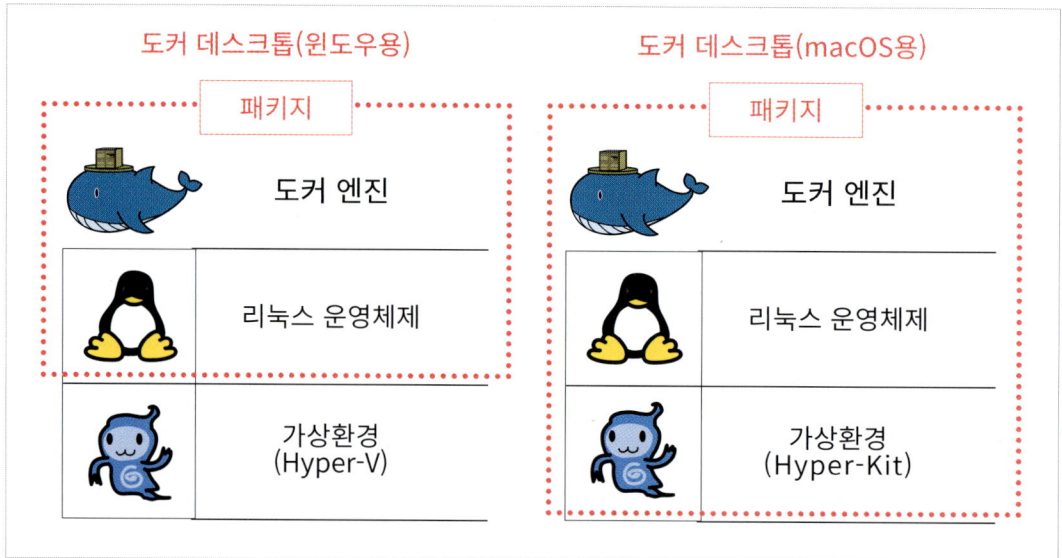

그림 3-1-2 도커 데스크톱에는 도커 엔진 외에 실행환경이 함께 패키징돼 있다.

윈도우용[2]/macOS용이긴 하지만 완전한 윈도우용/macOS용 소프트웨어는 아니며 윈도우나 macOS에 사용자에게는 보이지 않는 **가상의 리눅스 환경**을 만들고 이 환경에서 도커 엔진을 구동하는 구조다.

---

2 윈도우에서 제공되는 WSL2를 이용한 도커 데스크톱에 대해서는 뒤에 설명하겠다.

이런 관점에서 보면 앞서 설명한 '❷ 어떤 형태로든 리눅스 환경에 설치하고 윈도우 또는 macOS를 통해 사용'[3]과 매우 비슷하지만 가상화 부분에서 약간 차이가 있다.

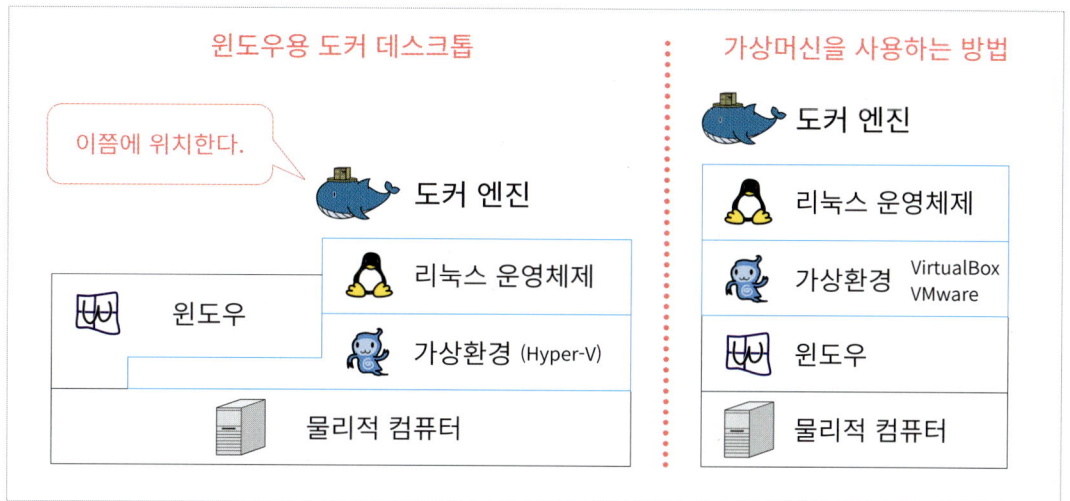

그림 3-1-3 도커 데스크톱과 가상화 소프트웨어를 사용한 방법의 차이점

'❷ 어떤 형태로든 리눅스 환경에 설치하고 윈도우 또는 macOS를 통해 사용하는 방법'은 사용자가 명시적으로 '가상화 소프트웨어를 설치하고, 그 위에 리눅스 운영체제를 설치한 다음 여기에 도커 엔진을 설치'하는 방법으로 구축하는 데 비해 도커 데스크톱은 사용자가 가상화 환경이나 리눅스 운영체제를 **신경 쓰지 않고도** 도커를 사용할 수 있다.

또한 내부적으로 사용되는 가상화 소프트웨어에도 차이가 있다. 2번 방법은 VirtualBox나 VMware 같은 소프트웨어를 사용하는 데 비해 윈도우용 도커 데스크톱은 Hyper-V, macOS용 도커 데스크톱은 HyperKit이라는 가상화 기술을 사용한다. Hyper-V는 윈도우에 포함돼 있으며 HyperKit은 도커 데스크톱 패키지에 포함돼 있다.

도커 데스크톱은 일반적인 소프트웨어처럼 사용한다

이렇듯 도커 데스크톱은 설치가 간편할뿐만 아니라 도커를 사용하면서 **가상화 소프트웨어나 리눅스 운영체제의 존재를 신경 쓰지 않아도 된다**는 특징이 있다.

따로 가상화 소프트웨어와 그 속에 있는 리눅스 운영체제를 실행하는 과정 없이 마치 윈도우나 macOS에서 동작하는 일반적인 소프트웨어를 사용하듯 사용할 수 있다.

---

3 이번 장 끝의 칼럼을 참고.

일반적인 소프트웨어처럼 설치하고 더블클릭해서 사용하면 된다.

다만 도커 데스크톱을 실행한 후 실제 도커 엔진을 다룰 때는 드래그 앤드 드롭 같은 마우스를 이용한 조작은 불가능하며[4], 명령행 인터페이스를 통해 조작해야 한다. 이 점에 대해서는 4장에서 더 자세히 설명하겠다. 명령행 인터페이스라고 해도 아주 어렵지는 않으니 안심해도 좋다. 참고로 리눅스 컴퓨터를 사용하든 가상머신 환경을 사용하든 명령행 인터페이스를 사용해야 하는 것은 마찬가지다.

운영체제가 두 개라니 괜찮을까?

도커 데스크톱은 우리가 항상 사용하는 윈도우나 macOS와 리눅스 운영체제가 함께 동작한다.

컴퓨터 한 대에 운영체제가 두 개 돌아간다니 뭔가 어렵고 대단하게 느껴진다.

그러나 도커를 사용하지 않을 때는 리눅스 운영체제를 따로 신경 쓰지 않아도 되기 때문에 어렵게 생각할 필요도 없고 혼란스러울 일도 없다. 말하자면 **도커가 전용으로 사용하는 숨겨진 운영체제**와 같다. 더 이상 사용하지 않게 되어 도커 데스크톱 패키지를 삭제하면 이 리눅스 운영체제도 함께 삭제된다.

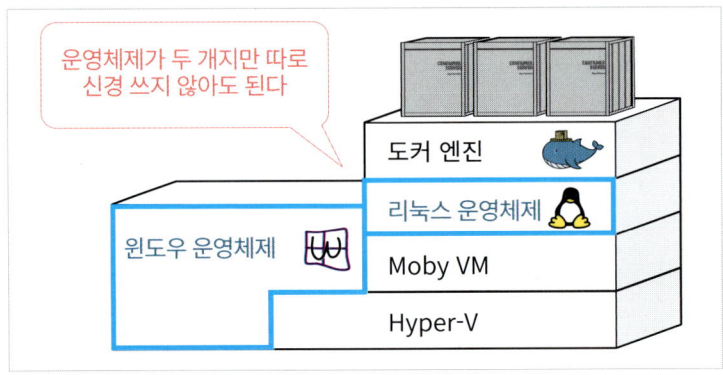

그림 3-1-4 도커 데스크톱을 사용할 때 운영체제가 두 개라는 점에 신경 쓰지 않아도 된다(그림은 윈도우용 도커 데스크톱과 뒤에 설명할 WSL2의 조합을 나타낸다).

도커 데스크톱을 사용하기 위한 조건과 도커 데스크톱이 불안정한 경우

문제는 오히려 도커 데스크톱을 사용하기 위한 조건과 간혹 도커 데스크톱이 불안정해지는 경우다.

---

[4] 설치 외 몇 가지 조작은 마우스로도 가능하다.

도커 데스크톱을 사용하려면 윈도우에서는 **Hyper-V(윈도우용 가상환경)가 활성 상태**여야 한다. macOS에서는 사용 요건[5] 외에 따로 필요한 조건은 없다.

도커 데스크톱이 불안정해지는 증상의 예로는 매우 느려지거나 VirtualBox 또는 VMware 같은 가상화 소프트웨어와 충돌[6]을 일으키는 경우가 있다.

이러한 증상은 도커 데스크톱을 실행하는 가상환경(Hyper-V)이 불안정해 일어나는 문제로서 **윈도우 및 가상화 소프트웨어를 모두 최신**[7]**으로 업데이트하면 버그가 해결**되겠지만 버전에 따라 충돌이 일어날 가능성이 있다. 업무상 가상환경을 사용하고 있다면 팀장님이나 선배처럼 잘 아는 사람에게 확인한 후 사용하기 바란다.

또 macOS[8]에서는 도커 데스크톱을 사용하면 약간 무겁게 느껴진다는 반응이 있었다. 거기다 맥 최신 모델(2020년 12월 현재)은 아키텍처의 변경으로 인해 기존 macOS용 도커 데스크톱을 사용할 수 없다. M1 지원 버전도 베타 버전이어서 당분간은 불안정할 가능성이 있다.

하지만 조건만 맞는다면 **도커 데스크톱이 가장 간단한 방법**임에는 틀림없다. 리눅스를 따로 설치하지 않아도 되고 원격 접속 때문에 골치를 썩힐 필요도 없다.

독자 여러분도 엔지니어인 이상 한번 도전해 보기 바란다. 잘 안 된다면 다른 방법을 시도하면 된다. 문제를 겪는 경험도 중요하다. 가상머신, 렌탈 환경을 이용해 학습을 진행하는 것도 좋다. 진행이 막혔다면 3장 끝의 칼럼을 참고하기 바란다.

윈도우용/macOS용 도커 데스크톱을 사용하기 위해 필요한 것
- 사용 조건을 만족하는 윈도우 또는 macOS

주의할 점
- 평소에 가상화 소프트웨어를 사용했다면 윈도우와 가상화 소프트웨어를 모두 최신 버전으로 업데이트해야 한다.

---

[5] 이번 절 끝의 설명을 참조

[6] '❷ 어떤 형태로든 리눅스 환경에 설치하고 윈도우 또는 macOS를 통해 사용'하는 방법에서는 아무 문제가 없다. 문제는 '❸ 윈도우 또는 macOS용 도커를 사용' 중 Hyper-V를 사용하는 방법에서만 일어난다.

[7] 2020년 7월 기준

[8] macOS용 도커 데스크톱에서 쓰이는 HyperKit은 macOS 10.10 요세미티 이후 버전의 Hypervisor.framework에 포함된 가상환경이다.

COLUMN : Level ★★★ 도커 데스크톱과 툴박스 버전의 차이

도커 데스크톱이 나오기 전에 윈도우와 macOS에서는 도커 툴박스 버전을 사용했다. 현재는 툴박스 버전은 레거시(구 버전)로 넘어갔기 때문에 사용을 추천하지 않는다.

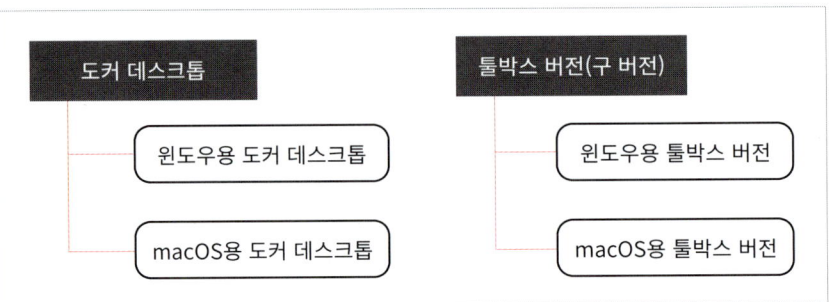

그림 3-1-5 도커 데스크톱과 툴박스 버전의 비교

그러나 도커 툴박스 버전이 레거시로 넘어갔어도 도커 데스크톱이 안정화되기 전까지는 툴박스 버전을 사용하는 사람이 많았다. 그 이유는 도커 데스크톱과 툴박스의 차이에 있다.

도커 데스크톱과 툴박스 버전은 구성이 비슷하지만 가장 큰 차이점은 가상화 소프트웨어에 있다. 도커 데스크톱에서는 Hyper-V(윈도우)나 HyperKit(macOS)을 사용하는 데 비해 툴박스 버전에서는 VirtualBox를 사용했다.

항목	도커 데스크톱		툴박스 버전
지원 운영체제	윈도우	macOS	윈도우/macOS
가상화 소프트웨어	Hyper-V	HyperKit	VirtualBox

도커 데스크톱이 불안정한 경우는 대부분 가상환경이 원인이므로 가상화 소프트웨어를 교체하면 된다는 발상에서 툴박스 버전을 그대로 사용하는 사람이 많았다. 다만 레거시라고 지정한 만큼 이 책의 뒷부분에 해당하는 내용은 동일하게 동작하지 않는 경우도 있기 때문에 사용을 추천하지는 않는다.

COLUMN : Level ★★★
WSL2는 무엇일까? 윈도우 홈 에디션에서도 도커를 사용할 수 있을까?

도커 데스크톱은 윈도우 10 홈 에디션에서는 사용할 수 없고 프로 이상의 버전을 사용해야 한다고 알려져 있다. Hyper-V가 프로에만 포함돼 있기 때문이다.

그러나 윈도우 10의 2020년 봄 업데이트에서 WSL2라는 새로운 기능이 추가됐다. WSL2는 'Windows Subsystem for Linux 2'의 약자로, 윈도우에서 리눅스 소프트웨어를 실행하기 위한 기능이다. 이 기능을 이용하면 윈도우 10 홈 에디션에서도 도커 데스크톱을 사용할 수 있다. 즉, 모든 윈도우 10 사용자가 도커 데스크톱을 사용할 수 있게 된 것이다.

이 WSL2 기능은 홈 에디션 사용자 외에도 영향을 받는 사람이 많다.

설명이 복잡해지므로 여기서는 다루지 않지만 사실 윈도우용 도커 데스크톱은 두 가지 종류로 나뉜다.

같은 설치 파일을 사용하므로 사용자는 눈치채기 어렵지만 **도커 제작사에서 만든 리눅스 운영체제를 사용하는 버전**(기존 버전)과 **마이크로소프트에서 만든 WSL2를 사용하는 버전**이 있다.

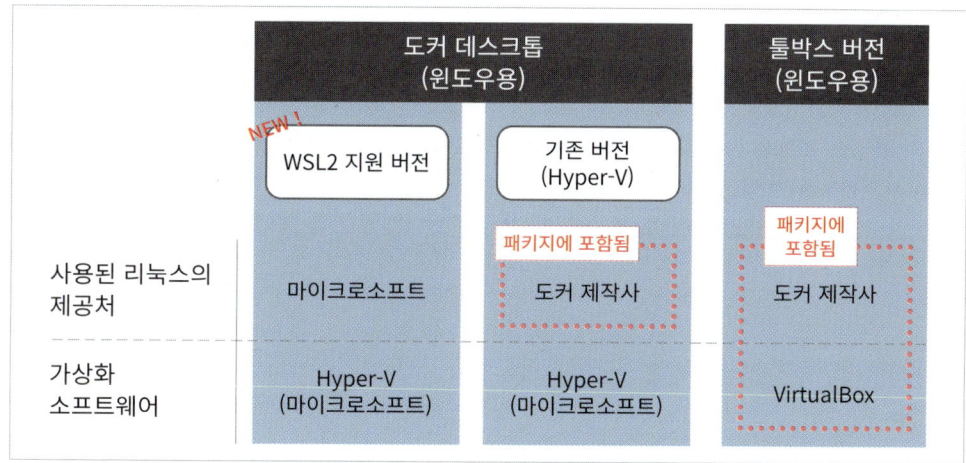

그림 3-1-6 도커 데스크톱의 두 가지 종류

도커 데스크톱 패키지에는 리눅스가 포함돼 있다. 이 리눅스는 도커 제작사에서 제공한 것이다. 리눅스는 오픈소스이므로 이러한 일이 가능하다.

반면 WSL2 기능이 업데이트되면서 마이크로소프트에서 제공하는 리눅스도 사용할 수 있게 됐다. 다시 말해 패키지에 포함된 도커 제작사에서 제공하는 리눅스와, WSL2와 함께 사용할 수 있는 마이크로소프트에서 제공하는 리눅스를 모두 사용할 수 있다. 윈도우까지 합하면 운영체제가 무려 세 개가 함께 동작하게 된다. 도커 관리 화면에서 이 두 가지 리눅스를 선택해 사용할 수 있다(그림 3-1-7).

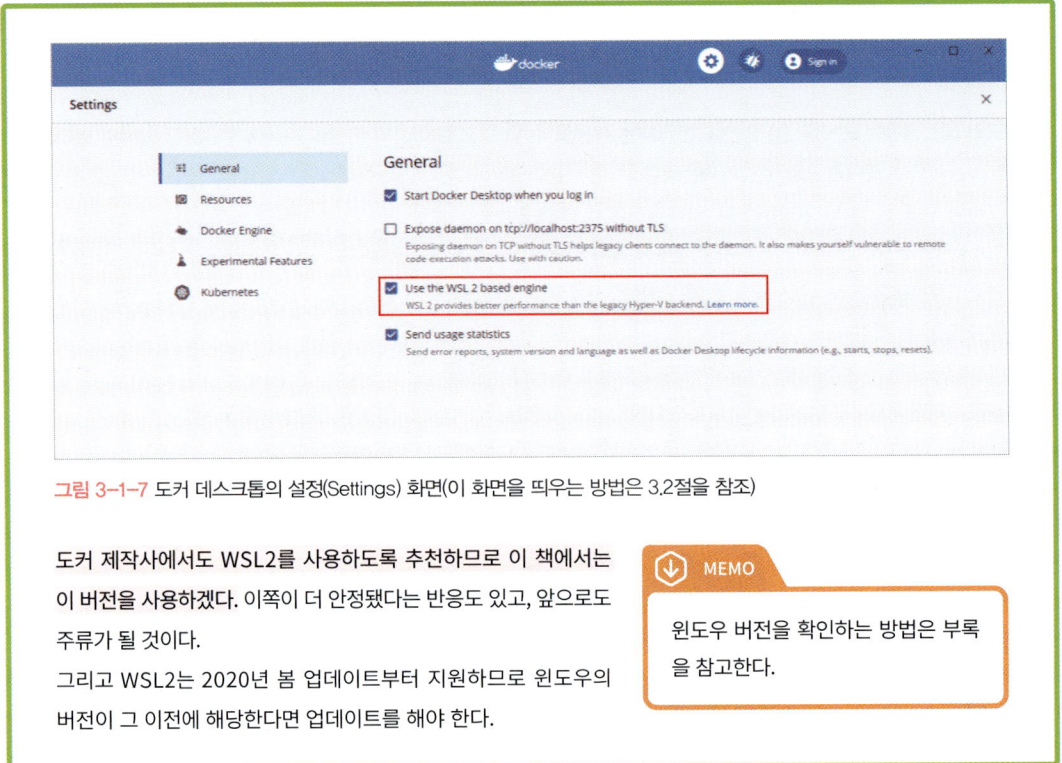

그림 3-1-7 도커 데스크톱의 설정(Settings) 화면(이 화면을 띄우는 방법은 3.2절을 참조)

도커 제작사에서도 WSL2를 사용하도록 추천하므로 이 책에서는 이 버전을 사용하겠다. 이쪽이 더 안정됐다는 반응도 있고, 앞으로도 주류가 될 것이다.

그리고 WSL2는 2020년 봄 업데이트부터 지원하므로 윈도우의 버전이 그 이전에 해당한다면 업데이트를 해야 한다.

> **MEMO**
> 윈도우 버전을 확인하는 방법은 부록을 참고한다.

 도커를 실행하기 위한 조건

도커 엔진을 설치하려면 하드웨어 및 운영체제의 조건을 만족해야 한다.

우선 도커는 **64비트 운영체제**에서만 동작한다. 가장 먼저 자신이 사용하는 운영체제가 64비트인지 확인하기 바란다. 구체적인 사항은 58쪽을 참고하면 된다.

그 밖의 실행 요건은 잘 이해가 되지 않는다면 우선 설치를 진행해보면 된다. 실행 요건을 만족하지 못한다면 설치가 진행되지 않으므로 실행 요건을 충족하는지 알 수 있다.

운영체제가 64비트인지 확인

컴퓨터에는 32비트 컴퓨터와 64비트 컴퓨터가 있다.

윈도우 버전을 기준으로 윈도우 비스타 이전의 컴퓨터는 32비트, 윈도우 8 이후의 컴퓨터부터는 64비트가 주류를 이룬다.

윈도우 비스타 시절의 컴퓨터라면 지금은 거의 사용하기 힘든 것이 대부분이겠지만 윈도우 7이 쓰이던 시기는 과도기여서 따로 확인해야 한다. 윈도우 10을 사용하는 컴퓨터라도 태블릿이나 스틱형 PC에는 32비트가 아직 남아 있으므로 주의가 필요하다.

그림 3-1-8 32비트 컴퓨터에서는 도커를 사용할 수 없다.

구체적으로 버전을 확인[9]하려면 윈도우의 '설정' 앱에서 '시스템' 항목 아래의 '정보'에서 '64비트 운영 체제[10], x64 기반 프로세서[11]'라고 나온다면 64비트 컴퓨터다. 중요한 것은 **운영체제가 64비트 버전인가**다. 'x64 기반 프로세서'라고 나와 있더라도 '32비트 운영 체제'라고 돼 있다면 도커를 사용할 수 없다.[12]

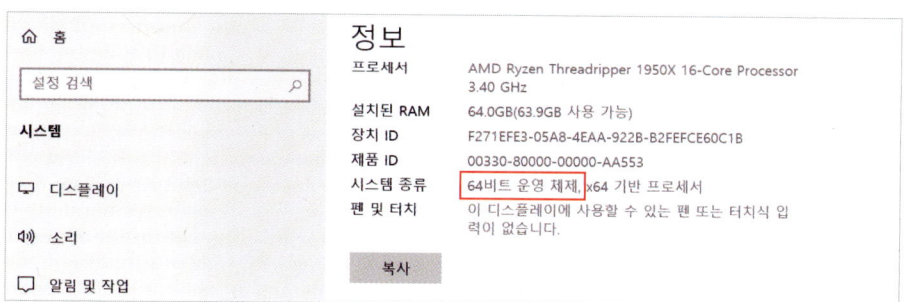

그림 3-1-9 시스템 정보 확인

---

[9] 부록 01을 참조한다.
[10] 운영체제가 64비트라는 뜻이다.
[11] 기반 프로세서란 간단히 말하면 CPU의 종류로, 64비트 CPU라는 뜻이다.
[12] 만약 윈도우를 삭제하고 리눅스를 설치한다면 가능하다. 이때는 'x64 기반 프로세서'가 중요해진다.

macOS에서는 방법이 좀 더 복잡하다.

Mac OS X v10.6 (스노우 레오파드) 즈음부터 32비트와 64비트가 섞여 있어 딱 잘라 말하기는 어렵지만 맥을 비교적 최근에 구입했다면 64비트 컴퓨터일 것이다.

화면 왼쪽 상단의 사과 마크를 클릭해 메뉴에서 '이 Mac에 관하여'를 클릭하고 '프로세서' 항목을 확인한다.

윈도우 버전의 사용 조건

운영체제 요구사항

- 윈도우 10 64비트 버전: 프로, 엔터프라이즈, 에듀케이션 중 Build 16299 이후 버전[13]
- 윈도우 10 64비트 버전: 홈 에디션일 경우 WSL2를 사용 가능(2004 버전 이후)
- Hyper-V[14] 및 Containers가 활성화됨

하드웨어 요구사항

- CPU: SLAT 기능을 지원하는 64비트 프로세서
- 메모리: 4GB 이상
- BIOS에서 virtualization이 활성화됨

macOS 버전의 사용 조건

- 2010년 이후에 발매된 모델
- macOS 10.13(하이 시에라) 이후 버전
- 메모리: 4GB 이상

---

[13] 홈 에디션 외에는 WSL2가 필수가 아니지만 WSL2를 사용할 수 있는 편이 좋다.
[14] 설치 시 대화창을 통해 활성화할 수 있다.

리눅스 버전의 사용 조건

- 배포판[15] 및 버전이 다음 표에 표시된 것 이상이어야 함
- 리눅스 커널: 3.10 이후 버전
- iptables: 1.4 이후 버전
- Git: 1.7 이후 버전
- XZ Utils: 4.9 이후 버전
- procp와 cgroups 계층을 준수

지원하는 리눅스 배포본 및 버전

배포본	버전
CentOS	CentOS 7 이후
우분투	우분투 16.04 이후
데비안	데비안 9(스트레치) 이후
페도라	페도라 30 이후

COLUMN : Level ★★★   리눅스의 배포본

어떤 리눅스 배포본을 선택해야 할지 망설여본 적이 있을 것이다. 지원하는 배포본 중 자신이 마음에 드는 것을 선택하면 되지만 만약 리눅스에 대해 잘 알지 못하는 독자라면 **우분투**를 고르면 대부분의 경우 문제가 없다.

여기에는 이유가 있다. 배포본은 크게 레드햇 계열※과 데비안 계열※로 나뉜다. 두 가지는 서로 비슷하지만 일부 명령이나 세세한 부분에서 차이가 있다. 나중에 설명하겠지만 도커를 이용해 다루게 될 컨테이너는 데비안 계열의 운영체제 비슷한 것※을 사용하는 경우가 많다. 따라서 초보자에게는 **데비안 계열**이 사용하기 쉽다. 리눅스를 익숙하게 다루지 못하는 독자라면 데비안 계열 중에서도 널리 사용되는 우분투를 추천한다.

물론 레드햇 계열이 익숙하다면 이쪽을 사용해도 무방하다. CentOS, 우분투, 데비안, 페도라는 모두 무료로 배포된다.

> **MEMO**
> **레드햇 계열**
> 레드햇 엔터프라이즈, CentOS 등
> **데비안 계열**
> 데비안, 우분투, 페도라 등

> **MEMO**
> **도커를 이용해 다루는 컨테이너**
> 공식 컨테이너에서는 알파인 리눅스가 많이 사용된다. 알파인은 군더더기가 거의 없는 작은 크기의 배포본이다.

> **MEMO**
> **운영체제 비슷한 것**
> 컨테이너 안에는 운영체제 비슷한 것이 들어있다고 설명한 바 있다.

---

[15] 배포본은 간단히 말해 리눅스의 종류를 의미한다.

CHAPTER 3 | 도커를 사용해보자

SECTION

도커 설치

이번 절에서는 도커를 설치해보겠다. 윈도우용 도커의 설치 방법을 기준으로 설명하지만 macOS 또는 리눅스용 도커를 설치하는 방법도 부록에 정리해 뒀다. 자신의 환경에 맞는 방법을 참조하기 바란다.

도커는 간단히 설치할 수 있다

지금부터 도커를 설치해볼 텐데, 설치 과정 자체는 그리 어렵지 않다. 특히 윈도우나 macOS를 사용하고 있다면 일반적인 소프트웨어 설치처럼 대화창의 지시에 따라 마우스를 클릭하기만 하면 된다(그림 3-2-1). 간단하지 않은가? 이렇게 그래픽을 통해 조작 가능한 사용자 인터페이스를 **GUI**[16]라고 한다.

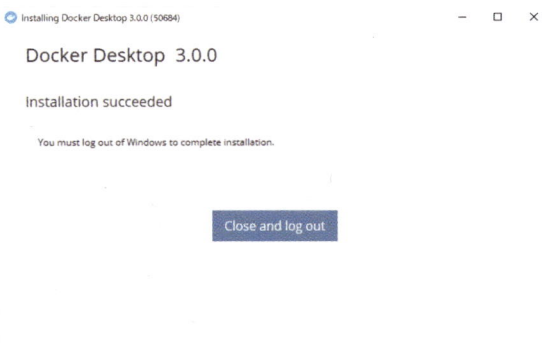

그림 3-2-1 윈도우에서 도커를 설치하는 화면

반면 리눅스에서는 **명령을 직접 키보드로 쳐서 입력하는 스타일의 사용자 인터페이스인 CUI**[17]를 사용한다. 이 인터페이스가 낯선 독자들도 있을 것이다. 하지만 정해진 명령을 입력하고 엔터 키만 누르면 되므로 크게 어렵지는 않다(그림 3-2-2). 책에 쓰인 명령어를 그대로 입력하기만 하면 된다.

그림 3-2-2 리눅스에서 도커를 설치하는 화면

[16] Graphical User Interface
[17] Character User Interface

이번 절에서는 윈도우용 도커 데스크톱을 기준으로 설치 과정을 자세히 설명한다. 하지만 macOS나 리눅스용 도커를 설치하는 방법도 부록에 정리해 뒀으므로 윈도우 환경이 아닌 독자는 부록을 참고해 진행하기 바란다.

그럼 실습을 진행하겠다.

윈도우용 도커 데스크톱을 설치하자

이 책에서는 WSL2를 사용하는 윈도우용 도커 데스크톱[18]을 기준으로 한다. 따라서 먼저 WSL2 기능을 활성화하고 리눅스 커널을 업데이트한 다음, 도커 설치에 들어간다. 기본적으로는 GUI를 사용하게 되므로 안심해도 좋다.

또 WSL2를 사용하려면 윈도우가 **1903/1909 이후** 버전이어야 한다. 설치 전에 꼭 윈도우를 최신 버전으로 업데이트하자.

여기서 할 일

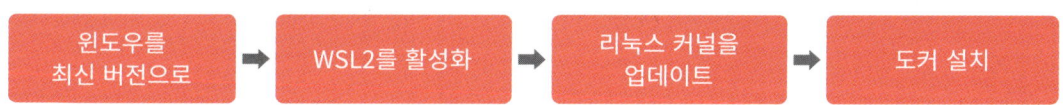

단계 ⓪ 사전 준비

우선 윈도우를 최신 버전으로 업데이트한다. 업데이트 후 '**1903/1909 이후**' 버전인지 확인한다.

확인 방법은 부록 01을 참고한다.

단계 ① 'Windows 기능 켜기/끄기' 창을 연다

윈도우의 시작 메뉴에서 [제어판] → [프로그램] → [프로그램 및 기능] → [**Windows 기능 켜기/끄기**]를 클릭한다.

---

[18] WSL2를 사용하지 않는다면 Hyper-V를 활성화하면 된다.

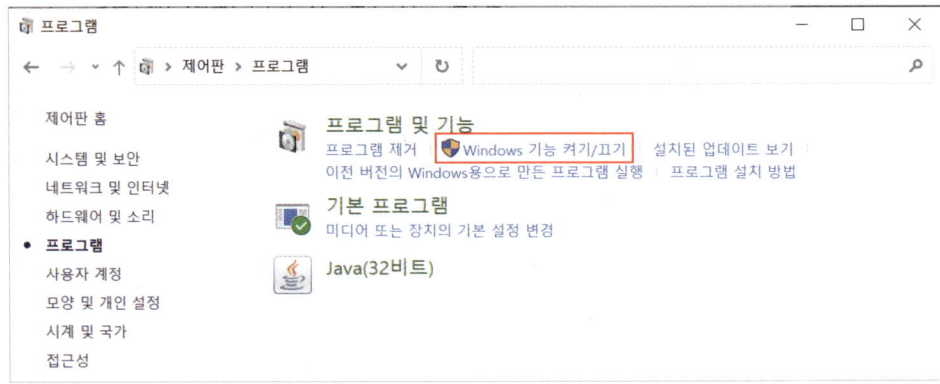

그림 3-2-3 [Windows 기능 켜기/끄기]를 클릭한다.

단계 2 -- 두 가지 기능을 활성화한다

[**Linux용 Windows 하위 시스템**]과 [**가상 머신 플랫폼**] 기능을 체크한 뒤 [확인] 버튼을 클릭한다.

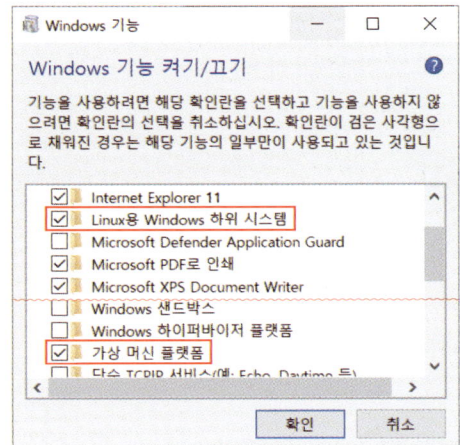

그림 3-2-4 두 가지 기능을 체크한다.

단계 3 -- 컴퓨터를 재시작한다

체크한 기능을 활성화하기 위해 컴퓨터를 재시작한다.

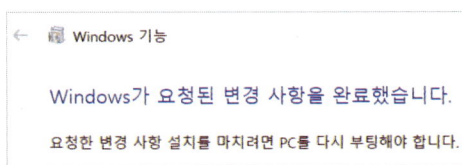

그림 3-2-5 기능을 활성화하려면 컴퓨터를 재시작해야 한다.

단계 ④ -- 리눅스 커널을 내려받아 업데이트한다

웹 브라우저에서 다음 URL에 접근해 **리눅스 커널을 내려받는다**(URL 입력이 어렵다면 구글에서 'wsl update download' 등의 키워드로 검색하면 된다).

- https://wslstorestorage.blob.core.windows.net/wslblob/wsl_update_x64.msi

다운로드가 끝난 후, 내려받은 파일을 실행해 리눅스 커널을 업데이트한다.

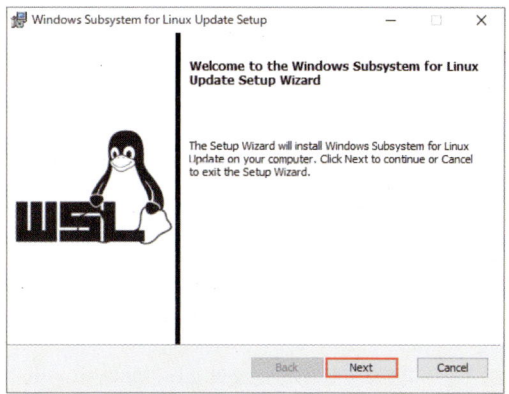

그림 3-2-6 리눅스 커널 업데이트

단계 ⑤ -- 윈도우용 도커 데스크톱 내려받기

웹 브라우저에서 다음 URL에 접근해 윈도우용 도커 데스크톱을 내려받는다.

- 윈도우용 도커 데스크톱: https://docs.docker.com/docker-for-windows/install

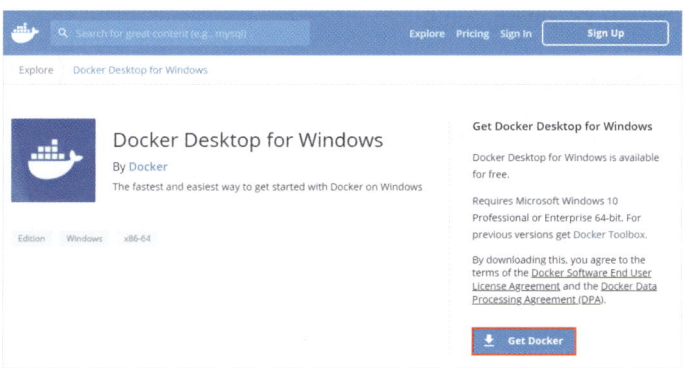

그림 3-2-7 윈도우용 도커 데스크톱 내려받기

단계 ⑥ -- 설치 파일 실행

내려받은 설치 파일을 실행한다.

그림 3-2-8 설치 파일을 더블클릭해 실행

단계 7 - 환경 확인

환경 설정 항목이 표시되면 모든 항목에 체크한 다음 [OK]를 클릭한다. 그러면 설치에 필요한 파일을 내려받으며 설치가 진행된다.

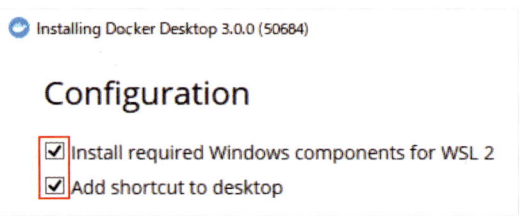

그림 3-2-9 윈도우용 도커 데스크톱의 설치 진행 화면

단계 8 - 설치 완료 및 재부팅

설치가 끝난 후 [Close and log out] 버튼을 클릭해 윈도우에 다시 로그인한다.

설치가 끝나면 바탕화면에 'Docker Desktop' 아이콘이 새로 추가된다.

그림 3-2-10 설치 완료

도커 데스크톱의 첫 실행 및 화면 확인

설치를 무사히 마쳤으니 도커를 실행할 차례다.

처음 실행하면 튜토리얼이 화면에 표시되는데, 이 내용은 보지 않아도 무방하다.

단계 1 -- 도커 데스크톱 첫 실행

바탕화면에 추가된 'Docker Desktop' 아이콘을 더블클릭해 도커 데스크톱을 실행한다.

그림 3-2-11 'Docker Desktop' 아이콘을 더블클릭한다.

단계 2 -- 태스크 트레이 확인

태스크 트레이를 열어 고래 아이콘이 나타났는지 확인한다.

그림 3-2-12 고래 아이콘을 확인한다.

단계 3 -- 튜토리얼 건너뛰기

도커 데스크톱을 실행하면 시작 화면 또는 주 화면이 나타난다. 시작 화면에 튜토리얼이 표시되기도 하는데, 읽지 않고 건너뛰어도 무방하다(물론 튜토리얼을 읽어도 된다).

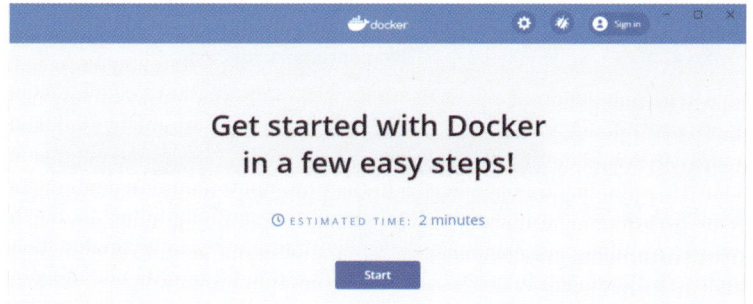

그림 3-2-13 도커 데스크톱의 시작 화면

> **↓ COLUMN : Level ★★★**　　도커를 설치하면 컴퓨터가 느려진다?
>
> 설치가 끝나면 도커는 상주 실행 상태가 된다. "주 실행 상태라면 컴퓨터가 느려지지 않을까?"라는 걱정이 드는 독자도 있을 것이다. 도커는 상주 상태로 실행되긴 하지만 컨테이너를 실행하지 않았다면 컴퓨터가 느려지는 일은 없다. 이 책에서는 매 학습 항목이 끝날 때마다 사용했던 컨테이너를 폐기하기 때문에 이런 문제가 일어날 일은 없으니 안심하기 바란다. 그리고 도커를 종료하는 방법은 4장 서두에서 설명하겠다.

도커 데스크톱의 화면 확인

도커는 기본적으로 명령행을 통해 조작하지만 도커 데스크톱은 컨테이너 목록 등을 GUI를 통해 제공한다. 이 화면을 확인해 보자.

도커 데스크톱을 처음 실행하면 주 화면이 나타난다.

주 화면에는 [Containers/Apps], [Images]라는 두 개의 탭이 있으며, 이 화면은 바탕화면의 도커 데스크톱 아이콘 또는 시작 메뉴에서 도커 데스크톱을 실행하면 나타난다.

 Containers/Apps 탭 화면

[**Containers/Apps**] 탭을 클릭하면 나타나는 화면이다. 실행 중인 컨테이너의 목록을 볼 수 있다.

그림 3-2-14 Containers/Apps 탭 화면

Image 탭 화면

[**Images**] 탭을 클릭하면 나타나는 화면이다. 내려받은 도커 이미지의 목록을 볼 수 있다.

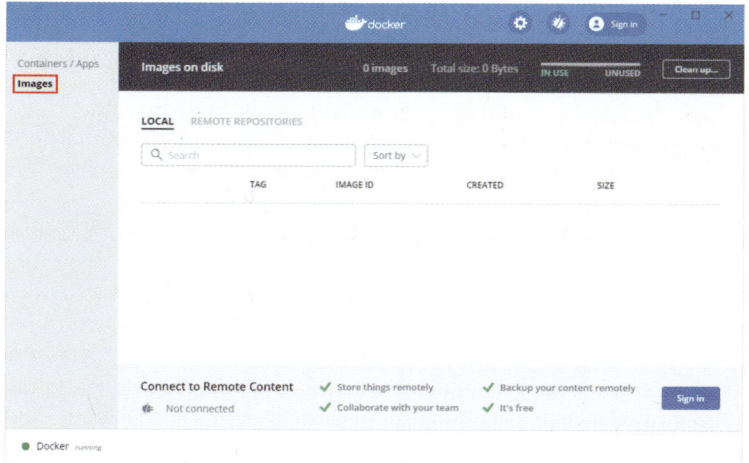

그림 3-2-15 Images 탭 화면

도커 실행 중 여부 확인

화면 왼쪽 아래의 마크 색상을 통해 도커가 실행 중인지 여부를 확인할 수 있다. 마크의 색이 녹색이 아니거나 'running'이라고 표시되지 않는다면 도커가 정상적으로 실행되고 있는 상태가 아닐 수 있다.

그림 3-2-16 정상 동작 중임을 나타내는 마크

그림 3-2-17 업데이트 또는 중지 상태임을 나타내는 마크

도커 설정 확인

도커 데스크톱에서 [**Settings**](톱니바퀴 아이콘)을 클릭하면 'Settings' 화면이 나타나며, 이 화면에서 도커의 여러 설정을 확인하거나 변경할 수 있다.

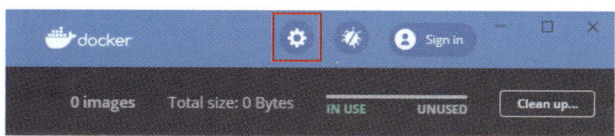

그림 3-2-18 톱니바퀴 버튼을 클릭해 'Settings' 화면에서 도커의 설정을 확인할 수 있다.

WSL2에서 동작하는지 여부를 확인

도커 엔진이 **WSL2** 상에서 동작하고 있는지를 알 수 있다면 편리하다.

'Settings' 화면에서 [General] 탭을 클릭한 다음, [Use the WSL2 based engine] 항목이 체크돼 있는지 확인한다. 이 항목의 체크를 해제하면 도커 엔진이 Hyper-V를 통해 동작한다.

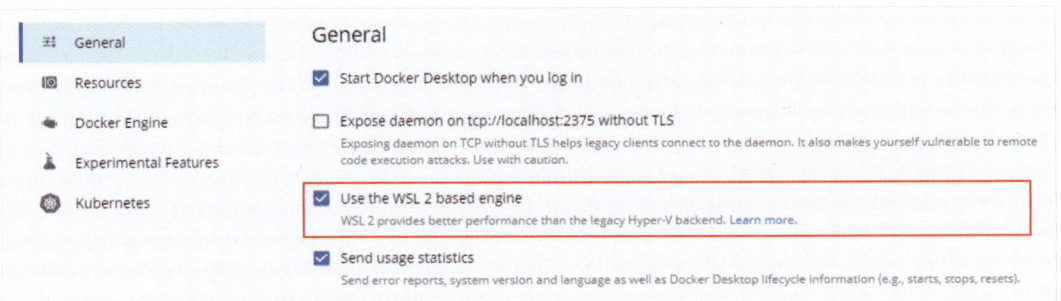

그림 3-2-19 도커 엔진이 WSL2에서 동작하는지 확인

COLUMN : Level ★★★   윈도우에서 도커가 정상 동작하지 않는 경우

윈도우에서 도커를 실행할 때 'Cannot enable Hyper-V service' 또는 'Not enough memory to start Docker Desktop' 등의 오류 메시지가 출력되며 도커가 정상 동작하지 않는다면 다음과 같은 사항을 확인하기 바란다.

'Cannot enable Hyper-V service' 오류 메시지가 출력되는 경우

- Hyper-V가 활성 상태인지 확인한다.
- BIOS 화면에서 'Virtualization Technology'가 활성 상태인지 확인한다.

'Not enough memory to start Docker Desktop' 오류 메시지가 출력되는 경우

- 컴퓨터에 탑재된 메모리가 충분한지 확인한다.
- WSL2 버전 또는 기존 버전을 사용할 때 메모리가 4GB 이상인데도 이 오류 메시지가 출력된다면 버전을 바꿔보거나 메모리 사용 설정을 변경해야 한다. WSL2 버전을 사용한다면 메모리 관리가 정상적이지 않을 가능성이 있으므로 기존 버전을 사용한다. 'General' 탭에서 'Use the WSL2 based engine' 항목의 체크를 해제한 다음 도커를 재실행하면 기존 버전의 도커 엔진을 사용할 수 있다.

기존 버전의 엔진에서도 오류 메시지가 계속 출력된다면 메모리 사용 설정을 조정해야 한다. 태스크 트레이에서 도커 아이콘을 클릭해 메뉴에서 'Settings'를 선택한 다음 'Resources' 탭에서 'ADVANCED'를 선택한 다음 'Memory'의 설정값을 낮춘다(그림 3-2-20).

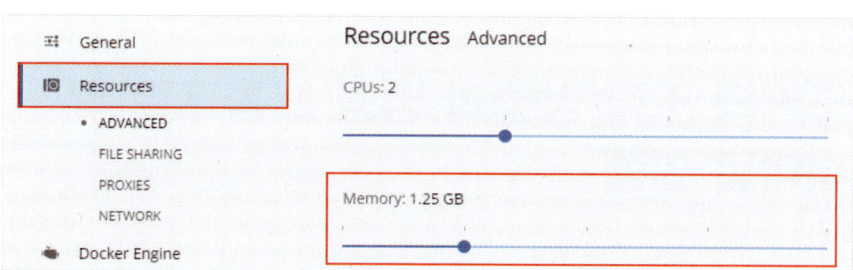

그림 3-2-20 'Resource' 탭에서 'Memory'의 설정값 조정

그 밖의 오류 메시지 또는 위의 방법으로도 문제가 해결되지 않는 경우

- 만약 이 밖의 오류 메시지가 출력되거나 위의 방법으로도 문제가 해결되지 않았다면 **소프트웨어의 최신 버전에서 큰 변경이 있었을 수 있으므로** 이 책의 홈페이지(https://wikibook.co.kr/dkkb)를 확인한다.
- 도커 엔진 등의 소프트웨어는 설치 환경에 따라 정상 동작하지 않는 경우가 왕왕 있다. 또한 독자 여러분의 환경이 천차만별이므로 저자가 모든 오류를 예측하기는 어렵다. 가능한 한 독자 여러분의 실습을 지원하고 싶지만 예측이 불가능한 문제도 있으므로 주변의 상사나 선배가 있다면 이들에게 문의하는 것도 좋은 방법이다(부탁으로 문제가 해결됐다면 답례를 잊지 말자).

COLUMN : Level ★★★ 도커 엔진 유료 버전 'Enterprise Edition'

지금 설치한 도커 엔진은 무료로 사용할 수 있는 'Community Edition'(이하 CE)인데, 이 밖에도 유료 버전인 'Enterprise Edition'(이하 EE)이 있다.

두 가지 버전의 차이를 간단히 정리하면, EE는 보증과 함께 인증을 거친 **인프라 또는 플러그인, 보안 검사 기능** 등이 제공된다.

보증과 함께 제공되는 만큼 레드햇 엔터프라이즈 리눅스나 SUSE 같은 리눅스 유료 배포판이나 윈도우 서버에서 사용하거나, 종합적인 관리를 원하는 경우에 많이 사용된다.

특히 윈도우 서버는 EE만 지원하므로 CE를 사용할 수 없다.

> **MEMO**
>
> **윈도우 서버**
>
> 윈도우의 한 종류로서 서버용 운영체제다. 인증 서버, 파일 서버, .NET 프레임워크 및 C#으로 작성된 웹 애플리케이션 서버로 많이 사용된다.

CHAPTER 3 | 도커를 사용해보자

SECTION 03

도커의 조작 방법과 명령 프롬프트 및 터미널 실행

설치가 끝난 도커에 명령을 입력해 보겠다. 단축 명령이나 명령행 도구에서 제공하는 입력 히스토리를 이용해 편리하게 사용하는 방법을 익히자.

 **도커는 명령 프롬프트 또는 터미널에서 다룬다**

설치가 끝났다면 도커가 이미 동작 중일 것이다. 이번에는 도커를 실제로 다뤄볼 텐데, 그 방법이 전과는 조금 다르다.

윈도우나 macOS에서 도커 데스크톱을 설치했다면 지금부터는 마우스를 사용하는 GUI 대신 **명령을 입력하는 CUI**를 사용해 도커를 다룬다(리눅스에서는 처음부터 CUI를 사용했다).

CUI는 익숙하지 않은 사람도 많을 테니 따로 설명하겠다. **이미 CUI에 익숙한 사람이라면 지금부터 설명할 내용은 건너뛰고 4장으로 넘어가도 좋다.**

도커는 소프트웨어가 실행 중이라도 전용 입력 화면이 없기 때문에 도커에 명령을 전달할 별도의 소프트웨어를 사용한다.

윈도우에서는 **명령 프롬프트**, macOS에서는 **터미널**이 쓰인다.

쉽게 말해 '검은 화면'이다. 익숙치 않은 사람은 해커를 떠올릴지도 모르겠지만 그렇게 대단한 물건은 아니다.

이렇듯 **컴퓨터에 명령을 전달하는 소프트웨어를 뭉뚱그려 '터미널 소프트웨어'**라고 한다.

 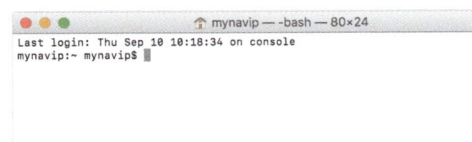

그림 3-3-1 터미널 소프트웨어의 예

명령 프롬프트와 터미널 모두 기본 탑재된 소프트웨어이므로 시작 메뉴(윈도우)와 런치패드(macOS)에서 실행할 수 있다.

그럼 실행시켜 보자.

 명령 프롬프트를 실행하는 방법(윈도우)

1. 윈도우 시작 버튼을 클릭
2. 'W' 항목에 포함된 'Windows 시스템'을 클릭
3. '명령 프롬프트'를 클릭

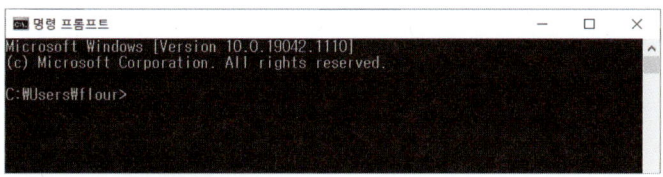

그림 3-3-2 명령 프롬프트

 터미널을 실행하는 방법(macOS)

1. 런치패드를 실행
2. 'Terminal'을 더블클릭[19]

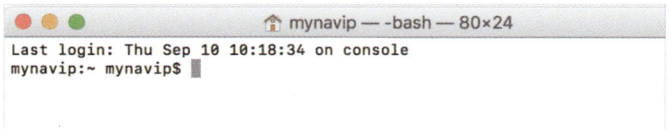

그림 3-3-3 터미널

---

[19] Finder의 "/Application/Utilities" 폴더에서도 실행할 수 있다.

명령 프롬프트 및 터미널에 대해 주의할 점

도커 엔진을 정상적으로 시작했으니 명령 프롬프트와 터미널을 이용해 도커 엔진을 사용해 보겠다.

명령문은 그리 어렵지 않다.

예를 들어, 이름이 'penguin'인 컨테이너가 있다면 컨테이너를 실행하려면 'docker run penguin', 정지하려면 'docker stop penguin'이라고 입력하면 된다. 간단하다. 하지만 초보자에게는 당혹스러울 수도 있다(참고로 이런 이름의 컨테이너를 생성한 적이 없으므로 위의 명령을 실행해도 지금은 아무 일도 일어나지 않는다).

우선 명령 프롬프트 또는 터미널을 사용할 때의 주의사항을 다음과 같이 정리했다.

그림 3-3-4 'penguin' 컨테이너를 실행하는 명령

 프롬프트는 현재 사용자를 나타낸다

터미널 창을 잘 살펴보면 'C:\Users\chiro>'(윈도우) 또는 'chiropc: ~chiro $'(macOS) 같은 내용을 볼 수 있다. 리눅스에서는 '[chiro@chiropc~]#' 또는 '[chiro@chiropc~] $'와 같이 나오기도 한다. 이것은 사용자나 컴퓨터의 이름(호스트명), 사용자의 유형을 나타내는 내용으로, 프롬프트라고 한다.

이 프롬프트의 내용을 통해 현재 로그인 상황을 알 수 있다.

윈도우

```
C:\Users\[사용자명]>
예: C:\Users\chiro
```

macOS

```
[호스트명]: ~[사용자명] $
예: chiropc: ~chiro $
```

리눅스

```
[ [사용자명]@[호스트명] ~]#
예: [chiro@chiropc~]#
```

기타

```
[ [사용자명]@[호스트명] ~] $
예: [chiro@chiropc~]$
```

 -- **명령을 입력한 후에는 반드시 엔터 키를 눌러야 한다**

명령을 입력했다면 마지막에 반드시 **엔터 키**를 눌러야 한다.

예를 들어, 'docker run penguin'이라는 명령을 입력한 후에는 마지막에 반드시 엔터 키를 누른다. 엔터 키를 누르지 않으면 명령이 실행되지 않는다.

윈도우

```
C:\Users\chiro> docker run penguin    ← 마지막에 엔터 키를 누른다.
   프롬프트           명령
```

macOS

```
chiro@chiropc ~ $ docker run penguin   ← 마지막에 엔터 키를 누른다.
     프롬프트            명령
```

리눅스

```
[chiro@chiropc~]$ docker run penguin   ← 마지막에 엔터 키를 누른다.
     프롬프트            명령
```

 -- **실행 및 종료, 폴더 이동까지 모두 명령어로**

윈도우나 macOS에서는 클릭으로 소프트웨어를 실행하거나 종료했었다. 그러나 터미널 소프트웨어에서는 실행이나 종료할 때도 **명령어를 입력**해야 한다.

폴더를 열거나 파일을 이동할 때처럼 드래그 앤드 드롭을 사용할 때도 마찬가지로 명령어를 입력한다.

GUI와 달리 자신이 위치한 현재 폴더를 잊기 쉽기 때문에 이 점에 주의하며 진행하자.

그림 3-3-5 메모장을 실행하는 명령어

복사 및 붙여넣기 단축키를 사용할 수 있다

리눅스를 사용하던 사람은 조금 위화감을 느낄 수도 있겠으나 윈도우의 명령 프롬프트에서는 Ctrl+C나 Ctrl+V 같은 **복사 및 붙여넣기**[20]의 **단축키**를 사용할 수 있다. macOS에서는 command+C 또는 command+V를 사용하면 된다.

또한 명령 프롬프트나 터미널 창의 메뉴에서도 복사 및 붙여넣기, 검색이 가능하다.

리눅스에서는 직접 키보드를 연결[21]해 사용하고 있지 않은 이상 애초에 단축키나 마우스를 사용할 수 없다. 원격[22]에서 접속한 경우에는 접속 중인 터미널 소프트웨어[23]에 따라 달라진다.

명령 프롬프트 및 터미널의 단축키

항목	윈도우	macOS	리눅스(로컬)
복사	Ctrl + C	command + C	대체로 없음
붙여넣기	Ctrl + V	command + V	대체로 없음
명령 히스토리	커서 키 Up	커서 키 Up	커서 키 Up

커서키 Up을 누르면 이전에 입력한 명령이 나온다

명령을 입력할 때 편리한 기능이 하나 있다. 위의 표에도 나와있지만 명령 히스토리를 사용하는 방법이다. 전에 입력했던 명령을 **커서키 Up**을 눌러 불러올 수 있다.

---

20 전에는 단축키를 사용할 수 없었으나 윈도우 10부터 기능이 추가됐다.
21 노트북에 직접 설치된 리눅스를 사용하는 경우와 같다.
22 'SSH란? 원격으로 컴퓨터에 접속하기' 칼럼을 참조
23 Tera Term 또는 PuTTy 등이 유명하다.

실행한 명령의 수행이 끝나면 다음 프롬프트가 나온다

초보자는 명령을 입력한 뒤 명령이 현재 실행 중인지 실행이 끝났는지 알기 어렵다.

기본적으로 명령의 수행이 끝나면 **다음 프롬프트**가 출력된다.

새로운 프롬프트가 나오지 않았다면 아직 명령을 실행 중이니 잠시 기다리면 된다.

 명령 프롬프트 및 터미널을 종료해도 도커는 종료되지 않는다

명령 프롬프트나 터미널은 창에 있는 **[x] 버튼**[24]을 클릭하면 창이 닫히며 종료된다.

도커 엔진과 터미널 소프트웨어는 완전히 별개의 소프트웨어다. 그러므로 터미널 소프트웨어를 종료하더라도 도커 엔진이 종료되는 것은 아니다.

도커 엔진을 종료하려면 따로 엔진을 종료시키는 명령이 필요하다(이때 모든 컨테이너가 종료된다). 도커 엔진을 종료하는 방법은 83쪽을 참조하기 바란다.

단, 서버에서 도커를 사용 중이라면 도커 엔진과 함께 모든 컨테이너가 종료되므로 도커 엔진을 종료하는 경우는 드물다.

 [실습] 명령 프롬프트와 터미널을 사용해보자

명령 프롬프트와 터미널은 평소 사용하는 방법과 많이 다르기 때문에 처음에는 당황하기 쉽다.

도커와 직접 관계는 없지만 몇 가지 조작 방법을 다루고 이번 장을 마치겠다. 그 전에 먼저 71쪽을 참고해 명령 프롬프트나 터미널을 실행한 후 진행한다.

 **'날짜를 확인하거나 변경'하는 명령**

프롬프트(C:\Users\[사용자명]> 부분) 뒤에 **'date'**를 입력한 후 엔터 키를 누른다.

✏️ 터미널에 입력

```
C:\Users\chiro> date    ← 입력 후 엔터 키를 누른다.
```

---

24 exit 명령을 입력해도 종료할 수 있다. 그러나 컨테이너 안에 접속된 상태라면 첫 번째 exit 명령으로 컨테이너를 빠져나온 후, 다시 한번 exit 명령을 입력해 터미널을 종료한다.

단계 2 -- 날짜 변경 화면이 표시된다

현재 날짜와 변경 화면이 표시된다. 이때 새로운 날짜를 입력하면 날짜가 변경되지만 여기서는 **아무것도 입력하지 않고 엔터 키**를 누른다.

✏️ 터미널에 입력

```
현재 날짜: 2020-08-22
새로운 날짜를 입력하십시오: (년-월-일)    ← 아무것도 입력하지 않고 엔터 키를 누른다.
```

단계 3 -- 터미널 창을 닫는다

명령 프롬프트 또는 터미널을 닫기 위해 **'exit'** 명령을 입력하고 **엔터 키**를 누른다.

✏️ 터미널에 입력

```
C:\Users\chiro> exit    ← 입력 후 엔터 키를 누른다.
```

지금까지는 '엔터 키를 누른다'는 추가 설명을 붙였지만 앞으로는 이 설명을 생략할 것이므로 잊지 말고 엔터 키를 누르기 바란다.

COLUMN : Level ★★★   **SSH란? 원격으로 컴퓨터에 접속하기**

이번 장에서는 자신의 컴퓨터에 설치된 도커 엔진을 다뤘기 때문에 명령 프롬프트나 터미널에서 직접 도커 엔진을 조작할 수 있었다. 그러나 도커를 실제로 운영하는 환경에서는 자신의 컴퓨터가 아닌 리눅스 서버※에 설치된 도커 엔진을 다루게 된다. 이때는 먼저 **SSH 소프트웨어(SSH 클라이언트)**를 사용해 서버에 접속한 다음 도커 엔진을 조작한다. 윈도우로 따지면 원격 데스크톱※과 비슷한 것이다.
SSH 소프트웨어는 터미널과 비슷하지만 원격지에 있는 컴퓨터를 다루기 위한 것으로, 처음에 사용자명이나 패스워드를 입력하거나 통신을 암호화하는 등 원격 조작에 필요한 기능을 갖추고 있다. 구체적인 SSH 소프트웨어로 **Tera Term, PuTTy** 등이 유명하다.

> **MEMO**
> **자신의 컴퓨터가 아닌 리눅스 서버**
> EE를 사용하고 있다면 윈도우 서버에서도 사용할 수 있다.

> **MEMO**
> **윈도우로 따지면 원격 데스크톱**
> 그러나 GUI가 아니다.

COLUMN : Level ★★★ 리눅스 컴퓨터나 가상 머신, 렌탈 환경에서 도커 구축하기

3-1절에서 도커를 사용하는 방법에는 다음 세 가지가 있다고 설명했다. 이 책에서는 3번 방법을 사용하기 때문에 1번과 2번 방법에 대한 자세한 설명은 생략한다. 하지만 1번과 2번 방법을 통해 학습을 진행하려는 독자를 위해 이 칼럼을 빌려 설명을 추가한다.

❶ 리눅스 운영체제가 설치된 컴퓨터에서 도커 사용하기
❷ 가상 머신 또는 렌탈 환경에 도커를 설치하고 윈도우나 macOS를 통해 사용하기
❸ 윈도우용 또는 macOS용 도커 사용하기

❶ 리눅스 운영체제가 설치된 컴퓨터에서 도커 사용하기

도커를 사용하려면 리눅스가 필요하므로 리눅스 운영체제가 설치된 64비트 컴퓨터를 준비하고 여기에 도커 엔진을 설치하는 방법이 가장 간단하다(그림 3-3-6).

특히, 서버처럼 실제 도커를 운용하는 환경에 가장 가까운 방법이다. '리눅스 운영체제가 설치된 컴퓨터'라고 하면 어렵게 들리지만 그렇게 특별한 것은 아니며, 단순히 운영체제가 리눅스일 뿐이다. 즉 지금 독자 여러분이 사용하는 윈도우 컴퓨터에서 운영체제를 교체하면 리눅스 컴퓨터로 만들 수 있다(맥도 가능은 하지만 복잡한 방법을 거쳐야 한다).

> **MEMO**
> 간단히 설명하면 컴퓨터에는 32비트와 64비트가 있다. 도커는 64비트 컴퓨터에서만 동작한다는 점에 주의한다.

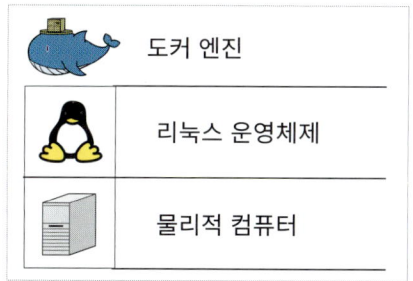

그림 3-3-6 리눅스 운영체제가 설치된 컴퓨터에서 도커 사용하기

리눅스 컴퓨터에서 학습을 진행할 때는 **도커를 실제 운용하는 환경에 가깝다는** 점 외에도 단순하며 뒤에 설명할 가상 머신이나 렌탈 환경을 사용하는 방법과 비교해 **도커나 리눅스 외의 지식을 필요로 하지 않는다는** 장점이 있다.

특히 네트워크나 서버에 대해 본격적으로 공부하고 싶다면 예전에 사용하던 컴퓨터나 20~30만 원 정도의 중고 노트북※을 구입해 리눅스 연습용 컴퓨터를 만드는 방법을 추천한다. Core 2 Duo※ 이상의 사양이라면 문제가 없을 것이다. 컴퓨터를 켜면 곧바로 리눅스를 사용할 수 있으므로 어렵지 않게 도커 외의 공부도 할 수 있다. 하지만 아무리 엔지니어라도 평소에 사용하는 컴퓨터에도 리눅스를 사용하는 사람은 많지 않으며, 엔지니어가 아니라면 리눅스를 만져본 적도 없을 수 있다.

> **MEMO**
> **중고 노트북**
> 값이 싸다고 섣불리 구입하지 말고 64비트인지 반드시 확인할 것.

리눅스 컴퓨터를 완전히 처음부터 갖춘다면 간단히 말해 리눅스 운영체제를 설치※하는 작업도 필요하다.

'좀 어려울 것 같다'는 생각이 든다면 억지로 리눅스 컴퓨터를 고집하지 말고 2번 또는 3번 방법으로 학습을 진행하고, 조금 익숙해진 다음에 다시 도전하는 것도 좋다.

리눅스 환경에서 도커를 설치하는 방법을 부록에 정리해 뒀으므로 이쪽도 참고하기 바란다.

> **MEMO**
>
> **Core 2 Duo**
> 도커의 개발 방향에 따라 앞으로 사용할 수 없게 될 수도 있으므로 준비하기 전에 반드시 최신 정보를 확인할 것.

> **MEMO**
>
> **리눅스 운영체제를 설치**
> 대화창의 지시를 따르기만 하면 되므로 크게 어렵지 않다.

리눅스 컴퓨터로 도커를 사용하기 위해 필요한 것
- 리눅스 운영체제가 설치된 컴퓨터(사용하지 않는 오래된 컴퓨터 또는 중고 노트북이 좋다)
- 리눅스 운영체제(우분투 또는 CentOS 등을 인터넷에서 내려받는다)
- 설치에 사용할 새 DVD-R 디스크 또는 USB 메모리
- 리눅스 운영체제를 설치하기 위한 지식

❷ **가상머신 또는 렌탈 환경에 도커를 설치하고, 윈도우나 맥 컴퓨터를 통해 사용하기**

우선 가상머신을 구축하는 방법을 설명하겠다.

평소에 사용하는 컴퓨터에 VirtualBox나 VMware 같은 **가상화 소프트웨어**가 설치돼 있다면 여기에 리눅스 운영체제를 사용하는 가상머신을 만들고 도커 엔진을 설치하면 된다.

IT 기업에 근무 중인 독자라면 이미 사용하고 있는 사람도 많을 것이다.

가상화 소프트웨어란 컴퓨터 속에 또 다른 컴퓨터(여러 대도 가능)를 만드는 기능을 한다. 평소에 사용하는 컴퓨터의 연장선상에서 다룰 수 있으므로 컴퓨터 속 컴퓨터를 켜고 끄기가 쉬우며 공간도 차지하지 않는다.

가상머신이므로 필요가 없어지면 컴퓨터 전체를 삭제할 수 있다는 점도 편리하다.

다만 컴퓨터 속에 컴퓨터를 만드는 다중구조가 생기므로 **가상머신을 다루는 데 익숙하지 못하다면 약간 혼란이 생길 수 있**다. 네트워크 설정도 필요하고 가상머신에도 리눅스 운영체제를 설치해야 한다.

또한 도커만을 사용하기 위해 가상화 소프트웨어를 설치한다면 가상환경을 갖추는 단계가 하나 늘어나고 그만큼 컴퓨터의 리소스를 차지하기 때문에 오히려 거추장스러운 부분도 있다. 이 부분은 컴퓨터의 사양과 평소에 가상화 소프트웨어를 사용하는지 여부, 취향에 따라 판단하기 바란다.

물리적인 리눅스 컴퓨터를 준비하는 것보다는 간편하므로 이 방법도 좋은 방법이라고 생각한다.

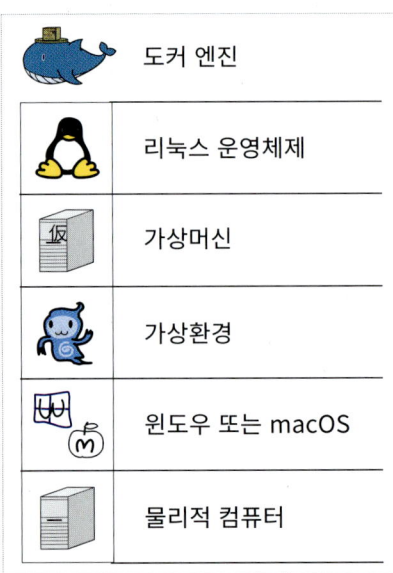

그림 3-3-7 가상머신에서 도커 사용하기

가상머신으로 도커를 사용하기 위해 필요한 것
- VirtualBox 또는 VMware 같은 가상화 소프트웨어
- 가상머신을 다루기 위한 지식(네트워크 설정 등)
- 리눅스 운영체제(우분투 또는 CentOS 등을 인터넷에서 내려받는다)
- 설치에 사용할 새 DVD-R 디스크 또는 USB 메모리

이어서 렌탈 환경을 사용해 도커를 사용하는 방법을 설명하겠다. 리눅스를 사용하고 싶지만 가상머신을 사용하기엔 컴퓨터 사양이 빠듯하거나, 평소 사용하는 컴퓨터에 영향을 미치고 싶지 않은 경우에는 **클라우드 또는 VPS 같은 렌탈 환경**에 **도커를 설치**하는 방법이 좋다. 렌탈 환경으로는 사쿠라 인터넷에서 제공하는 '사쿠라 클라우드' 및 'VPS', AWS에서 제공하는 'EC2' 등이 있다.

> **MEMO**
>
> **클라우드 또는 VPS 같은 렌탈 환경**
> 도커를 설치하기 위해서는 설치 권한이 필요하다. 클라우드나 VPS 외의 일반적인 렌탈 서버는 설치 권한이 없는 경우가 많다.

> **MEMO**
>
> **AWS에서 제공하는 EC2**
> AWS에서 제공하는 도커 환경이라고 하면 ECS나 EKS 등을 먼저 떠올릴 수도 있겠으나, 이들은 오케스트레이션 도구이므로 도커 자체는 EC2에 구축해야 한다.

렌탈 환경은 자신의 컴퓨터가 아니므로 불필요해지면 삭제 및 반납하면 되며, 컴퓨터의 사양과 관계없이 사용할 수 있다.
또한 리눅스가 이미 설치된 서버를 선택하거나(VPS), 클릭 한 번으로 설치(클라우드)할 수 있다. 따라서 리눅스 환경을 갖추기 편리하다는 점도 매력적이다.
하지만 당연히 사용을 위해 인터넷 환경이 필요하며, 렌탈 환경을 사용하기 위한 지식도 필요하다. **사용하는 만큼 비용이 청구되므로 '깜박 잊고 그대로 켜두지 않도록'** 주의하자.

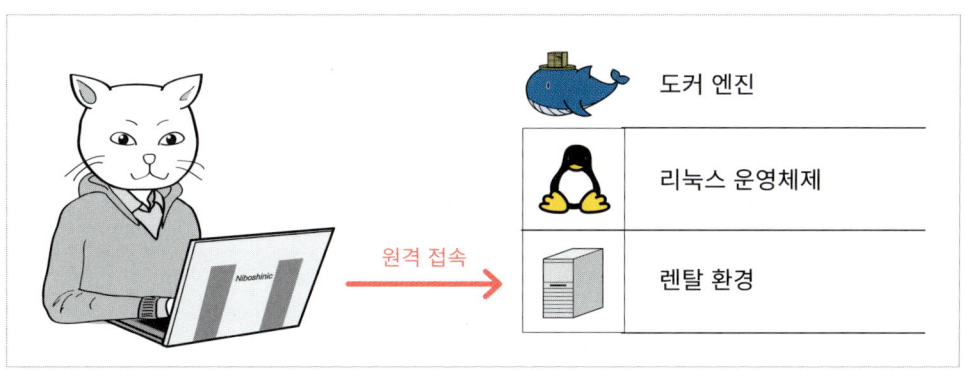

그림 3-3-8 렌탈 환경에서 도커 사용하기

렌탈 환경에서 도커를 사용하기 위해 필요한 것
- 클라우드 또는 VPS 등의 렌탈 환경
- 렌탈 환경을 사용하기 위한 지식(네트워크 설정 등)
- 금전(유료※일 경우 또는 가입 시 신용카드 등록이 필요※한 경우가 많다)

> **MEMO**
> **유료**
> 무료 기간이 끝나기 전에 학습을 마치는 꼼수도 가능하다.

> **MEMO**
> **가입 시 신용카드 등록이 필요**
> 요금에 주의해야 한다.

COLUMN : Level 팀을 조직해 학습하자

도커 학습이 어렵게 느껴진다면 동료나 친구와 함께 팀을 이뤄 학습하는 것이 좋다. 혼자 학습하다 보면 좌절감이 들 수 있고, 잘 이해가 가지 않더라도 팀을 이뤄 학습하면 어렵지 않게 난관을 돌파할 수 있다. 회사에서 사용하지 않는 컴퓨터를 받아 사용하는 것도 좋다. 또한 도커 학습이 목표이므로 리눅스 운영체제 설치를 선배나 상사에게 부탁해도 좋을 것이다.

선뜻 부탁하기 어려울 수도 있지만 선배나 상사 입장에서는 '리눅스도 도커도 사용하지 못하는 직원'보다는 '도커만이라도 사용할 수 있는 직원'이 더 쓸모 있다. 독자 여러분이 도커를 익히는 것은 이 사람들에게 이점이 크다. 도커를 배운 뒤에는 리눅스는 싫어도 익숙해질 것이므로 순서가 반대여도 무방하다.

COLUMN : Level 그외 환경의 도커 설치 방법

가상화 환경(VirtualBox) 또는 렌탈 클라우드 환경(AWS)에서 도커를 설치하는 방법을 이 책의 부록 9, 10에서 제공하므로 참고하기 바란다.

CHAPTER

4

컨테이너를 실행해 보자

4장에서는 실습을 통해 컨테이너를 생성하고, 삭제해 보겠다. 도커 명령어가 조금 어렵게 느껴질 수도 있지만 명령어 하나하나의 의미를 잘 되새긴다면 그렇게 어렵지는 않다. 천천히 확실히 이해하며 진행하도록 하자.

 CHAPTER 4 | 컨테이너를 실행해 보자

도커 엔진 시작하기/종료하기

SECTION 01

4장에서 드디어 컨테이너를 다뤄보게 된다. 하지만 그 전에 먼저, 3장에서 설치했던 도커 엔진을 시작하고 종료하는 방법을 확인한다.

 도커 엔진을 시작/종료하는 방법

앞서 3장에서 도커 엔진을 설치했다. 도커 엔진은 설치와 함께 실행되며, 계속 동작 상태로 남아 있지만 **컨테이너를 실행 중이 아니라면 컴퓨터의 리소스를 거의 차지하지 않으므로 문제가 없다.** 원래 서버는 24시간 365일 가동돼야 하는 것이며, 도커 엔진 역시 정지시킬 일이 별로 없다. 다만 지금은 학습이 목적이므로 걱정된다면 종료시켜도 된다.

도커 데스크톱은 도커 엔진을 자동으로 실행하도록 설정돼 있기 때문에 이 설정도 비활성화하지 않으면 컴퓨터가 부팅될 때마다 도커 엔진도 자동으로 실행된다. 리눅스에서는 자동 실행이 기본 설정이 아니다. 실제 사용할 때 곤란해지기 쉬우므로 자동 실행을 설정해 두기 바란다.

지금까지 한 설명은 도커 엔진에 한정된 이야기다. 도커 엔진 위에서 동작하는 컨테이너는 또 다르다. 도커 데스크톱이나 리눅스 버전 모두 도커 엔진이 한번 종료되면 모든 컨테이너는 정지 상태가 된다.

컨테이너에는 자동 실행 설정이 없으므로, 이를테면 정전으로 인해 서버의 전원이 내려간 상황에서 도커 엔진과 함께 컨테이너를 복구하려면 컨테이너를 따로 실행하는 스크립트(프로그램)를 작성해야 한다(그림 4-1-1).

지금 설명한 내용은 초보자 수준에서는 크게 신경쓰지 않아도 된다. 지금은 그저 '도커 엔진은 컴퓨터를 켰을 때 함께 자동으로 실행할 수 있지만, 컨테이너는 그렇지 않다'라고만 기억해두면 된다.

그림 4-1-1 도커 엔진은 자동 실행 설정이 가능하지만 컨테이너는 그렇지 않다.

윈도우에서

❶ 도커 엔진 시작

화면 왼쪽 아래에 위치한 시작 버튼을 클릭해 시작 메뉴를 열고 [Docker Desktop]을 클릭

❷ 도커 엔진 종료

화면 오른쪽 아래에 위치한 태스크 트레이에서 도커 데스크톱 아이콘(고래 모양)을 클릭한 후 메뉴에서 [Quit Docker Desktop]을 선택

❸ 자동 실행 설정

태스크 트레이에서 도커 데스크톱 아이콘(고래 모양)을 클릭한 후 메뉴에서 [Start Docker Desktop when you log in]에 체크(체크를 해제하면 비활성화)

macOS에서

❶ 도커 엔진 시작

파인더 → '애플리케이션' 폴더 → [Docker Desktop]을 더블클릭

❷ 도커 엔진 종료

화면 오른쪽 위에 위치한 상태 막대에서 도커(고래 모양)를 클릭 → 메뉴에서 [Quit Docker Desktop]을 선택

❸ 자동 실행 설정

화면 오른쪽 위에 위치한 상태 막대에서 도커(고래 모양)를 클릭 → 메뉴에서 [Preferences]를 선택 → [Start Docker Desktop when you log in]에 체크(체크를 해제하면 비활성화)

리눅스에서

도커 엔진을 시작/종료하려면 root 권한이 필요하다. 각각 다음 명령어를 입력하고 엔터 키를 누른다. 참고로 sudo는 root 사용자의 권한으로 명령을 실행하기 위한 명령이다.

❶ 도커 엔진 시작

sudo systemctl start docker

❷ 도커 엔진 종료

sudo systemctl stop docker

❸ 자동 실행 설정

sudo systemctl enable docker

CHAPTER 4 | 컨테이너를 실행해 보자

SECTION 02

컨테이너의 기본적인 사용 방법

드디어 컨테이너를 사용해 볼 때가 왔다. 우선 컨테이너를 사용하기 위한 명령어에는 어떤 것이 있는지 알아보자. 그리고 간단한 명령어를 실제로 입력해보자.

컨테이너 사용의 기본은 도커 명령어

컨테이너 사용의 기본은 도커 명령어다. 명령 프롬프트 및 터미널 화면에서 프롬프트[1] 뒤에 다음 명령어를 입력한다.

컨테이너를 다루는 모든 명령은 'docker' 명령어[2]로 시작한다.

컨테이너를 다루는 명령어

```
docker ~
```

명령어와 대상

docker 명령어 뒤에 오는 '무엇을' '어떻게'에 해당하는 부분을 '커맨드'라고 한다. 커맨드는 다시 상위 커맨드[3]와 하위 커맨드[4]로 구성되며, 상위 커맨드가 '무엇을', 하위 커맨드가 '어떻게'에 해당하는 내용을 지정한다. 또 '대상'에는 컨테이너명 또는 이미지명 등 구체적인 이름이 들어간다. docker 명령 뒤로 '무엇을', '어떻게', '대상'의 순으로 지정하면 된다.

---

[1] 자세한 내용은 3장 참조
[2] 일반적인 기술서에서는 사용자명이나 호스트명을 생략하고 ">", "#", "$" 등을 행 앞머리에 붙이는 경우가 많지만 이 책에서는 도커의 성질을 주로 다루므로 ">", "#", "$" 를 붙이지 않는다.
[3] top-level solo commands
[4] sub-command

도커 명령어의 기본

```
docker 커맨드 대상
       상위 커맨드 하위 커맨드
```

예를 들어, 이름이 penguin인 이미지를 컨테이너(container)로 실행(run)하려면 다음과 같은 명령을 입력하면 된다. (이 명령은 예제로서 실재하지 않는 이미지이므로 실제로 실행할 수는 없다.)

이름이 penguin인 이미지를 실행

```
          커맨드  대상
docker container run penguin
       상위 커맨드 하위 커맨드
```

'대상'과 '상위 커맨드(무엇을)'의 차이가 잘 와닿지 않을지도 모르겠다. 상위 커맨드는 'container(컨테이너)' 또는 'image(이미지)'와 같이 대상의 종류가 들어간다. **딱 12종류[5]뿐이다**. 대상에 해당하는 부분에는 구체적인 이름을 지정한다.

따라서 penguin이라는 이름의 이미지를 pull(내려받기)하려면 다음 명령어를,

```
docker image pull penguin
```

penguin이라는 이름의 이미지로 컨테이너를 start(시작)하려면 다음 명령어를 입력하면 된다.

```
docker container start penguin
```

 옵션과 인자

그러나 실제로 도커를 다뤄 본 사람이라면 이보다 훨씬 긴 명령어를 본 적이 있을 것이다.

명령어의 기본적인 형태는 docker [커맨드] [대상]이지만 커맨드에는 앞서 설명한 대상 외에도 **'옵션'과 '인자'라는 추가 정보**가 붙는다.

예를 들어, container run 커맨드에 -d라는 옵션을, penguin을 대상으로 --mode=1이라는 인자를 붙이면 다음과 같은 명령어가 된다.

---

[5] 2021년 1월 기준. 자세한 사항은 뒤에 설명하겠다.

옵션과 인자를 붙인 명령어

```
         커맨드    옵션  대상    인자
docker container run -d penguin --mode=1
       상위 커맨드 하위 커맨드
```

-d는 '백그라운드로 실행하라', --mode=1은 '모드 1로 실행하라'라는 의미이지만 모든 명령어에 옵션이나 인자가 붙는 것은 아니며, 커맨드와 대상만으로 구성된 간단한 명령어도 많다.

반대로 옵션이나 인자를 여러 개 복잡하게 붙일 수 있는 명령어도 있지만 가짓수도 적고 자주 쓰이는 옵션이나 인자도 한정돼 있으므로 기억해두는 편이 좋다.

기본적인 명령어 - 정리

정리하자면 기본적인 명령어는 다음과 같은 형태를 띤다.

docker 명령어의 기본적인 형태

```
docker 커맨드   (옵션)  대상  (인자)
     상위 커맨드 하위 커맨드  대상
```

숙달하기 전까지는 'docker 커맨드 대상'이라는 형태가 기본이고, 여기에 커맨드에 옵션이 붙거나 대상에 인자가 지정되는 경우도 있다고 기억해두면 좋다. 또한 지금까지 나온 커맨드, 옵션, 대상, 인자 등에 대해서도 좀 더 자세히 설명하겠다.

커맨드(상위 커맨드/하위 커맨드)

도커 명령어의 커맨드는 '무엇을', '어떻게' 할 것인지 지정하는 부분이라고 설명했다. '컨테이너'를 '실행'하고 싶다면 container run 커맨드를 사용한다. 다만 역사적 이유[6]로 start나 run처럼 **'container'를 붙이지 않아도 실행 가능한 명령어가 있으며, 관례상 이쪽을 사용하는 경우가 많다.**

커맨드 예

```
docker container run
```

---

[6] "상위 커맨드는 생략 가능하다!?" 칼럼 참조

docker container run을 생략한 커맨드 예

```
docker run
```

-- 옵션

옵션은 커맨드에 세세한 설정을 지정하는 용도로 쓰인다. 백그라운드로 실행할 때는 -d, 키보드를 통해 조작하고 싶다면 -i 또는 -t를 붙이는 등, 커맨드의 실행 방법 또는 커맨드에 전달할 값을 지정한다. 옵션은 커맨드에 따라 달라진다.

옵션은 - 또는 --으로 시작하는 것이 일반적이지만 - 기호를 붙이지 않는 경우도 있다. 그리고 -나 -- 중 무엇을 사용할지는 커맨드 작성자의 취향이므로 명확한 기준[7]은 없다.

옵션 예

```
-d
--all
```

커맨드에 어떤 값을 전달하고 싶다면 --name 같은 옵션 뒤에 옵션의 값을 지정한다.

--name 옵션 값의 예

```
--name penguin
```

-d와 같이 -를 하나만 사용하는 옵션은 한꺼번에 모아 쓸 수 있다. 예를 들어 -d와 -i, -t를 합쳐 -dit와 같이 쓸 수 있다.

-d, -i, -t 옵션을 합친 예

```
-dit
```

-- 대상

커맨드와 달리 구체적인 이름을 지정한다. 이름이 penguin인 이미지의 컨테이너를 실행하려면 'container start [옵션] penguin' 명령을 사용한다.

---

[7] 옵션을 어떻게 작성할지는 커맨드를 구현한 작성자의 판단에 맡기므로 커맨드에 따라 달라진다. 다만 관례상 생략형에는 "-", 그렇지 않을 때는 "--"을 사용하는 경향이 있다. 또 리눅스 명령어에는 생략형이 존재하는 경우가 많다.

 인자

대상에 전달할 값을 지정한다. 문자 코드 또는 포트 번호 등을 전달할 수 있다. 단, 인자를 지정하는 경우는 그리 많지 않다. 예를 들어, MySQL과 워드프레스를 함께 쓸 때 MySQL 쪽에서 워드프레스가 지원하는 구식 인증 방식을 지정할 때 세 가지 인자를 사용하는 정도로, 필요한 상황이 제한적이다. 작성 방법은 옵션과 마찬가지로 - 또는 --로 시작하는 경우가 많다.

인자의 예

```
--mode=1
--style nankyoku
```

COLUMN : Level ★★★　상위 커맨드는 생략 가능하다!?

도커 1.13부터 커맨드가 재편되면서 상위 커맨드와 하위 커맨드의 조합 형태로 일원화※됐다. 그리고 일부 커맨드는 커맨드 자체가 변경되기도 했다.

예를 들어, 이전에는 container run이 아니라 run이라고만 표기해도 됐으나 이런 커맨드가 container run과 같이 '상위 커맨드 + 하위 커맨드'의 형식으로 수정됐다.

하지만 이전 커맨드와의 호환성을 유지하기 위해 이전 표기법(상위 커맨드가 없는)으로도 실행 가능하지만 언제 수정※될지 모르는 기능이니 '상위 커맨드가 있다는 것' 정도는 기억해 두자.

커맨드의 이전 표기법(docker run)

```
docker run penguin
```

재편된 커맨드의 표기법(docker run)

```
docker container run penguin
```

> **MEMO**
> 상위 커맨드와 하위 커맨드의 조합 형태로 일원화
> 일부 커맨드에서 단독 커맨드 형태로 상위 커맨드 없이 사용하는 것이 남아있다.

> **MEMO**
> 언제 수정될지 모르는
> 이전 스타일의 커맨드를 아직은 사용할 수 있지만 도커 엔진이 크게 변경될 때 이전 스타일을 완전히 사용할 수 없게 될 가능성도 있다. 만약 이 책이 나온 후 시간이 지났을 때 이 책에 실린 명령이 그대로 실행되지 않는다면 이러한 가능성을 의심해 보기 바란다.

[실습] 간단한 명령어를 사용해 보자

그럼 실제로 명령어를 입력해 볼 차례다.

가장 먼저 사용해 볼 명령어로 docker version이 있다. 이 명령은 **도커의 버전을 확인하는 명령어**로, 옵션이나 인자, 대상이 없어도 실행할 수 있다. 또한 도커 엔진이나 컴퓨터에 아무 영향도 미치지 않으므로 가벼운 마음으로 실습에 임하기 바란다.

명령어를 입력할 때는 명령 프롬프트 또는 터미널에 마지막 줄에 출력된 프롬프트 뒤에 명령어를 입력한 다음 엔터 키를 누른다. 실행이 됐다면 실행 결과와 그다음 프롬프트가 나타난다.

단계 0 -- 사전 준비

만약 도커 엔진이 종료된 상태라면 미리 도커 엔진을 실행해 둔다. 그리고 명령 프롬프트 또는 터미널 등의 터미널 소프트웨어도 실행해 둔다.

단계 1 -- version 명령어 실행

터미널 소프트웨어의 마지막 줄에 나온 프롬프트 뒤에 docker version을 입력하고 엔터 키를 누른다.

✏️ 터미널 소프트웨어에 입력

```
docker version
```

명령 실행 결과

```
Client: Docker Engine - Community
 Version:           19.03.12
 API version:       1.40
 Go version:        go.113.10
 Git commit:        48a66213fe
 Built:             Mon Jun 22 15:43:18 2020
 OS/Arch:           windows/amd64
 Experimental:      false
(생략)
```

버전 정보를 확인하는 방법을 알아봤다.

docker version만 입력하면 되는 간단한 명령어이므로 원하는 결과를 얻지 못했다면 철자를 제대로 입력했는지 확인해보기 바란다.

이 명령어는 여러 번 실행해도 괜찮다. 그러므로 터미널 소프트웨어에 익숙하지 못한 독자라면 여러 번 반복하며 연습해 보기 바란다.

 대표적인 명령어

이번에는 앞서 설명했던 명령어를 포함해 대표적인 명령어를 정리해 소개하겠다.

다만 나중에 실습과 함께 기억하는 편이 더 좋으므로 지금은 한 번 눈으로 훑는 정도면 된다. 나중에 한 가지씩 차차 설명하겠다.

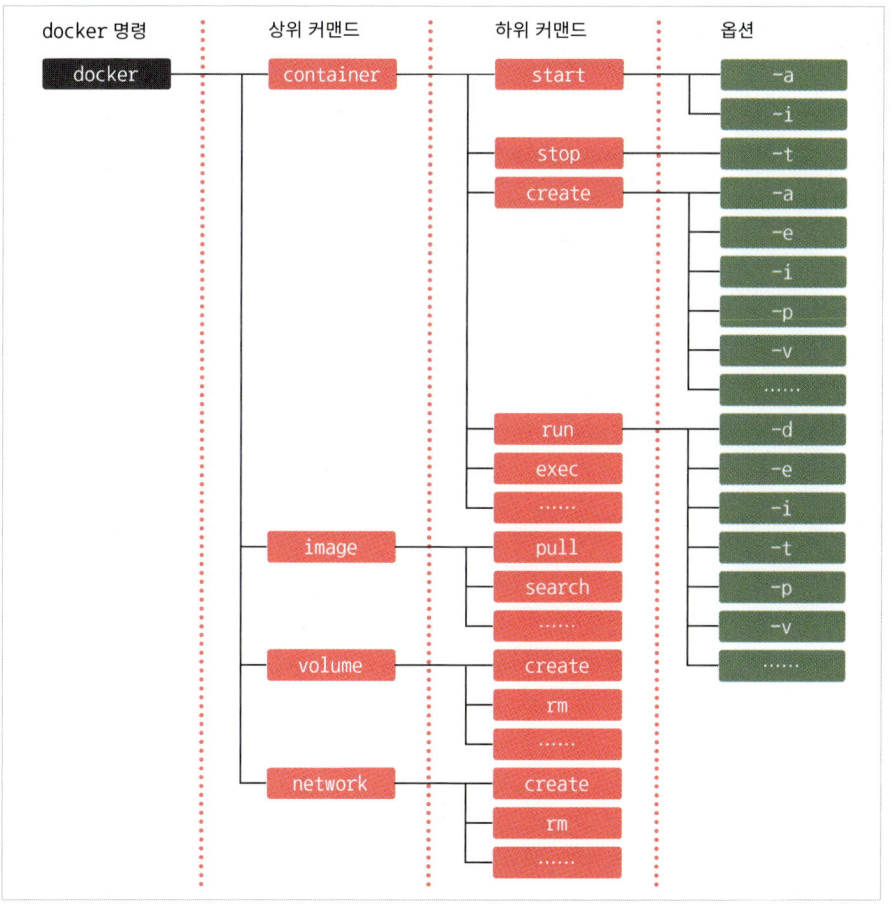

그림 4-2-1 대표적인 명령어

컨테이너 조작 관련 커맨드(상위 커맨드 container)

컨테이너를 실행하거나 종료하고, 컨테이너 목록을 확인하는 등 컨테이너를 다루기 위해 사용하는 커맨드다. 컨테이너를 대상으로 어떤 일을 할지는 하위 커맨드를 통해 지정한다.

docker container 하위_커맨드 옵션

주요 하위 커맨드

하위 커맨드	내용	생략 가능 여부	주요 옵션
start	컨테이너를 실행	O	-i
stop	컨테이너를 정지	O	거의 사용하지 않음
create	도커 이미지로부터 컨테이너를 생성	O	--name -e -p -v
run	도커 이미지를 내려받고 컨테이너를 생성해 실행함(다운로드는 필요한 경우에만). docker image pull, docker container create, docker container start라는 세 개의 명령을 하나로 합친 것과 같다.	O	--name -e -p -v -d -i -t
rm	정지 상태의 컨테이너를 삭제	O	-f -v
exec	실행 중인 컨테이너 속에서 프로그램을 실행	O	-i -t
ls	컨테이너 목록을 출력	*1	-a
cp	도커 컨테이너와 도커 호스트 간에 파일을 복사	O	거의 사용하지 않음
commit	도커 컨테이너를 이미지로 변환	O	거의 사용하지 않음

생략 가능 커맨드는 'docker container 하위_커맨드'가 아니라 'docker 하위_커맨드'와 같이 실행한다. 이 방법은 예전 표기법과의 호환성을 위한 것이다.
*1: 생략형은 docker ps

 이미지 조작 관련 커맨드(상위 커맨드 image)

이미지를 내려받거나 검색하는 등 이미지와 관련된 기능을 실행하는 커맨드다. 이미지를 대상으로 어떤 일을 할지는 하위 커맨드를 통해 지정한다.

docker image 하위_커맨드 옵션

주요 하위 커맨드

하위 커맨드	내용	생략 가능 여부	주요 옵션
pull	도커 허브 등의 리포지토리에서 이미지를 내려받음	O	거의 사용하지 않음
rm	도커 이미지를 삭제	*2	거의 사용하지 않음
ls	내려 받은 이미지의 목록을 출력	X	거의 사용하지 않음
build	도커 이미지를 생성	O	-t

생략 가능 커맨드는 'docker image 하위_커맨드'가 아니라 'docker 하위_커맨드'와 같이 실행한다. 이 방법은 예전 표기법과의 호환성을 위한 것이다.
*2: 생략형은 docker rmi

볼륨 조작 관련 커맨드(상위 커맨드 volume)

볼륨 생성, 목록 확인, 삭제 등 볼륨(컨테이너에 마운트 가능한 스토리지)과 관련된 기능을 실행하는 커맨드다. 볼륨을 대상으로 어떤 일을 할지는 하위 커맨드를 통해 지정한다.

```
docker volume 하위_커맨드 옵션
```

주요 하위 커맨드

하위 커맨드	내용	생략 가능 여부	주요 옵션
create	볼륨을 생성	X	--name
inspect	볼륨의 상세 정보를 출력	X	거의 사용하지 않음
ls	볼륨의 목록을 출력	X	-a
prune	현재 마운트되지 않은 볼륨을 모두 삭제	X	거의 사용하지 않음
rm	지정한 볼륨을 삭제	X	거의 사용하지 않음

네트워크 조작 관련 커맨드(상위 커맨드 network)

도커 네트워크의 생성, 삭제, 컨테이너의 네트워크 접속 및 접속 해제 등 도커 네트워크와 관련된 기능을 실행하는 커맨드다. 도커 네트워크란 도커 요소 간의 통신에 사용하는 가상 네트워크를 가리킨다.

```
docker network 하위_커맨드 옵션
```

주요 하위 커맨드

하위 커맨드	내용	생략 가능 여부	주요 옵션
connect	컨테이너를 도커 네트워크에 연결	X	거의 사용하지 않음
disconnect	컨테이너의 도커 네트워크 연결을 해제	X	거의 사용하지 않음
create	도커 네트워크를 생성	X	거의 사용하지 않음
inspect	도커 네트워크의 상세 정보를 출력	X	거의 사용하지 않음
ls	도커 네트워크의 목록을 출력	X	거의 사용하지 않음
prune	현재 컨테이너가 접속하지 않은 네트워크를 모두 삭제	X	거의 사용하지 않음
rm	지정한 네트워크를 삭제	X	거의 사용하지 않음

 그 밖의 상위 커맨드

이 밖에도 다음과 같은 상위 커맨드가 있다. 하지만 이들 중 대부분은 도커 스웜$^{Docker\ Swarm}$[8]과 관련된 커맨드로서 **초보자 수준에서는 사용할 일이 아직 없다**. 숙련자 수준이 된 이후에 필요에 맞게 확인하기 바란다.

그 밖의 상위 커맨드

상위 커맨드	내용
checkpoint	현재 상태를 일시적으로 저장한 후, 나중에 해당 시점의 상태로 되돌릴 수 있다. 현재 실험적 기능이다.
node	도커 스웜의 노드를 관리하는 기능
plugin	플러그인을 관리하는 기능
secret	도커 스웜의 비밀값 정보를 관리하는 기능
service	도커 스웜의 서비스를 관리하는 기능
stack	도커 스웜 또는 쿠버네티스에서 여러 개의 서비스를 합쳐 구성한 스택을 관리하는 기능
swarm	도커 스웜을 관리하는 기능
system	도커 엔진의 정보를 확인하는 기능

---

[8] 컨테이너 오케스트레이션 기능을 제공한다. 쿠버네티스와는 별개의 도구다.

 **단독으로 쓰이는 커맨드**

상위 커맨드 없이 단독으로 쓰이는 특수한 커맨드가 네 가지 있다. 주로 도커 허브의 검색이나 로그인에 사용되는 커맨드다.

단독 커맨드[9]

단독 커맨드	내용	주요 옵션
login	도커 레지스트리에 로그인	-u -p
logout	도커 레지스트리에 로그아웃	거의 사용하지 않음
search	도커 레지스트리를 검색	거의 사용하지 않음
version	도커 엔진 및 명령행 도구의 버전을 출력	거의 사용하지 않음

[9] solo command

CHAPTER 4 | 컨테이너를 실행해 보자

컨테이너의 생성과 삭제, 실행, 정지

SECTION 03

4-2절에서 도커의 버전을 확인하는 간단한 명령어를 입력해 봤다. 이번 절에서는 좀 더 본격적인 명령어를 사용해 컨테이너를 다뤄보겠다.

docker run 커맨드와 docker stop, docker rm 커맨드

지금부터는 실제로 컨테이너를 생성하고 실행해 보겠다.

컨테이너를 실행할 때는 docker run (docker container run) 커맨드를 사용한다.

이 커맨드는 도커 컨테이너를 생성하고 실행하는 기능을 한다. 컨테이너를 생성하려면 이미지가 필요한데, 필요한 이미지가 없다면 이미지를 내려받는 기능도 겸한다.

도커 커맨드 중에는 컨테이너를 생성하는 docker create (docker container create), 컨테이너를 실행하는 docker start (docker container start) 커맨드, 이미지를 내려받는 docker pull (docker image pull) 커맨드가 각각 따로 존재하지만, 이들 기능을 한꺼번에 수행할 수 있는 docker run을 사용하는 것이 일반적이다.

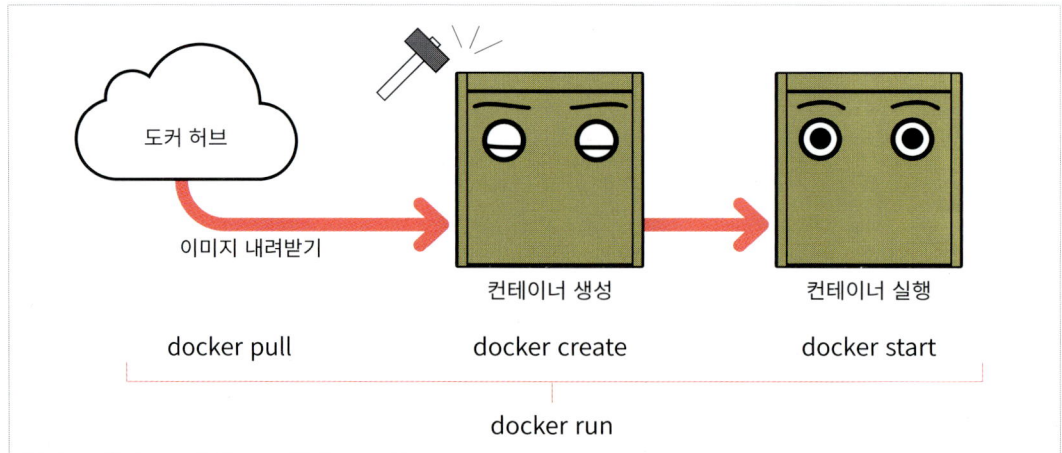

그림 4-3-1 docker run 커맨드는 세 가지 역할을 수행한다.

컨테이너를 실행했으니 정지하는 방법과 폐기하는 방법도 알아야 한다. 2장에서 '도커 컨테이너에는 생애주기가 있으며, 쓰고 버리는 방식으로 사용한다'고 설명했던 것을 기억하는가? 컨테이너를 만들고 폐기하는 단계까지가 컨테이너의 생애주기다.

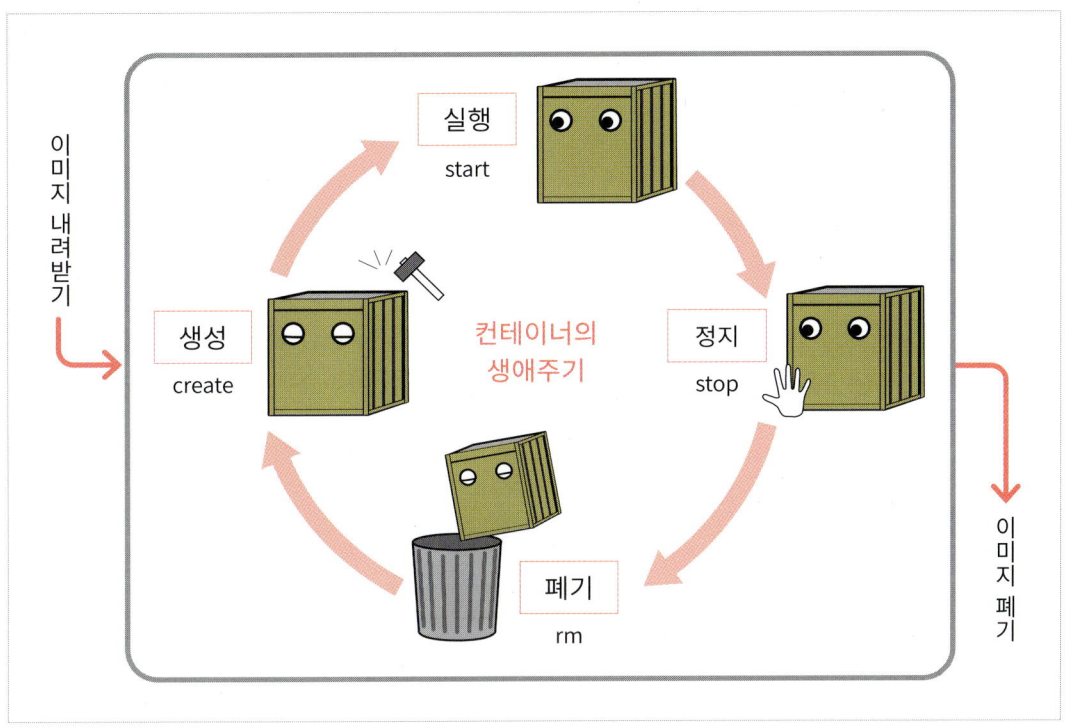

그림 4-3-2 컨테이너의 생애주기

'컨테이너를 기껏 만들었는데'라는 아까운 느낌이 들 수도 있겠지만 뒤에 이어질 실습에서는 컨테이너를 익숙하게 다룰 수 있도록 컨테이너의 정지와 폐기를 함께 해볼 것이다. 컨테이너에서 가장 자주 사용하게 될 기능이 '생성과 실행', '정지', '삭제'이기 때문이다.

컨테이너를 폐기하려면 먼저 컨테이너를 정지시켜야 한다. **동작 중인 컨테이너를 그대로 삭제할 수는 없다.**

컨테이너를 정지시키려면 docker stop (docker container stop), 컨테이너를 삭제하려면 docker rm (docker container rm) 커맨드를 사용한다. 지금부터 각 커맨드에 대해 설명하겠다.

컨테이너를 생성하고 실행하는 커맨드: docker run (docker container run)

컨테이너를 생성해 실행하는 커맨드다. docker image pull, docker container create, docker container start의 기능을 하나로 합친 것과 같다. 앞에서 설명했듯이 현재 해당 이미지를 내려받은 상태가 아니라면 먼저 이미지를 내려받는다. '대상'으로는 사용할 이미지의 이름을 지정한다.

컨테이너의 이름은 --name 옵션, 포트 번호는 -p, 볼륨을 마운트할 때는 -v, 컨테이너를 연결할 네트워크는 --net 옵션 등을 사용할 수 있다.

그리고 데몬(뒤에 설명함) 형태로 동작하는 소프트웨어의 컨테이너는 -d, -i, -t 옵션을 사용[10]하는 경우가 많으며 이들 옵션은 -dit와 같이 합쳐서 사용하면 편리하다.

사용할 수 있는 인자는 이미지의 종류에 따라 달라진다. MySQL 이미지처럼 로그인에 사용할 아이디나 패스워드, 인코딩이나 정렬 순서를 인자로 받는 경우가 있지만 아무 인자도 지정하지 않는 경우도 많다.

자주 쓰이는 커맨드 예

```
docker run (옵션) 이미지 (인자)
       커맨드        대상
```

주요 옵션

옵션 형식	내용
--name 컨테이너_이름	컨테이너 이름을 지정함
-p 호스트_포트번호:컨테이너_포트번호	포트 번호를 지정함
-v 호스트_디스크:컨테이너_디렉터리	볼륨을 마운트함
--net=네트워크_이름	컨테이너를 네트워크에 연결함
-e 환경변수_이름=값	환경변수를 설정함
-d	백그라운드로 실행함
-i	컨테이너에 터미널(키보드)을 연결함
-t	특수 키를 사용 가능하도록 함
-help	사용 방법 안내 메시지를 출력함

-p는 --publish, -v는 --volume, -e는 --env, -d는 --detach, -i는 --interactive, -t는 --tty의 생략형이다.

---

[10] '한 번만 실행되는 컨테이너와 데몬 형태로 동작하는 컨테이너' 칼럼 참조

컨테이너를 정지하는 커맨드: docker stop (docker container stop)

컨테이너를 삭제하려면 먼저 반드시 컨테이너를 정지시켜야 한다. 이 커맨드에서는 옵션이나 인자를 지정하는 경우가 별로 없다.

자주 쓰이는 커맨드 예

```
docker stop 컨테이너_이름
       커맨드    대상
```

 컨테이너를 삭제하는 커맨드: docker rm (docker container rm)

컨테이너를 삭제하는 커맨드다. 정지 상태가 아닌 컨테이너를 대상으로 실행하면 오류가 발생하며 컨테이너가 삭제되지 않는다. 이 커맨드에서는 옵션이나 인자를 지정하는 경우가 별로 없다.

자주 쓰이는 커맨드 예

```
docker rm 컨테이너_이름
      커맨드   대상
```

COLUMN : Level ★★★   한 번만 실행되는 컨테이너와 데몬 형태로 동작하는 컨테이너

컨테이너는 제각각 내용이 다르다. 그런만큼 컨테이너에 따라 지정 가능한 옵션이나 인자도 달라진다. 여러 가지 옵션이나 인자를 지정할 수 있는 컨테이너가 있는가 하면, 그렇지 않은 것도 있다.

특히 docker run 커맨드에서 사용하는 -d, -i, -t 옵션은 자주 쓰이는 반면, 사용하지 않을 때도 많으므로 초보자에게 혼란을 일으키기 쉽다.

앞서 설명했듯이 -d는 컨테이너를 백그라운드로 실행, -i와 -t는 컨테이너 내부에 터미널로 접속하기 위해 사용하는 옵션이다. -d를 붙이지 않고 컨테이너를 실행하면 실행된 컨테이너가 프로그램의 실행을 마칠 때까지 터미널의 제어를 차지하므로 그다음 명령을 입력할 수 없는 상태가 된다. 또한 -i, -t 옵션을 붙이지 않으면 컨테이너 안의 파일 시스템에 접근할 수 없다.

모두 당연히 사용해야 하는 옵션 같지만 사용할 때도 있고 그렇지 않을 때도 있다.

왜냐하면 컨테이너에는 '한 번만 실행되는 컨테이너'와 '데몬※ 형태로 동작하는 컨테이너'가 있기 때문이다.

한 번만 실행되는 컨테이너는 실행하자마자 종료되므로 컨테이너가 터미널의 제어를 차지하더라도 일시적인 것이므로 문제가 되지 않는다.

그러나 데몬처럼 계속적으로 실행되는 프로그램은 저절로 종료되지 않으므로 한번 터미널의 제어를 넘기면 이를 되찾아 오기가 번거롭다.

또한 컨테이너 속 파일 시스템을 다루려면 -i 또는 -t 옵션을 사용해야 하지만 실행하자마자 곧장 종료되는 컨테이너라면 컨테이너 속 파일 시스템에 손을 댈 일도 없으므로 불필요한 옵션이 된다.

이렇듯 옵션은 컨테이너의 종류에 따라 필요할 수도 있고, 그렇지 않을 수도 있다.

> **MEMO**
>
> **데몬**
> 유닉스 또는 리눅스에서 동작하는 프로그램 중에서 백그라운드에서 항상 동작하는 프로그램을 관례적으로 일컬어 데몬^{daemon}이라고 한다. 메일 전달 실패 등을 알려주는 '메일러 데몬'이 유명하다.

docker ps 커맨드

컨테이너의 생애주기를 관장하는 커맨드 외에 자주 사용하게 될 커맨드가 한 가지 더 있는데, 이 커맨드가 바로 docker ps (docker container ls) 커맨드다.

이 커맨드는 컨테이너의 목록을 출력하는 기능을 하는데, docker ps는 현재 실행 중인 컨테이너의 목록을 출력하며, docker ps -a 옵션을 추가하면 현재 존재하는 컨테이너(정지 상태의 컨테이너를 포함)의 목록을 출력한다.

컨테이너 목록 출력
```
docker ps (옵션)
       └─ 커맨드
```

컨테이너를 실행하거나 정지시킬 때 컨테이너의 상태가 기대했던 대로인지 확인할 수도 있으며, 컨테이너의 상세 정보를 확인할 때도 사용한다. 꽤 자주 사용하는 커맨드이므로 이 뒤에 있을 실습에서도 여러 번 사용하게 될 것이다.

그리고 이번 절의 앞부분을 자세히 살펴보면 docker ps (docker container ls)라고 돼 있는 것을 볼 수 있다. 오자 같지만 그렇지 않다. **커맨드의 정식 명칭은 ls이지만 생략형이 ps다**. 커맨드를 재편성하면서 변경된 커맨드 중 하나다. 혼동하기 쉬우므로 주의하자.

실행 중인 컨테이너의 목록 출력
```
docker ps
```

현재 존재하는 컨테이너의 목록 출력

```
docker ps -a
```

 컨테이너 목록의 정보

docker ps 커맨드를 실행하면 다음과 같은 결과가 출력된다.

첫 번째 행은 각 항목의 이름이 출력되며, 두 번째 행부터 실제 컨테이너 정보가 출력된다. 해당하는 컨테이너가 없다면 첫 번째 행만 출력된다.

여기서 확인할 수 있는 컨테이너의 정보는 각 컨테이너를 구분하는 무작위 값인 '컨테이너 ID', 컨테이너를 만들 때 사용한 '이미지 이름', 컨테이너의 '현재 상태', 컨테이너의 '이름'이다.

다만 환경에 따라 다음 예와 같이 깔끔하게 출력되지 않고, 두 줄 또는 세 줄에 걸쳐 읽기 어렵게 출력되는 경우도 있다. 이럴 때는 텍스트 에디터에 내용을 붙여넣고 터미널 창의 가로 폭을 넓혀서 읽으면 된다.

명령어를 실행한 결과의 예(대상 컨테이너가 존재하는 경우)

```
CONTAINER ID   IMAGE   COMMAND              CREATED         STATUS         PORTS    NAMES
2b3b4afb4022   httpd   "httpd-foreground"   5 minutes ago   Up 5 minutes   80/tcp   apa000ex1
```

컨테이너 목록의 주요 항목

항목	내용
CONTAINER ID	컨테이너 식별자. 무작위 문자열이 할당된다. 본래는 64글자이지만 앞에서부터 12글자만 출력한다. 이 12글자만으로도 식별자 역할을 수행할 수 있다.
IMAGE	컨테이너를 만들 때 사용한 이미지의 이름
COMMAND	컨테이너 실행 시에 실행하도록 설정된 프로그램의 이름. 크게 신경 쓰지 않아도 된다.
CREATED	컨테이너 생성 후 경과된 시간
STATUS	컨테이너의 현재 상태. 실행 중이라면 'Up', 종료된 상태라면 'Exited'가 출력된다.
PORTS	컨테이너에 할당된 포트 번호. '호스트 포트 번호 -> 컨테이너 포트 번호' 형식으로 출력된다. 포트 번호가 동일할 경우 ->의 뒷부분은 출력되지 않는다.
NAMES	컨테이너 이름

[실습] 컨테이너를 생성하고, 실행, 상태 확인, 종료, 삭제해 보자

지금부터는 실습을 통해 컨테이너를 생성하고, 실행, 상태를 확인한 후, 컨테이너를 종료 및 삭제해 보겠다. 실습 대상은 아파치 컨테이너다. 아파치는 웹 서버 기능을 제공하는 소프트웨어로, 우리가 사용하는 상당수의 웹 사이트가 아파치로 구축돼 있다.

이번에는 컨테이너를 생성하고 실행하기만 할 것이므로 이에 해당하는 커맨드도 간단하다. 아파치의 이미지 이름은 httpd다. 이 이미지 이름만 주의해서 입력하면 된다.

실습 내용

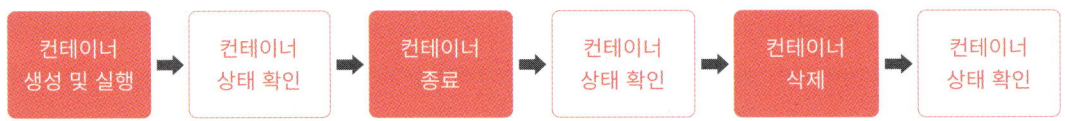

생성할 컨테이너의 정보

항목	값
컨테이너 이름	apa000ex1
이미지 이름	httpd

커맨드에서 사용할 옵션, 대상, 인자

명령어 1: 컨테이너 생성 및 실행

```
docker run --name apa000ex1 -d httpd
```

옵션 항목

항목	내용
--name apa000ex1	apa000ex1이라는 이름으로 컨테이너를 생성
-d	백그라운드로 실행
httpd	아파치의 이미지 이름. 버전을 지정하지 않았으므로 가장 최신 버전(latest)이 사용된다.

명령어 2: 실행 중인 컨테이너의 목록을 확인

```
docker ps
```

명령어 3: 모든 컨테이너의 목록을 확인

```
docker ps -a
```

단계 1 -- run 커맨드 실행

아파치 이미지(httpd)를 사용해 apa000ex1라는 이름의 컨테이너를 생성하고 실행하는 명령어를 입력해 보자. 처음 실행하면 이미지를 내려받게 되므로 실행에 조금 시간이 걸린다. 실행 결과에 출력되는 무작위 문자열은 이미지 ID 또는 컨테이너 ID이므로 환경에 따라 달라질 수 있다.

✏️ 터미널 창에 입력할 명령

```
docker run --name apa000ex1 -d httpd
```

실행 결과

```
Unable to find image 'httpd:latest' locally
latest: Pulling from library/httpd
bf5952930446: Pull complete 3d3fecf6569b: Pull complete … (생략)
Status: Downloaded newer image for httpd:latest … (이하 생략)
```

※ Unable to find image ~로 시작하는 줄은 '해당 이미지가 현재 컴퓨터에 없다'는 뜻이다.

단계 2 -- ps 커맨드를 사용해 컨테이너가 실행 중인지 확인

ps 커맨드를 사용해 이름이 apa000ex1인 컨테이너가 실행 중인지 확인해보자. STATUS 항목의 값이 'Up'이라고 나오면 컨테이너가 실행 중이라는 뜻이다.

✏️ 터미널 창에 입력할 명령

```
docker ps
```

실행 결과

CONTAINER ID	IMAGE	COMMAND	CREATED	STATUS	PORTS	NAMES
2b3b4afb4022	httpd	"httpd-foreground"	5 minutes ago	Up 5 minutes	80/tcp	apa000ex1

단계 ③ -- stop 커맨드를 사용해 컨테이너 종료

stop 커맨드를 사용해 apa000ex1 컨테이너를 종료하겠다.

✏ 터미널 창에 입력할 명령

```
docker stop apa000ex1
```

실행 결과

```
apa000ex1
```

단계 ④ -- ps 커맨드를 사용해 컨테이너가 종료됐는지 확인

ps 커맨드를 실행해 apa000ex1 컨테이너가 종료됐는지 확인해보자. apa000ex1 컨테이너가 목록에 나타나지 않으면 종료 상태다.

✏ 터미널 창에 입력할 명령

```
docker ps
```

실행 결과

CONTAINER ID	IMAGE	COMMAND	CREATED	STATUS	PORTS	NAMES

단계 ⑤ -- ps 커맨드와 인자를 사용해 컨테이너의 존재 여부 확인

ps 커맨드에 -a 인자를 붙여 apa000ex1 컨테이너가 존재하는지 확인해보자. apa000ex1 컨테이너의 STATUS 항목이 'Exited'라고 나오면 컨테이너가 존재하기는 하지만 종료된 상태라는 뜻이다.

✏ 터미널 창에 입력할 명령

```
docker ps -a
```

실행 결과

CONTAINER ID	IMAGE	COMMAND	CREATED	STATUS	PORTS	NAMES
2b3b4afb4022	httpd	"httpd-foreground"	15minutes ago	Exited (0) 41 seconds ago		apa000ex1

단계 ⑥ -- rm 커맨드를 사용해 apa000ex1 컨테이너 삭제

rm 커맨드를 실행해 apa000ex1 컨테이너를 삭제해보자.

📝 터미널 창에 입력할 명령

```
docker rm apa000ex1
```

실행 결과

```
apa000ex1
```

단계 7 -- ps 커맨드와 인자를 사용해 컨테이너가 삭제됐는지 확인

ps 커맨드에 -a 인자를 붙여 apa000ex1 컨테이너가 삭제됐는지 확인해보자. apa000ex1 컨테이너가 목록에 나오지 않으면 삭제된 것이다.

📝 터미널 창에 입력할 명령

```
docker ps -a
```

실행 결과

CONTAINER ID	IMAGE	COMMAND	CREATED	STATUS	PORTS	NAMES

⬇ COLUMN : Failed 🚫 　　실습이 잘 진행되지 않는다면

실습이 잘 진행되지 않는다면 다음과 같은 항목을 확인하기 바란다.

- 명령어의 철자가 틀리지는 않았는지
- 불필요한 공백이나 줄바꿈이 포함되지 않았는지
- -이나 공백이 빠지지는 않았는지
- 대문자와 소문자가 바뀌지는 않았는지
- -(하이픈)과 _(언더바)가 바뀌지는 않았는지

아직은 명령어의 길이가 그리 길지 않지만 5장에서 보게 될 긴 명령어에서는 실수를 저지르기 쉽다. 필자도 'httpd'를 치려다 'hpptd'라고 오타를 낸 적이 있다. 오타는 그만큼 흔히 저지르는 실수다. 명령을 입력할 때는 신중히 확인하며 입력하자.

⬇ COLUMN : Level ★★★ 　　컨테이너 ID의 식별자 사용하기

stop이나 rm처럼 이미 생성된 컨테이너의 이름을 지정해야 하는 커맨드는 컨테이너 ID와 그 생략형으로도 실행할 수 있다. 예를 들어, 컨테이너 ID가 2bdbaFb4022라면 다음과 같이 입력해도 컨테이너를 종료시킬 수 있다.

```
docker stop 2b
```

CHAPTER 4   컨테이너를 실행해 보자

SECTION 04

컨테이너의 통신

4-3절에서는 컨테이너를 생성하자마자 곧바로 삭제했었다. 이번에는 컨테이너를 생성하고 생성한 컨테이너에 접근해 보겠다. 아파치 컨테이너를 만들고 웹 페이지를 확인해보자.

 아파치란?

아파치는 **웹 서버 기능을 제공하는 소프트웨어**다.

쉽게 설명해서 아파치가 동작 중인 서버에 파일[11]을 두면 이 파일을 웹 사이트 형태로 볼 수 있다. 4-3절에서는 컨테이너를 만들고 곧바로 삭제했지만 이번에는 웹 브라우저를 통해 컨테이너에 접근해 웹 사이트가 동작하는지 확인해보자.

하지만 앞서와 똑같은 명령어로는 웹 사이트의 동작을 확인할 수 없다. 왜냐하면 컨테이너가 컨테이너 외부에서 접근이 불가능한 상태로 실행되기 때문이다.

웹 브라우저를 통해 컨테이너에 접근이 가능하게 하려면 컨테이너를 실행할 때 설정이 필요하다. 또한 이 설정은 컨테이너를 생성한 후에는 기본적으로 변경할 수 없다. 따라서 docker run 커맨드에 옵션 형태로 설정한다.

---

[11] 대부분의 웹 사이트는 HTML 파일과 이미지 파일 및 프로그램 파일로 구성된다.

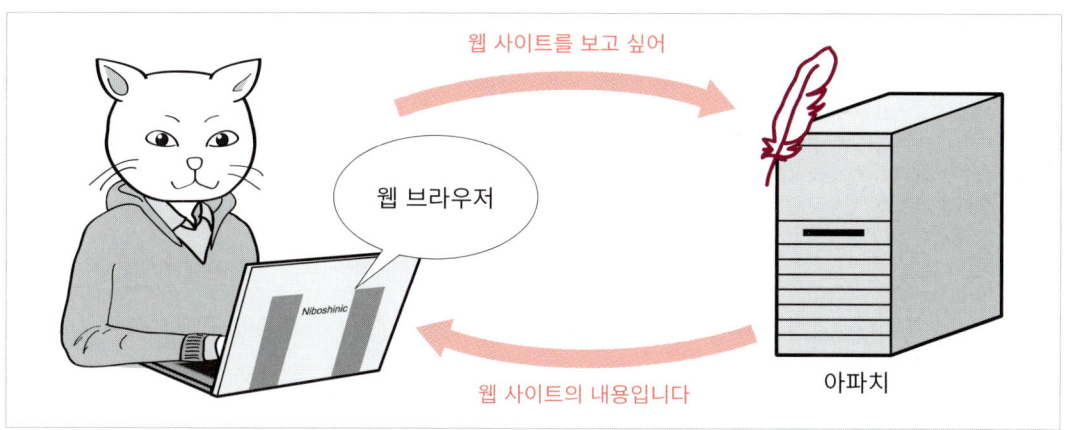

그림 4-4-1 컨테이너에서 동작하는 아파치의 웹 사이트를 열람

컨테이너와 통신하려면

웹 브라우저를 통해 컨테이너에 접근하려면 외부와 접속하기 위한 설정이 필요하다. 이를 위해 포트^{port}를 설정한다.

'포트'란 통신 내용이 드나드는 통로를 의미한다. '웹은 포트 80번', '메일은 포트 25번'이라는 말을 들어본 적이 있을 것이다.

아파치는 서버에서 정해둔 포트(80번 포트)[12]에서 웹 사이트에 대한 접근을 기다리다가 사용자가 이 포트를 통해 접근해 오면 요청에 따라 웹 사이트의 페이지를 제공한다. 하지만 컨테이너 속에서 실행 중인 아파치는 외부와 직접 연결되지 않았기 때문에 외부에서 접근할 수 없다.

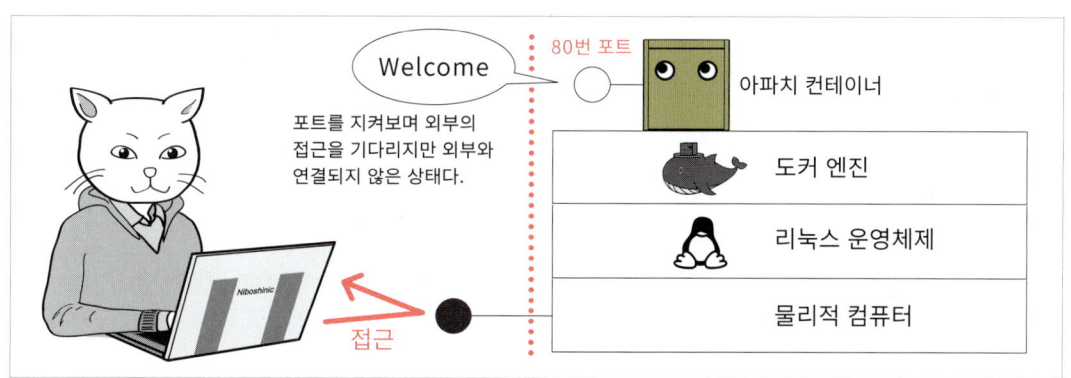

그림 4-4-2 컨테이너의 통신

---

[12] 80번 포트를 지켜보는 이유는 컨테이너에 그렇게 설정돼 있기 때문이다. 컨테이너 문서에서 이를 확인할 수 있다. https://hub.docker.com/_/httpd

그래서 컨테이너를 실행 중인 물리적 컴퓨터가 외부의 접근을 대신 받아 전달해주도록 한다.

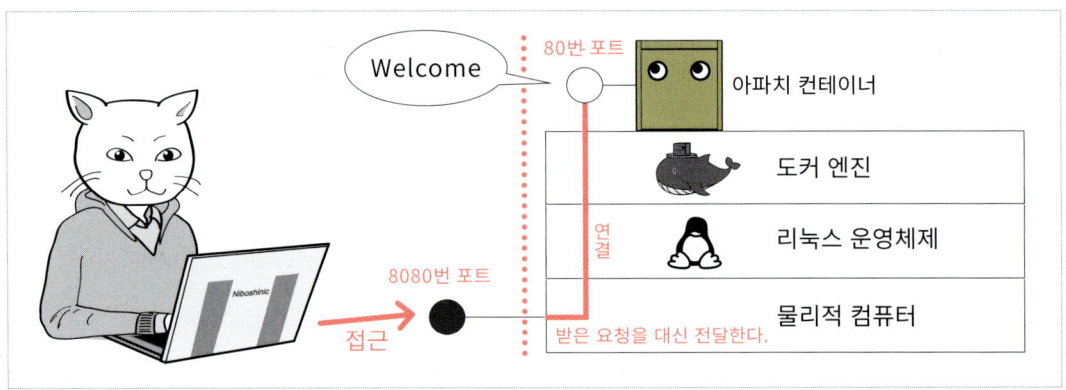

그림 4-4-3 컨테이너를 실행 중인 물리적 컴퓨터의 포트를 통해 컨테이너와 통신한다.

좀 더 구체적으로 설명하면 컨테이너를 실행 중인 컴퓨터(호스트)의 8080번 포트(이 포트는 다른 소프트웨어가 사용하는 포트와 겹치지 않는 한[13] 임의의 숫자를 사용해도 된다)와 컨테이너의 80번 포트를 연결한다. 이 설정이 -p 옵션이며, 그 뒤로 '호스트의 포트 번호'와 '컨테이너의 포트 번호'를 콜론으로 연결해 함께 기재한다.

포트 설정 방법

```
-p 호스트_포트_번호:컨테이너_포트_번호
```
포트를 지정하는 옵션

포트 설정 예

```
-p 8080:80
```

그리고 컨테이너를 사용하면 여러 개의 웹 서버를 함께 실행할 수도 있다. 이러한 경우 **호스트 포트 번호를 모두 같은 것으로 사용하면 어떤 컨테이너로 가야 할 요청인지 구분할 수 없기** 때문에 컨테이너 A에는 호스트 포트 8080, 컨테이너 B에는 호스트 포트 8081과 같은 식으로 호스트의 포트 번호를 겹치지 않게 설정한다. 꼭 여러 컨테이너로 연결되는 포트를 같게 설정하고 싶다면 리버스 프락시로 서버 이름을 통해 구별하도록 구성한다.

---

[13] "Error response from daemon: driver failed programming external connectivity on endpoint(중략): Bind for 0.0.0.0:8080 failed: port is already allocated." 같은 오류 메시지가 출력된다면 포트 번호가 중복된 것이므로 8081번으로 바꾼다.

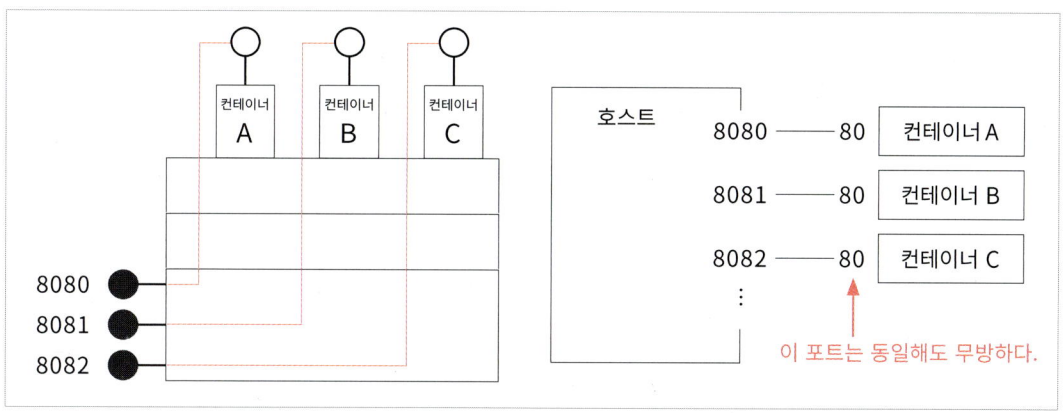

그림 4-4-4 컨테이너와 연결하는 호스트의 포트 번호를 겹치지 않게 설정한다.

웹 사이트로 접근

인터넷 상에 있는 웹 사이트는 https://wikibook.co.kr/ 같은 URL을 통해 접근한다.

지금은 같은 컴퓨터 속이므로 인터넷에 연결되지 않더라도 '현재 컴퓨터의 이 포트에 접근'하는 방법을 통해 웹 사이트에 접속하겠다.

'localhost'(현재 사용 중인 컴퓨터라는 뜻) 뒤에 콜론 및 포트 번호를 기재하면 컨테이너에서 제공하는 웹 사이트에 접근할 수 있다.

8080번 포트로의 접근 예
```
http://localhost:8080/
```

또한 웹 사이트 파일을 만드는 것은 이 책의 범위를 벗어나므로 아파치에 미리 준비된 초기 화면을 통해 확인한다. 초기 화면을 보면 다음과 같은 문장이 출력된다.

그림 4-4-5 아파치의 초기 화면

[실습] 통신이 가능한 컨테이너 생성

앞서 실습했던 명령어에 포트 번호 설정을 추가해서 외부에서 접근할 수 있는 아파치 컨테이너를 만들어보자.

컨테이너를 생성하고 실행한 다음, 웹 브라우저에서 http://localhost:8080에 접속해 아파치의 초기 화면이 나타나는지 확인한다. 그리고 컨테이너를 종료하고 삭제한다.

 실습 내용

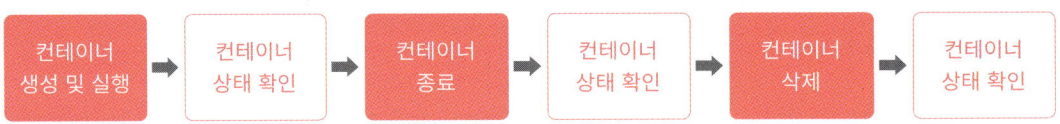

 생성할 컨테이너의 정보

항목	값
컨테이너 이름	apa000ex2
이미지 이름	httpd
포트 설정	8080:80

 커맨드에서 사용할 옵션, 대상, 인자

명령어 1: 컨테이너 생성 및 실행

```
docker run --name apa000ex2 -d -p 8080:80 httpd
```

옵션 항목

항목	내용
--name apa000ex2	apa000ex2라는 이름으로 컨테이너를 생성
-d	백그라운드로 실행

항목	내용
-p 8080:80	호스트의 포트 8080을 컨테이너 포트 80으로 포워딩
httpd	아파치의 이미지 이름. 버전을 지정하지 않았으므로 최신 버전(latest)이 사용된다.

단계 1 -- run 커맨드 실행

아파치 이미지(httpd)를 사용해 apa000ex2라는 이름의 컨테이너를 생성하고 실행하는 명령어를 입력해보자. 이미 앞서 httpd 이미지를 내려받았으므로 이번에는 pull과 관련된 정보는 출력되지 않는다. 실행 결과에 출력되는 무작위 문자열은 컨테이너 ID이므로 실행할 때마다 달라진다.

✏️ 터미널 창에 입력할 명령

```
docker run --name apa000ex2 -d -p 8080:80 httpd
```

실행 결과

```
8306f01ed6adf7daa82c38228ff9e513c5c4ad9f96f354349866f93c3ebd9689
```

단계 2 -- ps 커맨드를 사용해 컨테이너가 실행 중인지 확인

ps 커맨드를 사용해 이름이 apa000ex2인 컨테이너가 실행 중인지 확인해보자. STATUS 항목의 값이 'Up'이라고 나오면 컨테이너가 실행 중이라는 뜻이다.

✏️ 터미널 창에 입력할 명령

```
docker ps
```

실행 결과

CONTAINER ID	IMAGE	COMMAND	CREATED	STATUS	PORTS	NAMES
8306f01ed6ad	httpd	"httpd-foreground"	42 seconds ago	Up 39 seconds	0.0.0.0:8080->80/tcp	apa000ex2

단계 3 -- 웹 브라우저를 통해 아파치에 접근할 수 있는지 확인

웹 브라우저에서 http://localhost:8080/에 접근해 아파치의 초기 화면이 나타나는지 확인한다.

It works!

그림 4-4-6 아파치의 초기 화면

단계 4 -- stop 커맨드를 사용해 컨테이너 종료

stop 커맨드를 사용해 apa000ex2 컨테이너를 종료하겠다.

✏️ **터미널 창에 입력할 명령**

```
docker stop apa000ex2
```

실행 결과

```
apa000ex2
```

단계 5 -- rm 커맨드를 사용해 apa000ex2 컨테이너 삭제

rm 커맨드를 실행해 apa000ex2 컨테이너를 삭제해보자.

✏️ **터미널 창에 입력할 명령**

```
docker rm apa000ex2
```

실행 결과

```
apa000ex2
```

단계 6 -- ps 커맨드와 인자를 사용해 컨테이너가 삭제됐는지 확인

ps 커맨드에 -a 인자를 붙여 apa000ex2 컨테이너가 삭제됐는지 확인해보자. apa000ex2 컨테이너가 목록에 나오지 않으면 삭제된 것이다.

📝 **터미널 창에 입력할 명령**

```
docker ps -a
```

실행 결과

CONTAINER ID	IMAGE	COMMAND	CREATED	STATUS	PORTS	NAMES

이번 절의 실습은 이것으로 끝이다. 단계 3에서 웹 브라우저를 통해 아파치의 초기 화면을 볼 수 있었을 것이다.

만약 웹 사이트를 구축해 본 경험이 있다면 간단한 HTML 파일을 만들어 보면 좋을 것이다. 이 방법은 6장에서 자세히 설명하겠다.

컨테이너 및 이미지의 상태는 도커 데스크톱에서도 확인할 수 있다. 부록을 참고하기 바란다.

CHAPTER **4** | 컨테이너를 실행해 보자

SECTION **05**

컨테이너 생성에 익숙해지기

앞서 4-3절과 4-4절에서 컨테이너 생성의 흐름을 살펴봤다. 이번 절에서는 컨테이너 생성에 좀 더 익숙해질 수 있도록 다양한 유형의 컨테이너를 생성하고 실행하는 연습을 해보자.

 다양한 유형의 컨테이너

컨테이너에도 다양한 종류가 있다. 아니, 소프트웨어의 가짓수만큼 컨테이너의 종류도 있다고 해야 더 정확할 것이다. 이번 절에서는 아파치 이외의 소프트웨어가 담긴 여러 가지 컨테이너를 생성해보며 컨테이너를 생성하는 연습을 진행하겠다.

말은 거창하지만 그리 대단한 것은 아니다. 앞서와 마찬가지로 컨테이너를 만들고 버리는 과정을 반복 숙달하는 것이다. 연습이 굳이 필요없다고 생각한다면 이번 절을 건너뛰어 4-6절을 진행해도 무방하다.

그림 4-5-1 다양한 유형의 컨테이너

아파치 외에도 자주 사용되는 대표적인 컨테이너의 예를 들어 보겠다. 여기서 소개하는 이미지는 모두 공식 이미지로 제공되는 것이다.

연습을 위해 여기서는 **nginx**와 **MySQL**을 사용하지만, 이 책의 내용을 마친 후 여유가 있다면 그 외의 컨테이너를 대상으로도 연습을 해보기 바란다.

리눅스 운영체제가 담긴 컨테이너

리눅스 운영체제만 담겨 제공되는 컨테이너도 다양한 종류가 있다. 리눅스 운영체제 컨테이너는 컨테이너 속 파일 시스템을 다루는 것을 전제로 하므로 인자로 '셸 명령어'를 지정한다.

리눅스 운영체제가 담긴 컨테이너의 종류

이미지 이름	컨테이너의 내용	컨테이너 실행에 주로 사용되는 옵션 및 인자
ubuntu	우분투	-d 없이 -it 옵션만 사용. 인자로는 /bin/bash 등 셸 명령어를 지정한다.
centos	CentOS	-d 없이 -it 옵션만 사용. 인자로는 /bin/bash 등 셸 명령어를 지정한다.
debian	데비안	-d 없이 -it 옵션만 사용. 인자로는 /bin/bash 등 셸 명령어를 지정한다.
fedora	페도라	-d 없이 -it 옵션만 사용. 인자로는 /bin/bash 등 셸 명령어를 지정한다.
busybox	BizyBox	-d 없이 -it 옵션만 사용. 인자로는 /bin/bash 등 셸 명령어를 지정한다.
alpine	알파인 리눅스	-d 없이 -it 옵션만 사용. 인자로는 /bin/bash 등 셸 명령어를 지정한다.

 웹 서버/데이터베이스 서버용 컨테이너

웹 서버 소프트웨어로는 아파치 외에도 nginx가 유명하다. nginx는 이번 장의 실습에서도 다루게 될 것이다. 웹 서버는 통신이 전제가 되므로 옵션을 통해 포트 번호를 지정해야 한다.

또한 데이터베이스 서버는 MySQL 외에 PostgreSQL이나 MariaDB도 유명하다. 데이터베이스 관리 소프트웨어에는 기본적으로 **루트 패스워드를 반드시 지정해야** 한다. 이 역시 옵션을 통해 지정한다.

웹 서버 및 데이터베이스 서버용 컨테이너의 종류

이미지 이름	컨테이너의 내용	컨테이너 실행에 주로 사용되는 옵션 및 인자
httpd	Apache	-d로 백그라운드로 실행. -p로 포트 번호 지정
nginx	Nginx	-d로 백그라운드로 실행. -p로 포트 번호 지정
mysql	MySQL	-d를 사용. 실행 시 -e MYSQL_ROOT_PASSWORD와 같이 루트 패스워드를 지정
postgres	PostgreSQL	-d를 사용. 실행 시 -e POSTGRES_ROOT_PASSWORD와 같이 루트 패스워드를 지정
mariadb	MariaDB	-d를 사용. 실행 시 -e MYSQL_ROOT_PASSWORD와 같이 루트 패스워드를 지정

프로그램 실행을 위한 런타임과 그 외 소프트웨어

프로그램을 실행하려면 해당 언어의 실행 환경인 **런타임**이 필요하다. 런타임 역시 컨테이너 형태로 제공된다.

프로그래밍 언어의 런타임 컨테이너의 종류

이미지 이름	컨테이너의 내용	컨테이너 실행에 주로 사용되는 옵션 및 인자
openjdk	자바 런타임	-d를 사용하지 않고, 인자로 java 명령 등을 지정해 도구 형태로 사용한다.
python	파이썬 런타임	-d를 사용하지 않고, 인자로 python 명령 등을 지정해 도구 형태로 사용한다.
php	PHP 런타임	웹 서버가 포함된 것과 실행 명령만 포함된 것으로 나뉘어 제공된다.
ruby	루비 런타임	웹 서버가 포함된 것과 실행 명령만 포함된 것으로 나뉘어 제공된다.
perl	펄 런타임	-d를 사용하지 않고, 인자로 perl 명령 등을 지정해 도구 형태로 사용한다.
gcc	C/C++ 컴파일러	-d를 사용하지 않고, 인자로 gcc 명령 등을 지정해 도구 형태로 사용한다.
node	Node.js	-d를 사용하지 않고, 인자로 app 명령 등을 지정해 도구 형태로 사용한다.
registry	도커 레지스트리	-d 옵션을 사용해 백그라운드로 실행하며, -p 옵션으로 포트 번호를 지정한다.
wordpress	WordPress	-d 옵션을 사용해 백그라운드로 실행하며, -p 옵션으로 포트 번호를 지정한다. MySQL 또는 MariaDB가 필요하다. 접속에 필요한 패스워드는 -e 옵션으로 지정한다.
nextcloud	NextCloud	-d 옵션을 사용해 백그라운드로 실행한다. -p 옵션으로 포트 번호를 지정한다.
redmine	Redmine	-d 옵션을 사용해 백그라운드로 실행하며, -p 옵션으로 포트 번호를 지정한다. PostgreSQL 또는 MySQL이 필요하다.

 [실습] 아파치 컨테이너를 여러 개 실행하기

첫 번째 연습으로 아파치 컨테이너를 여러 개 실행해 보겠다.

컨테이너를 여러 개 실행할 때 호스트 컴퓨터의 포트 번호가 중복돼서는 안 된다. 따라서 1씩 차이나도록 번호를 지정한다. 반면 **컨테이너 포트는 중복돼도 무방하므로 모두 80번으로 설정**한다(이 포트 번호는 이미지 제작자가 지정한 것으로 변경할 수 없다). 웹 브라우저를 통한 동작 확인 역시 호스트 포트 번호에 따라 달라진다.

명령어 입력은 이제 익숙해졌겠지만 포트 번호나 컨테이너 이름에서 오타를 내기 쉬우므로 주의해서 진행한다.

실습 내용

생성할 컨테이너의 정보

항목	값	값	값
컨테이너 이름	apa000ex3	apa000ex4	apa000ex5
이미지 이름	httpd	httpd	httpd
포트 설정	8081:80	8082:80	8083:80

단계 1 — run 커맨드 실행

아파치 이미지(httpd)를 사용해 apa000ex3, apa000ex4, apa000ex5라는 이름으로 컨테이너를 생성하고 실행하는 명령어를 입력해보자. 명령어는 한 줄씩 입력한 다음 엔터 키를 눌러 실행하고 문자열이 출력될 때까지 기다린다.

그리고 출력된 문자열은 컨테이너 ID로, 매번 달라진다. 포트 번호는 각각 8081, 8082, 8083으로 설정한다.

거의 비슷한 내용을 여러 번 입력하기는 귀찮으므로 커서 키 ↑를 눌러 이전에 입력했던 명령을 불러낸 다음 이름과 포트 번호만 수정하면 편리하다.

✏️ **터미널 창에 입력할 명령**

```
docker run --name apa000ex3 -d -p 8081:80 httpd
docker run --name apa000ex4 -d -p 8082:80 httpd
docker run --name apa000ex5 -d -p 8083:80 httpd
```

실행 결과

```
dcb8c99c4f53d5d6412633addc051c3465… (생략)
7783329d74c66cdf8a7af09604f59e361f… (생략)
3deb4fb0afda92231d0338d996b21c0457… (생략)
```

단계 2 -- ps 커맨드를 사용해 컨테이너가 실행 중인지 확인

ps 커맨드를 사용해 apa000ex3, apa000ex4, apa000ex5라는 이름의 컨테이너가 각각 실행 중인지 확인한다. STATUS 항목의 값의 'Up'이라고 나오면 컨테이너가 실행 중이라는 뜻이다. 포트 번호 역시 8081, 8082, 8083으로 돼 있는지 함께 확인한다.

📝 터미널 창에 입력할 명령
```
docker ps
```

실행 결과

CONTAINER ID	IMAGE	COMMAND	CREATED	STATUS	PORTS	NAMES
3deb4fb0afda	httpd	"httpd-foreground"	4 minutes ago	Up 4 minutes	0.0.0.0:8083->80/tcp	apa000ex5
7783329d74c6	httpd	"httpd-foreground"	4 minutes ago	Up 4 minutes	0.0.0.0:8082->80/tcp	apa000ex4
dcb8c99c4f53	httpd	"httpd-foreground"	7 minutes ago	Up 6 minutes	0.0.0.0:8081->80/tcp	apa000ex3

단계 3 -- 웹 브라우저를 통해 아파치에 접근할 수 있는지 확인

웹 브라우저에서 http://localhost:8081/, http://localhost:8082/, http://localhost:8083/에 접근해 아파치의 초기 화면이 나타나는지 확인한다.

It works!

그림 4-5-2 아파치의 초기 화면

단계 4 -- stop 커맨드를 사용해 컨테이너 종료

stop 커맨드를 사용해 apa000ex3, apa000ex4, apa000ex5 컨테이너를 종료하겠다.

명령어를 입력할 때는 한 줄씩 입력하고 엔터 키를 눌러 실행한 다음, 결과가 출력될 때까지 잠시 기다린다. 여기서도 커서 키 ↑를 눌러 이전에 입력했던 명령을 불러내 수정해 사용하면 편리하다.

✏️ 터미널 창에 입력할 명령

```
docker stop apa000ex3
docker stop apa000ex4
docker stop apa000ex5
```

실행 결과

| apa000ex3 |
| apa000ex4 |
| apa000ex5 |

단계 5 -- rm 커맨드를 사용해 컨테이너 삭제

rm 커맨드를 실행해 apa000ex3, apa000ex4, apa000ex5 컨테이너를 삭제해보자. 명령어를 입력할 때는 한 줄씩 입력하고 엔터 키를 눌러 실행한 다음, 결과가 출력될 때까지 잠시 기다린다. 여기서도 커서 키 ↑ 를 눌러 이전에 입력했던 명령을 불러내 수정해 사용하면 편리하다.

✏️ 터미널 창에 입력할 명령

```
docker rm apa000ex3
docker rm apa000ex4
docker rm apa000ex5
```

실행 결과

| apa000ex3 |
| apa000ex4 |
| apa000ex5 |

단계 6 -- ps 커맨드와 인자를 사용해 컨테이너가 삭제됐는지 확인

ps 커맨드에 -a 인자를 붙여 실행한 뒤 각 컨테이너가 삭제됐는지 확인해보자. apa000ex3, apa000ex4, apa000ex5 컨테이너가 목록에 나오지 않으면 삭제된 것이다.

✏️ 터미널 창에 입력할 명령

```
docker ps -a
```

실행 결과

| CONTAINER ID | IMAGE | COMMAND | CREATED | STATUS | PORTS | NAMES |

> **COLUMN : Level ★★★**　　**컨테이너 ID**
>
> 지금까지 컨테이너를 구별하기 쉽도록 컨테이너에 이름을 붙여왔는데, 이 밖에도 컨테이너마다 컨테이너 ID가 부여되기 때문에 이름이 없어도 ID로 컨테이너를 지정할 수 있다. docker run 커맨드를 실행했을 때 출력되는 문자열이 바로 컨테이너 ID다.
>
> **docker run 커맨드를 실행한 출력 결과**
> ```
> dcb8c99c4f53d5d6412633addc051c3465afbd36d2cab20af49131bc965d1c64
> ```
>
> 문자열의 길이가 상당하다. 하지만 반 정도는 생략할 수 있으므로 실제로는 docker ps 커맨드의 출력 결과 중 CONTAINER ID 항목에 출력되는 문자열을 사용한다.
>
> **docker ps 커맨드를 실행한 출력 결과**
> ```
> CONTAINER ID   IMAGE   COMMAND             CREATED         STATUS         PORTS               NAMES
> 3deb4fb0afda   httpd   "httpd-foreground"  4 minutes ago   Up 4 minutes   0.0.0.0:8083->80/tcp apa000ex5
> ```
>
> 단, 그래도 무작위 문자열이라 시각적으로 구분하기가 쉽지 않으므로 컨테이너에 이름을 붙이는 것이 더 낫다. 또 컨테이너 ID는 똑같은 소프트웨어의 컨테이너라도 매번 다른 문자열이 할당된다. 직접 확인해 보기 바란다.

[실습] Nginx 컨테이너 실행하기

이번에는 아파치가 아닌 다른 소프트웨어의 컨테이너를 만들어보겠다.

이번 실습 소재는 nginx다. nginx는 아파치와 같은 웹 서버 소프트웨어로, 최근 점유율이 급격히 늘어나고 있다. 자세한 사용법은 다르지만 똑같은 웹 서버 기능을 제공하는 소프트웨어이므로 아파치와 거의 비슷한 설정으로 컨테이너를 만들 수 있다.

nginx의 이미지 이름은 소프트웨어 이름과 같은 nginx다. 아파치와 같은 방법으로 웹 브라우저를 통해 초기 화면을 확인할 수 있다.

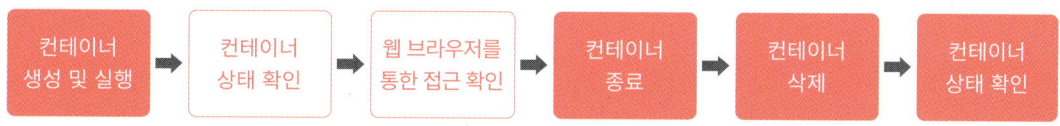

그림 4-5-3 nginx의 초기 화면

실습 내용

컨테이너 생성 및 실행 → 컨테이너 상태 확인 → 웹 브라우저를 통한 접근 확인 → 컨테이너 종료 → 컨테이너 삭제 → 컨테이너 상태 확인

생성할 컨테이너의 정보

항목	값
컨테이너 이름	nginx000ex6
이미지 이름	nginx
포트 설정	8084:80

단계 1 -- run 커맨드 실행

nginx 이미지(nginx)를 사용해 nginx000ex6이라는 이름으로 컨테이너를 생성하고 실행하는 명령어를 입력해보자. 포트 번호는 8084로 한다. 이번에도 커서 키 ↑를 눌러 이전에 입력했던 명령을 불러낸 다음 이름과 포트 번호만 수정하면 편리하다.

nginx 이미지를 아직 내려받지 않았으므로 이번에는 명령 실행에 조금 시간이 걸린다. 두 번째부터는 아파치와 마찬가지로 문자열이 출력될 것이다.

📝 터미널 창에 입력할 명령

```
docker run --name nginx000ex6 -d -p 8084:80 nginx
```

실행 결과

```
bf5952930446:    Already exists
cb9a6de05e5a:    Pull complete
9513ea0afb93:    Pull complete
… (이하 생략)
```

단계 2 — ps 커맨드를 사용해 컨테이너가 실행 중인지 확인

ps 커맨드를 사용해 nginx000ex6이라는 이름의 컨테이너가 실행 중인지 확인한다. STATUS 항목의 값이 'Up'이라고 나오면 컨테이너가 실행 중이라는 뜻이다. 포트 번호 역시 8084인지 함께 확인한다.

📝 터미널 창에 입력할 명령

```
docker ps
```

실행 결과

```
CONTAINER ID   IMAGE   COMMAND                  CREATED         STATUS         PORTS                  NAMES
486dfd56913f   nginx   "/docker-entrypoint..."  4 minutes ago   Up 4 minutes   0.0.0.0:8084->80/tcp   nginx000ex6
```

단계 3 — 웹 브라우저를 통해 nginx에 접근할 수 있는지 확인

웹 브라우저에서 http://localhost:8084/에 접근해 nginx의 초기 화면이 나타나는지 확인한다.

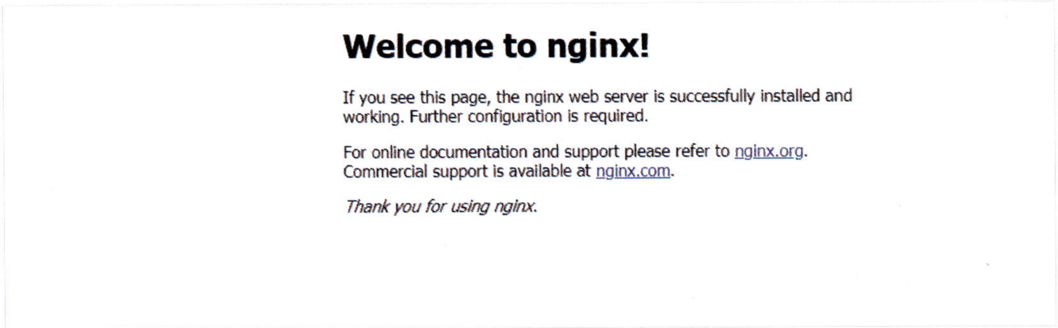

Welcome to nginx!

If you see this page, the nginx web server is successfully installed and working. Further configuration is required.

For online documentation and support please refer to nginx.org.
Commercial support is available at nginx.com.

Thank you for using nginx.

그림 4-5-4 nginx의 초기 화면

단계 ④ -- stop 커맨드를 사용해 컨테이너 종료

stop 커맨드를 사용해 nginx000ex6 컨테이너를 종료하겠다.

▎터미널 창에 입력할 명령

```
docker stop nginx000ex6
```

실행 결과

```
nginx000ex6
```

단계 ⑤ -- rm 커맨드를 사용해 컨테이너 삭제

rm 커맨드를 실행해 nginx000ex6 컨테이너를 삭제한다.

▎터미널 창에 입력할 명령

```
docker rm nginx000ex6
```

실행 결과

```
nginx000ex6
```

단계 ⑥ -- ps 커맨드와 인자를 사용해 컨테이너가 삭제됐는지 확인

ps 커맨드에 -a 인자를 붙여 실행한 뒤 컨테이너가 삭제됐는지 확인해보자. nginx000ex6 컨테이너가 목록에 나오지 않으면 삭제된 것이다.

▎터미널 창에 입력할 명령

```
docker ps -a
```

실행 결과

```
CONTAINER ID    IMAGE    COMMAND    CREATED    STATUS    PORTS    NAMES
```

 [실습] MySQL 컨테이너 실행하기

MySQL은 데이터베이스 기능을 제공하는 소프트웨어다. 다른 말로 RDBMS라고도 한다. 이러한 RDBMS로 PostgreSQL, MariaDB 등이 있는데 이들 모두 많이 사용된다. MySQL은 특히 WordPress와 함께 쓰이는 것으로 유명하다.

아파치나 Nginx에 비하면 MySQL 컨테이너를 만드는 과정은 조금 까다롭다. 제대로 동작하게 하려면 **인자를 반드시 지정해야** 한다. 따라서 이번에는 연습을 위해 생략형 명령을 사용한다. 반드시 필요한 사항인 루트 패스워드만을 옵션으로 지정하는 명령어다. 이번에는 소프트웨어의 동작 여부를 확인하지 않고 docker ps 명령으로 컨테이너 상태만 확인한다.

실제로 사용할 수 있는 MySQL 컨테이너의 생성은 5장에서 다룰 것이므로 안심하기 바란다. 그리고 키보드를 통해 컨테이너 내부의 파일 시스템을 다룰 수 있는 -i, -t 옵션도 사용해 보자. -d, -i, -t를 합쳐 -dit로 작성한다. 옵션을 합쳐서 작성해도 그대로 동작하는 것을 확인할 수 있다.

실습 내용

생성할 컨테이너의 정보

항목	값
컨테이너 이름	mysql000ex7
이미지 이름	mysql
MySQL 루트 패스워드	myrootpass

커맨드에서 사용할 옵션, 대상, 인자

명령어 1: 컨테이너 생성 및 실행

```
docker run --name mysql000ex7 -dit -e MYSQL_ROOT_PASSWORD=myrootpass mysql
```

항목	내용
--name mysql000ex7	mysql000ex7이라는 이름으로 컨테이너를 생성
-dit	백그라운드에서 실행 및 키보드를 통해 컨테이너 내부의 파일 시스템을 조작
-e MYSQL_ROOT_PASSWORD=	MySQL의 루트 패스워드를 지정
mysql	MySQL 이미지 이름. 버전을 지정하지 않았으므로 최신 버전(latest)이 사용된다.

단계 ① -- run 커맨드 실행

MySQL 이미지(mysql)를 사용해 mysql000ex7이라는 이름으로 컨테이너를 생성하고 실행하는 명령어를 입력한다. 이때 -dit, -e 옵션을 추가한다.

mysql 이미지를 내려받게 되므로 명령 실행에 조금 시간이 걸린다. 아파치와 같이 두 번째부터는 곧바로 문자열이 출력된다.

✏️ 터미널 창에 입력할 명령

```
docker run --name mysql000ex7 -dit -e MYSQL_ROOT_PASSWORD=myrootpass mysql
```

실행 결과

```
Unable to find image 'mysql:latest' locally
latest: Pulling from library/mysql
bf5952930446: Already exists
8254623a9871: Pull complete
938e3e06dac4: Pull complete
ea28ebf28884: Pull complete
…(이하 생략)
```

단계 ② -- ps 커맨드를 사용해 컨테이너가 실행 중인지 확인

ps 커맨드를 사용해 이름이 mysql000ex7인 컨테이너가 실행 중인지 확인해보자. STATUS 항목의 값이 'Up'이라고 나오면 컨테이너가 실행 중이라는 뜻이다.

✏️ 터미널 창에 입력할 명령

```
docker ps
```

실행 결과

CONTAINER ID	IMAGE	COMMAND	CREATED	STATUS	PORTS	NAMES
c5abd7c53328	mysql	"docker-entrypoint.s…"	21 minutes ago	Up 21 minutes	3306/tcp, 33060/tcp	mysql000ex7

단계 ③ -- stop 커맨드를 사용해 컨테이너 종료

stop 커맨드를 사용해 mysql000ex7 컨테이너를 종료하겠다.

✏️ 터미널 창에 입력할 명령

```
docker stop mysql000ex7
```

실행 결과

```
mysql000ex7
```

단계 4 — rm 커맨드를 사용해 컨테이너 삭제

rm 커맨드를 실행해 mysql000ex7 컨테이너를 삭제해보자.

✏ 터미널 창에 입력할 명령

```
docker rm mysql000ex7
```

실행 결과

```
mysql000ex7
```

단계 5 — ps 커맨드와 인자를 사용해 컨테이너가 삭제됐는지 확인

ps 커맨드에 -a 인자를 붙여 mysql000ex7 컨테이너가 삭제됐는지 확인해보자. mysql000ex7 컨테이너가 목록에 나오지 않으면 삭제된 것이다.

✏ 터미널 창에 입력할 명령

```
docker ps -a
```

실행 결과

```
CONTAINER ID    IMAGE    COMMAND    CREATED    STATUS    PORTS    NAMES
```

5장에서 더 자세히 설명하겠지만, MySQL은 루트 패스워드 외에도 문자 인코딩이나 정렬 순서를 설정해야 한다. 모든 데이터베이스 소프트웨어가 이런 설정을 필요로 하는가 하면 또 그렇지는 않다. 이미지 제작자에 따라 사용법이 달라진다는 것도 흥미로운 점이다.

CHAPTER 4 　컨테이너를 실행해 보자

SECTION 06

이미지 삭제

컨테이너를 다루는 데 필요한 일련의 조작과 더불어 이미지를 삭제하는 방법도 알아보자. 컨테이너를 삭제해도 이미지는 그대로 남아있다. 이미지를 삭제하려면 명시적으로 명령을 사용해야 한다.

이미지 삭제

여러 이미지로부터 컨테이너를 만드는 연습을 했다. 컨테이너 만들기는 이제 좀 익숙해졌을 것이다. 이렇게 컨테이너를 여러 번 만들다 보면 한 가지 문제가 발생한다. 컨테이너를 삭제해도 이미지는 그대로 남아 쌓이기 때문이다.

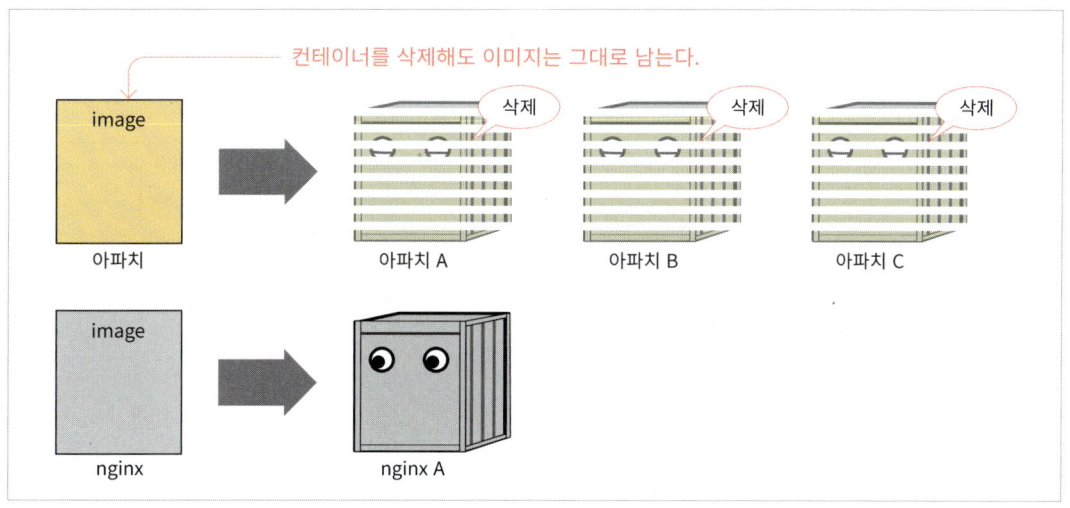

그림 4-6-1 컨테이너의 삭제와 이미지의 삭제

이미지가 늘어나면 스토리지 용량을 압박하게 되므로 필요없어진 이미지는 그때그때 삭제하도록 한다. 이미지를 삭제할 때는 이미지 ID 또는 이미지 이름으로 지정한다. 컨테이너와 거의 비슷하다.

그리고 해당 이미지로 실행한 컨테이너가 남아 있으면 이미지를 삭제할 수 없으므로 docker ps -a와 같이 컨테이너 목록을 출력해 확인하고 컨테이너를 먼저 종료 및 삭제한 다음, 이미지를 삭제한다.

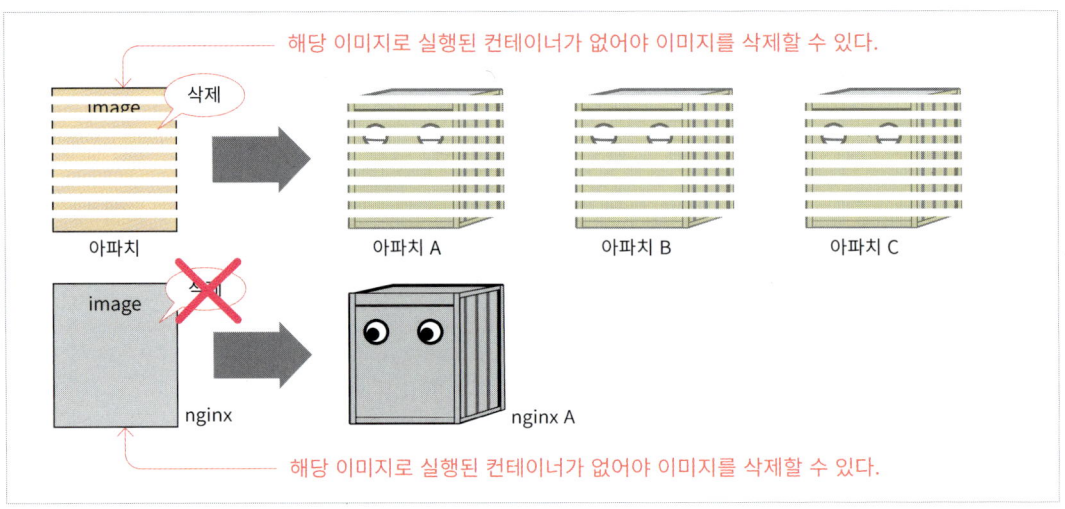

그림 4-6-2 해당 이미지로 실행된 컨테이너가 있으면 이미지를 삭제할 수 없다.

docker image rm 커맨드

이미지를 삭제하기 위해서는 docker image rm 커맨드를 사용한다. 지금까지는 컨테이너를 다뤘으므로 docker container ~와 같은 커맨드를 사용했지만 이번에는 이미지를 대상으로 하므로 docker image ~와 같은 커맨드를 사용한다.

이 커맨드는 docker rm과 같이 생략할 수 없다. 앞서 설명했듯 docker rm은 docker container rm의 생략형이므로 **이미지가 아닌 컨테이너가 삭제**된다. 이 커맨드 역시 옵션이나 인자를 사용하지 않는 경우가 많다.

이미지를 삭제하는 커맨드: docker image rm

이미지를 삭제하는 커맨드다. 이미지를 삭제하려면 먼저 해당 이미지로 실행된 컨테이너를 모두 삭제해야 한다. 그리고 공백으로 구분해 여러 이미지를 지정할 수도 있다.

자주 쓰이는 커맨드 예

```
docker image rm 이미지_이름
       커맨드      대상
```

여러 개의 이미지를 지정하는 경우

```
docker image rm 이미지_이름 이미지_이름 이미지_이름
       커맨드      대상        대상        대상
```

docker image ls 커맨드

이미지를 삭제하려면 이미지 이름 또는 이미지 ID를 알아야 한다.

컨테이너 목록을 출력하는 docker ps 커맨드가 있듯 이미지 목록을 확인하는 커맨드도 있다. 이 커맨드가 바로 docker image ls 커맨드다.

docker ps 커맨드의 정식 표기는 docker container ls였던 것처럼, docker image ls 커맨드의 생략형도 ls다. 단, ps와 달리 -a 옵션은 사용할 수 없다. 이미지는 컨테이너와 달리 '실행 중', '종료' 등의 상태를 가질 수 없기 때문이다.

이미지 목록의 정보

docker image ls 커맨드를 실행하면 다음과 같은 결과가 출력된다.

ps 커맨드의 출력 결과와 마찬가지로, 첫 번째 행에는 각 항목의 이름이 출력되며 두 번째 행부터 항목 값이 출력된다. 해당하는 이미지가 없다면 첫 번째 행만 출력된다.

이미지 이름 외에 태그(버전 정보), 이미지 ID 등의 정보를 확인할 수 있다.

커맨드를 실행한 결과의 예(대상 이미지가 존재하는 경우)

```
REPOSITORY   TAG      IMAGE ID       CREATED       SIZE
nginx        latest   4bb46517cac3   8 days ago    133MB
httpd        latest   a6ea92c35c43   2 weeks ago   166MB
mysql        latest   0d64f46acfd1   2 weeks ago   544MB
```

이미지 목록의 주요 항목

항목	내용
REPOSITORY	이미지 이름
TAG	버전 정보. 이미지를 내려받을 때 따로 지정하지 않으면 latest(최신 버전)를 내려받는다.
IMAGE ID	이미지 식별자. 본래는 64글자이지만 앞에서부터 12글자만 출력한다. 이 12글자만으로도 식별자 역할을 수행할 수 있다.
CREATED	이미지 생성 후 경과된 시간
SIZE	이미지의 전체 용량

> **COLUMN : Level ★★★**   **이미지 버전과 이미지 이름**
>
> 4장에서는 연습의 편의를 위해 이미지의 버전을 지정하지 않는다. 그러면 이미지의 최신 버전(latest 태그)을 내려받는다. 하지만 시스템 구성에 따라 특정 버전을 사용해야 할 때도 있다. 이런 경우에는 docker run 커맨드에서 이미지 이름과 함께 버전을 지정할 수 있다.
>
> **버전을 지정하는 포맷**
>
> ```
> 이미지_이름:버전_넘버
> ```
>
> 예를 들어, 아파치의 컨테이너를 만들면서 특정 버전을 사용하고 싶다면 다음과 같이 한다.
>
> **아파치 버전 '2.2'를 지정해 컨테이너를 실행하는 예**
>
> ```
> docker run --name apa000ex2 -d -p 8080:80 httpd:2.2
> ```
>
> 이미지의 버전 지정은 docker run 커맨드 외에 이미지 이름을 지정할 때도 사용한다.
>
> **아파치 2.2 이미지를 삭제하는 예**
>
> ```
> docker image rm httpd:2.2
> ```

[실습] 이미지 삭제하기

이미지를 삭제하려면 우선 docker ps 커맨드로 삭제할 이미지로 실행된 컨테이너가 있는지 확인해야 한다. 컨테이너가 있다면 docker rm 커맨드로 컨테이너를 먼저 삭제한다. 그다음 docker image ls 커맨드로 이미지 목록을 출력해 이미지 이름 또는 컨테이너 ID를 지정해 삭제한다.

이미지를 삭제하는 커맨드는 docker image rm이다.

실습 내용

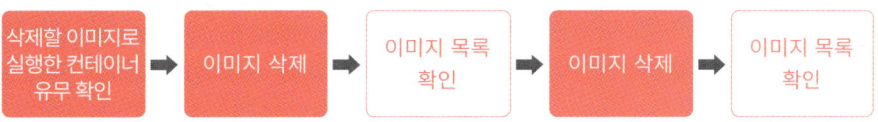

커맨드에서 사용할 옵션, 대상, 인자

이미지 삭제

```
docker image rm httpd
```

단계 1 — ps 커맨드와 인자를 사용해 컨테이너가 있는지 확인

ps 커맨드를 사용해 삭제 대상 이미지로 실행한 컨테이너가 존재하는지 확인한다. 만약 있다면 rm 커맨드로 삭제한다. 컨테이너의 상태(STATUS)가 'Up'이라면 컨테이너가 실행 중이므로 먼저 stop 커맨드로 컨테이너를 종료시킨 다음 삭제한다.

터미널 창에 입력할 명령

```
docker ps -a
```

실행 결과

CONTAINER ID	IMAGE	COMMAND	CREATED	STATUS	PORTS	NAMES

단계 2 — image ls 커맨드로 이미지가 존재하는지 확인

image ls 커맨드를 실행해 현재 존재하는 이미지의 목록을 확인한다

터미널 창에 입력할 명령

```
docker image ls
```

실행 결과

REPOSITORY	TAG	IMAGE ID	CREATED	SIZE
nginx	latest	4bb46517cac3	8 days ago	133MB
httpd	latest	a6ea92c35c43	2 weeks ago	166MB
mysql	latest	0d64f46acfd1	2 weeks ago	544MB

※ 4-4절 뒷부분에서 nginx 및 MySQL 컨테이너 만들기를 건너뛰었다면 nginx 및 mysql 이미지는 목록에 나오지 않는다.

단계 ③ -- image rm 커맨드로 이미지 삭제

image rm 커맨드를 실행해 아파치 이미지(httpd)를 삭제한다.

터미널 창에 입력할 명령

docker image rm httpd

실행 결과

```
8306f01ed6adf7daa82c3822Untagged: httpd:latest
Untagged: httpd@sha256:3cbdff4bc16681541885ccf152 … (생략)
Deleted:
… (이하 생략) 8ff9e513c5c4ad9f96f354349866f93c3ebd9689
```

단계 ④ -- image ls 커맨드로 이미지가 삭제됐는지 확인

image ls 커맨드를 실행해 아파치 이미지(httpd)가 삭제된 것을 확인한다. 목록에 나오지 않는다면 삭제된 것이다.

터미널 창에 입력할 명령

docker image ls

실행 결과

```
REPOSITORY   TAG      IMAGE ID       CREATED       SIZE
nginx        latest   4bb46517cac3   8 days ago    133MB
mysql        latest   0d64f46acfd1   2 weeks ago   544MB
```

단계 ⑤ -- image rm 커맨드로 이미지 삭제

다시 한번 image rm 커맨드를 실행해 nginx(nginx)와 MySQL(mysql) 이미지를 삭제한다. 대상이 두 개인 것에 주의한다. 이미지 이름 대신 이미지 ID를 사용하고 싶다면 이미지 ID를 사용해도 좋다.

터미널 창에 입력할 명령

docker image rm nginx mysql

단계 6 -- image ls 커맨드로 이미지가 삭제됐는지 확인

image ls 커맨드를 실행해 모든 이미지가 삭제된 것을 확인한다.

✏️ **터미널 창에 입력할 명령**
```
docker image ls
```

실행 결과
```
REPOSITORY   TAG   IMAGE ID   CREATED   SIZE
```

컨테이너나 이미지의 삭제 여부는 도커 데스크톱 화면에서도 확인할 수 있다. 확인 방법은 부록을 참고하기 바란다.

COLUMN : Level ★★★   여러 버전의 이미지를 삭제할 경우

지금까지의 실습에서는 모든 소프트웨어에 버전을 지정하지 않고(최신 버전=latest) 진행했다. 하지만 상황에 따라 특정 버전을 지정하거나 여러 버전을 다뤄야 할 경우도 있다.

이때는 TAG 항목에 출력되는 버전을 사용한다.

MySQL 5.7과 8.0의 이미지가 모두 있는 이미지 목록

```
REPOSITORY   TAG   IMAGE ID       CREATED       SIZE
mysql        5.7   718a6da099d    2 weeks ago   448MB
mysql        8     d64f46acfd1    2 weeks ago   544MB
```

이미지를 삭제할 때 이미지 ID를 사용해도 되지만 mysql:5.7 또는 mysql:8처럼 이미지 이름에 버전을 붙여써도 이미지를 특정할 수 있다. 이때 mysql이라고만 하면 두 이미지 중 어느 것인지 구별할 수 없기 때문에 이미지가 삭제되지 않는다.

여러 개의 컨테이너를 연동해 실행해보자

CHAPTER

5

앞서 4장에서 컨테이너를 생성하고 삭제하는 방법을 배웠다. 5장에서는 여러 개의 컨테이너를 동시에 실행해 컨테이너끼리 통신하는 방법을 배운다. 컨테이너 간의 통신을 위한 네트워크를 만드는 방법을 새롭게 배우지만, 그 외의 내용은 4장에서 배운 내용을 응용한 것이다.

CHAPTER **5** | 여러 개의 컨테이너를 연동해 실행해보자

SECTION **01**

워드프레스 구축

컨테이너에 워드프레스 사이트를 구축해보자. 워드프레스를 컨테이너에서 동작하게 하려면 여러 개의 컨테이너를 실행하고 가상 네트워크를 통해 컨테이너끼리 통신할 수 있어야 한다. 이번 절에서는 워드프레스 사이트를 구축하는 과정 및 이 과정에 쓰이는 명령어에 대해 배운다.

 워드프레스 사이트 구성 및 구축

워드프레스는 웹 사이트를 만들기 위한 소프트웨어로, 서버에 설치해 사용한다. 이와 유사한 소프트웨어로 Movable Type 등이 있다. 서버 또는 리눅스 운영체제를 다루는 여러 서적에서 워드프레스를 소재로 다루기 때문에 "또 워드프레스야?"라고 생각하는 독자도 있을 것이다.

워드프레스는 워드프레스 프로그램 외에도 아파치나 데이터베이스, PHP 런타임 등을 필요로 하기 때문에 구축을 위한 연습 소재로 안성맞춤이다. 따라서 이 책에서도 **여러 개의 컨테이너를 다루는 연습 소재로서 워드프레스 사이트를 구축**해 볼 것이다. 워드프레스는 MySQL 및 MariaDB[1]를 지원하는데, 여기서는 MySQL을 사용한다.

컨테이너는 워드프레스 공식 이미지를 사용한다.

이 이미지는 워드프레스 프로그램 본체와 아파치, PHP 런타임을 함께 포함하고 있어서 매우 편리하다. 이 컨테이너와 MySQL 컨테이너가 있으면 워드프레스를 사용할 수 있다.

그리고 데이터베이스 서버를 꼭 컨테이너가 아니더라도 도커 외부에 두는 방식도 가능하다. 하지만 지금은 컨테이너를 여러 개 다루는 연습을 하는 것이 목적이므로 MySQL도 컨테이너로 준비하겠다.

---

1 MySQL을 개발한 미카엘 와이드니우스(Michael Widenius)가 MySQL 팀을 떠나 개발을 시작한 DBMS. MySQL의 파생 소프트웨어로 MySQL과 공유하는 기능이 많아 서로 대체재로 기능한다. CentOS에 기본적으로 탑재되는 데이터베이스가 MySQL에서 MariaDB로 바뀐 이후로 점유율이 상승하고 있다.

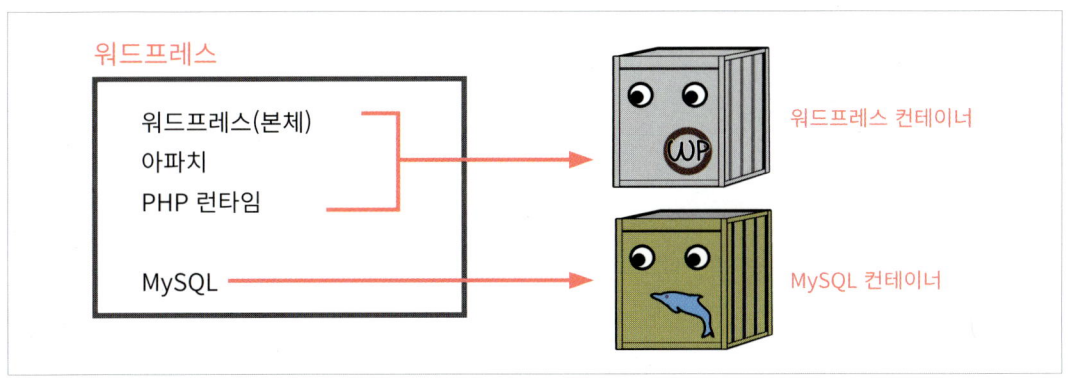

그림 5-1-1 워드프레스가 동작하려면 두 개의 컨테이너가 필요하다.

도커 네트워크 생성/삭제

워드프레스는 워드프레스 컨테이너와 MySQL 컨테이너로 구성된다.

워드프레스는 간단히 말해 블로그 생성 도구와 같은 것으로, 웹 사이트 작성자가 작성한 내용을 데이터베이스에 저장하고, 웹 사이트 열람자의 요청에 따라 웹 페이지를 보여준다. 즉, 프로그램이 MySQL에 저장된 데이터를 읽고 쓸 수 있어야 하기 때문에 두 컨테이너가 연결돼 있어야 한다.

그저 컨테이너를 두 개 만들기만 해서는 두 컨테이너가 연결되지 않으므로 가상 네트워크를 만들고 이 네트워크에 두 개의 컨테이너를 소속시켜 두 컨테이너를 연결한다.

이 가상 네트워크를 만드는 커맨드가 `docker network create`다. 커맨드 뒤로 네트워크 이름을 기재하면 된다.

container 또는 image 상위 커맨드와 마찬가지로 네트워크를 삭제할 때는 `docker network rm`, 네트워크 목록을 출력할 때는 `docker network ls` 커맨드를 사용한다.

도커 네트워크를 생성하는 커맨드

도커 네트워크를 생성하는 커맨드다. 옵션이나 인자를 추가하는 경우는 거의 없다. 네트워크를 생성한 다음 컨테이너에서 네트워크에 접속하게 설정한다.

자주 사용하는 커맨드 예

```
docker network create 네트워크_이름
```

 도커 네트워크를 삭제하는 커맨드

도커 네트워크를 삭제하는 커맨드다. 마찬가지로 옵션이나 인자를 추가하는 경우는 거의 없다.

자주 사용하는 커맨드 예

```
docker network rm 네트워크_이름
```

 그 외 도커 네트워크 관련 커맨드

network 상위 커맨드도 네트워크 목록 확인과 같은 하위 커맨드를 갖추고 있다.

주요 하위 커맨드

커맨드	내용	생략 가능 여부	주요 옵션
connect	네트워크에 컨테이너를 새로이 접속	X	거의 사용하지 않음
disconnect	네트워크에서 컨테이너의 접속을 끊음	X	거의 사용하지 않음
create	네트워크를 생성	X	거의 사용하지 않음
inspect	네트워크의 상세 정보를 확인	X	거의 사용하지 않음
ls	네트워크의 목록을 확인	X	거의 사용하지 않음
prune	현재 아무 컨테이너도 접속하지 않은 네트워크를 모두 삭제	X	거의 사용하지 않음
rm	지정한 네트워크를 삭제	X	거의 사용하지 않음

 ## MySQL 컨테이너 실행 시에 필요한 옵션과 인자

이번에 만들 MySQL 컨테이너는 실제로 사용할 수 있어야 하기 때문에 옵션 아홉 가지와 인자 세 가지를 지정한다. 조금 많은가? 하나씩 살펴보면 그리 어렵지 않으므로 차차 설명하겠다.

자주 사용하는 커맨드 예

```
docker run --name 컨테이너_이름 -dit --net=네트워크_이름 -e MYSQL_ROOT_PASSWORD=MySQL
_루트_패스워드 -e MYSQL_DATABASE=데이터베이스_이름 -e MYSQL_USER=MySQL_사용자이름 -e
MYSQL_PASSWORD=MySQL_패스워드 mysql --character-set-server=문자_인코딩 --collation-
server=정렬_순서 --default-authentication-plugin=인증_방식
```

 사용된 옵션

우선 옵션 중 --name은 매번 사용했던 것이고, -dit도 앞에서 사용했다. -dit은 세 개의 옵션을 합친 것이므로 이제 남은 다섯 개만 설명하면 된다.

--net은 컨테이너를 연결할 도커 네트워크, 나머지는 모두 -e 옵션으로 **환경변수**를 설정하기 위해 사용한다.

환경변수란 운영체제에서 다양한 설정값을 저장하는 장소를 가리킨다. 컨테이너의 설정값을 이 환경변수를 통해 전달하는 경우가 많다. 어떤 환경변수를 사용할지는 컨테이너의 종류에 따라 달라지는데, 여기서는 MySQL에서 사용할 패스워드와 사용자명을 설정한다.

옵션

항목	옵션	실습에서 사용하는 값
네트워크 이름	--net	wordpress000net1
MySQL 컨테이너 이름	--name	mysql000ex11
실행 옵션	-dit	없음
MySQL 루트 패스워드	-e MYSQL_ROOT_PASSWORD	myrootpass
MySQL 데이터베이스 이름	-e MYSQL_DATABASE	wordpress000db
MySQL 사용자 이름	-e MYSQL_USER	wordpress000kun
MySQL 패스워드	-e MYSQL_PASSWORD	wkunpass

패스워드는 **루트 패스워드**와 일반 **사용자 패스워드** 두 가지를 설정한다.

루트[root]는 모든 권한을 가진 사용자로, 이 권한이 없으면 할 수 없는 작업이 있지만 매번 루트 사용자로 접속할 경우 보안 측면에서 문제가 생기기 때문에 제한된 권한을 가진 일반 사용자로 전환하는 것이 일반적이다. 또한 실제 패스워드를 설정할 때는 무작위 문자열을 사용해야 하지만 여기서는 연습을 위해 알기 쉬운 값을 사용했다.

사용자 이름은 이 일반 사용자의 사용자 이름으로, 워드프레스에 사용할 사용자 이름이므로 알기 쉽도록 `wordpress000kun`[2]이라고 지었다.

사용된 인자

인자도 세 가지가 사용됐다. `--character-set-server=`에서 볼 수 있듯이 하이픈으로 연결돼 있는데 조금 알아보기 까다로우므로 주의하기 바란다. `=` 기호 뒤에 실제 설정값을 기재한다.

인자는 한국어를 사용하기 위한 것이 두 가지, 인증방식을 변경하는 것이 한 가지 사용됐다. 이들 값은 도커에서 사용되는 옵션이 아니라 MySQL 컨테이너에서만 사용되는 값이다.

인자

항목	인자	값	의미
문자 인코딩	`--character-set-server=`	utf8mb4	문자 인코딩으로 UTF8을 사용
정렬 순서	`--collation-server=`	utf8mb4_unicode_ci	정렬 순서로 UTF8을 따름
인증 방식	`--default-authentication-plugin=`	mysql_native_password	인증 방식을 예전 방식(native)으로 변경

세 번째에 나온 인증 방식은 MySQL이 MySQL5(최신 버전 5.7)에서 MySQL8(8.0)로 넘어오면서 **외부 소프트웨어가 MySQL에 접속하는 인증 방식을 바꾸었기**[3] 때문이다. 이 새로운 인증 방식은 아직 지원하지 않는 소프트웨어가 많다. 워드프레스나 phpMyAdmin 등 널리 쓰이는 소프트웨어 중에서도 이 인증 방식을 지원하지 않는 것이 많다. 다시 말해 워드프레스는 MySQL 8.0에 접속할 수 없다.

따라서 여기서는 접속에 문제가 없도록 인증 방식을 예전 방식으로 되돌려놓는다. 언젠가는 워드프레스도 새로운 인증 방식을 지원하게 되겠지만 그때까지는 예전 방식을 사용하면 된다.

---

[2] wordpressuser 또는 wordpressapp이라는 이름이 일반적이다.
[3] SHA2라는 인증 방식으로 바뀌었다.

> **COLUMN : Level ★★★   MySQL 5.7과 워드프레스를 연동하려면**
>
> MySQL 5.7은 워드프레스에서 사용할 수 있는 예전 인증 방식을 지원하므로 MySQL 5.7을 사용하는 방법도 있다. 5.7과 8.0은 언뜻 버전 차이가 많이 나는 것 같지만 8.0 바로 이전 버전이 5.7이기 때문에 아직 5.7을 사용하는 사람도 많다.
> 다만 이 경우에도 한국어를 지원하기 위해 문자 인코딩을 UTF8로 지정해야 한다. 또 5.7 버전대는 마이너 버전에 따라 불안정한 경우가 종종 있다.
> 이상 동작을 보인다면 버전을 바꿔 보면 해결될 수 있다.

워드프레스 컨테이너 실행 시 필요한 옵션과 인자

워드프레스 컨테이너에도 옵션이 10가지 사용된다. 하지만 그중 대부분은 데이터베이스(여기서는 MySQL) 접속과 관련된 정보다. 인자는 없다. MySQL과 비교하면 좀 더 간단하다.

자주 사용하는 커맨드 예

```
docker run --name 컨테이너_이름 -dit --net=네트워크_이름 -p 포트_설정 -e WORDPRESS_DB_HOST=데이터베이스_컨테이너_이름 -e WORDPRESS_DB_NAME=데이터베이스_이름 -e WORDPRESS_DB_USER=데이터베이스_사용자_이름 -e WORDPRESS_DB_PASSWORD=데이터베이스_패스워드 wordpress
```

사용된 옵션

우선 10개의 옵션 중 --name과 -dit는 이미 익숙할 것이다. --net 옵션도 MySQL 컨테이너에서 이미 소개했다.

-p는 포트 번호 설정이고, 이 역시 아파치 컨테이너를 다룰 때 몇 번 사용했었다. 나머지 네 개는 -e 옵션으로, 모두 MySQL 접속과 관련된 정보를 전달하는 환경변수다.

옵션 항목

항목	옵션	설정값(임의의 이름 또는 지정된 값)
네트워크 이름	--net	wordpress000net1
워드프레스 컨테이너 이름	--name	wordpress000ex12

항목	옵션	설정값(임의의 이름 또는 지정된 값)
실행 옵션	-dit	(없음)
포트 번호 설정	-p	8085:80
데이터베이스 컨테이너 이름	-e WORDPRESS_DB_HOST	mysql000ex11
데이터베이스 이름	-e WORDPRESS_DB_NAME	wordpress000db
데이터베이스 사용자 이름	-e WORDPRESS_DB_USER	wordpress000kun
데이터베이스 패스워드	-e WORDPRESS_DB_PASSWORD	wkunpass

다시 말해 워드프레스는 데이터베이스를 사용하는 소프트웨어이므로 연동될 데이터베이스에 대한 정보를 설정한 것이다.

지금까지 설정한 정보는 물론 MySQL 컨테이너의 설정값과 동일한 값이어야 한다. 값이 다르면 연동이 잘 되지 않으며 워드프레스도 사용할 수 없다.

 사용된 인자

특별히 사용된 인자는 없다.

커맨드를 모두 이해했으니 다음 페이지부터는 실습을 진행한다.

CHAPTER 5 | 여러 개의 컨테이너를 연동해 실행해보자

SECTION 02

워드프레스 및 MySQL 컨테이너 생성과 연동

워드프레스를 컨테이너를 사용해 실제로 실행해보겠다. 지금까지 해왔던 컨테이너 생성에 더해 네트워크를 생성한다. 제대로 됐는지 한 단계 한 단계 잘 확인하며 진행한다.

 이번 절의 실습 내용과 사용할 커맨드

워드프레스 컨테이너와 MySQL 컨테이너를 생성하고 실행한다. MySQL 컨테이너를 먼저 생성하는 것과 네트워크를 생성하는 것을 잊지 않도록 한다. 진행이 잘 되지 않을 때는 이 책의 홈페이지에서 예제 코드를 내려받아 비교해 가며 진행한다.

 실습 내용

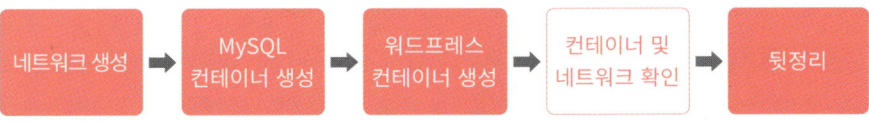

 생성할 네트워크 및 컨테이너의 정보

항목	값
네트워크 이름	wordpress000net1
MySQL 컨테이너 이름	mysql000ex11

항목	값
MySQL 이미지 이름	`mysql`
워드프레스 컨테이너 이름	`wordpress000ex12`
워드프레스 이미지 이름	`wordpress`

 커맨드에서 사용할 옵션, 대상, 인자

네트워크 생성

`docker network create 네트워크_이름`

MySQL 컨테이너 생성 및 실행

`docker run --name 컨테이너_이름 -dit --net=네트워크_이름 -e MYSQL_ROOT_PASSWORD=MySQL_루트_패스워드 -e MYSQL_DATABASE=데이터베이스_이름 -e MYSQL_USER=MySQL_사용자_이름 -e MYSQL_PASSWORD=MySQL_패스워드 mysql --character-set-server=문자_인코딩 --collation-server=정렬_순서 --default-authentication-plugin=인증_방식`

MySQL 컨테이너 생성 및 실행 옵션 항목

- 5-1절(139쪽) 참조

MySQL 컨테이너 생성 및 실행 인자

- 5-1절(140쪽) 참조

워드프레스 컨테이너 생성 및 실행

`docker run --name 컨테이너_이름 -dit --net=네트워크_이름 -p 포트_설정 -e WORDPRESS_DB_HOST=데이터베이스_컨테이너_이름 -e WORDPRESS_DB_NAME=데이터베이스_이름 -e WORDPRESS_DB_USER=데이터베이스_사용자_이름 -e WORDPRESS_DB_PASSWORD=데이터베이스_패스워드 wordpress`

워드프레스 컨테이너 생성 및 실행 인자

- 5-1절(141쪽) 참조

워드프레스와 MySQL 컨테이너 생성 및 실행

단계 ① -- network create 커맨드를 사용해 네트워크 생성

network create 커맨드로 wordpress000net1이라는 이름의 네트워크를 생성한다. 명령어를 실행한 후 출력되는 문자열은 네트워크 ID로 실행할 때마다 달라진다.

네트워크가 제대로 생성됐는지 확신이 없다면 network ls 커맨드로 네트워크 목록을 확인하면 된다.

터미널 창에 입력할 명령

```
docker network create wordpress000net1
```

실행 결과

```
6977b4446735c3fb8f8945372b2800dc7195939dfaf8f9c1296c26f6fb013d7e
```

단계 ② -- run 커맨드로 MySQL 컨테이너 생성 및 실행

MySQL 이미지(mysql)로 mysql000ex11이라는 이름으로 컨테이너를 생성 및 실행하는 명령어를 입력한다.

터미널 창에 입력할 명령

```
docker run --name mysql000ex11 -dit --net=wordpress000net1 -e MYSQL_ROOT_PASSWORD=myrootpass
-e MYSQL_DATABASE=wordpress000db -e MYSQL_USER=wordpress000kun -e MYSQL_PASSWORD=wkunpass
mysql --character-set-server=utf8mb4 --collation-server=utf8mb4_unicode_ci --default-
authentication-plugin=mysql_native_password
```

실행 결과

```
Unable to find image 'mysql:latest' locally
latest: Pulling from library/mysql
bf5952930446: Pull complete
8254623a9871: Pull complete
938e3e06dac4: Pull complete
…(이하 생략)
```

단계 3 -- run 커맨드로 워드프레스 컨테이너 생성 및 실행

워드프레스 이미지(wordpress)로 wordpress000ex12라는 이름으로 컨테이너를 생성 및 실행하는 명령어를 입력한다.

✏️ **터미널 창에 입력할 명령**

```
docker run --name wordpress000ex12 -dit --net=wordpress000net1 -p 8085:80 -e WORDPRESS_DB_HOST=mysql000ex11 -e WORDPRESS_DB_NAME=wordpress000db -e WORDPRESS_DB_USER=wordpress000kun -e WORDPRESS_DB_PASSWORD=wkunpass wordpress
```

실행 결과

```
Unable to find image 'wordpress:latest' locally
latest: Pulling from library/wordpress
bf5952930446: Already exists
a409b57eb464: Pull complete
3192e6c84ad0: Pull complete
43553740162b: Pull complete
…(이하 생략)
```

단계 4 -- ps 커맨드로 컨테이너의 상태 확인

ps 커맨드를 실행해 mysql000ex11, wordpress000ex12라는 이름의 컨테이너가 실행 중인지 확인한다. STATUS 항목의 값이 Up으로 되어 있으면 컨테이너가 실행 중이다.

✏️ **터미널 창에 입력할 명령**

```
docker ps
```

실행 결과

CONTAINER ID	IMAGE	COMMAND	CREATED	STATUS	PORTS	NAMES
05482b2111d0	wordpress	"docker-entrypoint.s…"	4 minutes ago	Up 4 minutes	0.0.0.0:8085->80/tcp	wordpress000ex12
5011b9c5e3d7	mysql	"docker-entrypoint.s…"	6 minutes ago	Up 6 minutes	3306/tcp, 33060/tcp	mysql000ex11

단계 5 -- 웹 브라우저를 통해 워드프레스에 접근해 확인

웹 브라우저에서 http://localhost:8085에 접근해 워드프레스의 초기 화면이 출력되는지 확인한다. 만약 오류[4]가 발생했다면 오타 등을 다시 한번 확인하기 바란다.

---

4 '실습이 잘 진행되지 않는다면' 칼럼을 참고할 것

여유가 있다면 실제로 로그인을 진행하고 워드프레스가 사용 가능한지 확인해 보기 바란다(워드프레스의 사용법은 이 책의 주제를 벗어나므로 다루지 않는다).

그림 5-2-1 워드프레스의 초기 화면

단계 6 -- 뒷정리

워드프레스를 충분히 갖고 놀았다면 뒷정리를 할 차례다. 컨테이너를 종료 및 삭제하고 이미지도 삭제한다. 네트워크도 잊지 말고 삭제한다.

삭제가 끝나면 `docker ps -a`, `docker image ls`, `docker network ls` 커맨드로 잘 삭제됐는지 확인하기 바란다.

✏️ 컨테이너 종료

```
docker stop wordpress000ex12
docker stop mysql000ex11
```

✏️ 컨테이너 삭제

```
docker rm wordpress000ex12
docker rm mysql000ex11
```

✏️ **이미지 삭제**

```
docker image rm wordpress
docker image rm mysql
```

✏️ **네트워크 삭제**

```
docker network rm wordpress000net1
```

⬇️ **COLUMN : Failed** 🚫   **실습이 잘 진행되지 않는다면**

실습이 잘 진행되지 않는다면 3장의 105쪽 '실습이 잘 진행되지 않는다면' 칼럼에서 소개한 포인트를 다시 한번 확인하기 바란다.

특히 이번 실습처럼 옵션이나 인자가 여러 가지 사용된 명령어에서는 오타나 불필요한 공백, 줄바꿈 등으로 인한 오류가 발생하기 쉽다.

또 사용자 이름이나 패스워드를 책에 나온 값과 다르게 했다면 워드프레스 컨테이너와 MySQL 컨테이너의 설정이 일치하는지도 확인해야 한다.

그래도 잘 되지 않는다면 워드프레스 또는 MySQL의 스펙이 변경됐을 가능성도 있다. 워드프레스의 버전은 5.5, MySQL의 버전은 8로 맞춰서※ 이 책의 집필 시점과 동일한 버전을 사용하기 바란다.

초기 화면의 URL이 `https`로 돼 있지 않은지도 확인해야 한다.

> 📝 **MEMO**
>
> 특정 버전을 지정하는 방법은 4장을 참조한다. `mysql:8.1`과 같이 작성했다면 MySQL 8.1, `mysql:8`과 같이 소수점 없이 작성했다면 MySQL 8.x에서 가장 최신 버전이 사용된다. 이는 다른 소프트웨어도 마찬가지다.

Error establishing a database connection

그림 5-2-2 오류가 발생한 화면

CHAPTER 5   여러 개의 컨테이너를 연동해 실행해보자

SECTION
03
명령어를 직접 작성하자

지금부터는 워드프레스 이외의 소프트웨어를 이용해 컨테이너 환경을 만드는 연습을 진행한다. 어떤 명령어를 입력해야 할지, 지금까지 배운 내용을 떠올리며 생각해보기 바란다.

 소프트웨어와 데이터베이스의 관계

워드프레스를 사용하려면 워드프레스 프로그램 외에도 아파치와 PHP 런타임, MySQL이 필요했다. 워드프레스 외에도 **이러한 형식으로 구성되는 웹 시스템**이 많다.

특히 아파치, PHP, MySQL에 리눅스를 합친 조합을 **LAMP 스택**이라고 부른다. 우리도 리눅스를 사용하고 있으므로 말 그대로 LAMP 스택을 사용 중이다.

소프트웨어가 발전하면서 아파치가 nginx로 바뀌기도 하고, MySQL이 MariaDB나 PostgreSQL로 바뀐 조합도 나타났지만 '**리눅스 + 웹 서버 + 프로그래밍 언어 런타임 + 데이터베이스**'의 조합임은 변함이 없다.

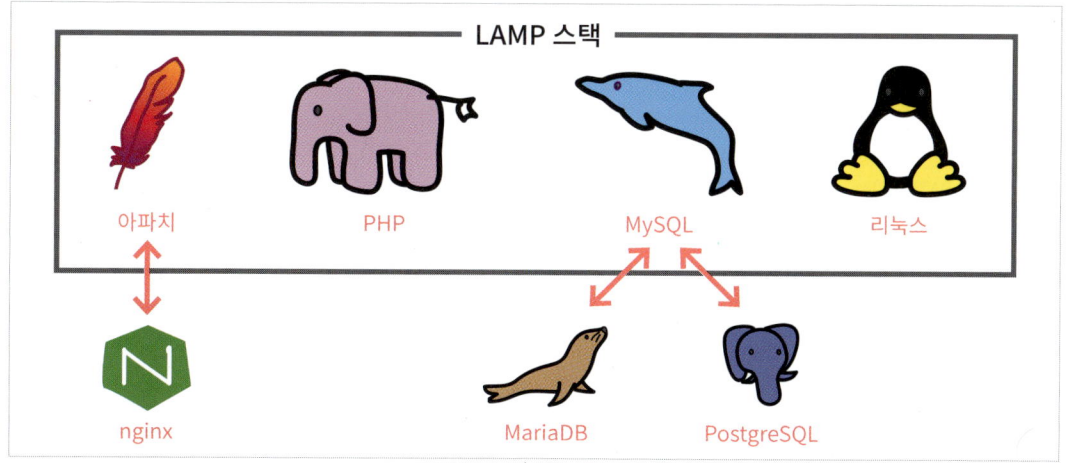

그림 5-3-1 LAMP 스택

따라서 컨테이너도 워드프레스와 마찬가지로 '프로그램 본체 + 프로그램 런타임 + 웹 서버' 컨테이너와 '데이터베이스' 컨테이너로 구성해 운영하는 사례를 흔히 볼 수 있다.

그러므로 워드프레스를 공부하면 다른 소프트웨어에서도 배운 것을 활용할 수 있는 것이다.

이번 절에서는 다른 소프트웨어를 조합해 연습을 진행한다. run 커맨드의 내용은 워드프레스+MySQL을 조합했을 때와 다를 바 없다. 컨테이너 이름과 포트 번호 정도가 바뀔 뿐이다.

그런 만큼 이번에는 '설정부터 명령어를 작성하는' 연습을 하겠다. 언제가는 직접 도커를 사용하면서 명령어 예제가 없는 상황에 맞닥뜨리게 될 것이다. 이때를 대비해 **직접 명령어를 작성할 수 있어야** 한다.

그리고 5-3절과 5-4절은 연습과 관련된 내용이므로 **연습이 불필요한 독자는 6장으로** 건너뛰어도 무방하다.

 run 커맨드를 직접 작성하는 방법

우선 앞서 실행해 본 명령어부터 연습한다. 5-2절에서 실행했던 워드프레스 및 MySQL 관련 명령어부터 시작하자. 아무것도 없이 명령어를 작성하기는 어려우므로 우선 다음과 같은 정보를 보고 명령어의 빈칸을 채우는 단계부터 시작한다. 옵션의 설정값만 채워넣으면 된다.

암기가 필요한 내용이 아니므로 옵션을 정리한 표를 보며 값을 채워넣기 바란다.

 문제 1: MySQL 컨테이너의 옵션 값 채워넣기

MySQL run 명령어

```
docker run --name [          ] -dit --net=[          ] -e MYSQL_ROOT_PASSWORD=[          ]
-e MYSQL_DATABASE=[          ] -e MYSQL_USER=[          ] -e MYSQL_PASSWORD=[          ]
mysql --character-set-server=utf8mb4 --collation-server=utf8mb4_unicode_ci
--default-authentication-plugin=mysql_native_password
```

명령어에 사용할 옵션 설정값

항목	옵션	설정값
네트워크 이름	--net	wordpress000net1
MySQL 컨테이너 이름	--name	mysql000ex11
실행 옵션	-dit	(없음)
MySQL 루트 패스워드	-e MYSQL_ROOT_PASSWORD	myrootpass
MySQL 데이터베이스 이름	-e MYSQL_DATABASE	wordpress000db
MySQL 사용자 이름	-e MYSQL_USER	wordpress000kun
MySQL 패스워드	-e MYSQL_PASSWORD	wkunpass

 해답 1:

정답은 다음과 같다. 자신이 작성한 명령어와 비교해 보기 바란다.

```
docker run --name mysql000ex11 -dit --net=wordpress000net1 -e MYSQL_ROOT_PASSWORD=myrootpass
-e MYSQL_DATABASE=wordpress000db -e MYSQL_USER=wordpress000kun -e MYSQL_PASSWORD=wkunpass mysql
--character-set-server=utf8mb4 --collation-server=utf8mb4_unicode_ci --default-authentication-
plugin=mysql_native_password
```

문제 2: 워드프레스 컨테이너의 옵션 값 채워넣기

워드프레스 run 명령어

```
docker run □ □ □ □
         □ □
         □ □ wordpress
```

명령어에 사용할 옵션 설정값

항목	옵션	설정값
네트워크 이름	--net	wordpress000net1
워드프레스 컨테이너 이름	--name	wordpress000ex12
실행 옵션	-dit	(없음)
포트 번호 설정	-p	8085:80

항목	옵션	설정값
데이터베이스 컨테이너 이름	-e WORDPRESS_DB_HOST	mysql000ex11
데이터베이스 이름	-e WORDPRESS_DB_NAME	wordpress000db
데이터베이스 사용자 이름	-e WORDPRESS_DB_USER	wordpress000kun
데이터베이스 패스워드	-e WORDPRESS_DB_PASSWORD	wkunpass

 해답 2:

워드프레스 컨테이너 생성 및 실행

```
docker run --name wordpress000ex12 -dit --net=wordpress000net1 -p 8085:80
-e WORDPRESS_DB_HOST=mysql000ex11 -e WORDPRESS_DB_NAME=wordpress000db
-e WORDPRESS_DB_USER=wordpress000kun -e WORDPRESS_DB_PASSWORD=wkunpass wordpress
```

명령어를 작성하고 보니 하이픈이 한 개였다 두 개였다, 등호 기호가 들어가는 옵션도 있고 아닌 옵션도 있다. 앞서 2장에서 설명했듯 이들 기호를 사용하는 데 특별한 법칙은 없으므로 명령어를 작성하는 형식은 책이나 공식 참조 문서를 확인하면 된다. 이런 것을 조사하는 것도 엔지니어가 갖춰야 할 중요한 스킬이다.

- 공식 참조문서: https://docs.docker.com/reference/

도커를 능숙하게 사용하는 사람도 명령어를 아무것도 없이 작성하기는 어렵다. 잘 알려졌거나 자주 사용하는 커맨드가 아니면 형식이나 필요한 옵션 및 인자를 일일이 기억할 수 없기 때문이다.

이미지와 함께 배포되는 자료나 인터넷 상의 정보를 참고해 직접 명령어를 작성한다.

독자 여러분도 언젠가는 이 책에 실리지 않은 명령어가 필요하면 이렇게 **정보를 찾아 명령어를 작성**하기 바란다.

COLUMN : Level ★★★ [for beginners] 패스워드와 사용자 이름을 직접 지어보자

이 책에서는 학습의 편의를 위해 미리 정해 둔 패스워드와 사용자 이름을 사용해 컨테이너를 생성한다.
그러나 실제 사용에서는 누가 이런 정보를 결정해 줄 리 없으니 직접 정해야 한다. 또 옵션을 작성하는 방법도 직접 알아봐야 한다. 여유가 있다면 이러한 연습도 해보기 바란다. 아래 표의 빈칸을 채우고 이에 따라 명령어를 작성하기 바란다.
명령어 작성이 끝나면 실제로 입력 후 실행해봐야 한다. 단, 이때 연습이 끝난 후 뒷정리를 잊지 않도록 한다. 그리고 MySQL 관련 인자는 까다로우므로 5-2절의 내용을 그대로 적용한다. 워드프레스 관련 인자는 없어도 무방하다.

MySQL을 실행하는 명령어

```
docker run 옵션 mysql 인자
```

MySQL 실행 시 사용할 옵션

항목	옵션	설정값(스스로 정해도 된다)
MySQL 컨테이너 이름		
실행 옵션		
MySQL 루트 패스워드		
MySQL 데이터베이스 이름		
MySQL 사용자 이름		
MySQL 패스워드		

워드프레스를 실행하는 명령어

```
docker run 옵션 wordpress 인자
```

워드프레스 실행 시 사용할 옵션

항목	옵션	설정값 (스스로 정해도 된다)
워드프레스 컨테이너 이름		
실행 옵션		
포트 번호 설정		:80
데이터베이스 컨테이너 이름		
데이터베이스 이름		
데이터베이스 사용자 이름		
데이터베이스 패스워드		

CHAPTER 5 　　여러 개의 컨테이너를 연동해 실행해보자

SECTION
04

레드마인 및 MariaDB 컨테이너를 대상으로 연습하자

이번에는 워드프레스 외의 다른 소프트웨어를 사용해 연습을 계속하겠다. 티켓 관리 시스템인 레드마인(Redmine) 컨테이너를 만들어 볼 것이다. 데이터베이스는 MySQL과 MariaDB를 사용한다.

레드마인 및 MySQL 컨테이너 생성

워드프레스와 MySQL의 조합을 한 번 다뤄본 것만으로는 연습이 부족하다. 실습을 겸한 연습을 진행하자.

먼저 레드마인을 소개하겠다. 레드마인은 '티켓'(누구에게 어떤 업무를 맡길지를 나타내는 ToDo)을 관리하는 소프트웨어로, 소프트웨어 개발 현장에서 많이 쓰이므로 독자 여러분 중에서도 직접 사용해 본 사람이 많을 것이다.

레드마인 역시 워드프레스와 포트 번호 정도만 다르고 거의 같은 구성을 띤다. 다만 **옵션의 이름이 다르다**는 점에 주의해야 한다. 컨테이너를 만드는 순서도 같으므로 세세한 순서를 다시 적지 않고 명령어만 열거할 것이므로 스스로 생각하며 진행하기 바란다.

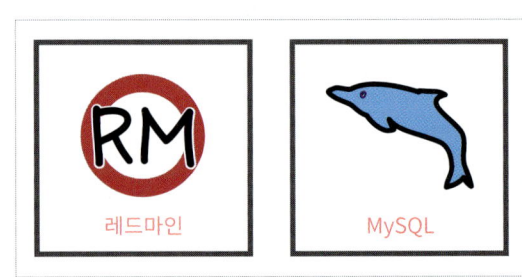

실습 내용

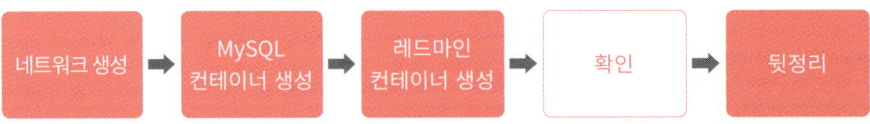

생성할 네트워크 및 컨테이너의 정보

항목	설정값
네트워크 이름	redmine000net2
MySQL 컨테이너 이름	mysql000ex13
MySQL 이미지 이름	mysql
레드마인 컨테이너 이름	redmine000ex14
레드마인 이미지 이름	redmine

 커맨드에서 사용할 옵션, 대상, 인자

네트워크 생성

```
docker network create redmine000net2
```

MySQL 컨테이너 생성 및 실행

```
docker run --name mysql000ex13 -dit --net=redmine000net2 -e MYSQL_ROOT_PASSWORD=myrootpass
-e MYSQL_DATABASE=redmine000db -e MYSQL_USER=redmine000kun -e MYSQL_PASSWORD=rkunpass mysql
--character-set-server=utf8mb4 --collation-server=utf8mb4_unicode_ci --default-authentication-
plugin=mysql_native_password
```

MySQL 컨테이너 생성 및 실행 시 옵션 항목

항목	옵션	설정값
MySQL 컨테이너 이름	--name	mysql000ex13
MySQL 루트 패스워드	-e MYSQL_ROOT_PASSWORD	myrootpass
MySQL 데이터베이스 이름	-e MYSQL_DATABASE	redmine000db
MySQL 사용자 이름	-e MYSQL_USER	redmine000kun
MySQL 패스워드	-e MYSQL_PASSWORD	rkunpass

※ 이곳에 기재하지 않은 항목은 5-1절과 동일

MySQL 컨테이너 생성 및 실행 시 인자

- 5-1절의 140쪽과 동일함

레드마인 컨테이너의 생성 및 실행

```
docker run -dit --name redmine000ex14 --network redmine000net2 -p 8086:3000 -e
REDMINE_DB_MYSQL=mysql000ex13 -e REDMINE_DB_DATABASE=redmine000db -e REDMINE_DB_USERNAME=redmin
e000kun -e REDMINE_DB_PASSWORD=rkunpass redmine
```

레드마인 컨테이너 생성 및 실행 시 옵션 항목

항목	옵션	설정값
레드마인 컨테이너 이름	--name	redmine000ex14
실행 옵션	-dit	(없음)
포트 번호 설정	-p	8086:3000
데이터베이스 컨테이너 이름	-e REDMINE_DB_MYSQL	mysql000ex13
데이터베이스 이름	-e REDMINE_DB_DATABASE	redmine000db
데이터베이스 사용자 이름	-e REDMINE_DB_USERNAME	redmine000kun
데이터베이스 패스워드	-e REDMINE_DB_PASSWORD	rkunpass

 레드마인의 동작을 확인하는 방법

웹 브라우저에서 http://localhost:8086에 접근하면 **레드마인의 초기 화면**을 볼 수 있다. 만약 오류가 발생했다면 오타 등을 다시 점검해 보자. 여유가 있다면 레드마인에 실제로 로그인해서 사용 가능한지 확인해 봐도 좋다(레드마인의 사용법은 이 책의 주제를 벗어나므로 다루지 않는다).

레드마인은 실행 시 데이터베이스 접속에 실패하면 컨테이너가 종료된다. 만약 레드마인이 정상적으로 동작하지 않으면 docker stop, docker rm 커맨드로 레드마인 컨테이너만 삭제한 후 다시 실행해 보기 바란다.

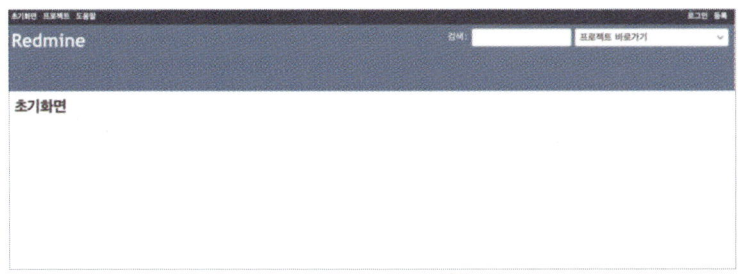

그림 5-4-1 레드마인 초기 화면

레드마인 및 MariaDB 컨테이너 만들기

레드마인 컨테이너가 잘 동작했는가? 이번에는 데이터베이스를 바꿔볼 것이다. 레드마인과 MariaDB의 조합으로 컨테이너를 만들어 보겠다.

MariaDB는 MySQL 개발자가 만든 만큼 MySQL과 비슷한 점이 아주 많다. 또 서로 비슷해지는 경향도 있어 대부분의 기능을 공통으로 갖추고 있다.

그리고 조금 특수한 사정이 있는데, MariaDB 컨테이너지만 `MYSQL_ROOT_PASSWORD`, `MYSQL_DATABASE`와 같이 **옵션 이름에 MYSQL이 들어간다**. 별개의 소프트웨어인데 이상한 느낌도 들지만 이런 경우도 있다. 오자가 아니므로 주의하기 바란다. 이는 MySQL과 MariaDB의 특수한 관계[5]에서 기인한 것으로, PostgreSQL 같은 그 밖의 데이터베이스에서는 통용되지 않는다.

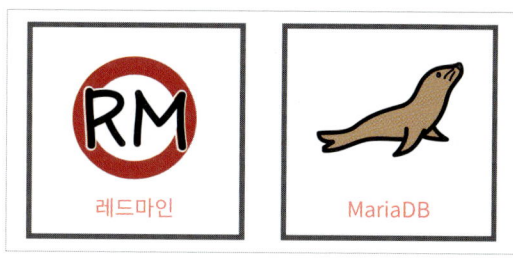

실습 순서도 MySQL과 동일한 순서로 진행한다.

컨테이너를 만드는 순서는 이전과 동일하므로 앞서와 마찬가지로 세세한 사항은 생략하고 명령어만 언급하겠다.

실습 내용

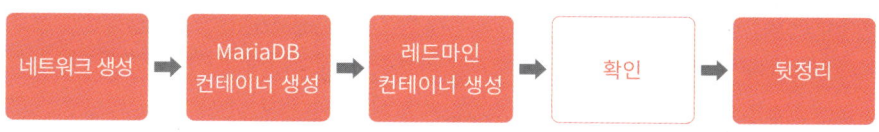

---

[5] MySQL과 MariaDB는 모두 개발자 미카엘 와이드니어스의 두 딸의 이름을 붙인 것이다. My는 장녀, Maria는 차녀의 이름에서 유래했으며, 이름 그대로 MySQL과 MariaDB는 자매와 같은 관계다.

생성할 네트워크 및 컨테이너의 정보

항목	설정값
네트워크 이름	redmine000net3
MariaDB 컨테이너 이름	mariadb000ex15
MariaDB 이미지 이름	mariadb
레드마인 컨테이너 이름	redmine000ex16
레드마인 이미지 이름	redmine

 커맨드에서 사용할 옵션, 대상, 인자

네트워크 생성

```
docker network create redmine000net3
```

MariaDB 컨테이너 생성 및 실행

```
docker run --name mariadb000ex15 -dit --net=redmine000net3 -e MYSQL_ROOT_PASSWORD=mariarootpass -e MYSQL_DATABASE=redmine000db -e MYSQL_USER=redmine000kun -e MYSQL_PASSWORD=rkunpass mariadb --character-set-server=utf8mb4 --collation-server=utf8mb4_unicode_ci --default-authentication-plugin=mysql_native_password
```

MariaDB 컨테이너 생성 및 실행 시 옵션 항목

항목	옵션	설정값
MariaDB 컨테이너 이름	--name	mariadb000ex15
실행 옵션	-dit	(없음)
MariaDB 루트 패스워드	-e MYSQL_ROOT_PASSWORD	mariarootpass
MariaDB 데이터베이스 이름	-e MYSQL_DATABASE	redmine000db
MariaDB 사용자 이름	-e MYSQL_USER	redmine000kun
MariaDB 패스워드	-e MYSQL_PASSWORd	rkunpass

※ MariaDB인데 환경변수명이 MYSQL로 시작하지만 오자가 아니다. MariaDB와 MySQL의 특수한 관계 때문이다.

MariaDB 컨테이너 생성 및 실행 시 인자

항목	인자	설정값
문자 인코딩	--character-set-server=	utf8mb4
정렬 순서	--collation-server=	utf8mb4_unicode_ci
인증 방식	--default-authentication-plugin=	mysql_native_password

레드마인 컨테이너의 생성 및 실행

```
docker run -dit --name redmine000ex16 --network redmine000net3 -p 8087:3000 -e
REDMINE_DB_MYSQL=mariadb000ex15 -e REDMINE_DB_DATABASE=redmine000db -e REDMINE_DB_USERNAME=redm
ine000kun -e REDMINE_DB_PASSWORD=rkunpass redmine
```

레드마인 컨테이너 생성 및 실행 시 옵션 항목

항목	옵션	설정값
레드마인 컨테이너 이름	--name	redmine000ex16
포트 번호 설정	-p	8087:3000
데이터베이스 컨테이너 이름	-e REDMINE_DB_MYSQL	mariadb000ex15

 레드마인의 동작을 확인하는 방법

웹 브라우저에서 http://localhost:8087에 접근해 레드마인의 초기 화면이 나타나는지 확인한다. 156쪽의 그림 5-4-1과 같은 화면이 나타나면 정상이다. 만약 오류가 발생했다면 오타 등을 먼저 확인한다.

COLUMN : Level ★★★ 워드프레스와 MariaDB의 조합도 연습해보자

좀 더 연습하고 싶다면 워드프레스와 MariaDB의 조합을 시도해 봐도 좋을 것이다. 명령어를 정리해 뒀으니 도전해 보기 바란다.

 워드프레스    MariaDB

생성할 네트워크 및 컨테이너 정보

항목	설정값
네트워크 이름	wordpress000net4
MariaDB 컨테이너 이름	mariadb000ex17
MariaDB 이미지 이름	mariadb
워드프레스 컨테이너 이름	wordpress000ex18
워드프레스 이미지 이름	wordpress
워드프레스 포트 번호 설정	8088:80

네트워크 생성

```
docker network create wordpress000net4
```

MariaDB 컨테이너 생성 및 실행

```
docker run --name mariadb000ex17 -dit --net=wordpress000net4 -e MYSQL_ROOT_PASSWORD=mariarootpass -e MYSQL_DATABASE=wordpress000db -e MYSQL_USER=wordpress000kun -e MYSQL_PASSWORD=wkunpass mariadb --character-set-server=utf8mb4 --collation-server=utf8mb4_unicode_ci --default-authentication-plugin=mysql_native_password
```

워드프레스 컨테이너 생성 및 실행

```
docker run --name wordpress000ex18 -dit --net=wordpress000net4 -p 8088:80 -e WORDPRESS_DB_HOST=mariadb000ex17 -e WORDPRESS_DB_NAME=wordpress000db -e WORDPRESS_DB_USER=wordpress000kun -e WORDPRESS_DB_PASSWORD=wkunpass wordpress
```

뒷정리

컨테이너를 생성한 후에는 뒷정리를 하는 습관을 들이도록 한다. 특히 도커 데스크톱을 사용할 때는 컴퓨터의 리소스를 차지하는 경우가 많다. 지금처럼 같은 이미지를 반복적으로 사용한다면 괜찮겠지만 그렇지 않다면 이미지를 그때그때 지우자. 어떤 이미지와 컨테이너를 사용했는지 잊어버렸다면 docker ps 또는 docker image ls 커맨드가 도움이 된다.

뒷정리에 유용한 커맨드를 정리했다. 정리되지 않은 컨테이너나 리소스가 있는지 가끔 확인하자.

컨테이너 뒷정리

컨테이너 목록 확인	docker ps -a
컨테이너 종료	docker stop 컨테이너_이름
컨테이너 삭제	docker rm 컨테이너_이름

이미지 뒷정리

이미지 목록 확인	docker image ls
이미지 삭제	docker image rm 이미지_이름

네트워크 뒷정리

네트워크 목록 확인	docker network ls
네트워크 삭제	docker network rm 네트워크_이름

볼륨 뒷정리

볼륨 목록 확인	docker volume ls
볼륨 삭제	docker volume rm 볼륨_이름

볼륨은 6장에서 설명한다. 여기서는 다룰 필요가 없다.

이 단계에서 남아있을 수 있는 이미지는 다음과 같다. 목록을 확인하고 남아 있다면 삭제하자.

- wordpress
- mariadb
- redmine
- mysql

실전에 활용 가능한 컨테이너 사용법을 익히자

CHAPTER 6

6장부터는 좀 더 실전에 가까운 내용을 다룬다. 자신의 직무에 따라 필요한 지식이 달라질 수 있으므로 1장을 통해 자신에게 필요한 지식이 어떤 것인지 정리한 다음 이번 장을 읽어나가기 바란다.

볼륨과 마운트의 개념은 처음에는 조금 이해하기 어려울 수도 있다. 우선 바인드 마운트부터 활용할 수 있으면 된다.

CHAPTER **6**   실전에 활용 가능한 컨테이너 사용법을 익히자

내게 필요한 지식이 무엇인지 정리하기

SECTION **01**

6장부터는 전보다 좀 더 실전에 가까운 내용을 다룬다. 지금부터 다룰 내용이 각각 어떤 사람에게 필요한 내용인지 먼저 간단히 정리한다. 정리된 내용을 보며 자신에게 필요한 내용을 점찍어두기 바란다.

 자신의 역할에 따라 알아야 할 지식이 달라진다

지금까지 여러 가지 컨테이너를 만들고 사용해봤다. 컨테이너 사용이 조금은 익숙해졌을 것이다. **명령어 자체가 간단하므로 잊어버리더라도 다시 해보면 기억이 날 것**이다.

이렇듯 지금까지 배운 내용은 도커 사용법 중에서도 기본편에 해당한다. 다시 말하면 지금까지 배운 내용만 알고 있다면 **도커 사용법의 기반은 이미 잡힌 것**이나 마찬가지다.

처음 다뤄보는 컨테이너라도 업무나 취미를 통해 이미 익숙하게 사용[1]하던 소프트웨어(옵션을 판단하기 쉬운 것)라면 어렵지 않게 컨테이너를 만들 수 있을 것이다. 이젠 자신을 가져도 좋다.

그림 6-1-1 지금까지 배운 내용은 도커 사용법 중에서도 기본에 해당한다.

---

[1] 어떤 옵션과 설정값을 사용해야 할지 모르겠다면 컨테이너 옵션 자체보다는 해당 소프트웨어의 환경 구축에 대한 이해가 부족한 경우가 많다. 이 점을 감안하면 문제를 해결하기가 쉽다.

지금부터는 도커 사용법의 응용편에 들어간다. 따라서 앞으로 설명하게 될 기술을 반드시 필요로 하는 사람과 그렇지 않은 사람으로 나뉠 것이다. 필요하든 필요하지 않든, 기술을 배우고 익히는 것은 즐거운 과정이지만 때때로 벽에 가로막히는 경우가 있다. 언젠가는 필요할 것이라 생각해서 지금 당장 쓸 일은 없는 지식을 억지로 배우려 하면 시간만 낭비할 뿐 배움에 도움이 되지 않는다.

이렇게 어려운 길을 억지로 헤치고 나아가는 것보다 "지금 실력으로는 이해하기 어렵겠다", "모르는 말이 많네" 싶은 부분은 **개요 부분만 읽고 실습 부분은 건너뛰는 편이 더 낫다**.

응용편 내용이 필요해졌을 즈음이라면 도커의 기초 지식을 한층 더 탄탄히 갖게 됐을 테고 이 책의 내용 정도라면 술술 이해할 수 있을 정도가 됐을 것이다. 이때 응용편을 다시 읽으면 된다. 해당 지식이 지금 당장 꼭 필요한 독자라면 어렵더라도 책의 내용을 따라가는 게 낫지만 **그렇지 않은 독자라면 재미있게 학습할 수 있는 수준**에서 따라가면 된다.

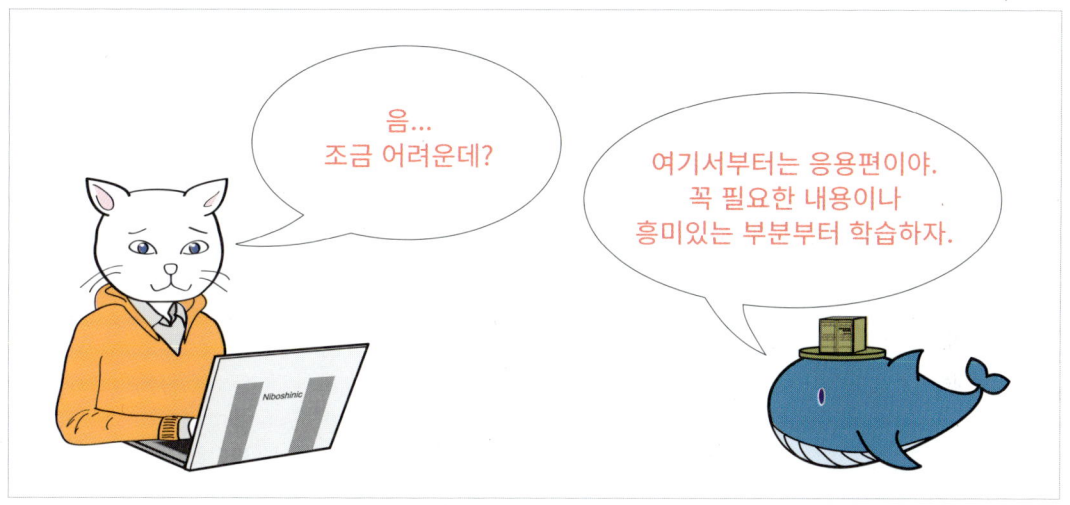

그림 6-1-2 앞으로 학습할 내용

그럼 필요한지 아닌지는 어떻게 판단하면 좋을까? 판단 기준은 자신의 직무를 기준으로 하는 것이 좋다.

예를 들어, 자신이 **서버 엔지니어나 보안 엔지니어라면 도커를 깊이 공부해야** 한다. 이 책은 어디까지나 입문서이므로 더욱 깊은 내용을 다루는 책 또는 공식 참조문서를 읽어야 한다.

반면 프로그래머나 디자이너, 프로젝트 매니저 또는 시스템 엔지니어, 정보 시스템 관리자 등 서버 관리자 외의 직무를 맡고 있다면 컨테이너를 사용할 일은 있어도 그 이상의 작업이 필요한 경우는 드물다.

어떤 기술이든 마찬가지겠으나, **사용하는 입장과 만드는 입장은 크게 다르다**. 도커로 말하자면 이미 만들어진 이미지로 컨테이너를 쓰기만 할 뿐이라면 지금까지 배운 내용으로도 충분하다. 그러나 이미지를 만드는 입장이 된다면 알아야 할 것이 더 많다.

다만 필요하지 않더라도 기술의 대략적인 내용을 알아둔다면 서버 엔지니어나 보안 엔지니어와의 대화가 쉬워지고 그들의 의도도 이해하기 쉽다.

앞으로 설명할 기술에 대한 로드맵을 정리해 뒀다. **수시로 자신에게 필요한 내용인지 판단하자. 조금 어렵다 싶고 당장 사용할 일이 없다면 대강 읽어보는 정도로 그치고 다음 내용으로 넘어가면 된다.**

 앞으로 설명할 도커 기술

앞으로 다루게 될 도커 기술은 다음과 같다. 잘 모르는 용어가 나올 수 있지만 해당 기술을 설명할 때 함께 소개할 것이므로 '대략 이런 게 나오는구나' 정도로만 생각하면 된다.

여기서 빠진 항목도 있지만 서버 엔지니어 및 보안 엔지니어는 모든 항목을 필수로 익혀야 한다.

또한 직무에 대한 명칭은 회사마다 다르거나 맡은 업무의 범위가 다를 수도 있으니 여기에 나온 설명이 절대적인 것은 아니다. 전담 서버 엔지니어 없이 프로그래머가 서버 엔지니어의 역할까지 모두 수행하는 회사도 있다. 대략적인 범위라고 생각하면 된다.

6-2절 컨테이너와 호스트 사이에 파일 복사

컨테이너에서 호스트로, 호스트에서 컨테이너로 **파일을 복사**하는 방법을 배운다. 파일 복사는 도커에서 자주 사용하는 기법이다. 초보자라 할지라도 모든 사람이 익혀두는 것이 좋다.

6-3절 볼륨 마운트

바인드 마운트와 볼륨 마운트를 다룬다.

바인드 마운트는 컨테이너와 파일을 연동하는 데 많이 사용되므로 가능하다면 모든 사람이 익혀두는 것이 좋다. 워드프레스처럼 LAMP 스택을 실무에 활용할 때는 필수적이라고 해도 좋을 정도다.

볼륨 마운트는 필수는 아니지만 익혀두면 운영체제와 무관하게 똑같은 방식으로 파일을 다룰 수 있다. 서버 엔지니어 외에도 프로그래머나 유지보수 담당, 정보 시스템 관리자는 알아두면 유용하다.

6-4절 컨테이너를 이미지로 만들기

컨테이너를 다른 컴퓨터 또는 서버로 복사하고 싶거나, 똑같은 컨테이너를 여러 개 만들고 싶다면 컨테이너를 이미지로 만드는 방법이 유용하다. 그러므로 서버 엔지니어나 유지보수 담당자는 반드시 익혀야 하는 기술이다. 또 개발환경에서 운영환경으로 컨테이너 배포를 담당하는 사람도 꼭 알아야 할 기술이다.

프로그래머 입장에서는 개발 단계에서 동일한 환경을 여러 개 복제할 수 있다는 면에서 알아두면 편리하다.

프로젝트 매니저나 시스템 엔지니어는 실제 명령어를 익힐 필요까지는 없지만 어떤 기능인지는 알아두면 좋다.

6-5절 컨테이너 개조

컨테이너 개조는 서버를 준비하는 사람에게 필수적이다. 컨테이너를 개조하려면 도커 외에 리눅스에 대한 지식도 필요하므로 이 책 외에도 리눅스를 공부해야 한다. 사내 시스템을 컨테이너로 전환하는 업무를 담당하게 됐다면 이 기술을 반드시 익혀야 한다. 리드 프로그래머는 개발 팀에 개발환경을 배포할 때 유용하게 활용할 수 있다. 유지보수 면에서도 장점이 크다.

개발환경을 배포받는 입장이라면 조금 어려운 내용일 수 있으므로 잘 아는 사람에게 맡기는 것이 좋다.

6-6절 도커 허브 로그인

도커 허브는 자신이 직접 만든 컨테이너를 다른 사람에게 공개하기 위해 사용하는 서비스다. 따라서 자신의 컨테이너를 공개할 생각이 없다면 꼭 배울 필요는 없다.

사내 레지스트리는 이 책에서 자세히 다루지 않는다. 사내 레지스트리를 담당하는 사람이 반드시 있을 것이므로 담당자에게 자세한 내용을 묻는 것이 낫다. 기본적인 사용법은 도커 허브와 동일하다.

7장 도커 컴포즈

도커 컴포즈는 반드시 필요한 것은 아니지만 배워두면 편리한 도구다.

데이터베이스와 애플리케이션 컨테이너를 함께 시작하고 싶다거나, 환경을 대량으로 생성해야 할 때 유용하다. 산출물이 텍스트 파일 형태로 남는다는 점도 관리에 유리하다.

하지만 기본적으로 컨테이너와 주변 환경을 한꺼번에 만들고 종료하고 삭제하는 일밖에 하지 못한다.

서버 엔지니어가 익혀두면 시간 단축에 도움이 된다. 야근을 줄이고 싶다면 추천한다. 유지보수 담당자도 필요할 때가 있을 것이다.

리드 프로그래머 역시 개발팀에 배포할 개발환경을 만들 때 편리하다. 이미지까지는 따로 만들 필요가 없을 때 유용하다.

프로젝트 매니저나 시스템 엔지니어는 개념만 알아두면 된다.

8장 쿠버네티스

쿠버네티스는 꼭 배우지는 않아도 된다. 쿠버네티스는 **여러 대의 서버에서 컨테이너를 실행할 때** 사용하는 '**컨테이너 오케스트레이션 도구**'다. 오케스트레이션 도구는 주로 대규모 시스템을 운영할 때 사용하므로 일반적인 프로그래머는 거의 사용할 일이 없다.

하지만 대규모 시스템 또는 스케일 아웃이 필요하다면 이야기가 달라진다. 액세스 수가 많은 상황에서는 서버 엔지니어나 유지보수 담당자가 필수적으로 익혀야 한다. 이런 성격 탓에 클라우드 서비스와 조합해 사용하는 경우도 많다.

서버 엔지니어는 자사 시스템의 규모가 작더라도 잠재적인 확장 가능성은 파악하고 있어야 한다. 프로젝트 매니저나 시스템 엔지니어, 정보 시스템 담당자 역시 마찬가지다.

CHAPTER 6 | 실전에 활용 가능한 컨테이너 사용법을 익히자

SECTION 02

컨테이너와 호스트 간에 파일 복사하기

이번 절에서는 컨테이너와 호스트(도커 엔진을 실행 중인 PC) 사이에 파일을 복사하는 방법을 배운다. 파일을 주고받는 작업은 자주 필요하므로 자신의 직무가 무엇이든 알아둬야 한다.

 파일 복사

프로그램만으로 구성된 시스템은 그리 많지 않다.

5장에서 설명했듯이 프로그램 외에도 프로그래밍 언어의 런타임이나 웹 서버, 데이터베이스 등이 함께 시스템을 구성한다.

이들 구성 요소는 시스템이 동작하는 데 필요하지만 그 외에도 화면을 구성하는 이미지, 입력받은 데이터 본체 등이 있을 수 있다. 워드프레스를 예로 들면 웹 페이지를 구성하는 HTML 파일, CSS 파일, 각 아티클에 포함된 텍스트나 이미지 등이 있을 것이다.

이러한 파일은 워드프레스 상의 조작을 통해 서버에 저장되지만 때로는 소프트웨어의 개입 없이 서버와 로컬 컴퓨터 간에 파일을 주고받아야 할 때가 있다. 이럴 때를 위해 파일 복사하는 방법을 익혀두자.

파일 복사는 컨테이너 → 호스트, 호스트 → 컨테이너로 **양방향 모두 가능**하다. 호스트 쪽 파일은 어디에 위치한 파일이라도 복사가 가능하고, 컨테이너 쪽에서도 파일을 복사할 경로를 지정할 수 있다.

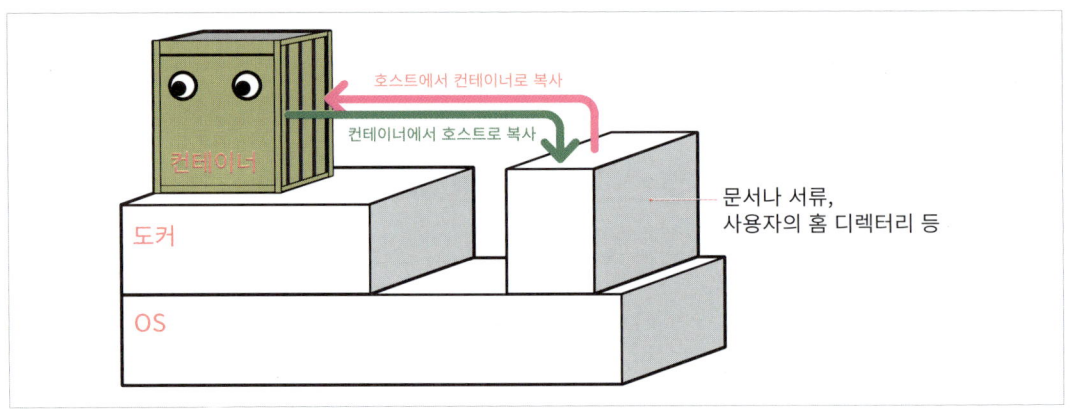

그림 6-2-1 호스트와 컨테이너 간에 파일 복사

 파일 복사 커맨드 docker cp (docker container cp)

윈도우나 macOS에서는 드래그 앤 드롭으로 파일을 복사할 수 있었지만 도커에서는 파일 복사 커맨드를 사용한다.

컨테이너로 파일을 복사하는 커맨드 사용 예(호스트 → 컨테이너)

docker cp 호스트_경로 컨테이너_이름:컨테이너_경로

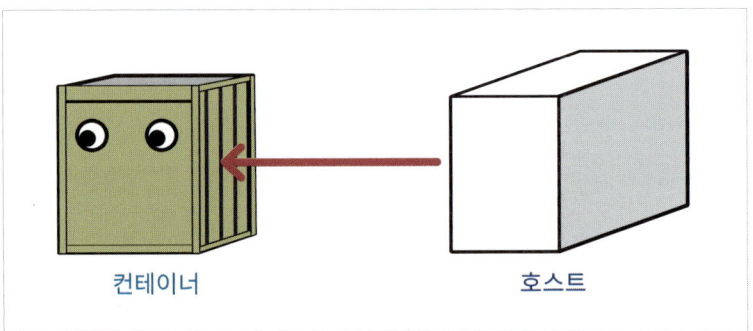

호스트로 파일을 복사하는 커맨드 사용 예(컨테이너 → 호스트)

docker cp 컨테이너_이름:컨테이너_경로 호스트_경로

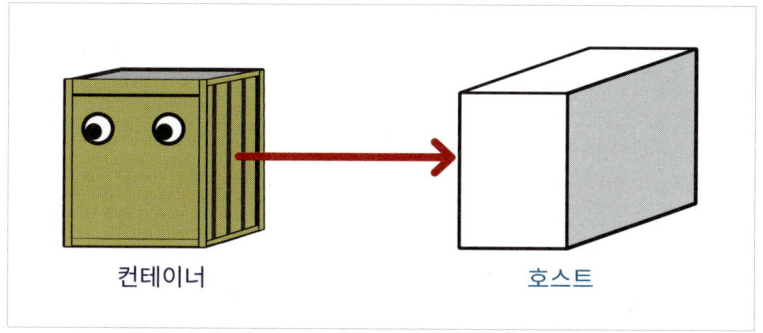

위 예제에서 알 수 있듯이 cp 커맨드 뒤로 '원본_경로 복사할_경로' 순서로 기재하면 된다.

파일 복사 명령어

  docker cp 원본_경로 복사할_경로

 호스트 경로의 예

호스트(도커 엔진을 실행하는 컴퓨터) 내 파일 위치는 어디라도 괜찮다.

파일의 위치는 '경로' 형태로 작성한다. 경로는 **컴퓨터 속 파일이나 폴더(디렉터리)의 주소를 나타낸 것**이다.

예를 들어, 윈도우나 macOS의 '문서' 폴더, 리눅스의 홈 디렉터리의 경로는 다음과 같다.

경로의 예

항목	값
문서 폴더(윈도우)	C:\Users\사용자명\Documents\파일명
문서 폴더(macOS)	/Users/사용자명/Documents/파일명
리눅스의 홈 디렉터리	/home/사용자명/파일명

 index.html 파일 만들기

아파치 컨테이너를 예로 들어 설명하겠다.

아파치에 접근하면 초기 화면이 표시되는데, index.html 파일을 만들면 이 파일의 내용이 초기 화면보다 우선해 표시된다.

파일 복사 실습에 들어가기 전에 복사 대상으로 사용할 index.html 파일을 만들어두자. 그리고 이 파일은 6-3절 '볼륨 마운트하기'에서도 사용할 것이므로 이번 실습이 끝나도 삭제해서는 안 된다.

 [사전준비] index.html 파일 생성

메모장 등 텍스트 에디터를 사용해 **index.html 파일**[2]을 생성한다. 리눅스에서는 nano 에디터[3] 등을 사용한다.

다음과 같은 내용을 작성해 index.html이라는 이름으로 저장한다. .html 부분은 확장자다. 파일을 저장할 때 html을 선택[4]하거나 파일명에 포함해 작성한다.

"안녕하세요!"에 해당하는 부분은 원하는 메시지로 바꿔서 작성해도 된다. 또는 HTML을 작성할 수 있다면 원하는대로 작성해도 무방하다.

파일을 저장할 때는 인코딩이 UTF-8인지 확인한다. 그리고 작성한 파일을 문서 폴더(윈도우 또는 macOS)나 홈 디렉터리(리눅스)에 둔다. 문서 폴더 또는 홈 디렉터리 안에 바로 두기가 그렇다면 폴더나 디렉터리를 만들어 그 안에 둬도 된다. 하지만 이때는 경로를 그에 맞춰 수정해야 한다.

🖊 index.html
```
01  <html>
02  <meta charset="utf-8"/>
03  <body>
04  <div>안녕하세요!</div>
05  </body>
06  </html>
```

> **COLUMN : Level ★★★ [for beginners]　　　HTML과 index.html 파일**
>
> HTML에 대해 간단히 설명하겠다.
> 웹 사이트는 HTML 파일로 구성된다. HTML은 <html>처럼 생긴 태그로 감싸진 것이 특징으로 <html> ~ </html> 속에 있는 <body> ~ </body> 사이에 작성된 내용이 웹 페이지 형태로 출력된다.
> HTML 문법으로 작성된 파일은 .html 또는 .htm 확장자를 붙여 저장한다. 확장자란 **파일명에서 파일의 형식을 나타내는 부분**이다.
> 웹 사이트의 최상위 페이지는 대부분 index.html 파일을 사용하며, 이 파일을 배치하면 아파치가 초기 화면 대신 index.html 파일의 내용을 출력한다.

2　"HTML과 index.html 파일" 칼럼 참조
3　부록 참조
4　메모장에서는 파일 형식에서 "모든 파일"을 선택한 후 파일 이름을 "index.html"로 지정해 저장하면 .html 확장자가 적용된다.

[실습] 호스트의 파일을 컨테이너 속으로 복사

아파치 컨테이너에 index.html 파일을 복사해보자.

파일을 복사한 후 아파치에 접근해보면 우리가 항상 보던 초기 화면 대신 index.html 파일의 내용이 출력될 것이다.

 실습 내용

 생성할 컨테이너 정보

항목	값
컨테이너 이름	apa000ex19
이미지 이름	httpd
포트 설정	8089:80

 커맨드에서 사용할 옵션, 대상, 인자

index.html 파일은 호스트 컴퓨터의 '문서' 폴더(윈도우, macOS) 또는 홈 디렉터리(리눅스)에 있다고 가정한다.

파일 복사 명령어

docker cp 원본_경로 복사대상_컨테이너_이름:컨테이너_경로

항목	값
윈도우 원본 경로	C:\Users\사용자명\Documents\index.html[5]
macOS 원본 경로	/Users/사용자명/Documents/index.html
리눅스 원본 경로	/home/사용자명/index.html
컨테이너 경로	/usr/local/apache2/htdocs

단계 0 -- 아파치 컨테이너 생성

실습 소재로는 아파치를 사용한다. 아파치가 무엇인지 잘 기억나지 않는다면 4장을 다시 읽고 오기 바란다. 4-4절을 참고해 통신이 가능한 아파치 컨테이너를 만든다. 컨테이너 이름은 apa000ex19, 포트 번호는 8089를 사용한다.

터미널 창에 입력할 명령

```
docker run --name apa000ex19 -d -p 8089:80 httpd
```

단계 1 -- 웹 브라우저를 통해 아파치에 접근해 초기 화면 확인

웹 브라우저에서 http://localhost:8089에 접근해 아파치 초기 화면을 확인한다.

지금은 아파치 컨테이너를 처음 상태로 뒀기 때문에 초기 화면이 나타난다.

It works!

그림 6-2-2 아파치의 초기 화면

---

[5] 도커 엔진의 버전에 따라 'C:'를 생략하지 않으면 제대로 동작하지 않는 경우가 있다. 'C:'를 생략해도 잘 되지 않는다면 변경의 가능성이 있으므로 도서 홈페이지를 확인한다.

단계 2 -- cp 커맨드를 실행해 호스트에서 컨테이너로 파일을 복사

cp 커맨드를 사용해 호스트에서 컨테이너로 index.html 파일을 복사한다.

파일 복사 명령어(윈도우)

```
docker cp C:\Users\사용자명\Documents\index.html apa000ex19:/usr/local/apache2/htdocs/
```

파일 복사 명령어(macOS)

```
docker cp /Users/사용자명/Documents/index.html apa000ex19:/usr/local/apache2/htdocs/
```

파일 복사 명령어(리눅스)

```
docker cp /home/사용자명/index.html apa000ex19:/usr/local/apache2/htdocs/
```

단계 3 -- 아파치의 초기 화면이 index.html 파일의 내용으로 바뀐 것을 확인

웹 브라우저에서 http://localhost:8089에 접근한다. 만약 조금 전 확인한 초기 화면이 그대로 남아 있다면 새로고침 버튼을 누르거나 F5 키를 눌러 페이지를 다시 읽어 들인다. index.html 파일의 내용이 화면에 출력된다면 성공이다. 이때 출력되는 내용은 index.html 파일의 <div> ~ </div> 사이에 기재된 내용이다.

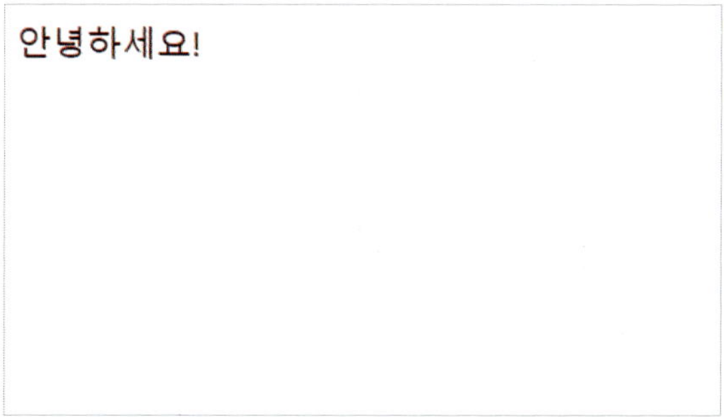

안녕하세요!

그림 6-2-2 index.html 파일의 내용으로 바뀐 초기 화면

단계 4 -- 뒷정리

다음 실습에서도 같은 컨테이너를 사용하므로 컨테이너를 삭제하지 않아도 된다.

[실습] 컨테이너의 파일을 호스트로 복사

이번에는 반대 방향으로 복사할 차례다. 앞서 복사한 아파치 컨테이너의 index.html 파일을 호스트 쪽으로 다시 복사한다.

새로 복사한 파일을 구별할 수 있도록 먼저 호스트에 있는 파일의 이름을 index2.html로 변경하거나 삭제한다.

리눅스에서는 다음 명령어로 파일명을 변경하거나 파일을 삭제할 수 있다.

리눅스에서 파일명 변경하기(index.html → index2.html)
```
mv /home/사용자명/index.html /home/사용자명/index2.html
```

리눅스에서 파일 삭제하기
```
rm /home/사용자명/index.html
```

 실습 내용

 생성할 컨테이너 정보

앞서 사용한 apa000ex19 컨테이너를 그대로 사용한다.

 커맨드에서 사용할 옵션, 대상, 인자

호스트의 복사 대상 폴더(디렉터리)는 앞서와 마찬가지로 '문서' 폴더(윈도우, macOS) 또는 홈 디렉터리(리눅스)로 한다.

파일 복사 명령어(윈도우)

docker cp apa000ex19:/usr/local/apache2/htdocs/index.html C:\Users\사용자명\Documents\

파일 복사 명령어(macOS)

docker cp apa000ex19:/usr/local/apache2/htdocs/index.html /Users/사용자명/Documents/

파일 복사 명령어(리눅스)

docker cp apa000ex19:/usr/local/apache2/htdocs/index.html /home/사용자명/

항목	값
윈도우 대상 경로	C:\Users\사용자명\Documents\
macOS 대상 경로	/Users/사용자명/Documents/
리눅스 대상 경로	/home/사용자명/
컨테이너 경로	/usr/local/apache2/htdocs/index.html

자신의 운영체제에 맞춰 골라 사용할 것

단계 0 -- 아파치 컨테이너 생성

앞서 만든 apa000ex19 컨테이너를 그대로 사용한다. 이 컨테이너를 삭제했다면 다시 생성한다. 이전 절에서 사용했던 호스트 컴퓨터의 index.html 파일이 이름을 변경했거나 삭제됐는지 확인한다.

단계 1 -- cp 커맨드를 실행해 컨테이너에서 호스트로 파일을 복사

cp 커맨드를 사용해 컨테이너에서 호스트로 index.html 파일을 복사한다.

파일 복사 명령어(윈도우)

docker cp apa000ex19:/usr/local/apache2/htdocs/index.html C:\Users\사용자명\Documents\

파일 복사 명령어(macOS)

docker cp apa000ex19:/usr/local/apache2/htdocs/index.html /Users/사용자명/Documents/

파일 복사 명령어(리눅스)

docker cp apa000ex19:/usr/local/apache2/htdocs/index.html /home/사용자명/

단계 ② 호스트에 index.html 파일이 잘 복사됐는지 확인

호스트의 복사 대상 폴더(디렉터리)를 열어 `index.html` 파일이 잘 복사됐는지 확인한다. 윈도우나 macOS에서는 평소대로 폴더를 열어 확인한다. 리눅스에서는 `ls` 명령을 사용한다.

단계 ③ 뒷정리

실습 결과를 이해했다면 컨테이너를 종료시키고 삭제한다. 이미지를 비롯해 `index.html` 파일은 다음 실습에서도 사용하므로 그대로 둬도 무방하다. 컨테이너를 정리하는 명령어는 5장을 참고한다.

CHAPTER 6 실전에 활용 가능한 컨테이너 사용법을 익히자

SECTION 03

볼륨 마운트

이번 절에서는 마운트에 대해 배운다. 볼륨을 마운트하면 컨테이너의 일부를 호스트 컴퓨터의 일부와 같이 다룰 수 있어 편리하다. 마운트에는 두 가지 종류가 있는데, 이해하기 조금 어려우므로 차근차근 읽어 나가기 바란다.

 볼륨과 마운트

이번 절에서는 볼륨 마운트를 배울 텐데, "볼륨이 뭐지?" 또는 "마운트는 뭐지?"라는 의문을 가진 독자가 많을 것이다.

볼륨이란 **스토리지의 한 영역을 분할한 것**을 말한다. 간단히 말하면 하드디스크나 SSD를 분할한 하나의 영역이다. 기다란 카스테라[6]를 자른 한 조각이라고 생각하면 이해하기가 쉽다.

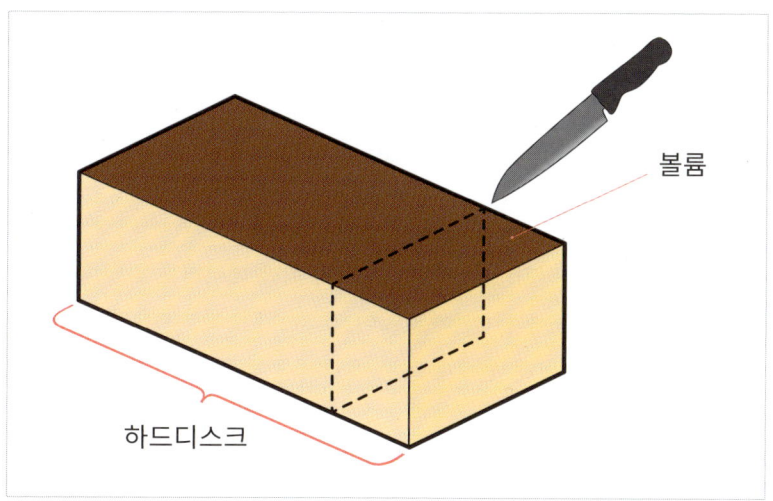

그림 6-3-1 볼륨

---

[6] 하나의 스토리지를 하나의 볼륨으로 사용하는 경우도 많다.

마운트는 '연결하다'라는 의미 그대로 대상을 연결해 운영체제 또는 소프트웨어의 관리하에 두는 일을 말한다.

이해하기 쉬운 예로 USB 메모리를 컴퓨터에 꽂으면 띠딩, 하는 소리가 난 다음 폴더가 열리는데, 이것도 USB 메모리가 컴퓨터에 마운트됐기 때문이다.

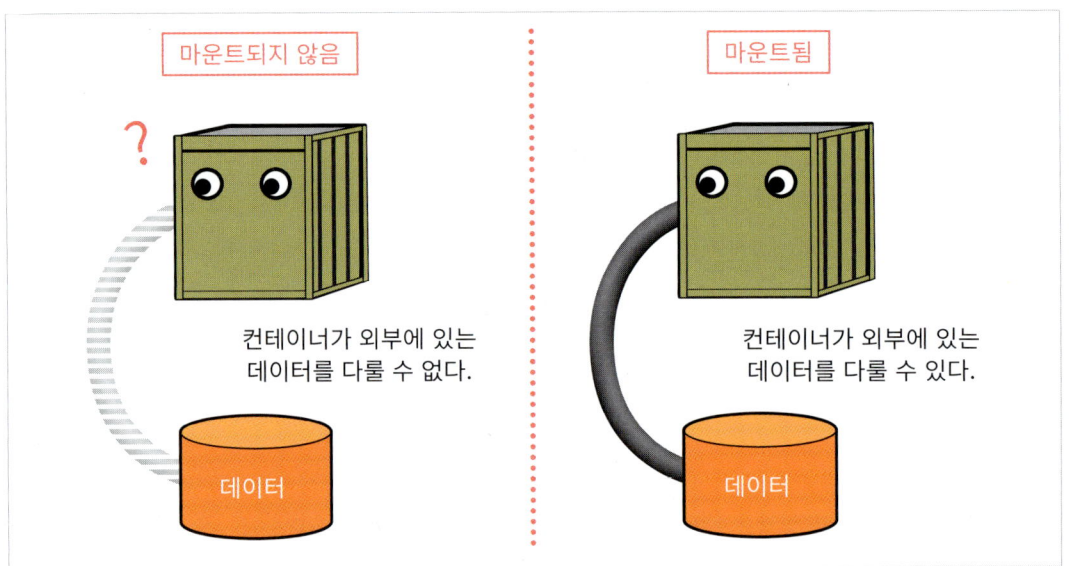

그림 6-3-2 마운트를 하면 이렇게 된다.

지금까지 여러 번 컨테이너를 생성하고 삭제해왔는데, 실제로 컨테이너를 사용하려면 스토리지 영역을 마운트해야 한다. 왜냐하면 데이터가 이 스토리지에 있기 때문이다.

컨테이너를 종료해도 바로 삭제되지는 않지만 성격상 '쓰고 버려야' 하기 때문에 소프트웨어 업그레이드 등의 이유로 **언젠가는 삭제**된다.

이런 상황에서 컨테이너 속에 데이터가 있다면 컨테이너와 함께 데이터도 소멸[7]된다. 컨테이너의 데이터라고 하면 감이 잘 오지 않을 수도 있는데, 예를 들어 컴퓨터나 스마트폰을 새로 샀을 때 데이터 이전이 안 된다면 매우 곤란할 것이다. 그래서 대개 USB 메모리나 SD카드, 외장 하드에 저장한 후 옮겨서 사용한다.

이와 마찬가지로 컨테이너 역시 외부로 데이터를 대피시킨다. 다만 컨테이너는 생성 및 폐기가 매우 빈번하기 때문에 매번 데이터를 옮기는 대신 처음부터 컨테이너 외부에 둔 데이터에 접근해 사용하는 것

---

[7] MySQL 같은 데이터베이스의 데이터 소멸을 상상하기 쉽지만 워드프레스 등 데이터베이스가 아닌 컨테이너에도 설정 파일이나 업로드된 이미지 등의 데이터가 존재한다.

이 일반적이다. 이를 **데이터 퍼시스턴시**^(data persistency)라고 한다. 이때 데이터를 두는 장소가 마운트된 스토리지 영역이다.

스토리지 마운트라고 하면 의미가 모호하기 때문에 관례적으로 '볼륨 마운트'라는 용어를 사용하는데, 마운트 대상이 되는 스토리지는 볼륨 외에도 디렉터리나 파일, 메모리가 될 수도 있다.

 스토리지 마운트의 종류

도커에서 스토리지의 마운트는 두 가지 종류가 있다. 하나는 볼륨 마운트이고, 다른 하나는 바인드 마운트다.

 볼륨 마운트

볼륨 마운트는 도커 엔진이 관리하는 영역 내에 만들어진 볼륨을 컨테이너에 디스크 형태로 마운트한다.

이름만으로 관리가 가능하므로 다루기 쉽지만 볼륨에 비해 **직접 조작하기 어려우므로** '임시 목적의 사용'이나 '자주 쓰지는 않지만 지우면 안 되는 파일'을 두는 목적으로 많이 사용한다.

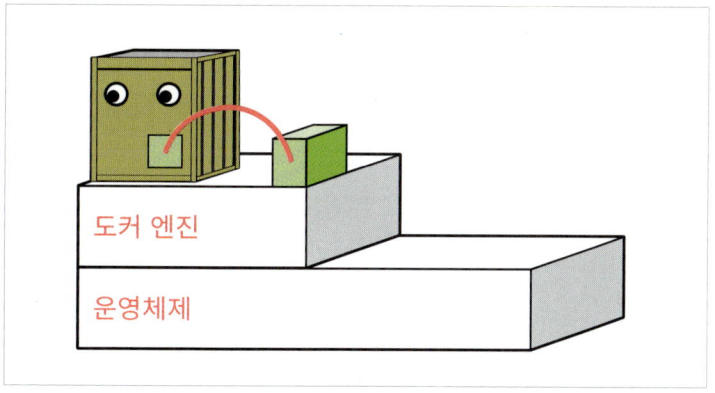

그림 6-3-3 **볼륨** 마운트

바인드 마운트

바인드 마운트는 도커가 설치된 컴퓨터의 문서 폴더 또는 바탕화면 폴더 등 도커 엔진에서 관리하지 않는 영역의 기존 디렉터리[8]를 컨테이너에 마운트하는 방식이다. 디렉터리가 아닌 파일 단위로도 마운트가 가능하다.

폴더(디렉터리) 속에 파일을 직접 두거나 열어볼 수 있기 때문에 **자주 사용하는 파일을 두는 데 사용**한다.

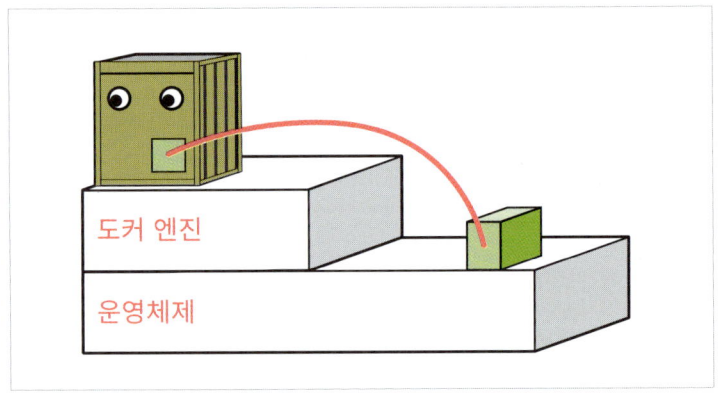

그림 6-3-4 바인드 마운트

두 가지 마운트 방식의 차이점

두 가지 마운트 방식의 차이점은 '간단한지 복잡한지', '호스트 컴퓨터에서 파일을 다룰 필요가 있는지', '환경의 의존성을 배제해야 하는지'로 세 가지가 포인트다.

볼륨 마운트는 도커 엔진의 관리[9] 하에 있으므로 사용자가 파일 위치를 신경 쓸 필요가 없다. '바탕화면에 내버려 뒀다가 실수로 지워버리는' 일도 일어나지 않는다.

또한 운영체제에 따라 명령어가 달라지는 등의 의존성 문제도 일어나지 않는다. 예를 들어, 윈도우와 macOS, 리눅스는 경로를 기재하는 방식이 제각각 다르다. 따라서 리눅스 사용자가 만든 컨테이너를 윈도우 사용자나 macOS 사용자가 이용하려면 기재된 경로를 수정해야 한다. 그러나 볼륨 마운트를 사용한다면 이러한 작업이 필요없다. 환경에 따라 경로가 바뀌는 일도 없다.

---

[8] 윈도우에서는 폴더라는 용어를 쓰지만 리눅스에서는 디렉터리라고 부른다.
[9] 리눅스에서는 /var/lib/docker/volumes/에 위치. 도커 데스크톱에서는 도커 엔진의 관리 영역과 유사하지만 호스트에서 파일에 직접 접근해 쓰기를 시도하면 볼륨이 깨지므로 주의해야 한다.

즉, **볼륨 마운트는 익숙해지면 손쉽게 사용할 수 있다**. 그런만큼 **도커 제작사에서도 볼륨 마운트 사용을 권장**한다.

하지만 볼륨 마운트는 도커 컨테이너를 경유하지 않고 직접 볼륨에 접근할 방법이 없다. 억지로 볼륨을 수정하려고 하면 볼륨 자체가 깨질 우려도 있다. 백업을 하려고 해도 복잡한 절차[10]가 필요하다.

반면 바인드 마운트는 도커가 관리하지 않는 영역 어디라도 파일을 둘 수 있으며, **기존과 동일한 방식으로 파일을 사용할 수 있으므로** 다른 소프트웨어를 사용해 쉽게 편집할 수 있다. 도커 엔진과 무관하게 파일을 다룰 수 있다.

따라서 워드프레스처럼 파일을 자주 편집해야 하는 경우에는 바인드 마운트를 사용해야 한다.

이처럼 간편함과 파일 접근 가능 여부에 차이가 있으므로 **파일을 직접 편집해야 할 일이 많다면 바인드 마운트를 사용하고, 그렇지 않다면 볼륨 마운트를 사용**하면 된다.

볼륨 마운트와 바인드 마운트의 차이

항목	볼륨 마운트	바인드 마운트
스토리지 영역	볼륨	디렉터리 또는 파일
물리적 위치	도커 엔진의 관리 영역	어디든지 가능
마운트 절차	볼륨을 생성한 후 마운트	기존 파일 또는 폴더를 마운트
내용 편집	도커 컨테이너를 통해서	일반적인 파일과 같이
백업	절차가 복잡함	일반적인 파일과 같이

단, 볼륨 마운트의 볼륨은 미리 만들어두는 것이 좋다.

> **COLUMN : Level ★★★   임시 메모리(tmpfs) 마운트**
>
> 사실 마운트 방식이 한 가지 더 있다. 바로 **임시 메모리(tmpfs) 마운트** 방식이다.
> 임시 메모리 마운트는 디스크가 아닌 주 메모리 영역을 마운트한다. 디스크보다 훨씬 빠른 속도로 읽고 쓰기가 가능하기 때문에 접근 속도를 높일 목적으로 사용하지만 도커 엔진이 정지되거나 호스트가 재부팅하면 소멸한다.

---

10 리눅스 운영체제가 설치된 별도의 컨테이너에 볼륨을 마운트한 다음, 이 컨테이너에서 백업을 진행해야 한다.

스토리지 영역을 마운트하는 커맨드

어느 마운트 방식을 사용하든 스토리지 마운트는 **run 커맨드의 옵션 형태**로 지정한다.

마운트하려는 스토리지의 경로가 컨테이너 속 특정 경로와 연결되도록 설정하는 형태다. 이것만으로는 잘 감이 오지 않을 수도 있다.

조금 더 쉽게 설명하면, 바탕화면에 있는 소프트웨어의 단축 아이콘을 생각해 보자. 실제 실행되는 프로그램은 바탕화면이 아닌 다른 곳에 있지만 단축 아이콘을 사용해 마치 바탕화면에 프로그램이 있는 것처럼 사용할 수 있다.

스토리지 영역의 마운트도 마찬가지다. 마운트되는 스토리지는 본래 별도의 장소에 있지만 마치 컨테이너 안에 있는 것처럼 설정하는 것이다. 바탕화면에 비유하면 컨테이너에 스토리지를 가리키는 단축 아이콘을 만드는 것과 같다.

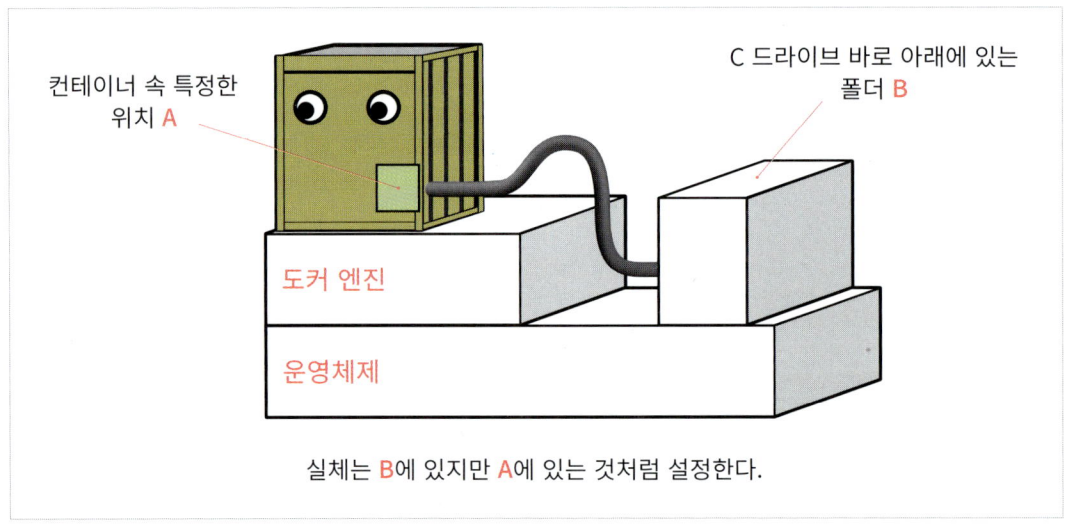

그림 6-3-5 마운트는 단축 아이콘과 같다(바인드 마운트)

마운트 원본이 되는 스토리지 영역의 위치(그림 6-3-5의 B)와 마운트 대상이 되는 위치(그림 6-3-5의 A)는 경로 형태로 지정한다. 예를 들어, 윈도우의 바탕화면 폴더[11]에 있는 mezashi라는 디렉터리가 마운트 원본이라면 'C:\Users\사용자명\Desktop\mezashi'[12]를 지정한다.

---

11 바탕화면에 있는 폴더 중 아무거나 열고 탐색기의 주소창을 클릭하면 해당 폴더의 경로를 알 수 있다. 하지만 바탕화면 자체는 경로가 표시되지 않는다.
12 원래는 역슬래시를 구분자로 사용하지만 한글 윈도우에서는 "\"가 사용된다.

마운트 대상이 되는 컨테이너 속 위치는 컨테이너의 소프트웨어가 콘텐츠를 저장하는 경로가 되는 경우가 많다. 예를 들어, 아파치라면 '/usr/local/apache2/htdocs'이며, MySQL은 '/var/lib/mysql'이다.

데이터가 위치하는 경로는 도커 이미지의 참조 문서 등을 보면 알 수 있다.

스토리지를 마운트하는 절차

스토리지를 마운트하려면 먼저 마운트될 스토리지를 생성해야 한다.

볼륨 마운트의 경우는 마운트와 동시에 볼륨(스토리지 영역)을 만들 수도 있지만 이 방법은 권장하지 않는다. 마운트 전에 별도로 볼륨을 먼저 생성하는 것이 좋다.

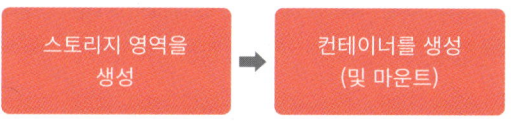

스토리지 영역을 만드는 방법

바인드 마운트는 원본이 될 폴더(디렉터리)나 파일을 먼저 만든다. 평소 하듯이[13] 폴더를 만들면 된다. 경로는 어디라도 상관없다. 문서 폴더의 바로 아래 또는 C 드라이브의 루트 등 실수로라도 잘 건드리지 않을 경로가 좋다.

볼륨 마운트는 볼륨 상위 커맨드를 사용해 먼저 볼륨을 생성한다.

볼륨 생성(볼륨 마운트)

```
docker volume create 볼륨_이름
```

볼륨 삭제(볼륨 마운트)

```
docker volume rm 볼륨_이름
```

---

[13] 윈도우에서는 마우스 오른쪽 버튼을 클릭한 후 [새 폴더], macOS에서는 [control]+클릭으로 컨텍스트 메뉴를 부르거나 [shift]+[command]+[N] 키를 누른다. 리눅스에서는 mkdir 명령을 사용한다.

주요 하위 커맨드

커맨드	내용	생략형	주요 옵션
create	볼륨을 생성	X	거의 사용하지 않음
inspect	볼륨의 상세 정보를 출력	X	거의 사용하지 않음
ls	볼륨의 목록을 출력	X	거의 사용하지 않음
prune	현재 마운트되지 않은 볼륨을 모두 삭제	X	거의 사용하지 않음
rm	지정한 볼륨을 삭제	X	거의 사용하지 않음

 스토리지를 마운트하는 커맨드

-v 옵션 뒤에 '스토리지 실제 경로' 또는 '볼륨 이름[14]', '컨테이너 마운트 경로' 순서대로 기재한다. 이들 경로는 콜론(:)을 사용해 구분한다.

바인드 마운트는 볼륨을 마운트하지 않지만 볼륨 마운트와 마찬가지로 -v 옵션을 사용한다.

바인드 마운트 커맨드 예

```
docker run (생략) -v 스토리지_실제_경로:컨테이너_마운트_경로 (생략)
```

볼륨 마운트 커맨드 예

```
docker run (생략) -v 볼륨_이름:컨테이너_마운트_경로 (생략)
```

 [실습] 바인드 마운트해보기

바인드 마운트를 연습해보자.

파일 복사에 이어 이번에도 아파치 컨테이너를 소재로 사용한다.

바인드 마운트이므로 먼저 일반적인 폴더(디렉터리)를 만들어 두고, 컨테이너를 생성할 때 옵션으로 이 폴더를 마운트한다. 폴더(디렉터리) 속의 파일을 수정해보면 마운트가 잘 됐는지 확인할 수 있다.

index.html 파일을 배치하고 웹 브라우저에서 접근했을 때 아파치의 초기 화면이 index.html 파일의 내용으로 바뀌는지 확인해볼 것이다.

---

14 볼륨을 만드는 방법은 다음 페이지를 참조한다.

실습 내용

생성할 컨테이너 정보

항목	값
컨테이너 이름	apa00ex20
이미지 이름	httpd
포트 번호 설정	8090

-v 옵션의 설정값

항목	값
컨테이너 마운트 경로 (마운트 대상)	/usr/local/apache2/htdocs
실제 폴더 / 디렉터리 이름 (마운트 원본)	apa_folder
실제 마운트 원본 경로(윈도우)	C:\Users\사용자명\Documents\apa_folder
실제 마운트 원본 경로(macOS)	/Users/사용자명/Documents/apa_folder
실제 마운트 원본 경로(리눅스)	/home/사용자명/apa_folder

자신의 운영체제에 맞는 명령어를 선택

-v 옵션(윈도우)

-v C:\Users\사용자명\Documents\apa_folder:/usr/local/apache2/htdocs

-v 옵션(macOS)

-v /Users/사용자명/Documents/apa_folder:/usr/local/apache2/htdocs

-v 옵션(리눅스)

-v /home/사용자명/apa_folder:/usr/local/apache2/htdocs

단계 1 -- 마운트 원본이 될 폴더/디렉터리 만들기

apa_folder라는 이름으로 마운트 원본이 될 폴더/디렉터리를 생성한다.

윈도우와 macOS에서는 문서 폴더, 리눅스에서는 홈 디렉터리 아래에서 'mkdir 폴더명'[15] 명령을 사용한다.

단계 2 -- run 커맨드로 아파치 컨테이너 실행

아파치 이미지(httpd)를 사용해 apa000ex20이라는 이름으로 컨테이너를 생성 및 실행하는 명령어를 입력한다. 운영체제에 따라 파일 경로가 달라지는 데 주의한다. 컨테이너가 정상적으로 실행 중인지 ps 커맨드로 확인하면 좋다.

✏️ 터미널 창에 입력할 명령(윈도우)
```
docker run --name apa000ex20 -d -p 8090:80 -v C:\Users\사용자명\Documents\apa_folder:/usr/local/apache2/htdocs httpd
```

✏️ 터미널 창에 입력할 명령(macOS)
```
docker run --name apa000ex20 -d -p 8090:80 -v /Users/사용자명/Documents/apa_folder:/usr/local/apache2/htdocs httpd
```

✏️ 터미널 창에 입력할 명령(리눅스)
```
docker run --name apa000ex20 -d -p 8090:80 -v /home/사용자명/apa_folder:/usr/local/apache2/htdocs httpd
```

단계 3 -- 웹 브라우저를 통해 아파치에 접근해 초기 화면 확인

웹 브라우저에서 http://localhost:8090/에 접근해 아파치 초기 화면을 확인한다. 현재는 아무 파일도 배치하지 않았으므로 'Index of /'라는 메시지가 출력된다. 아무 파일도 없다면 'It Works'라고 적힌 초기 화면이 출력되지만 폴더가 있기 때문에 'Index of /' 메시지가 출력된다.

---

[15] 구체적으로 설명하면 'mkdir /home/사용자명/apa_folder'라고 입력한다.

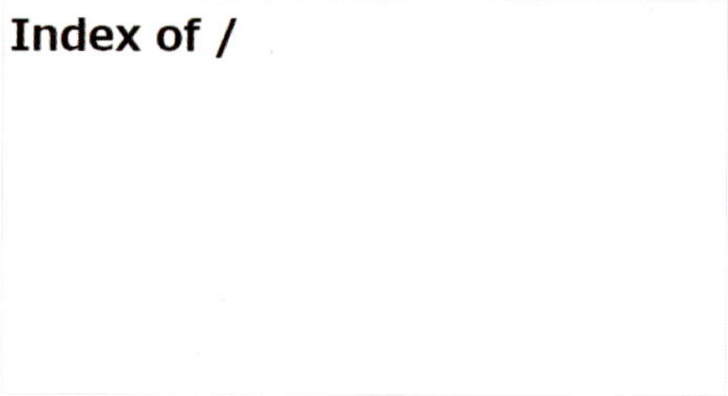

Index of /

그림 6-3-6 폴더만 있을 때의 아파치 초기 화면

단계 4 -- 마운트된 폴더/디렉터리에 index.html 파일을 배치

apa_folder 디렉터리 속에 index.html 파일을 넣는다. 윈도우나 macOS에서는 평소처럼 파일을 드래그 앤드 드롭하면 되며, 리눅스에서는 cp 원본_파일 복사_대상[16] 명령어를 사용한다.

단계 5 -- index.html 파일이 변경됐는지 확인

다시 웹 브라우저에서 http://localhost:8090/에 접근해보자. 만약 조금 전 본 페이지가 아직 열려 있다면 새로고침 버튼을 클릭하거나 F5 키를 누른다. index.html 파일의 내용이 바뀌었다면 성공이다.

그림 6-3-7 index.html 파일의 내용이 출력된다.

단계 6 -- 뒷정리

마운트를 잘 이해했다면 컨테이너를 종료하고 삭제한다. 이미지는 그대로 둬도 좋다. 컨테이너를 뒷정리하는 명령어는 147쪽을 참고한다.

---

[16] 구체적으로 설명하면 'cp /home/사용자명/index.html /home/사용자명/apa_folder'라고 입력한다.

[실습] 응용편 – 볼륨 마운트해보기

볼륨 마운트는 조금 더 어려우므로 잘 이해가 가지 않는다면 건너뛰어도 좋다.

또 직접적인 확인이 까다로우므로 volume inspect 명령을 사용해 간접적으로 확인한다. 순서는 바인드 마운트와 기본적으로 같다.

 실습 내용

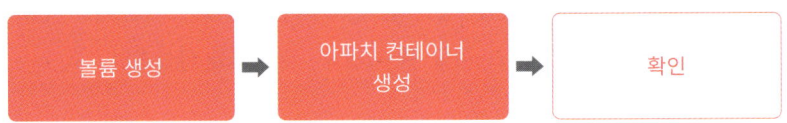

 생성할 컨테이너 정보

항목	값
컨테이너 이름	apa000ex21
이미지 이름	httpd
볼륨 이름	apa000vol1(마지막은 소문자 L 뒤에 숫자 1이다)
포트 번호 설정	8091

 커맨드에서 사용할 옵션, 대상, 인자

볼륨 생성

docker volume create apa000vol1

볼륨 상세 정보 확인

docker volume inspect apa000vol1

볼륨 삭제

docker volume rm apa000vol1

-v 옵션

```
-v apa000vol1:/usr/local/apache2/htdocs
```

마운트 원본과 마운트 대상 정보

항목	값
컨테이너 마운트 경로	/usr/local/apache2/htdocs
마운트 원본 볼륨	apa000vol1

단계 1 -- 마운트할 볼륨 생성

apa000vol1이라는 이름으로 마운트할 볼륨을 생성한다. 볼륨이 생성될 위치는 도커 엔진에서 관리하기 때문에 신경 쓰지 않아도 된다.

✏️ 터미널 창에 입력할 명령

```
docker volume create apa000vol1
```

단계 2 -- run 커맨드로 아파치 컨테이너 실행

아파치 이미지(httpd)를 사용해 apa000ex21이라는 이름으로 컨테이너를 생성 및 실행하는 명령어를 입력한다. 컨테이너가 정상적으로 실행 중인지 ps 커맨드로 확인하면 좋다. -v 옵션에 조금 전 생성한 볼륨과 컨테이너 속 마운트 위치를 지정한다.

✏️ 터미널 창에 입력할 명령

```
docker run --name apa000ex21 -d -p 8091:80 -v apa000vol1:/usr/local/apache2/htdocs httpd
```

단계 3 -- volume inspect 커맨드로 볼륨의 상세 정보 확인

volume inspect 커맨드를 사용해 볼륨의 상세 정보를 확인한다. container inspect 커맨드로 볼륨이 컨테이너에 마운트됐는지도 확인한다.

✏️ 터미널 창에 입력할 명령

```
docker volume inspect apa000vol1
```

실행 결과

```
[
    {
        "createdAt": "2020-09-01T12:36:51Z",
        "Driver": "local",
        "Labels": {},
        "Mountpoint": "/var/lib/docker/volumes/apa000vol1/_data",
        "Name": "apa000vol1",
        "Options": {},
        "Scope": "local"
    }
]
```

✏️ 터미널 창에 입력할 명령

```
docker container inspect apa000ex21
```

실행 결과

```
[
    ... 생략 ...
    "Mounts": [
        {
            "Type": "volume",
            "Name": "apa000vol1",
            "Source": "/var/lib/docker/volumes/apa000vol1/_data",
            "Destination": "/usr/local/apache2/htdocs",
            "Driver": "local",
            "Mode": "z",
            "RW": true,
            "Propagation": ""
        }
    ],
    ... 생략 ...
]
```

단계 ④ -- 뒷정리

실습 내용을 잘 이해했다면 컨테이너를 종료하고 삭제한다. 이미지와 볼륨도 함께 삭제한다. 삭제하지 않으면 오류가 발생한다. 컨테이너와 이미지를 뒷정리하는 명령어는 147쪽을 참고한다.

✏️ 볼륨 삭제

```
docker volume rm apa000vol1
```

> COLUMN : Level ★★★ **볼륨 마운트를 확인하는 방법**
>
> 까다롭다고 했지만 그래도 볼륨 마운트를 확인하는 방법을 알고 싶은 독자들도 있을 것이다. 이런 분들을 위해 몇 가지 방법을 소개한다.
>
> 볼륨 마운트를 확인하는 방법이 까다로운 이유는 컨테이너를 거치지 않으면 볼륨 안의 내용을 볼 수가 없기 때문이다. 바인드 마운트처럼 직접 파일을 확인하는 간단한 방법이 없다.
>
> 따라서 볼륨이 제대로 마운트됐는지 확인하려면 앞서 실습에서 보았듯이 `volume inspect` 커맨드나 `container inspect` 커맨드를 이용해 간접적으로 확인한다. 하지만 파일을 읽고 쓰고 있는지 직접 확인하려면 다음과 같은 방법이 있다.
>
> **(1) 운영 환경에서 확인하는 방법**
>
> 운영 환경에서 확인하는 방법은 별도의 컨테이너에 해당 볼륨을 마운트하고 이 컨테이너에서 볼륨의 내용을 보는 방법이 있다. 예를 들어, 워드프레스 컨테이너가 있다면 워드프레스에서 데이터를 수정하면 볼륨에 새로운 이미지 파일이 저장됐을 것이다. 리눅스 운영체제 컨테이너에 같은 볼륨을 마운트한 다음 이 볼륨의 내용에서 파일 목록을 확인하면 정말로 워드프레스 컨테이너가 볼륨에 읽고 쓰기를 수행했는지 알 수 있다.
>
> 📥 **MEMO**
> 우분투나 CentOS처럼 각 배포본의 컨테이너를 사용해도 좋지만 그중에서도 busybox가 가벼워서 사용하기 좋다.
>
>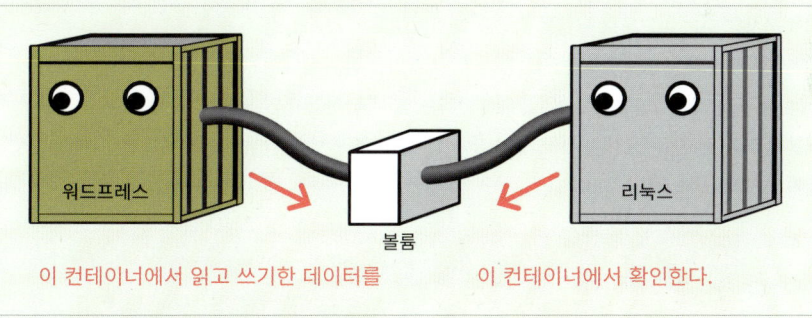
>
> 그림 6-3-8 별도의 컨테이너에서 볼륨의 내용 확인하기
>
> **(2) 학습 환경에서 확인하는 방법**
>
> 학습을 위한 환경이라면 좀 더 간단한 방법이 있다.
>
> 볼륨과 컨테이너는 별개의 요소로, 컨테이너를 폐기해도 볼륨은 그대로 남는다. 컨테이너를 구축한 다음 워드프레스나 MySQL에서 데이터를 수정한다. 어떤 내용이든 볼륨에 쓰기를 마친 다음, 컨테이너를 삭제하고 똑같은 볼륨을 마운트해 다시 컨테이너를 생성한다.

첫 번째 컨테이너에 볼륨이 제대로 마운트돼 있었다면 두 번째 컨테이너에도 수정된 데이터가 그대로 나타날 것이다.

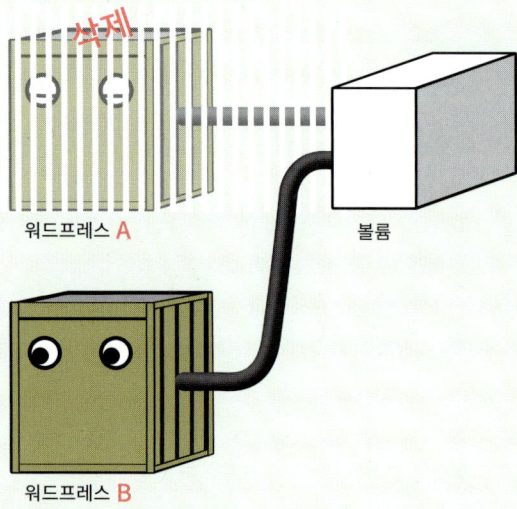

그림 6-3-9 컨테이너를 삭제하고 새 컨테이너에 같은 볼륨을 마운트한다.

COLUMN : Level ★★★ 볼륨 백업

바인드 마운트라면 파일 복사만으로 백업이 끝나겠지만 볼륨 마운트는 백업이 까다롭다. 볼륨 자체를 복사할 수는 없으므로 볼륨을 확인할 때처럼 별도의 리눅스 컨테이너를 연결해 볼륨의 내용을 압축해 저장한다. 다만 주의할 점은 컨테이너 생성(run)과 함께 tar 명령어로 백업을 수행한다는 점이다. 거기다 압축한 파일을 컨테이너 밖에 저장해야 한다. 잘 이해가 안 갈 수 있다. 백업 과정을 아래에 간단히 정리했다.

> **MEMO**
> 파일을 압축하는 명령. zip과 비슷하다.

주 컨테이너의 종료를 확인 ➡ 리눅스 운영체제 컨테이너를 만들고 tar 명령어를 사용해 백업을 수행

볼륨 백업 커맨드 예

```
docker run --rm -v 볼륨명:/source -v 백업_저장_폴더명:/target busybox tar cvzf /target/백업파일이름.tar.gz -C /source .
```

명령어를 간단히 설명하겠다. run 커맨드로 리눅스 운영체제(busybox) 컨테이너를 실행한다. 이 컨테이너는 실행 후 바로 삭제할 예정이므로 옵션에 --rm을 추가했다.

-v 옵션과 인자를 생략한 예

```
docker run --rm (옵션) busybox (인자)
```

옵션 부분을 자세히 살펴보자. 우선 스토리지 영역을 두 개 마운트하는 것이 보인다.

첫 번째는 볼륨을 busybox 컨테이너(/source)에 마운트한다. 이 마운트는 평범한 볼륨 마운트다. 두 번째는 백업된 데이터를 저장할 호스트의 폴더를 마찬가지로 busybox 컨테이너(/target)에 마운트한다. 두 번째 마운트는 바인드 마운트다.

이렇게 하는 이유는 /source에 마운트된 볼륨의 내용을 /target에 복사해 컨테이너 외부에 데이터를 저장하기 위해서다. 그리고 /source와 /target 은 이해를 돕기 위한 디렉터리 이름으로, 실제 활용할 때는 원하는 이름을 사용해도 된다.

>  **MEMO**
> 파일을 압축하는 명령. zip과 비슷하다.

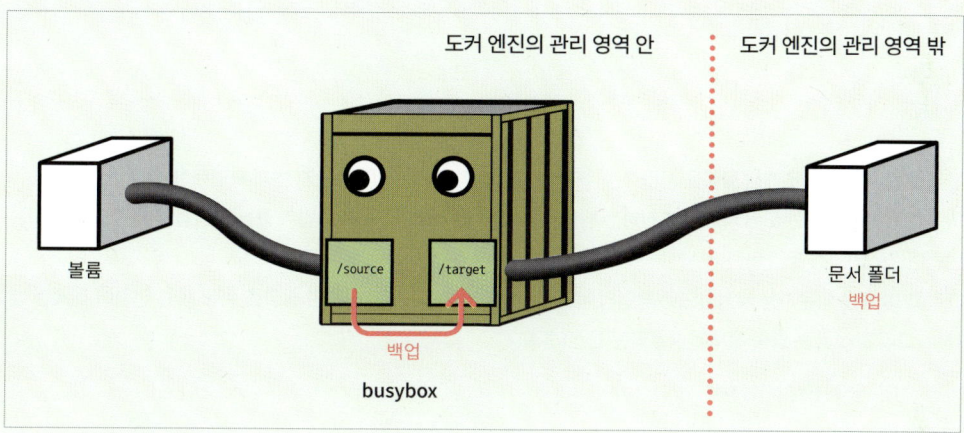

그림 6-3-10 볼륨 백업

볼륨을 busybox 컨테이너의 /source에 마운트

```
-v 볼륨명:/source
```

백업이 저장될 호스트의 폴더를 busybox 컨테이너의 /target에 마운트

```
-v 백업_저장_폴더:/target
```

인자

```
tar czvf /target/백업파일명.tar.gz -C /source .
```

인자 부분을 자세히 살펴보자. 우선 '압축을 한다'는 것과 파일명을 볼 수 있다. tar는 tar 압축을 사용하는 명령어, czvf와 -C는 압축 옵션, '백업파일명.tar.gz'이 파일명이다.

/source의 내용을 /target 안의 '백업파일명.tar.gz'로 압축해 저장하라는 의미다. 그리고 맨 마지막의 공백과 점을 잊지 않도록 한다.

다음 정보를 따라 명령어를 완성한다.

항목	값
볼륨 이름	apa000vol1
백업 저장 폴더 이름	C:\Users\사용자명\Documents
busybox 컨테이너의 백업 원본 디렉터리 이름	/source
busybox 컨테이너의 백업 저장 디렉터리 이름	/target
백업파일명	backup_apa

위의 설정값을 채워 완성한 명령어

```
docker run --rm -v apa000vol1:/source -v C:\Users\사용자명\Documents:/target busybox tar czvf /target/backup_apa.tar.gz -C /source .
```

볼륨을 압축해 백업할 때는 볼륨을 사용하는 주 컨테이너가 정지 또는 삭제됐는지 먼저 확인해야 한다.

이 방법은 복잡하지만 도커 사에서 추천하는 방법을 기초로 한 것이다. 즉 이 방법이 볼륨을 백업할 때 주로 사용되는 방법이므로 기억해 두기 바란다.

그리고 이 책은 입문자용 서적이므로 백업의 복원까지는 다루지 않는다. 하지만 참고를 위해 복원 명령어 예제를 싣는다. 그리고 xzvf는 압축 해제에 사용되는 옵션이다.

자주 사용되는 커맨드 예(복원)

```
docker run --rm -v apa000vol2:/source -v C:\Users\사용자명\Documents:/target busybox tar xzvf /target/backup_apa.tar.gz -C /source
```

CHAPTER 6 | 실전에 활용 가능한 컨테이너 사용법을 익히자

SECTION 04

컨테이너로 이미지 만들기

이번 절에서는 컨테이너 이미지를 만드는 방법을 배운다. 이 방법은 컨테이너를 다른 환경에 복제하기 위해 사용되며, 서버 엔지니어에게는 필수적인 지식이다.

 컨테이너로 이미지를 만드는 방법

지금까지는 공식적으로 제공되는 이미지만을 사용했다. 하지만 **이미 존재하는 컨테이너를 이용하면 누구나 쉽게[17] 이미지를 만들 수 있다.**

나만의 이미지를 만들어 똑같은 구성의 컨테이너를 대량으로 만들 수 있고, 다른 컴퓨터 또는 서버에 이동[18]시킬 수도 있다.

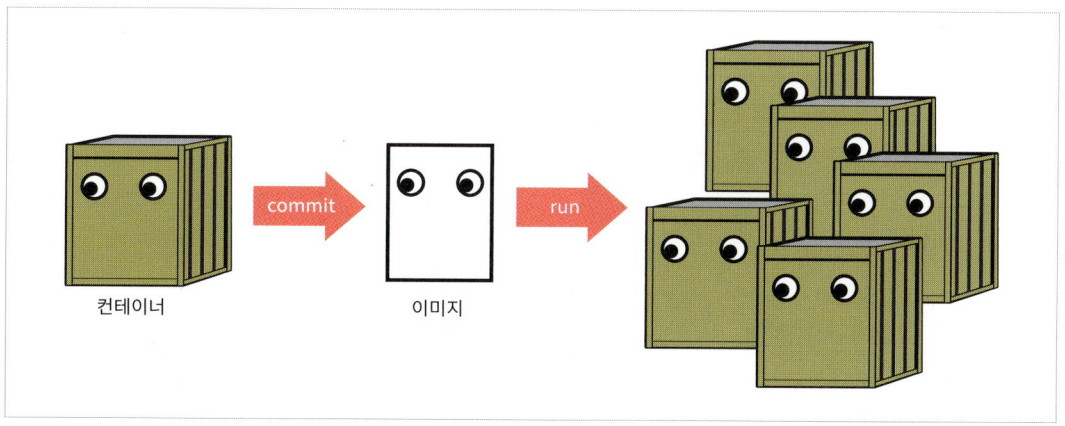

그림 6-4-1 똑같은 컨테이너를 대량으로 만들기

---

[17] 아무것도 없는 상태에서 처음부터 끝까지 이미지를 만드는 것은 숙련자에게도 쉽지 않다. 관심있는 사람은 도전해보기 바란다.
[18] 컨테이너를 그대로 복제할 수는 없다. docker commit 커맨드를 사용해 한번 이미지로 변환한 다음 다시 docker save 커맨드로 이미지를 파일로 추출해 복사한다.

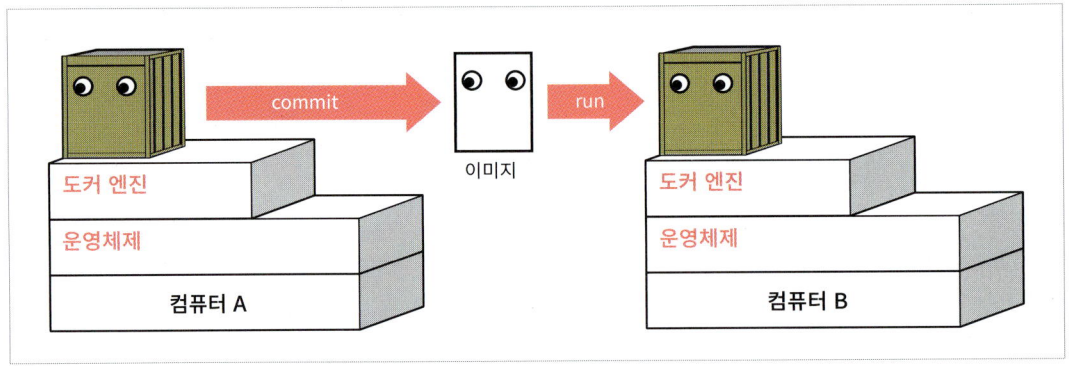

그림 6-4-2 컨테이너를 이동할 수도 있다.

이미지를 만드는 방법에는 두 가지가 있다.

첫 번째는 commit 커맨드로 기존 컨테이너를 이미지로 변환하는 방법이고, 두 번째는 Dockerfile 스크립트로 이미지를 만드는 방법이다.

commit 커맨드로 컨테이너를 이미지로 변환

컨테이너를 준비하고 컨테이너를 이미지로 변환한다. 컨테이너만 있으면 명령어 한 번으로 이미지를 만들 수 있어 간편하지만 컨테이너를 먼저 만들어야 한다. 기존 컨테이너를 복제하거나 이동해야 할 때 편리하다.

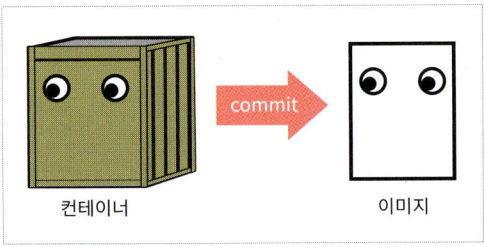

그림 6-4-3 컨테이너를 이미지로 변환

자주 사용되는 커맨드 예

docker commit 컨테이너_이름 새로운_이미지_이름

Dockerfile 스크립트로 이미지 만들기

Dockerfile 스크립트를 작성하고 이 스크립트를 빌드해 이미지를 만드는 방법이다.

Dockerfile은 이름만 보면 여러 가지 목적으로 사용할 수 있을 것 같지만 **사실은 이미지를 만드는 것밖에 할 수 없다**. 말하자면 '도커 이미지 파일' 정도의 존재다.

Dockerfile 스크립트에는 토대가 될 이미지나 실행할 명령어 등을 기재한다. 편집은 메모장 같은 텍스트 에디터를 사용한다.

이 파일을 호스트 컴퓨터의 이미지 재료가 들어있는 폴더(위치는 어디라도 상관없다)에 넣는다. 재료 폴더에는 그 외 컨테이너에 넣을 파일을 함께 둔다. 실제 컨테이너를 만들 필요는 없다.

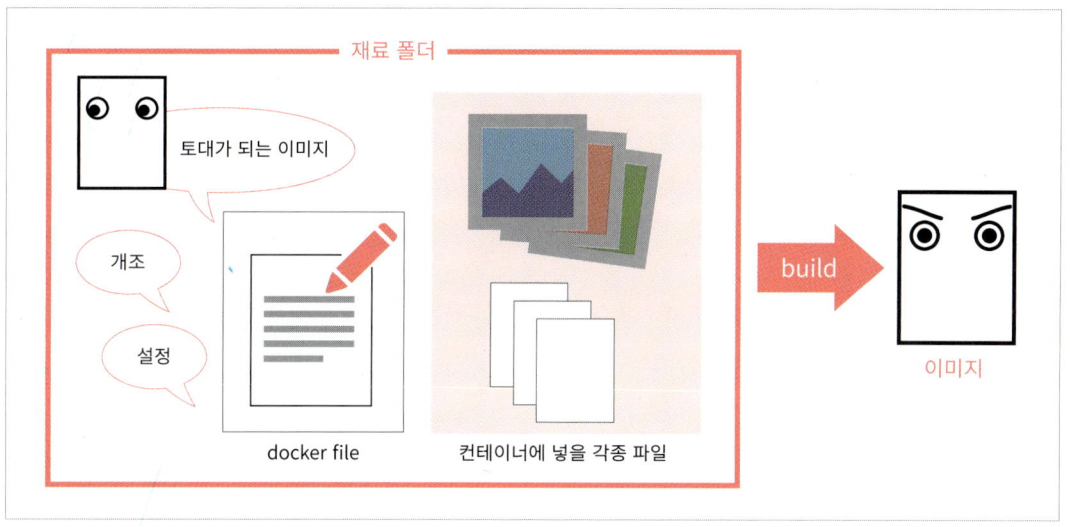

그림 6-4-4 Dockerfile 스크립트로 이미지 만들기

자주 사용되는 커맨드 예

```
docker build -t 생성할_이미지_이름 재료_폴더_경로
```

Dockerfile 스크립트의 예

```
01 FROM 이미지_이름
02 COPY 원본_경로 대상_경로
03 RUN 리눅스_명령어
04 ...
```

Dockerfile은 첫머리에 오는 FROM 뒤에 이미지 이름을 기재하고, 그 뒤로는 파일 복사 또는 명령어 실행 등 컨테이너를 대상으로 할 일을 기술한다.

Dockerfile 스크립트에 사용되는 주요 인스트럭션을 정리했다. 초보자 수준에서는 이 가운데 FROM, COPY, RUN 정도만 알아두면 된다.

주요 Dockerfile 인스트럭션

인스트럭션	내용
FROM	토대가 되는 이미지를 지정
ADD	이미지에 파일이나 폴더를 추가
COPY	이미지에 파일이나 폴더를 추가
RUN	이미지를 빌드할 때 실행할 명령어를 지정
CMD	컨테이너를 실행할 때 실행할 명령어를 지정
ENTRYPOINT	컨테이너를 실행할 때 실행할 명령어를 강제 지정
ONBUILD	이 이미지를 기반으로 다른 이미지를 빌드할 때 실행할 명령어를 지정
EXPOSE	이미지가 통신에 사용할 포트를 명시적으로 지정
VOLUME	퍼시스턴시 데이터를 저장할 경로를 명시적으로 지정
ENV	환경변수를 정의
WORKDIR	RUN, CMD, ENTRYPOINT, ADD, COPY에 정의된 명령어를 실행하는 작업 디렉터리를 지정
SHELL	빌드 시 사용할 셸을 변경
LABEL	이름이나 버전, 저작자 정보를 설정
USER	RUN, CMD, ENTRYPOINT에 정의된 명령어를 실행하는 사용자 또는 그룹을 지정
ARG	docker build 커맨드를 사용할 때 입력받을 수 있는 인자를 선언
STOPSIGNAL	docker stop 커맨드를 사용할 때 컨테이너 안에서 실행 중인 프로그램에 전달되는 시그널을 변경
HEALTHCHECK	컨테이너 헬스체크 방법을 커스터마이징

[실습] commit 커맨드로 컨테이너를 이미지로 변환

이번에도 아파치 컨테이너를 실습 소재로 사용한다. 큰 의미는 없지만 연습이므로 아파치 컨테이너 그대로를 이미지로 변환해 보겠다.

이미지에 변화를 주고 싶다면 6장 서두에서 설명한 파일 복사를 통해 컨테이너를 개조해도 좋다. 생성된 이미지는 `image ls` 커맨드를 사용해 이미지 목록에 있는지 여부를 확인한다.

실습 내용

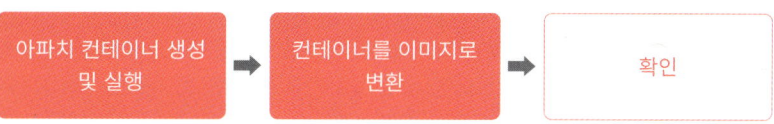

생성할 이미지 정보 및 커맨드

항목	값
컨테이너 이름	apa000ex22
새로 만들 이미지 이름	ex22_original1 (끝부분은 소문자 L과 숫자 1이다)

컨테이너를 이미지로 변환

```
docker commit apa000ex22 ex22_original1
```

단계 0 — 아파치 컨테이너 준비

아파치 컨테이너를 실습 소재로 사용한다. 4-3절을 참고해 외부 통신이 가능한 아파치 컨테이너를 만든다. 컨테이너 이름은 apa000ex22, 포트 번호는 8092를 사용한다.

터미널 창에 입력할 명령

```
docker run --name apa000ex22 -d -p 8092:80 httpd
```

단계 1 — 컨테이너를 변환한 새로운 이미지 생성

commit 커맨드를 사용해 apa000ex22 컨테이너로부터 새로운 이미지를 만든다. 이미지의 이름은 ex22_original1로 한다.

터미널 창에 입력할 명령

```
docker commit apa000ex22 ex22_original1
```

단계 ② 이미지가 생성됐는지 확인

image ls 커맨드로 이미지가 생성됐는지 확인한다.

✏️ 터미널 창에 입력할 명령
```
docker image ls
```

실행 결과
```
REPOSITORY      TAG      IMAGE ID       CREATED            SIZE
ex22_original1  latest   2fd1456ac170   About a minute ago 166MB
```

 [실습] Dockerfile 스크립트로 이미지 만들기

이번 실습에도 httpd 이미지를 사용한다. 이번에는 파일 복사를 사용해 httpd 이미지에 새로운 파일을 추가할 것이다. 연습인 만큼 Dockerfile 스크립트의 길이는 길지 않으나 다양한 파일을 추가해 보기 바란다(우분투 또는 CentOS 등의 운영체제만 들어있는 이미지를 기반으로 설치 과정도 이미지 빌드에 포함시킬 수 있어 이를 추천한다). 재료 폴더가 있어야 하는데, 재료 폴더는 6-3절에서 바인드 마운트에 사용했던 apa_folder를 그대로 사용하겠다.

 실습 내용

 새로 만들 이미지의 정보 및 명령어

httpd 이미지를 그대로 사용한다.

항목	값
기반 이미지 이름	httpd
새로 만들 이미지 이름	ex22_original2

항목	값
재료 폴더의 경로(윈도우)	C:\Users\사용자명\Documents\apa_folder
재료 폴더의 경로(macOS)	/Users/사용자명/apa_folder
재료 폴더의 경로(리눅스)	/home/사용자명/apa_folder

자신이 사용하는 운영체제에 맞춰 명령어를 작성할 것

Dockerfile 스크립트로 이미지 빌드

```
docker build -t ex22_original2 재료_폴더_경로
```

Dockerfile 스크립트의 내용

인스트럭션	값
FROM	httpd
COPY	index.html /usr/local/apache2/htdocs

복사할 원본 경로는 상대 경로[19]로 작성하면 되므로 C:\Users\~로 시작하는 절대 경로를 사용하지 않아도 된다.
복사 대상 경로는 아파치의 도큐먼트 루트 경로다.

단계 1 -- 재료 폴더에 재료 준비

재료 폴더로 사용할 apa_folder가 있는지 확인한다. 이 폴더는 문서 폴더 아래(윈도우, macOS) 또는 홈 디렉터리 아래(리눅스)에 위치한다. 그리고 재료 폴더 안에 index.html 파일을 배치한다.

단계 2 -- Dockerfile 스크립트 작성

아래 예제를 따라 메모장 등의 텍스트 에디터를 사용해 Dockerfile 스크립트를 작성한다.

리눅스에서는 nano 에디터[20]를 사용하면 된다. 파일 이름은 확장자 없이 Dockerfile이라고 붙이고 apa_folder 폴더에 저장한다. 윈도우에서는 먼저 .txt 확장자가 붙은 파일을 만든 다음 탐색기에서 확장자를 삭제한다.

---

[19] 현재 디렉터리를 기준으로 경로를 작성하는 방법
[20] 부록의 설명을 참고해 nano 에디터로 Dockerfile 스크립트를 작성한다. 기본적인 작성 방법은 index.html을 작성할 때와 같다.

✏️ **Dockerfile 작성 예(윈도우/macOS/리눅스 공용)**

```
01 FROM httpd
02 COPY index.html /usr/local/apache2/htdocs
```

단계 ③ -- build 커맨드로 이미지 빌드

build 커맨드를 사용해 재료 폴더에서 이미지를 빌드한다.

✏️ **터미널 창에 입력할 명령(윈도우)**

```
docker build -t ex22_original2 C:\Users\사용자명\Documents\apa_folder
```

✏️ **터미널 창에 입력할 명령(macOS)**

```
docker build -t ex22_original2 /Users/사용자명/Documents/apa_folder
```

✏️ **터미널 창에 입력할 명령(리눅스)**

```
docker build -t ex22_original2 /home/사용자명/Documents/apa_folder
```

단계 ④ -- 이미지가 생성됐는지 확인

image ls 커맨드를 사용해 이미지가 생성됐는지 확인한다. 여유가 있다면 이 이미지를 사용해 아파치 컨테이너를 생성하고 초기 화면이 index.html 파일의 내용으로 바뀌었는지 확인하자.

✏️ **터미널 창에 입력할 명령**

```
docker image ls
```

실행 결과

```
REPOSITORY       TAG      IMAGE ID       CREATED            SIZE
ex22_original2   latest   32ea92c35c43   About a minute ago  166MB
```

단계 ⑤ -- 뒷정리

컨테이너와 새로 만든 이미지 ex22_original2를 삭제한다. 아파치 공식 이미지(httpd)는 남겨둔다. 컨테이너 및 이미지를 삭제하는 명령어는 147쪽을 참고한다.

> **COLUMN : Level ★★★**   **이미지를 옮기는 방법**
>
> 컨테이너는 먼저 이미지로 변환하지 않으면 옮기거나 복사할 수 없다. 하지만 이미지 역시 이미지 상태 그대로는 옮기거나 복사할 수 없으므로 도커 레지스트리(4장 참조)를 통하거나 save 커맨드를 사용해 tar 포맷으로 도커 엔진의 관리 영역 밖으로 내보내야 한다. 파일은 호스트 컴퓨터의 파일 시스템에 생성된다. 파일을 다시 도커 엔진에 가져오려면 load 커맨드를 사용한다.
>
> **tar 파일 생성**
>
> ```
> docker save -o 파일_이름.tar 이미지_이름
> ```

CHAPTER 6 | 실전에 활용 가능한 컨테이너 사용법을 익히자

SECTION 05

컨테이너 개조

이번 절에서는 컨테이너를 개조하는 방법을 다룬다. 리눅스에 대한 지식이 없다면 조금 어려울 수 있으므로 컨테이너를 사용하기만 하는 입장이라면 건너뛰어도 무방하다. 서버 관리 등의 업무를 담당하고 있다면 익혀두기 바란다.

 컨테이너의 개조란?

컨테이너를 이미지로 변환하는 방법도 익혔으니 컨테이너의 개조에 대해 알아볼 차례다.

도커를 실제 운용하는 현장에서는 사내에서 개발한 시스템을 운영하는 경우가 많다.

사내 개발 시스템이 아니더라도 공식 배포되는 소프트웨어 역시 수정해야 할 필요가 종종 있다. 큰 수정은 아니지만 설정 파일 따위를 매번 작성하기는 귀찮기 때문이다.

 컨테이너를 개조하는 방법

컨테이너를 개조하는 방법에는 **두 가지 방법이 있다. 대부분 이 두 가지 방법을 혼용**한다.

첫 번째 방법은 6-2절, 6-3절에 배운 파일 복사와 마운트를 이용한 방법이다.

두 번째 방법은 컨테이너에서 리눅스 명령어를 실행하는 방법이다. 소프트웨어를 설치하거나 설정을 변경할 수 있다.

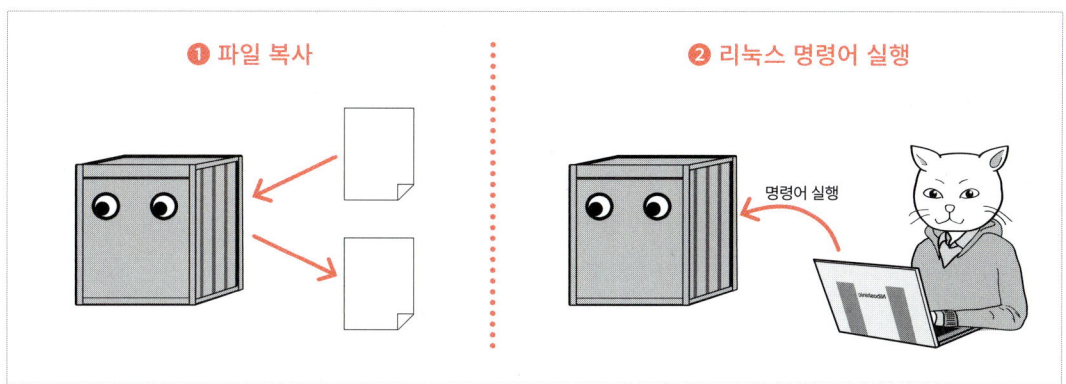

그림 6-5-1 컨테이너를 개조하는 두 가지 방법

컨테이너에서 명령어를 실행하려면 셸이 필요하다

컨테이너에서 리눅스 명령어를 실행하려면 리눅스에 우리의 명령을 전달해 주는 프로그램인 **shell(셸)**이 있어야 한다.

셸에도 몇 가지 종류[21]가 있는데, 대부분의 컨테이너에는 가장 일반적으로 사용되는 셸인 **bash**가 설치돼 있다. 이 bash를 기준으로 설명하겠다.

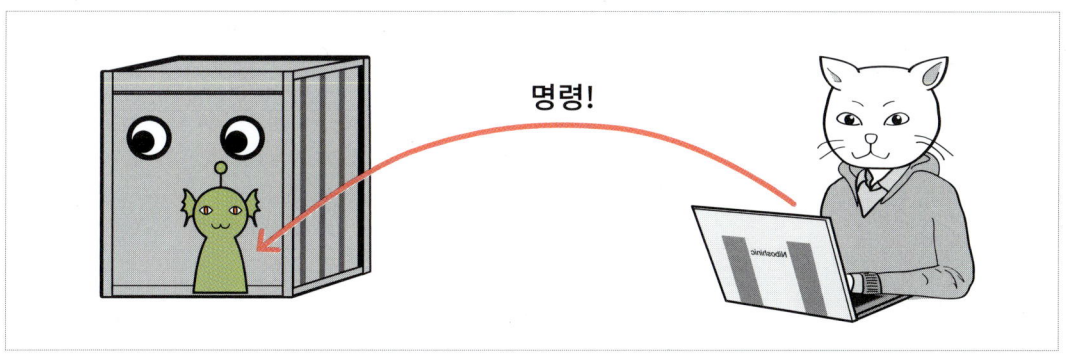

그림 6-5-2 컨테이너에 명령을 전달하는 셸

컨테이너를 아무 설정 없이 실행하면 bash가 동작하지 않는 상태로 실행된다. 따라서 bash를 실행해 우리의 명령을 입력받을 수 있는 상태로 만들어야 한다.

bash를 실행하려면 다음 인자를 전달하면 된다.

---

21 가장 오래전부터 쓰인 sh(Bourne Shell), C 언어 스타일을 도입한 csh(C Shell), 이를 개량한 tcsh 등이 있다.

bash를 실행하는 인자

/bin/bash

이 인자는 docker run 또는 docker exec 커맨드와 함께 사용한다.

docker exec는 **컨테이너 속에서 명령어를 실행하는 커맨드**다. 실행 중인 컨테이너에 run 커맨드를 사용할 수는 없으므로 이 방법을 사용한다. 이 방법으로 bash 없이도 어느 정도 명령을 직접 전달할 수는 있다. 하지만 초기 설정이 없어 동작하지 않는 경우도 있어 기본적으로는 셸을 통해 명령을 실행한다.

docker run 커맨드에 인자를 붙였다면 상황이 조금 복잡해진다. 이 경우에는 컨테이너에 들어있는 소프트웨어(이를 테면 아파치)를 실행하는 대신 bash가 실행되므로 컨테이너는 실행 중인데 소프트웨어는 실행 중이 아닌 상태가 된다.

bash를 사용한 컨테이너 조작이 끝나고 나면 **다시 docker start 커맨드로 컨테이너를 재시작해야 한다**.

이런 상황에는 docker run 커맨드는 잘 사용하지 않으므로 docker exec 커맨드만 기억해두면 된다.

exec 커맨드에 인자를 추가한 예

docker exec (옵션) 컨테이너_이름 /bin/bash

run 커맨드에 인자를 추가한 예

docker run (옵션) 이미지_이름 /bin/bash

예를 들어, 아파치 컨테이너의 이름이 apa000ex23이고 이 컨테이너에 bash 인자를 추가하려면 다음과 같이 하면 된다.

exec 커맨드에 인자를 추가한 예

docker exec -it apa000ex23 /bin/bash

run 커맨드에 인자를 추가한 예(아파치가 실행되지 않음)[22]

docker run --name apa000ex23 -it -p 8089:80 httpd /bin/bash

bash가 실행되면 셸에 입력된 명령은 도커 엔진이 아니라 해당 컨테이너로 전달된다.

---

[22] run 커맨드는 아파치 대신 bash를 실행하기 때문에 아파치가 동작하지 않는다.

명령을 입력받는 대상이 바뀌는 것이다. 따라서 프롬프트도 바뀐다. 도커 엔진과 컨테이너는 말하자면 부모-자식과 같은 관계를 갖는다.

자식이 부모의 피를 이었더라도 부모와는 별개의 인간이듯이 도커 컨테이너 역시 도커 엔진과는 별개의 존재다. 따라서 **bash를 통해 컨테이너 내부를 조작하는 동안에는 도커 명령을 사용할 수 없다**. 현재 조작 중인 컨테이너라도 이 점은 마찬가지다.

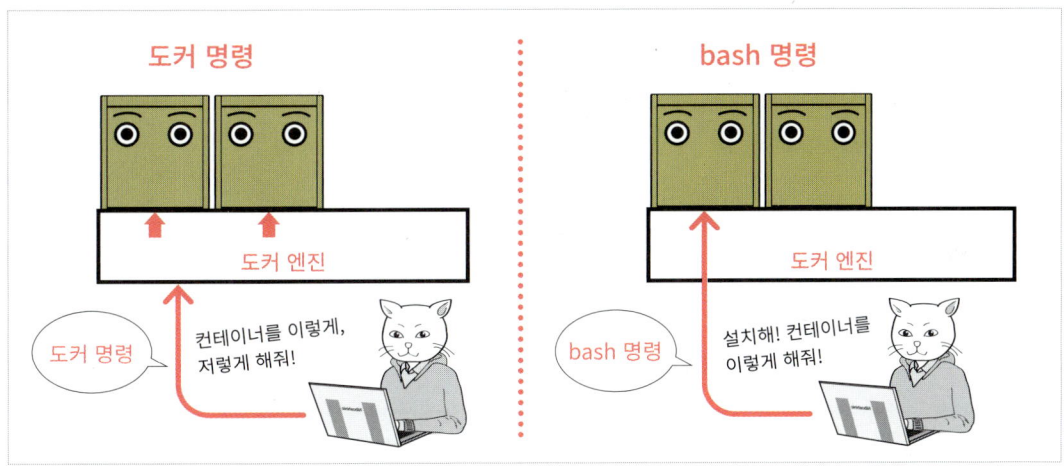

그림 6-5-3 도커 명령과 bash 명령의 차이

요약하자면 컨테이너를 만들고 삭제하거나 컨테이너 자체에 대한 명령은 도커 엔진을 통하는 것이고, 컨테이너 내부를 다루는 명령은 bash를 통한다.

그러므로 **컨테이너 안에서 할 일을 마쳤다면 다시 컨테이너에서 나와야** 한다. 컨테이너에서 돌아가려면 exit 명령어를 사용한다. 리눅스 사용자라면 익숙한 명령일 것이다. exit 명령어로 컨테이너에서 나오면 다시 도커 엔진에 명령을 내릴 수 있다.

도커 엔진에 명령을 내릴 수 있도록 컨테이너에서 나오는 명령어

```
exit
```

그리고 bash를 통해 사용하는 명령어는 리눅스 명령어다.

리눅스 명령어는 여기서 자세히 다루지 않는다. 다만 리눅스에 익숙한 독자라면 우분투[23]만 설치된 컨테이너를 만들고 이 안에서 아파치나 MySQL을 설치해도 된다.

---

[23] 이유는 뒤에 설명하겠으나 여기서는 우분투 또는 데비안 계열의 운영체제를 사용하는 것을 권장한다. CentOS에 익숙하다면 CentOS를 사용해도 된다.

우분투 컨테이너의 명령어 예("Hello World" 메시지를 출력)

```
echo "Hello World"
```

아파치 설치

```
apt install apache2
```

MySQL 설치

```
apt install mysql-server
```

> **COLUMN : Level ★★★   왜 컨테이너에서 bash를 실행하면 아파치가 실행되지 않을까?**
>
> 컨테이너에서 bash를 실행하면 왜 아파치가 실행되지 않는 걸까? 간단히 설명하면 아파치가 소프트웨어이기 때문이다.
>
> 컨테이너 속에는 '운영체제 비슷한 것'이 들어있으며 아파치는 이 위에서 동작한다. bash를 실행하면 bash가 실행되는 대신에 아파치는 실행되지 않는다. bash가 컨테이너를 가로챈 것과 같다.
>
> 이것은 MySQL 같은 다른 소프트웨어의 컨테이너에서도 마찬가지다.

 도커의 구조, 도커 엔진을 통해야 하는 명령과 컨테이너 안에서 실행해야 하는 명령

'컨테이너 안에서 실행해야 하는 명령'과 도커 엔진을 통해야 하는 명령에는 어떤 차이가 있는지 간단히 정리하겠다.

 도커 엔진을 통한 명령과 컨테이너 내부에서 실행하는 명령

부모에 해당하는 도커 엔진을 통해야 하는 명령은 도커 엔진 자체의 시작 또는 종료, 네트워크, 디스크 설정, 실행 중인 컨테이너 목록 확인 등 **컨테이너 전체에 대한 관리** 작업이다.

또한 지금까지의 실습처럼 컨테이너 생성과 실행, 종료, 이미지 내려받기 등도 여기에 포함된다. 이때 사용하는 명령어는 docker 명령어였다.

반면 컨테이너 내부에서 실행하는 명령은 컨테이너 속에 새로운 소프트웨어를 추가하거나, 컨테이너 속 소프트웨어의 실행 및 종료, 설정 변경, 컨테이너 안과 밖의 파일 복사 및 이동, 삭제 작업이다.

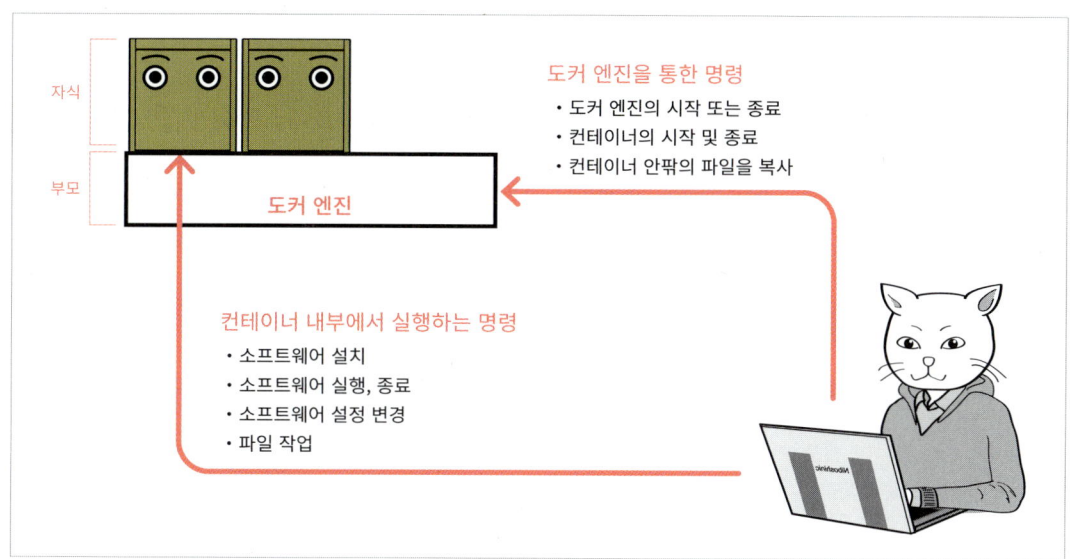

그림 6-5-4 도커 엔진을 통한 명령과 컨테이너 내부에서 실행하는 명령의 차이

도커와 컨테이너는 별개의 언어를 사용한다

앞에서 설명했듯이 도커와 컨테이너는 부모자식과도 같은 관계를 띠지만 별개의 존재이므로 상황에 따라 사용하는 언어(스타일)가 달라지기도 한다.

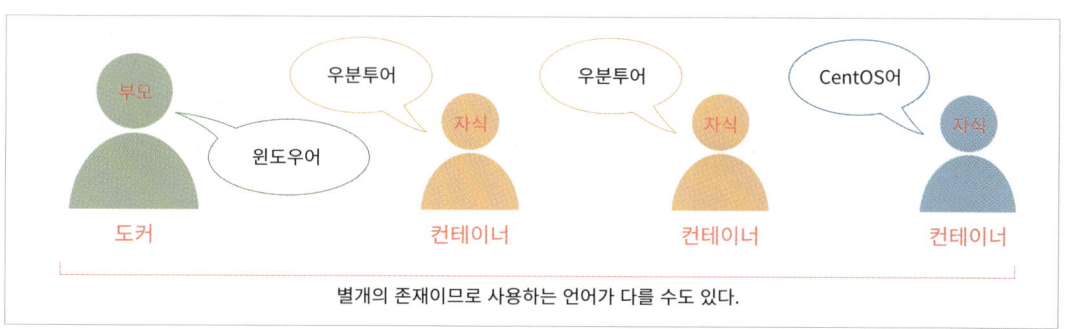

그림 6-5-5 도커와 컨테이너는 별개의 언어를 사용한다.

지금까지 사용해온 도커 데스크톱[24]에서는 부모에 해당하는 도커에 대한 명령어는 윈도우나 macOS 스타일을 따랐다. 윈도우와 macOS에서 명령어는 모두 똑같았는데? 라고 생각하는 독자도 있겠으나, 이는 사실 **도커 커맨드가 똑같았기** 때문이다.

---

[24] 도커 데스크톱의 전신인 툴박스 버전에서는 도커 제작사에서 제공하는 가상 환경을 사용했으므로 스타일은 리눅스 스타일로 통일되고 명령도 명령 프롬프트나 터미널을 통하지 않았다.

도커 데스크톱을 설치할 때는 설치 관리자가 모든 작업을 맡아 하므로 내부에서 어떤 명령이 실행되는지 알 수 없다. 잘 알기 어렵지만 사실 도커를 설치하는 명령은 윈도우와 리눅스에서 그 문법이 서로 다르다.

거기다 리눅스에는 배포판[25] 간의 차이도 존재한다. 특히 설치 명령어[26]에는 레드햇 계열[27]과 데비안 계열[28]에서 큰 차이가 있다.

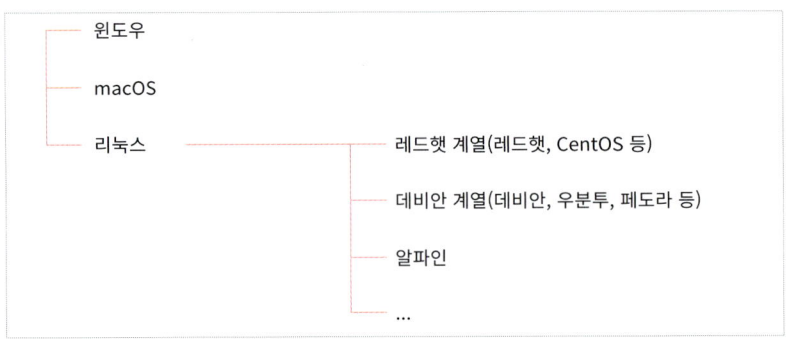

그림 6-5-6 언어(스타일)의 차이

이것이 컨테이너와 어떤 관계가 있냐면 컨테이너에 들어있는 **'운영체제 비슷한 것'의 종류가 무엇이냐에 따라 컨테이너 내부에서 사용하는 명령어가 약간씩 달라지게** 된다.

다시 말해 컨테이너 A가 데비안 계열, 컨테이너 B가 레드햇 계열을 사용한다면 똑같이 도커에서 실행 중인 컨테이너라도 컨테이너 내부에서 사용하는 명령의 스타일이 달라지는 것이다.

그림 6-5-7 운영체제에 따라 컨테이너 내부의 명령 스타일이 달라진다.

---

25 3-1절의 59쪽에 있는 "리눅스의 배포본" 칼럼을 참조한다.
26 소프트웨어를 관리하는 패키지 매니저가 서로 다르기 때문이다.
27 레드햇 엔터프라이즈 리눅스, CentOS 등
28 데비안, 우분투, 페도라 리눅스 등

만약 도커 리눅스 버전을 사용할 때 도커 엔진이 설치된 호스트 컴퓨터는 CentOS(레드햇 계열), 컨테이너 A는 우분투(데비안 계열), 컨테이너 B는 알파인 리눅스를 사용한다면 부모 자식이 모두 스타일이 달라지는 골치아픈 사태가 벌어진다.

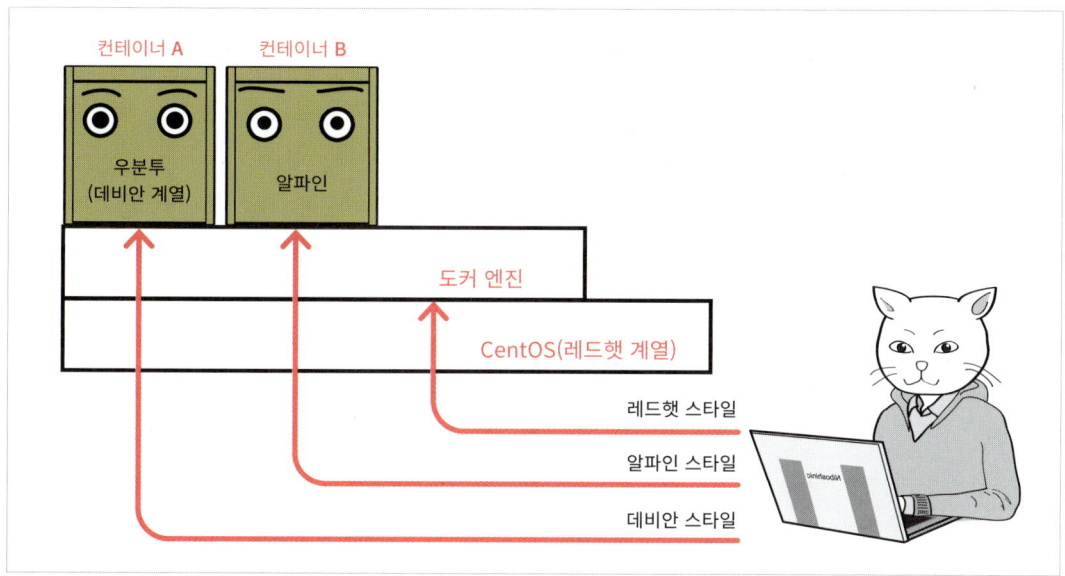

그림 6-5-8 호스트 컴퓨터의 운영체제마저 다른 스타일인 경우

스타일이 다르다고는 하지만 그렇다고 엄청난 차이가 있는 것은 아니다. 몇 가지 명령을 빼면 대부분은 공통이다. 때때로 명령이 달라진다고 생각하면 된다.

데비안 계열에서 아파치를 설치하는 명령

```
apt install apache2
```

레드햇 계열에서 아파치를 설치하는 명령

```
yum install httpd
```

자신이 어느 것을 사용하는지 알고 있다면 아무 문제가 없으며 도커에서 공식적으로 "**특별한 이유가 없다면 데비안 계열을 기반으로 하는 것이 좋다**"고 명확히 방침을 밝히고 있으므로 대부분의 컨테이너는 데비안 계열[29]이다. 특히 컨테이너 내부를 통해 개조 작업을 하는 컨테이너는 대부분 데비안 계열이므로 이 점도 알아두기 바란다.

---

29 가벼워야 하는 컨테이너에는 알파인 리눅스를 주로 사용한다. 아파치의 경우 알파인 리눅스 버전과 데비안 버전이 모두 제공된다. 알파인 리눅스는 명령어가 적으므로 컨테이너 내부에서 복잡한 작업을 할 필요가 없는 컨테이너에서 주로 쓰인다.

CHAPTER **6** | 실전에 활용 가능한 컨테이너 사용법을 익히자

SECTION **06**

도커 허브 등록 및 로그인

이번 절에서는 다른 사람에게 이미지를 공유하는 방법을 알아보겠다.
2장에서 잠시 소개했던 도커 허브와 도커 레지스트리도 더 자세히 소개한다.

 이미지는 어디서 내려받는 걸까?

지금까지 컨테이너를 만들려면 이미지를 내려받고 내려받은 이미지로부터 컨테이너를 만들었다.

docker run 커맨드를 사용할 때 자동으로 이미지를 내려받으므로 크게 신경 쓰지 않았지만 이때 내려받는 이미지는 **도커 허브**에 저장된 것이다.

하지만 우리가 직접 만든 이미지는 어떨까? 직접 만든 이미지로부터 docker run 커맨드로 컨테이너를 만들려면 이미지를 가져올 수 있는 장소가 필요할 것이다.

직접 만든 이미지도 도커 허브에 올릴 수 있으며, 비공개로 사용하는 도커 허브 같은 장소도 만들 수 있다.

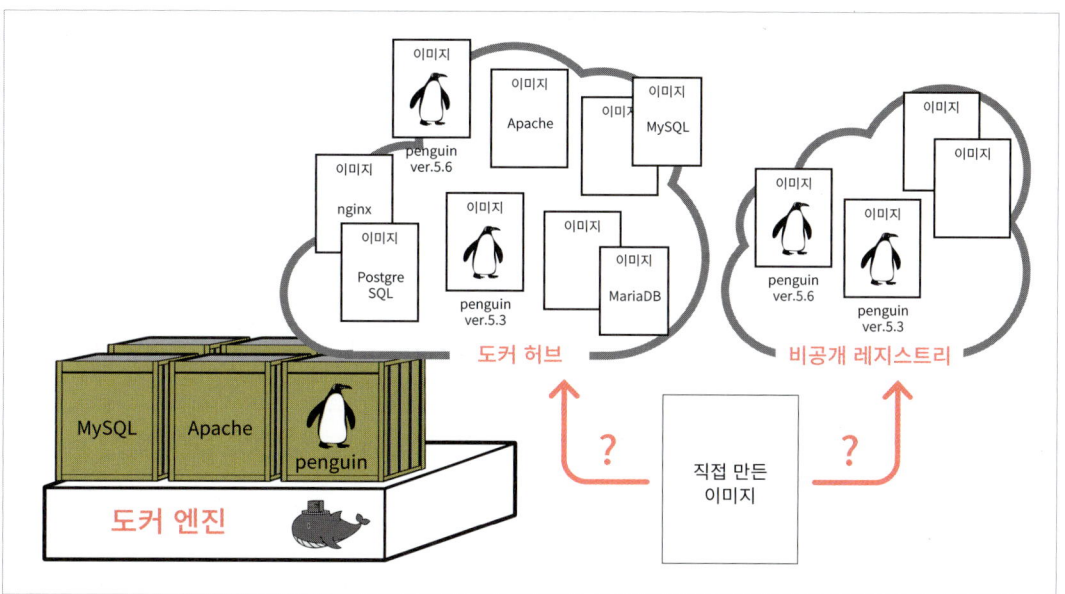

그림 6-6-1 직접 만든 이미지는 어디에 올려야 할까?

> **COLUMN : Level ★★★**   **이미지는 복사할 수 있다**
>
> 내가 만든 이미지를 직접 사용할 때는 로컬 컴퓨터에 새로 만든 이미지가 존재할 것이므로 이미지를 내려받은 상태와 같다. 그대로 사용하기만 하면 된다. 이미지를 다른 컴퓨터에 옮기려면 6장의 "이미지를 옮기는 방법" 칼럼에서 소개한 방법대로 이미지를 내보내기 한 다음, USB 메모리 등을 통해 옮기면 된다.

 도커 허브와 도커 레지스트리

도커 허브와 도커 레지스트리는 어떤 관계에 있는지 알아보자.

이미지를 배포하는 장소를 '**도커 레지스트리**'라고 한다. 일반에 공개되어 있든 비공개이든 상관없이 이미지가 배포되는 곳은 모두 도커 레지스트리다.

도커 허브는 **도커 제작사에서 운영하는 공식 도커 레지스트리**를 말한다. 아파치나 MySQL, 우분투의 공식 이미지 모두 도커 허브에 참여해 도커 허브에서 이미지를 배포한다. 우리가 run 커맨드를 사용할 때 내려받는 이미지는 이렇게 제공된다.

도커 레지스트리는 도커 제작사 외의 다른 기업이나 개인도 운영할 수 있으므로 전 세계적으로 많은 수가 있다. 다만 외부에 공개되지 않은 도커 레지스트리는 우리가 접속할 수 없으므로 사용할 일이 없을 뿐이다. 도커 레지스트리는 매우 편리한 이미지 배포 시스템이다.

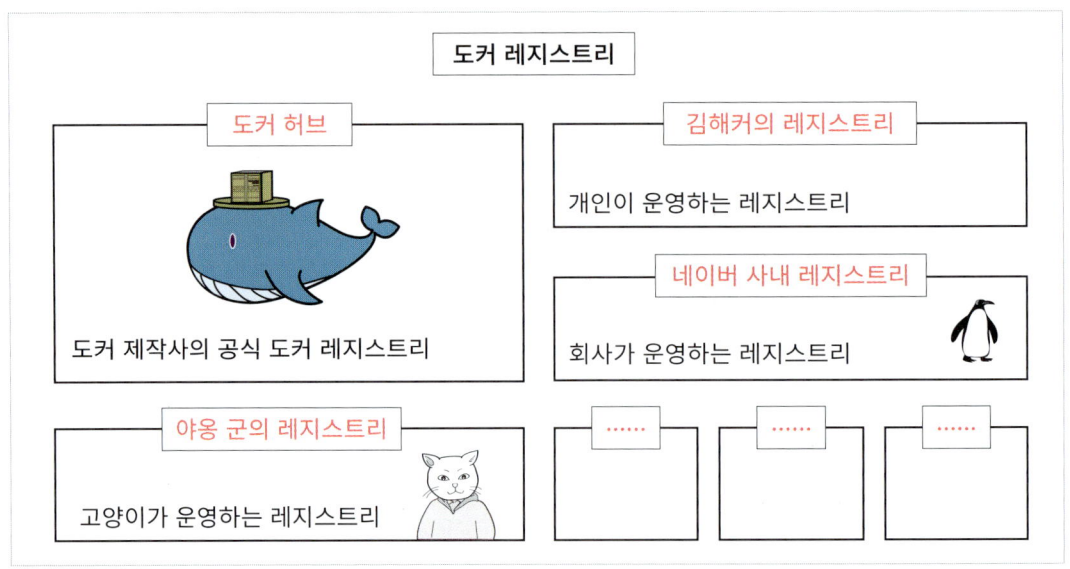

그림 6-6-2 도커 레지스트리

 레지스트리와 리포지토리

레지스트리(등록장부)와 리포지토리(창고)는 언뜻 비슷한 것으로 착각하기 쉽지만 다른 개념이다.

레지스트리는 이미지를 배포하는 장소다. 반면 **리포지토리는 레지스트리를 구성하는 단위**다.

예를 들어, zoozoo라는 회사에서 '냥파치'와 '멍SQL'이라는 소프트웨어를 만든다고 하자. 레지스트리는 회사나 부서 단위로 만들지만 리포지토리는 소프트웨어를 단위로 한다.

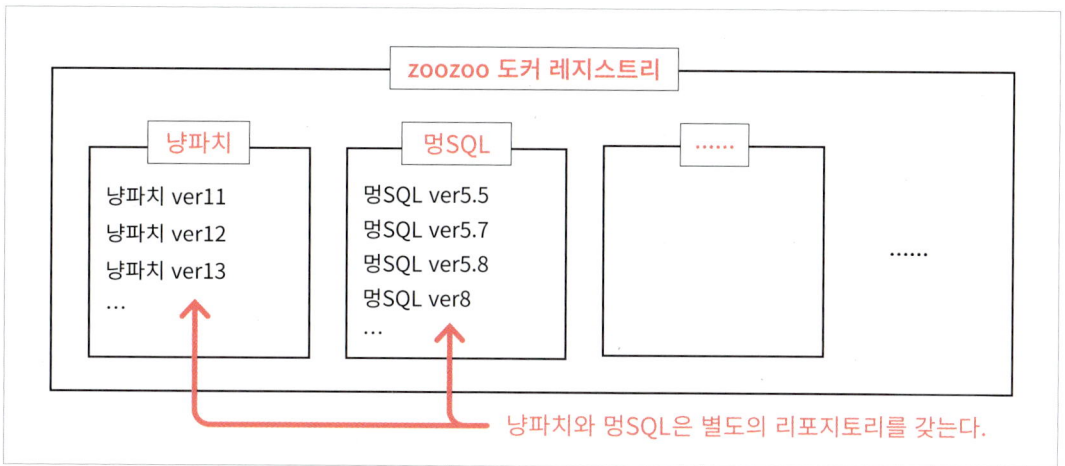

그림 6-6-3 각각의 리포지토리

도커 허브에서는 리포지토리[30]가 각각 ID를 갖게 돼 있다.

따라서 도커 허브는 각각의 회사나 개인이 가진 레지스트리가 여럿 모인 형태가 된다.

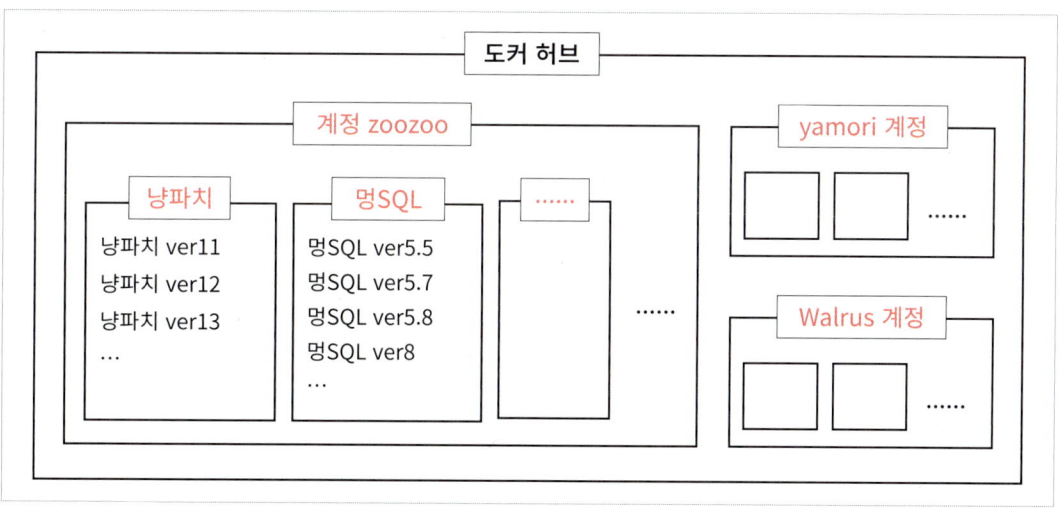

그림 6-6-4 도커 허브는 레지스트리가 여럿 모인 형태다.

---

30 무료 플랜에서는 비공개 리포지토리를 하나만 만들 수 있다.

태그와 이미지 업로드

도커 허브에 공개로 업로드하든, 비공개 리포지토리에 업로드하든 이미지를 업로드하려면 이미지에 태그를 부여해야 한다.

이미지 이름과 태그

태그라고 하면 블로그나 SNS 등에서 볼 수 있는 '#Docker #초보자용 #서적' 같은 해시태그를 먼저 떠올릴 독자들도 있을 것이다. 하지만 도커에서 말하는 태그는 해시태그와는 다른 것이다. 도커의 태그는 레지스트리에 업로드를 상정한 이미지 이름에 가깝다.

사람으로 말하면 아명(어릴적 이름) '응칠'이 '안중근 43세'로 바뀌는 것과 비슷하다. 로컬 컴퓨터에서는 nyapa000ex22처럼 대충 붙였던 이름을 'zoozoo.coomm/nyapacchi:13'처럼 **레지스트리의 주소와 버전 표기**[31]를 추가해 정식 명칭으로 만든다.

그림 6-6-5 태그를 붙이는 방법

태그는 '레지스트리_주소(도커 허브는 ID)/리포지토리_이름:버전'의 형식을 띤다. 버전은 생략할 수 있지만 나중이 되면 다루기 복잡해질 수 있기 때문에 버전을 따로 관리하고 싶다면 붙이는 것이 좋다.

비공개 레지스트리의 태그 명명 예

비공개 레지스트리의 태그	레지스트리_주소/리포지토리_이름:버전
자신의 PC에 만든 레지스트리, 리포지토리 이름은 nyapacchi, ver13	localhost:5000/nyapacchi:13
레지스트리 도메인은 zoozoo.coomm, 리포지토리 이름은 nyapacchi, ver13	zoozoo.coomm/nyapacchi:13

---

[31] 버전을 지정하지 않으면 'latest'가 된다.

도커 허브의 태그 명명 예

도커 허브의 태그	도커_허브_ID/리포지토리_이름:버전
도커 허브 ID는 zoozoousagi, 리포지토리 이름은 nyapacchi, ver13	zoozoousagi/nyappacchi:13

 이미지에 태그를 부여해 복제하는 커맨드 docker tag (docker image tag)

이미지에 태그를 부여하는 명령어는 다음과 같이 작성한다.

언뜻 보면 어려워 보이지만 원래 있던 이미지 이름을 태그로 바꾸고 이미지를 복제하라는 의미다.

그러므로 명령어를 실행한 후 `image ls` 커맨드로 이미지 목록을 확인해 보면 원래 이름의 이미지와 태그가 부여된 이미지가 둘 다 존재한다. 이들의 이미지 ID는 동일하지만 별개의 이미지로 취급되므로 이미지를 삭제할 때는 두 가지 모두 삭제해야 한다.

이미지에 태그를 부여해 복제하는 명령어의 예

```
docker tag 원래_이미지_이름 레지스트리_주소/리포지토리_이름:버전
```

원래 이미지 이름이 apa000ex22인 이미지에 레지스트리 주소는 zoozoo.coomm, 리포지토리 이름은 nyapacchi, 버전은 13으로 태그를 부여

```
docker tag apa000ex22 zoozoo.coomm/nyapacchi:13
```

 이미지를 업로드하는 커맨드 docker push (docker image push)

docker push 커맨드는 이미지를 업로드하는 커맨드다.

태그는 '레지스트리 주소/리포지토리 이름:버전'과 같이 길어서 알아보기 힘들지만 그 자체로 하나의 이름이다.

또 어느 레지스트리에 업로드할지도 태그로 판단한다. 다시 말해 도커 엔진은 태그에 포함된 레지스트리 주소의 도메인에 있는 레지스트리로 업로드를 시도한다.

리포지토리는 처음 업로드할 때는 존재하지 않는다. push 커맨드를 실행하며 만들어진다.

여기서는 생략됐지만 업로드 대상 레지스트리에 따라 로그인을 요구하는 경우도 있다.

레지스트리에 업로드하는 명령어의 예

```
docker push 레지스트리_주소/리포지토리_이름:버전
```

zoozoo.coomm/nyapacchi:13을 업로드하는 명령어

```
docker push zoozoo.coomm/nyapacchi:13
```

 레지스트리를 만드는 방법

개발 회사는 대개 사내용 도커 레지스트리를 만들고 여기에 개발환경 이미지를 올려 배포하는 체계를 갖추고 있을 것이다. 외부 공개를 목적으로 한다면 도커 허브가 가장 이상적이다.

 비공개 레지스트리를 만드는 방법

도커 레지스트리는 간단하게 만들 수 있다.

레지스트리용 컨테이너(registry)가 따로 있으므로 이를 사용하면 된다. 다시 말해, 레지스트리도 도커를 통해 운영할 수 있다.

컨테이너를 만들면 사용자는 레지스트리에 로그인한 다음 이미지를 내려받을 곳으로 이 레지스트리를 지정한다. 레지스트리는 포트 5000번을 사용한다.

레지스트리를 만드는 명령어의 예

```
docker run -d -p 5000:5000 registry
```

 도커 허브 사용

이메일 주소만 있으면 누구든지 도커 허브에 가입할 수 있다. ID 등 필요한 정보를 기입하고, 요금 플랜을 선택하면 된다. 요금 플랜에는 유료 플랜과 무료 플랜[32](Community[33])이 있는데, 먼저 사용해보고 싶다면 무료 플랜을 선택하면 된다.

- 도커 허브: https://hub.docker.com

---

32 2020년 11월부터 무료 플랜은 6개월 이상 사용되지 않은 이미지가 삭제된다.
33 만약 집필 시점 이후 Community 플랜의 이름이 변경됐다면 Free 또는 $0이라고 쓰인 것을 고르면 된다.

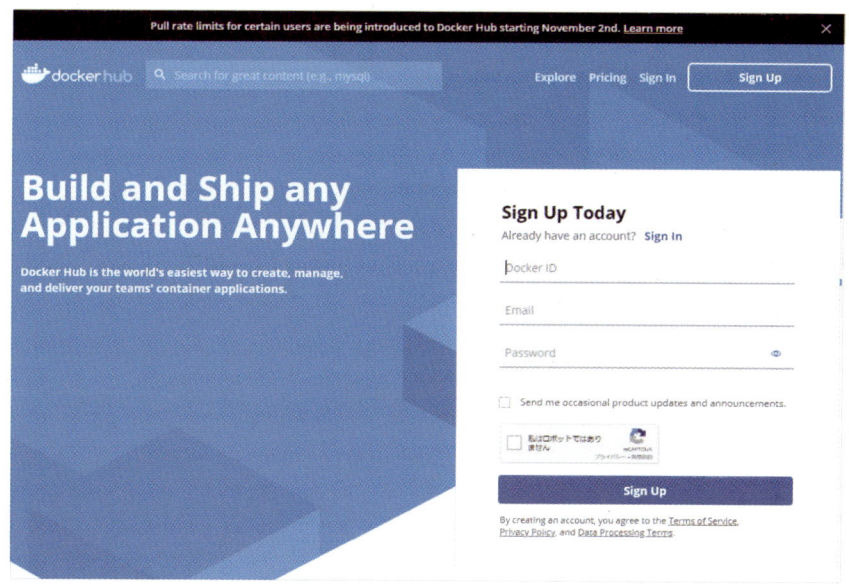

그림 6-6-6 도커 허브의 초기 화면

도커 허브에 이미지를 업로드하면 전 세계 사람들에게 이미지를 배포할 수 있으며, 비공개 설정을 하면 이미지를 공개하지 않을 수도 있다. 이런 경우에는 미리 리포지토리를 만들어 두도록 한다.

push 커맨드로 리포지토리를 만들면 자동적으로 공개 상태(public)가 된다.

[Create Repository] 버튼을 클릭하면 리포지토리를 만들 수 있다. 지면 관계상 이 이상의 설명은 생략하겠다.

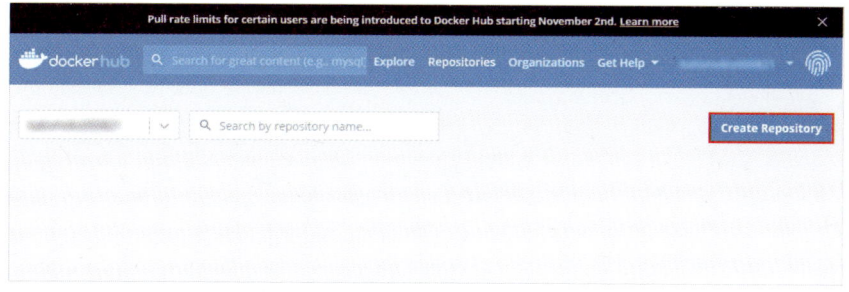

그림 6-6-7 [Create Repository] 버튼을 클릭해 리포지토리를 생성한다.

다만 서버를 운영하려면 비용이 발생하기 때문에 무료 플랜이라 하더라도 여러 리포지토리를 만들고 방치하는 것은 바람직하지 않다. 정도를 지키도록 하자.

도커 컴포즈를 익히자

CHAPTER 7

7장에서는 도커 컴포즈라는 편리한 도구를 소개한다. 도커 컴포즈는 도커 설정을 기재한 설정 파일을 이용해 한 번에 여러 개의 컨테이너를 생성, 실행, 폐기하는 기능을 제공한다. 여러 개의 컨테이너를 다룰 일이 많아졌다면 도커 컴포즈를 배울 때가 된 것이다.

CHAPTER **7** 도커 컴포즈를 익히자

SECTION **01**

도커 컴포즈란?

이번 절에서는 도커 컴포즈를 간단히 소개한다. 도커 컴포즈는 도커 명령어를 정의 파일에 기술해 실행하는 도구다. 이 정의 파일은 Dockerfile과 비슷한데, 어떤 차이점이 있는지도 함께 알아보자.

 도커 컴포즈란?

명령어를 입력하는 데 익숙해져도 워드프레스처럼 여러 개의 컨테이너로 구성된 시스템을 실행하기는 조금 귀찮게 느껴진다. 인자나 옵션도 많을뿐더러 볼륨이나 네트워크까지 설정해야 하기 때문이다.

나중에 시스템을 뒷정리할 때도 만들었던 컨테이너를 ps 커맨드로 일일이 확인해가며 지우려니 수고스럽다.

이렇듯 **시스템 구축과 관련된 명령어를 하나의 텍스트 파일(정의 파일[1])에 기재해 명령어 한번에 시스템 전체를 실행하고 종료와 폐기까지 한번에** 하도록 도와주는 도구가 바로 **도커 컴포즈**다.

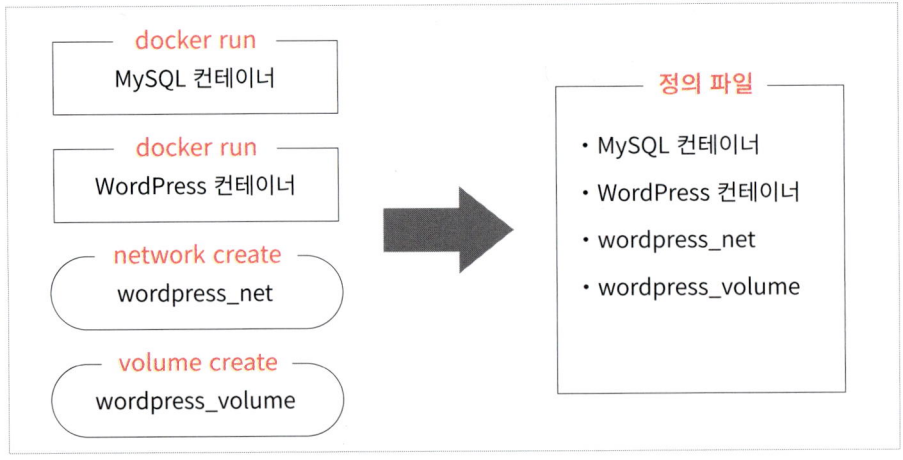

그림 7-1-1 도커 컴포즈를 사용하면 여러 개의 명령어를 하나의 정의 파일로 합쳐 실행할 수 있다.

---

[1] Compose file

도커 컴포즈의 구조

도커 컴포즈는 시스템 구축에 필요한 설정을 YAML(YAML Ain't a Markup Language) 포맷으로 기재한 정의 파일을 이용해 전체 시스템을 일괄 실행(run) 또는 일괄 종료 및 삭제(down)할 수 있는 도구다.

정의 파일에는 컨테이너나 볼륨을 '어떠한 설정으로 만들지'에 대한 항목이 기재돼 있다. 작성 내용은 도커 명령어와 비슷하지만 도커 명령어는 아니다.

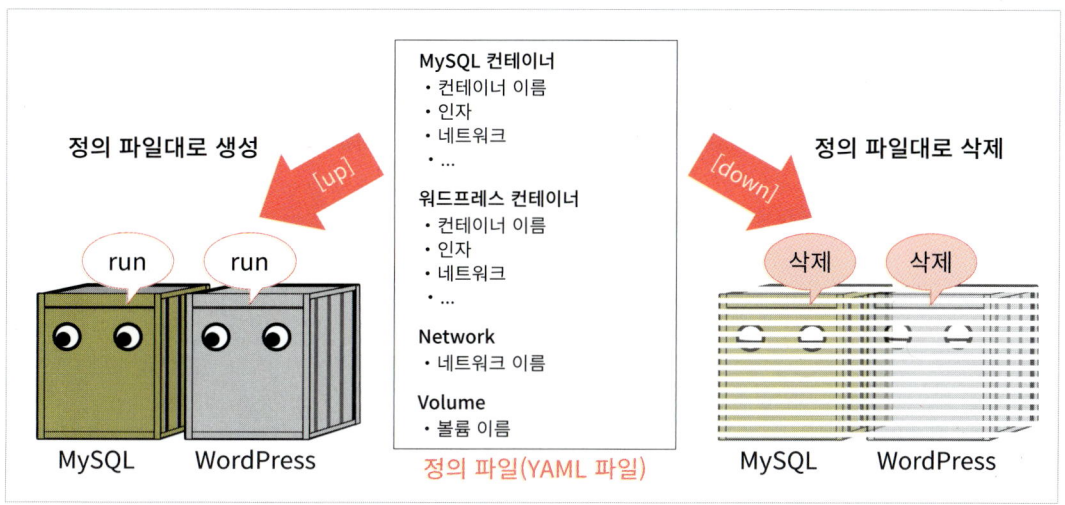

그림 7-1-2 도커 컴포즈는 시스템의 모든 정보를 정의 파일에 기재한다.

up 커맨드는 docker run 커맨드와 비슷하다. 정의 파일에 기재된 내용대로 이미지를 내려받고 컨테이너를 생성 및 실행한다. 정의 파일에는 네트워크나 볼륨에 대한 정의도 기재할 수 있어서 주변 환경을 한꺼번에 생성할 수 있다.

down 커맨드는 컨테이너와 네트워크를 정지 및 삭제한다. 볼륨과 이미지는 삭제하지 않는다. 컨테이너와 네트워크 삭제 없이 종료만 하고 싶다면 stop 커맨드를 사용한다.

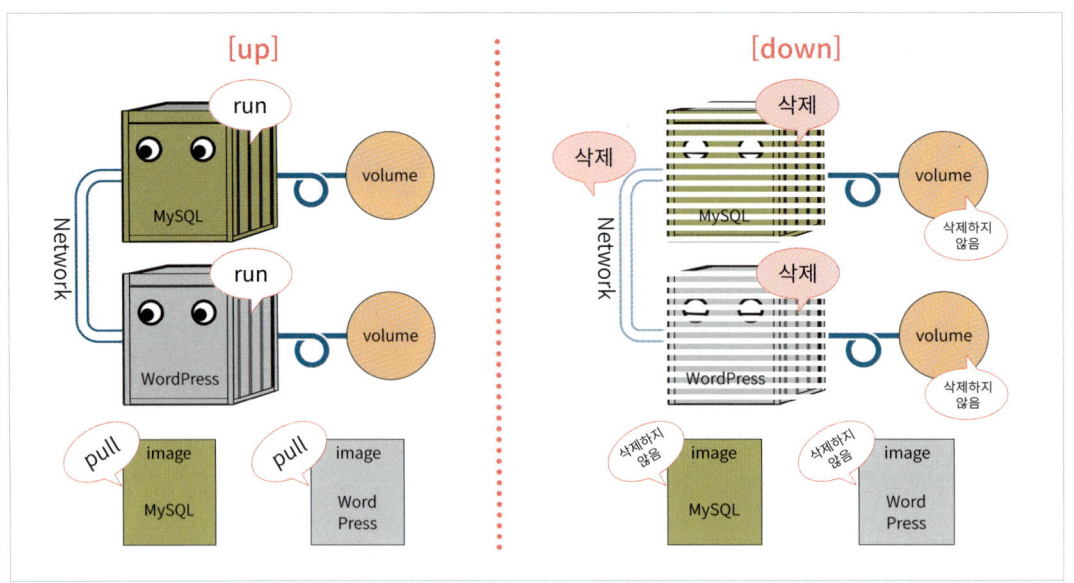

그림 7-1-3 up 커맨드로 생성 및 시작, down 커맨드로 정지 및 삭제한다.

🔶 도커 컴포즈와 Dockerfile 스크립트의 차이점

도커 컴포즈는 텍스트 파일에 기재된 정의를 따라 실행된다. 우리는 비슷한 것을 본 적이 있다. 바로 6장에서 배웠던 Dockerfile 스크립트와 비슷하지 않은가?

이 두 가지는 비슷한 부분이 있지만 실행하는 내용에 분명히 차이가 있다.

도커 컴포즈는 말하자면 docker run 명령어를 여러 개 모아놓은 것과 같다. **컨테이너와 주변 환경**을 생성한다. **네트워크와 볼륨까지 함께 만들 수 있다.**

반면 Dockerfile 스크립트는 **이미지를 만들기 위한 것으로 네트워크나 볼륨은 만들 수 없다.**

이름만으로는 무슨 역할을 하는지 구분하기 어렵다면 '만드는 대상이 다르다'고 기억하면 된다.

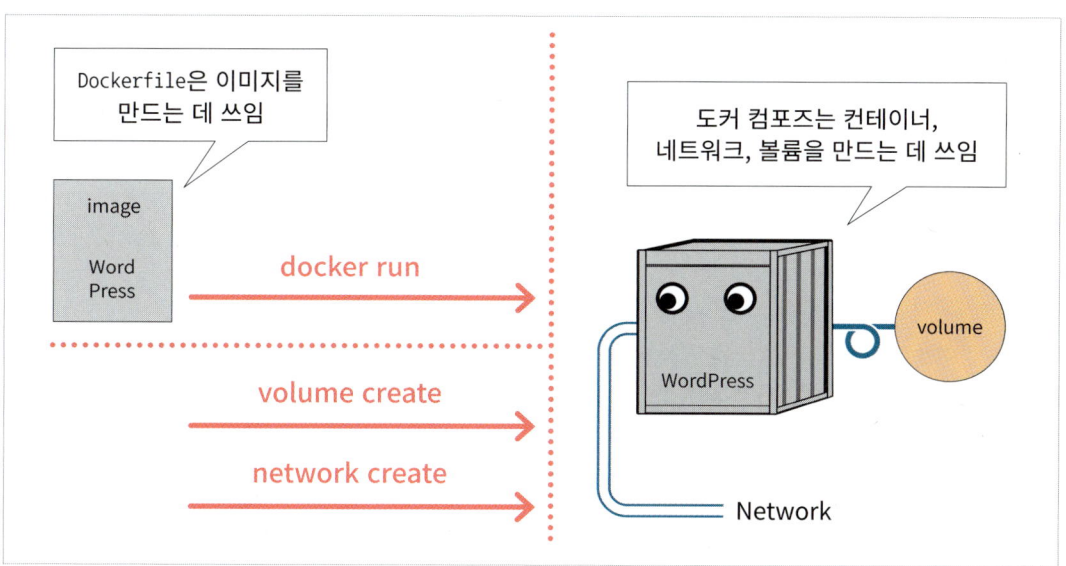

그림 7-1-4 Dockerfile 스크립트와 도커 컴포즈의 차이점

COLUMN : Level ★★★   도커 컴포즈와 쿠버네티스의 차이점

이 책의 8장은 쿠버네티스를 다룬다.

쿠버네티스는 도커 컨테이너를 관리하는 도구인 만큼 여러 개의 컨테이너를 다루는 것과 관계가 깊다. 따라서 도커 컴포즈와도 혼동하기 쉽다. 하지만 쿠버네티스는 컨테이너를 관리하는 도구인 데 비해 도커 컴포즈의 기능은 컨테이너를 생성하고 삭제하는 것뿐으로, **컨테이너 관리 기능은 없다**. 8장에서 이에 대해 더 자세히 설명하겠다.

CHAPTER 7 | 도커 컴포즈를 익히자

도커 컴포즈의 설치와 사용법

SECTION 02

이번 절에서는 도커 컴포즈를 사용하기 위한 준비 방법과 간단한 사용법을 설명한다. 지금까지의 실습을 잘 따라왔다면 어려울 것은 없다. 편한 마음으로 책을 읽어나가기 바란다.

[실습] 도커 컴포즈 설치

도커 컴포즈를 사용하려면 먼저 설치할 필요가 있다. 도커 컴포즈는 도커 엔진과 별개의 소프트웨어이기 때문이다. 참고로 다음 장에서 배울 쿠버네티스 역시 도커 엔진과는 별개의 소프트웨어다.

하지만 도커 컴포즈의 사용법은 도커 엔진과 큰 차이가 없어 일단 설치하고 나면 별개의 소프트웨어란 점을 신경 쓰지 않아도 될 정도다. 도커 컴포즈로 생성한 컨테이너를 도커 엔진으로 똑같이 관리할 수 있다. 커맨드만 다를 뿐 거의 같은 소프트웨어나 마찬가지다.

여담이지만 윈도우나 macOS에서 사용하는 도커 데스크톱은 도커 컴포즈가 함께 설치되기 때문에 따로 설치할 필요가 없다.

그러나 리눅스에서는 도커 컴포즈와 파이썬 3[2] 런타임 및 필요 도구(python3, pyhton3-pip[3] 패키지)를 설치해야 한다. 도커 컴포즈는 파이썬으로 작성된 프로그램이기 때문에 파이썬 런타임이 필요하다.

파이썬 3을 설치할 때는 apt[4] 명령을 사용하고, 도커 컴포즈는 pip3 명령을 사용해 설치한다.

단계 1 - 도커 컴포즈 설치

윈도우나 macOS에서는 이미 설치돼 있기 때문에 따로 설치할 필요가 없다.

---

[2] 파이썬 3의 패키지 이름은 python3으로 모두 소문자인 것에 주의해야 한다. 레드햇 계열 리눅스에서는 파이썬 2.x 버전이 기본 설정이므로 3.x 버전의 yum 리포지토리를 먼저 추가해야 한다.
[3] 파이썬 라이브러리를 설치하는 도구
[4] 데비안 계열 리눅스 한정. 레드햇 계열 리눅스에서는 yum을 사용한다.

리눅스에서는 다음과 같이 파이썬 런타임과 도커 컴포즈를 설치한다.

파이썬 3 및 도커 컴포즈 설치(리눅스)
```
sudo apt install -y python3 python3-pip
sudo pip3 install docker-compose
```

docker-compose -version 명령으로 설치가 잘 됐는지 확인할 수 있다.

 단계 2 — 도커 컴포즈 실행

도커 컴포즈는 설치가 끝나면 바로 실행 가능한 상태가 된다.

도커 컴포즈의 사용법

도커 컴포즈를 사용하려면 Dockerfile 스크립트(6-4절 참조)로 이미지를 빌드할 때처럼 호스트 컴퓨터에 폴더를 만들고 이 폴더에 정의 파일(YAML 파일)을 배치한다.

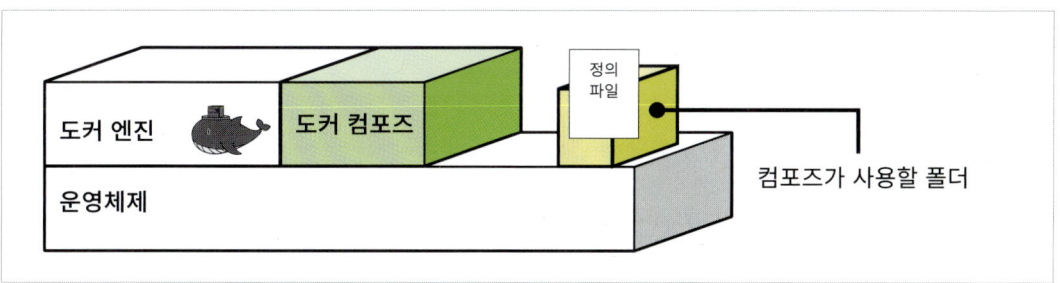

그림 7-2-1 호스트 컴퓨터에 정의 파일을 준비한다.

정의 파일의 이름은 미리 정해진 docker-compose.yml[5]이라는 이름을 사용해야 한다. 파일은 호스트 컴퓨터에 배치되지만 명령어는 똑같이 도커 엔진에 전달되며, 만들어진 컨테이너도 동일하게 도커 엔진 위에서 동작한다.

다시 말하면, 사람이 일일이 입력하던 명령어를 도커 컴포즈가 대신 입력해주는 역할을 하는 구조다.

---

5 다른 이름을 사용할 수도 있으나 기본 설정으로는 이 이름을 사용해야 한다. 다른 이름을 사용할 때는 인자로 이름을 지정한다. 이 뒤에 인자로 파일 이름을 지정하는 방법을 사용하므로 다른 이름을 사용해도 무방하다.

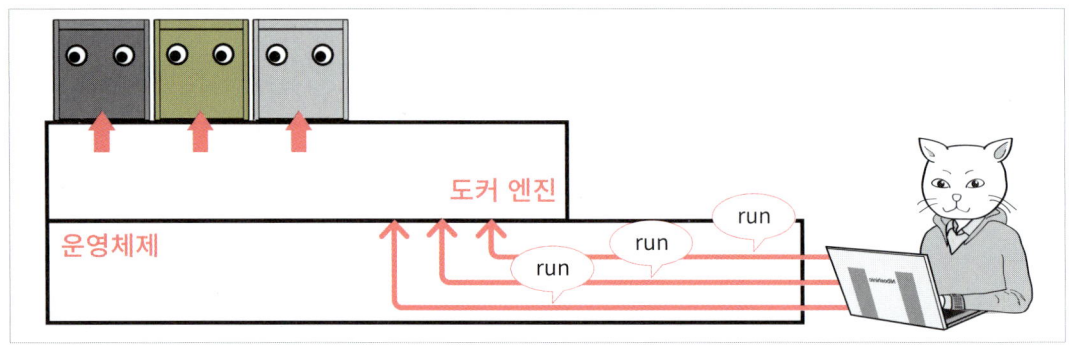

그림 7-2-2 도커 컴포즈가 명령어를 대신 입력해주는 구조

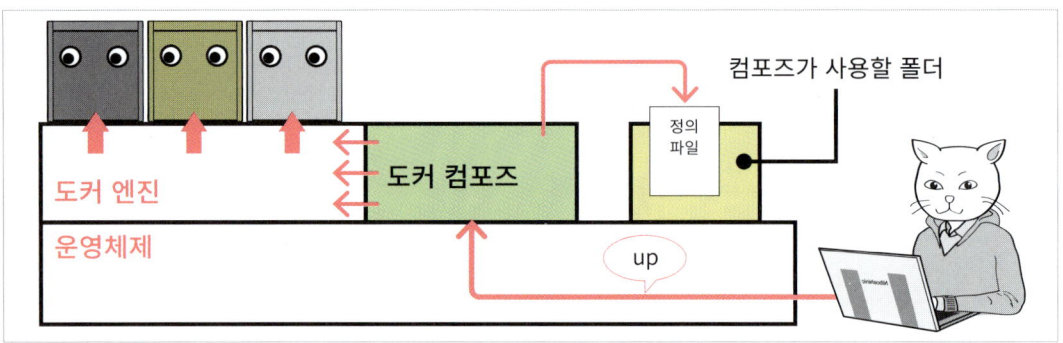

그림 7-2-3 도커 컴포즈 사용하기

정의 파일은 한 폴더에 하나만 있을 수 있다[6].

그래서 여러 개의 정의 파일을 사용하려면 그 개수만큼 폴더를 만들어야 한다. 컨테이너 생성에 필요한 이미지 파일이나 HTML 파일 역시 컴포즈가 사용할 폴더에 함께 둔다.

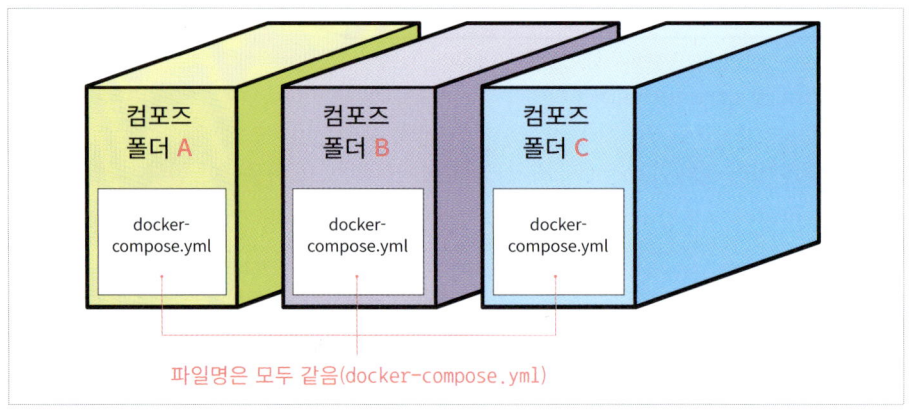

그림 7-2-4 정의 파일은 한 폴더에 하나만 있어야 한다.

6

> **COLUMN : Level ★★★**　　**서비스와 컨테이너**
>
> 도커 컴포즈에서 컨테이너가 모인 것을 '서비스'라고 부른다.
> 공식 참조문서에서는 컨테이너와 서비스라는 두 가지 용어가 함께 사용되는데, 그냥 모두 컨테이너로 이해하면 되므로 큰 문제는 없다. 이 책에서는 용어를 컨테이너로 통일한다.

CHAPTER 7 | 도커 컴포즈를 익히자

SECTION 03

도커 컴포즈 파일을 작성하는 법

이어서 도커 컴포즈 정의 파일을 작성하는 법을 알아보겠다. 파일의 내용이 어려워보이지만 규칙만 이해하면 그리 어렵지 않다. 이 뒤에 있을 실습에서 실제로 파일을 작성해 볼 것이다.

 도커 컴포즈 정의 파일의 내용 살펴보기

도커 컴포즈는 정의 파일(이하 컴포즈 파일)을 그대로 실행하는 역할을 하므로 컴포즈 파일이 반드시 필요하다. 컴포즈 파일은 작성 방법도 간단해서 어렵지 않게 작성할 수 있다.

백 번의 설명보다 한번 보는 것이 낫다. 실제 파일의 내용을 한번 살펴보자. 다음은 4장에서 만든 아파치 컨테이너(apa000ex2)와 똑같은 컨테이너를 만드는 컴포즈 파일이다.

어렵다고 지레 겁먹지 말고 내용을 차근차근 살펴보기 바란다. 이번 장까지 꾸준히 읽어온 독자라면 대부분의 내용을 쉽게 이해할 수 있을 것이다.

아파치 컨테이너의 컴포즈 파일 예제

```
01  version: "3"
02
03  services:
04    apa000ex2:
05      image: httpd
06      ports:
07        - 8080:80
08      restart: always
```

맨 첫줄의 version을 비롯해 대부분 어느 정도 의미를 이해할 수 있을 것이다. 다음 명령어와 비교해보면 표현이 다를 뿐 같은 내용임을 알 수 있다.

4장의 apa000ex2 컨테이너를 실행하는 명령어

```
docker run --name apa000ex2 -d -p 8080:80 httpd
```

한 가지 예를 더 살펴보자. 5장에서 만들었던 워드프레스 컨테이너(wordpress000ex12)와 동일한 설정의 컨테이너를 만드는 컴포즈 파일이다. 조금 분량이 길어 MySQL과 네트워크에 해당하는 부분을 생략하고 워드프레스 컨테이너 부분만 실었다. 그 뒤로 5장에서 컨테이너를 실행했던 명령어도 함께 실었다. 비교해보기 바란다.

워드프레스 컨테이너의 컴포즈 파일 예제

```
01  vesion: "3"
02
03  services:
04    wordpress000ex12:
05      depends_on:
06        - mysql000ex11
07      image: wordpress
08      networks:
09        - wordpress000net1
10      ports:
11        - 8085:80
12      restart: always
13      environment:
14        WORDPRESS_DB_HOST=mysql000ex11
15        WORDPRESS_DB_NAME=wordpress000db
16        WORDPRESS_DB_USER=wordpress000kun
17        WORDPRESS_DB_PASSWORD=wkunpass
```

5장의 wordpress000ex12 컨테이너를 실행하는 명령어

```
01  docker run --name wordpress000ex12 -dit --net=wordpress000net1 -p 8085:80 -e
    WORDPRESS_DB_HOST=mysql000ex11 -e WORDPRESS_DB_NAME=wordpress000db -e WORDPRESS_DB_USER=wor
    dpress000kun -e WORDPRESS_DB_PASSWORD=wkunpass wordpress
```

이처럼 정의 파일은 run 명령어와 매우 비슷하며, 형식만 알면 쉽게 작성할 수 있다.

컴포즈 파일(정의 파일)을 작성하는 방법

정의 파일은 YAML 형식을 따른다. 파일의 확장자는 .yml이다. 메모장 등의 텍스트 에디터로 작성하면 된다. 리눅스라면 nano 에디터[7] 등을 사용한다.

파일 이름은 docker-compose.yml이라고 짓는다. -f 옵션을 사용해 파일 이름을 지정하면 다른 이름을 사용해도 되지만 **그렇지 않다면 정해진 이름을 사용해야 한다.**

항목	내용
정의 파일의 형식	YAML 형식
파일 이름	docker-compose.yml

 ## 컴포즈 파일을 작성하는 방법

컴포즈 파일은 맨 앞에 컴포즈 버전을 적고, 그 뒤로 services와 networks, volumes를 차례로 기재한다. services는 쉽게 말해 컨테이너에 대한 내용이다. 도커 컴포즈와 쿠버네티스에서는 컨테이너의 집합체를 서비스service라고 부른다.

이것은 리눅스에서 동작하는 소프트웨어를 서비스라고 부르기 때문에 정착된 용어인 듯하다.

작성 요령은 주 항목 → 이름 추가 → 설정과 같은 순서로 생각하면 쉽다.

주 항목은 services, networks, volumes 등이 있으며, 주 항목 아래에 정의 내용이 기재되므로 services: 와 같이 뒤에 콜론(:)을 붙인다. 나중에 실습이 있으니 지금은 눈으로 읽고 넘어가면 된다.

컴포즈 파일의 작성 예(주 항목)

```
version: "3"   ← 버전 기재
services:      ← 컨테이너 관련 정보
networks:      ← 네트워크 관련 정보
volumes:       ← 볼륨 관련 정보
```

services 등의 주 항목 아래에는 이름을 기재한다. 컨테이너는 컨테이너 이름, 네트워크는 네트워크 이름, 볼륨은 볼륨 이름을 기재하면 된다.

---

[7] 부록 참조

이때 이름은 주 항목보다 한 단 들여쓰기해서 적는다. 한 단의 공백 개수는 몇 개여도 상관없지만 탭은 사용할 수 없다. 또 한번 한 단을 '공백 한 개'로 정했다면 그 뒤로는 계속 같은 개수의 공백을 한 단으로 사용해야 한다.

YAML 형식에서는 공백에 따라 의미가 달라지므로 탭은 의미가 없으며 '공백 두 개'로 맨 처음 들여쓰기를 했다면 그 뒤로도 '공백 두 개'가 한 단이 되도록 해야 한다.

이름 뒤에는 반드시 **콜론(:)**을 붙인다. 해당 줄에 이어서 설정을 기재하려면 콜론 뒤로 공백이 하나 있어야 한다. **이 자리에 공백을 넣는 것을 잊어버리기 쉽기 때문에 오류가 발생한다면 여기부터 확인하는 것이 좋다.**

여러 항목이 있다면 같은 들여쓰기로 기재한다.

컴포즈 파일의 작성 예(이름을 추가)

```
version:_"3"
services:
__컨테이너_이름1:
__컨테이너_이름2:
networks:
__네트워크_이름1:
volumes:
__볼륨_이름:1
__볼륨_이름:2
```

이름을 기재한 다음에는 각 컨테이너의 설정을 기재한다. 기재할 내용이 한 가지라면 콜론 뒤에 이어 적으면 되지만(사이에 공백을 잊지 말고 넣는다) 내용이 여러 개라면 줄을 바꿔 하이픈(-)을 앞에 적고 들여쓰기를 맞춘다.

앞에서 이름을 적을 때 들여쓰기 한 단을 '공백 두 개'로 했다면 '공백 두 개'를 더 들여써야 한다. 주 항목과 비교하면 공백 네 개를 들여쓴 셈이다.

또 줄을 바꿔 하이픈을 앞에 적은 행은 다시 공백 두 개를 들여 쓴다. 주 항목과 비교하면 공백 여섯 개가 된다.

그림 7-3-1 들여쓰기를 일정하게 맞춘다.

컴포즈 파일의 작성 예(설정을 기재)

```
version: "3"
services:                            ← 컨테이너 설정 내용
  컨테이너_이름1:                    ← 컨테이너1의 설정 내용
    image: 이미지_이름
    networks:
      - 네트워크_이름
    ports:
      - 포트_설정
    ...
  컨테이너_이름2:                    ← 컨테이너2의 설정 내용
    image: 이미지_이름
    ...
networks:                            ← 네트워크 설정 내용
  네트워크_이름1:
  ...
volumes:                             ← 볼륨 설정 내용
  볼륨_이름1:
  볼륨_이름2:
  ...
```

 컴포즈 파일 작성 요령 정리

이제 컴포즈 파일을 작성하는 요령을 정리해 보겠다. 앞에서 설명한 내용 외에도 #를 사용한 주석, 문자열을 나타내려면 작은따옴표(') 또는 큰따옴표(")로 감싸는 규칙 등이 있다. 컴포즈 파일 첫 줄의 version: "3"은 문자열이기 때문에 큰따옴표로 감싼 것이다.

컴포즈 파일(YAML 형식)의 작성 요령

- 첫 줄에 도커 컴포즈 버전을 기재
- 주 항목 services, networks, volumes 아래에 설정 내용을 기재
- 항목 간의 상하 관계는 공백을 사용한 들여쓰기로 나타낸다.
- 들여쓰기는 같은 수의 배수만큼의 공백을 사용한다.
- 이름은 주 항목 아래에 들여쓰기한 다음 기재한다.
- 컨테이너 설정 내용은 이름 아래에 들여쓰기한 다음 기재한다.
- 여러 항목을 기재하려면 줄 앞에 '-'를 붙인다.
- 이름 뒤에는 콜론(:)을 붙인다.
- 콜론 뒤에는 반드시 공백이 와야 한다(바로 줄바꿈하는 경우는 예외)
- # 뒤의 내용은 주석으로 간주된다.
- 문자열은 작은따옴표(') 또는 큰따옴표(")로 감싸 작성한다.

컴포즈 파일의 항목

컴포즈 파일의 항목을 정리했다. 주 항목의 이름이 복수형이라는 데 주의하기 바란다.

주 항목

항목	내용
services	컨테이너를 정의한다.
networks	네트워크를 정의한다.
volumes	볼륨을 정의한다.

자주 나오는 정의 내용

항목	docker run 커맨드의 해당 옵션 또는 인자	내용
image	이미지 인자	사용할 이미지를 지정
networks	--net	접속할 네트워크를 지정
volumes	-v, --mount	스토리지 마운트를 설정
ports	-p	포트 설정

항목	docker run 커맨드의 해당 옵션 또는 인자	내용
environment	-e	환경변수 설정
depends_on	없음	다른 서비스에 대한 의존관계를 정의
restart	없음	컨테이너 종료 시 재시작 여부를 설정

docker run 커맨드 옵션과의 대응 관계를 살펴보면 정의 항목을 어떻게 작성해야 할지 대강 감이 잡힐 것이다. 도커 엔진 명령어에서 등장하지 않았던 항목으로 depends_on과 restart가 있다.

depends_on은 **다른 서비스에 대한 의존관계**를 나타낸다. 컨테이너를 생성하는 순서나 연동 여부를 정의한다. 예를 들어, penguin 컨테이너의 정의에 'depends_on: -namgeuk'라는 내용이 포함됐다면 namgeuk 컨테이너를 생성한 다음에 penguin 컨테이너를 만든다. 워드프레스처럼 MySQL 컨테이너가 먼저 있어야 하는 경우에 컨테이너 생성 순서를 지정하는 데 쓸 수 있다.

restart는 컨테이너 종료 시 재시작 여부를 설정한다.

restart의 설정값

설정값	내용
no	재시작하지 않는다.
always	항상 재시작한다.
on-failure	프로세스가 0 외의 상태로 종료됐다면 재시작한다.
unless-stopped	종료 시 재시작하지 않음. 그 외에는 재시작한다.

COLUMN : Level ★★★ 그 외 정의 항목

본문에서는 주요 정의 항목만 소개했지만 그 밖에도 다음과 같은 정의 항목이 있다. 컴포즈 파일의 규격의 버전업과 함께 정의 항목에도 변화가 있을 수 있으므로 공식 참조문서 등을 통해 확인하는 것이 좋다.

항목	docker run 커맨드의 해당 옵션 또는 인자	내용
command	커맨드 인자	컨테이너 시작 시 기존 커맨드를 오버라이드
container_name	--name	실행할 컨테이너의 이름을 명시적으로 지정
dns	--dns	DNS 서버를 명시적으로 지정
env_file	없음	환경설정 정보를 기재한 파일을 로드
entrypoint	--entrypoint	컨테이너 시작 시 ENTRYPOINT 설정을 오버라이드
external_links	--link	외부 링크를 설정
extra_hosts	--add-host	외부 호스트의 IP 주소를 명시적으로 지정
logging	--log-driver	로그 출력 대상을 설정
network_mode	--network	네트워크 모드를 설정

COLUMN : Level ★★★ 컴포즈 파일

도커 컴포즈로 만든 컨테이너라도 도커 엔진을 통해 명령을 내릴 수 있다.
그렇다면 나중에 도커 엔진을 통해 내린 명령은 컴포즈 파일까지 반영이 될까? **반영되지 않는다.**
컴포즈 파일은 도커 컴포즈가 내용을 읽는 평범한 텍스트 파일에 불과하기 때문이다. 도커 컴포즈를 사용해 penguin이라는 이름의 컨테이너를 만든 다음, 도커 엔진을 통해 이 컨테이너의 이름을 penguin000special로 바꾸더라도 컴포즈 파일에서는 이를 알 수가 없다.
그러므로 나중에 도커 컴포즈로 컨테이너를 정지, 삭제하려고 해도 컴포즈 파일에 기재된 이름과 컨테이너의 실제 이름이 일치하지 않아 컨테이너를 정지할 수 없다.
반대로 컨테이너의 이름은 그대로인데 컴포즈 파일에 기재된 컨테이너 이름을 수정해도 마찬가지 상황이 발생한다. 컨테이너 이름은 섣불리 손대지 않는 것이 좋다.

─ **[실습] 컴포즈 파일 작성** ─────────────

이번에는 컴포즈 파일을 직접 작성해보자.

이번 실습은 5장에서 만들었던 워드프레스 및 MySQL 컨테이너와 동일한 컨테이너를 만드는 컴포즈 파일을 작성하는 것이다. 이때 MySQL 컨테이너를 먼저 만들어야 하므로 앞에 작성한다. 또한 워드프레스 컨테이너는 **depends_on** 항목을 추가해 **의존관계**를 설정해야 한다.

주의할 점은 지금까지 MySQL을 8.0대의 latest(최신 버전)을 사용했는데, 인자 설정과 관련된 문제로 이번에는 5.7대 버전을 사용한다. 달라지는 설정값에 주의하기 바란다. 8.0대를 사용하는 방법은 245쪽의 칼럼에서 설명하고 있으므로 컴포즈 파일 작성이 익숙해진 다음 설정값을 수정해도 좋을 것이다.

5장에서는 볼륨을 배우기 전이므로 이번에는 볼륨에 대한 정보도 추가한다.

 ─ **실습 내용** ─────────────────

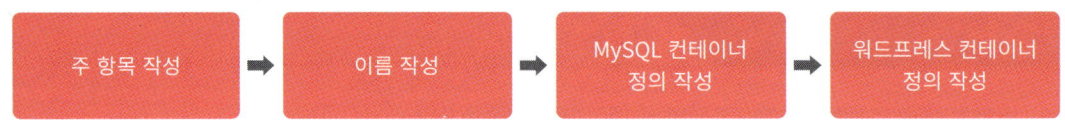

 ─ **생성할 네트워크, 볼륨 및 컨테이너 정보** ─────

항목	값
네트워크 이름	wordpress000net1
MySQL 볼륨 이름	mysql000vol11
워드프레스 볼륨 이름	wordpress000vol12
MySQL 컨테이너 이름	mysql000ex11
워드프레스 컨테이너 이름	wordpress000ex12

정의 내용

MySQL 컨테이너(mysql000ex11)의 정의

항목	항목 이름	값
MySQL 이미지 이름	image:	mysql:5.7
사용할 네트워크	networks:	wordpress000net1
사용할 볼륨	volumes:	mysql000vol11
마운트 위치		/var/lib/mysql
재시작 설정	restart:	always
MySQL 설정	environment:	★이 붙은 항목 설정
★MySQL 루트 패스워드	MYSQL_ROOT_PASSWORD	myrootpass
★MySQL 데이터베이스 이름	MYSQL_DATABASE	wordpress000db
★MySQL 사용자 이름	MYSQL_USER	wordpress000kun
★MySQL 패스워드	MYSQL_PASSWORD	wkunpass

※ MySQL 5.7대를 사용하므로 이미지에 버전을 지정한다. MySQL 5.7은 마이너 버전에 따라 불안정할 수 있다. 대처 방법은 254쪽의 칼럼을 참조한다. MySQL 8.0대를 사용하는 방법은 245쪽의 칼럼을 참조한다.

워드프레스 컨테이너(wordpress000ex12)의 정의

항목	항목 이름	값
의존관계	depends_on:	mysql000ex11
워드프레스 이미지 이름	image:	wordpress
사용할 네트워크	networks:	wordpress000net1
사용할 볼륨	volumes:	wordpress000vol12
마운트 위치		/var/www/html
포트 번호 설정	port:	8085:80
재시작 설정	restart:	always
데이터베이스 관련 정보	environment:	★이 붙은 항목 설정
★데이터베이스 컨테이너 이름	WORDPRESS_DB_HOST	mysql000ex11
★데이터베이스 이름	WORDPRESS_DB_NAME	wordpress000db
★데이터베이스 사용자 이름	WORDPRESS_DB_USER	wordpress000kun
★데이터베이스 패스워드	WORDPRESS_DB_PASSWORD	wkunpass

컴포즈 파일을 배치할 경로

컴포즈 파일은 자신이 원하는 경로 어디에 둬도 괜찮다. 예제에서는 편의상 com_folder 폴더를 만들어 그 안에 컴포즈 파일을 뒀다.

항목	값
컴포즈 파일 배치 경로(윈도우)	C:\Users\사용자명\Documents\com_folder
컴포즈 파일 배치 경로(macOS)	/Users/사용자명/Documents/com_folder
컴포즈 파일 배치 경로(리눅스)	/home/사용자명/com_folder

단계 1 -- docker-compose.yml 파일 생성

메모장 등의 텍스트 에디터를 사용해 컴포즈 파일을 작성한다. 리눅스에서는 nano 에디터 등을 사용한다. 파일 이름은 docker-compose.yml로 하고, 앞서 준비한 com_folder에 둔다.

단계 2 -- 주 항목 작성

버전에 이어 필수 주 항목(services, networks, volumes)을 작성한다. 복수형임에 주의하기 바란다.

✏️ **docker-compose.yml 작성 내용(1)**

```
version: "3"
services:
networks:
volumes:
```

단계 3 -- 이름 작성

각각의 주 항목 아래에 줄바꿈한 뒤 들여쓰기 후 이름을 작성한다. 예제에서는 공백 두 개로 들여쓰기를 했다.

✏️ **docker-compose.yml 작성 내용(2)**

```
version: "3"
services:
  mysql000ex11:
  wordpress000ex12:
```

```
    networks:
      wordpress000net1:
    volumes:
      mysql000vol11:
      wordpress000vol12:
```

단계 ④ -- MySQL 컨테이너의 정의 작성

MySQL 컨테이너의 정의를 작성한다. 이때 들여쓰기에 주의해야 한다. 예제에서는 단계를 나타내기 위해 공백 네 개, 여섯 개 들여쓰기를 했다.

📝 **docker-compose.yml 작성 내용(3)**

```
version: "3"
services:
  mysql000ex11:
    image: mysql:5.7
    networks:
      - wordpress000net1
    volumes:
      - mysql000vol11:/var/lib/mysql
    restart: always
    environment:
      MYSQL_ROOT_PASSWORD: myrootpass
      MYSQL_DATABASE: wordpress000db
      MYSQL_USER: wordpress000kun
      MYSQL_PASSWORD: wkunpass
  wordpress000ex12:
networks:
  wordpress000net1:
volumes:
  mysql000vol11:
  wordpress000vol12:
```

단계 ⑤ -- 워드프레스 컨테이너의 정의 작성

워드프레스 컨테이너의 정의를 작성한다. 작성한 내용을 아래 내용과 비교해본 다음 문제가 없다면 파일을 저장한다. 공백의 개수, 콜론의 유무 등 틀리기 쉬운 부분을 중심으로 확인해야 한다.

📝 **docker-compose.yml 작성 내용(4)**

```yaml
version: "3"
services:
  mysql000ex11:
    image: mysql:5.7
    networks:
      - wordpress000net1
    volumes:
      - mysql000vol11:/var/lib/mysql
    restart: always
    environment:
      MYSQL_ROOT_PASSWORD: myrootpass
      MYSQL_DATABASE: wordpress000db
      MYSQL_USER: wordpress000kun
      MYSQL_PASSWORD: wkunpass
  wordpress000ex12:
    depends_on:
      - mysql000ex11
    image: wordpress
    networks:
      - wordpress000net1
    volumes:
      - wordpress000vol12:/var/www/html
    ports:
      - 8085:80
    restart: always
    environment:
      WORDPRESS_DB_HOST: mysql000ex11
      WORDPRESS_DB_NAME: wordpress000db
      WORDPRESS_DB_USER: wordpress000kun
      WORDPRESS_DB_PASSWORD: wkunpass
networks:
  wordpress000net1:
volumes:
  mysql000vol11:
  wordpress000vol12:
```

단계 ⑥ -- 파일 저장

작성한 파일과 단계 5의 내용을 비교한 후 문제가 없으면 파일을 저장한다. 공백의 개수와 콜론의 유무 등 틀리기 쉬운 부분을 중심으로 확인한다.

> **COLUMN : Level ★★★　　들여쓰기가 너무 귀찮아요!**
>
> 공백이 여러 개나 되는 들여쓰기가 너무 귀찮을 수 있다. 한 줄 한 줄 맨 처음을 클릭하는 것도 힘들다. 이럴 때 편리한 단축키와 윈도우용 에디터를 소개한다.
>
> 우선 키보드의 Home 키를 활용하자. 이 키는 줄의 맨 처음으로 커서를 보내주는 키다. 반대로 End 키는 줄의 맨 끝으로 커서를 보내는 역할을 한다.
>
> 마우스가 없던 시대에는 많이 활용되던 키였지만 마우스 이후부터는 이를 사용하는 사람이 많이 줄었다. macOS에서는 'command+왼쪽 방향키' 또는 'fn+왼쪽 방향키'가 Home 키에 해당한다.
>
> 그다음으로 편리한 에디터를 소개한다. 에디터 중에는 행 첫머리에서 탭이나 공백을 일률적으로 넣어주는 기능을 가진 에디터가 있다. 그중 하나로 사쿠라 에디터를 소개한다.
>
> - 사쿠라 에디터: https://sakura-editor.github.io
>
> 사쿠라 에디터는 들여쓰기를 적용할 행을 범위로 선택한 다음, 스페이스키를 누르면 선택된 모든 행에 공백이 입력된다. 들여쓰기가 귀찮을 때는 이런 기능을 쓰는 것도 좋다. 이 밖에 윈도우와 macOS를 모두 지원하는 비주얼 스튜디오 코드에도 이와 같은 기능을 갖추고 있어 널리 쓰인다.

> **COLUMN : Level ★★★　　MySQL 8.0을 사용하는 방법**
>
> 5장에서도 설명했지만 MySQL은 버전 8.0대부터 인증 방식이 바뀌었기 때문에 사용하려면 인자가 필요하다. 도커 컴포즈에서도 인자를 추가하면 MySQL 8.0대를 사용할 수 있다.
>
> 인자를 추가하려면 컴포즈 파일에 command 항목을 추가해야 한다. restart와 environment 항목 사이에 다음과 같은 내용을 추가한다. 들여쓰기는 restart와 environment와 같은 수준으로 하면 된다.
>
> **MySQL 8.0을 사용하기 위한 인자의 예**
>
> ```
>     command: mysqld --character-set-server=utf8mb4 --collation-
> server=utf8mb4_unicode_ci --default-authentication-plugin=mysql_native_password
> ```

CHAPTER 7 | 도커 컴포즈를 익히자

SECTION
04

도커 컴포즈 실행

드디어 도커 컴포즈를 실제로 실행해 보겠다. 앞서 7-3절에서 작성한 컴포즈 파일을 사용해 MySQL과 워드프레스 컨테이너를 생성하고 실행해 보자.

 도커 컴포즈 커맨드

컴포즈 파일을 작성했으니 도커 컴포즈 커맨드를 익히고 실행해볼 차례다.

지금까지는 도커 엔진을 통해 명령을 실행하는 docker 명령을 사용했다. **도커 컴포즈는 docker-compose 명령을 사용**한다. 명령 프롬프트/터미널에서 사용하는 것은 동일하다.

가장 자주 사용하는 커맨드는 up과 down 두 가지이지만 stop도 가끔 사용한다. 그 밖의 커맨드는 그리 자주 사용할 일이 없으므로 우선 이 세 가지 커맨드만 기억하면 된다. up 커맨드는 컴포즈 파일에 정의된 컨테이너 및 네트워크를 생성하며, down 커맨드는 생성된 컨테이너와 네트워크를 종료하고 삭제한다.

 컨테이너와 주변 환경을 생성하는 docker-compose up 커맨드

컴포즈 파일의 내용을 따라 컨테이너와 볼륨, 네트워크를 생성하고 실행한다.

컴포즈 파일의 경로[8]는 -f 옵션을 사용해 지정한다.

자주 사용하는 커맨드 예

    docker-compose -f 정의_파일_경로 up 옵션

---

8 컴포즈용 폴더가 현재 작업 디렉터리라면 컴포즈 파일을 따로 지정하지 않아도 된다.

예를 들어 C:\Users\사용자명\Documents에 com_folder라는 이름으로 컴포즈용 폴더를 정했다면 다음과 같이 작성한다. -d는 컨테이너를 백그라운드로 실행하라는 옵션이다.

커맨드 예

```
docker-compose -f C:\Users\사용자명\Documents\com_folder\docker-compose.yml up -d
```

옵션 항목

옵션	내용
-d	백그라운드로 실행
--no-color	화면 출력 내용을 흑백으로 함
--no-deps	링크된 서비스를 실행하지 않음
--force-recreate	설정 또는 이미지가 변경되지 않더라도 컨테이너를 재생성
--no-create	컨테이너가 이미 존재할 경우 다시 생성하지 않음
--no-build	이미지가 없어도 이미지를 빌드하지 않음
--build	컨테이너를 실행하기 전에 이미지를 빌드
--abort-on-container-exit	컨테이너가 하나라도 종료되면 모든 컨테이너를 종료
-t, --timeout	컨테이너를 종료할 때의 타임아웃 설정. 기본은 10초.
--remove-orphans	컴포즈 파일에 정의되지 않은 서비스의 컨테이너를 삭제
--scale	컨테이너의 수를 변경

컨테이너와 네트워크를 삭제하는 docker-compose down 커맨드

컴포즈 파일의 내용을 따라 컨테이너와 네트워크를 종료 및 삭제한다. 볼륨과 이미지는 삭제되지 않는다. 컴포즈 파일의 경로는 -f 옵션으로 지정한다.

자주 사용하는 커맨드 예

```
docker-compose -f 컴포즈_파일_경로 down 옵션
```

옵션 항목

옵션	내용
`--rmi 종류`	삭제 시에 이미지도 삭제한다. 종류를 all로 지정하면 사용했던 모든 이미지가 삭제된다. local로 지정하면 커스텀 태그가 없는 이미지만 삭제한다.
`-v, --volumes`	volumes 항목에 기재된 볼륨을 삭제한다. 단, external로 지정된 볼륨은 삭제되지 않는다.
`--remove-orphans`	컴포즈 파일에 정의되지 않은 서비스의 컨테이너도 삭제한다.

 컨테이너를 종료하는 docker-compose stop 커맨드

컴포즈 파일의 내용에 따라 컨테이너를 종료한다. 컴포즈 파일의 경로는 -f 옵션으로 지정한다.

자주 사용하는 커맨드 예

```
docker-compose -f 컴포즈_파일_경로 stop 옵션
```

 주요 커맨드 목록

그 밖의 주요 커맨드 목록을 정리했다. 익숙한 커맨드도 눈에 띌 것이다. 잘 알려진 커맨드 외에는 도커 엔진과 같은 커맨드도 많으며, 자주 사용하지도 않는다.

커맨드	내용
`up`	컨테이너를 생성하고 실행한다.
`down`	컨테이너와 네트워크를 종료하고 삭제한다.
`ps`	컨테이너 목록을 출력한다.
`config`	컴포즈 파일을 확인하고 내용을 출력한다.
`port`	포트 설정 내용을 출력한다.
`logs`	컨테이너가 출력한 내용을 화면에 출력한다.
`start`	컨테이너를 시작한다.
`stop`	컨테이너를 종료한다.
`kill`	컨테이너를 강제 종료한다.
`exec`	명령어를 실행한다.
`run`	컨테이너를 실행한다.

커맨드	내용
create	컨테이너를 생성한다.
restart	컨테이너를 재실행한다.
pause	컨테이너를 일시 정지한다.
unpause	컨테이너의 일시 정지를 해제한다.
rm	종료된 컨테이너를 삭제한다.
build	컨테이너에 사용되는 이미지를 빌드 혹은 재빌드한다.
pull	컨테이너에 사용되는 이미지를 내려받는다.
scale	컨테이너의 수를 지정한다.
events	컨테이너로부터 실시간으로 이벤트를 수신한다.
help	도움말 화면을 출력한다.

> **COLUMN : Level ★★★**   **현재 작업 디렉터리를 컴포즈용 폴더로 사용**
>
> 현재 작업 대상이 되는 디렉터리를 '현재 작업 디렉터리'라고 한다.
>
> 따라서 어떤 디렉터리로 이동해 작업 대상을 이 디렉터리로 바꾸는 것을 'OO 디렉터리를 현재 작업 디렉터리로 한다'고 표현하기도 한다.
>
> 윈도우나 macOS에서는 마우스를 사용해 폴더를 열거나 열린 폴더를 클릭해 현재 작업 디렉터리로 만들 수 있지만, 리눅스에서는 cd 명령을 사용해 디렉터리를 이동한다.
>
> 도커 컴포즈를 사용할 때 명령 프롬프트나 터미널에서 현재 작업 디렉터리를 컴포즈용 폴더로 사용할 때는 컴포즈 파일을 따로 지정하지 않아도 된다.
>
> 윈도우나 macOS에서는 일반적으로 마우스를 통해 작업 디렉터리를 변경하지만 도커 컴포즈를 사용할 때는 명령어를 사용한다.
>
> **현재 작업 디렉터리를 어떤 디렉터리로 바꾸는 명령(윈도우, macOS, 리눅스 공용)**
>
> ```
> cd 폴더_경로
> ```
>
> **현재 작업 디렉터리를 컴포즈용 폴더로 사용한 예(-f 옵션 생략 가능)**
>
> ```
> docker-compose up -d
> ```

COLUMN : Level ★★★ 도커 컴포즈로 실행한 컨테이너의 이름과 스케일링(scale 옵션)

도커 컴포즈로 실행한 컨테이너 역시 도커 엔진을 통해 관리할 수 있다. 단, 한 가지 주의할 점이 있는데, 도커 컴포즈로 실행한 컨테이너의 이름은 임의로 결정된다는 점이다.

예를 들어, com_folder에 둔 컴포즈 파일을 사용해 penguin이라는 이름의 컨테이너를 생성하면 도커 컴포즈가 실제로 생성한 컨테이너의 이름은 com_folder_penguin_1과 같이 폴더 이름과 번호가 붙는다(-f 옵션을 생략했다면 폴더 이름은 붙지 않는다).

더욱 까다로운 부분은, 컨테이너 이름에 폴더 이름이나 번호가 붙어도 도커 컴포즈를 통해 컨테이너를 지정할 때는 (컴포즈 파일에 기재된) 원래 이름을 사용할 수도 있다는 점이다.

이렇게 번호가 붙은 컨테이너 이름은 도커 엔진을 통해 컨테이너를 관리하거나, 같은 구성의 컨테이너를 여러 세트 실행했을 때 사용된다. 도커 컴포즈 자신은 (평소에는) 사용하지 않으면서 남(도커 엔진)한테는 바뀐 이름을 쓰게 하는 것이 흥미롭다.

따라서 도커 엔진을 통해 컨테이너를 다룰 때는 ps 커맨드를 사용해 먼저 컨테이너의 실제 이름을 확인해야 한다.

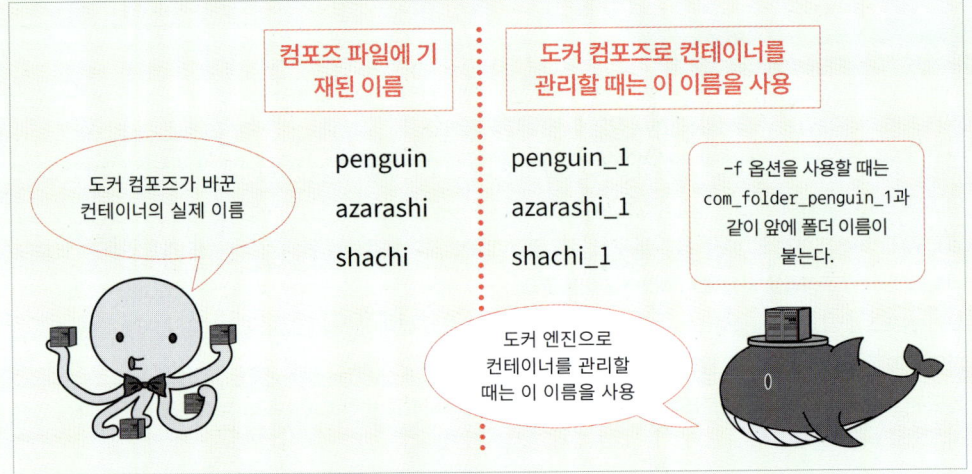

그림 7-4-1 도커 컴포즈가 생성한 컨테이너의 실제 이름은 컴포즈 파일에 기재된 것과 다르다.

같은 구성의 컨테이너를 여러 세트 만들고 싶다면 up 커맨드에 --scale 옵션을 붙이면 된다. 예를 들어, 다음 명령어를 입력하면 com_folder_penguin_1, com_folder_penguin_2, com_folder_penguin_3과 같이 세 개의 컨테이너가 실행된다※.

> **MEMO**
> 포트 번호가 중복되면 컨테이너가 실행되지 않으므로 주의하라.

---scale 옵션을 사용한 커맨드 예

```
docker-compose -f C:\User\..생략..\com_folder\docker-compose.yml up --scale penguin=3
```

같은 구성의 컨테이너를 여러 세트 실행하는 것은 8장에서 설명할 쿠버네티스를 사용하는 편이 더 편리하므로 --scale 옵션을 사용할 일은 그리 많지 않다. 하지만 쿠버네티스에 비해 간단하다는 장점도 있으므로 기억해 두자.

[실습] 도커 컴포즈 실행

작성을 마친 컴포즈 파일로 도커 컴포즈를 실행해 보자.

도커 컴포즈를 실행하면 컨테이너가 생성 및 실행된다. 전과 동일하게 워드프레스에 접근할 수 있다면 성공이다.

 **실습 내용**

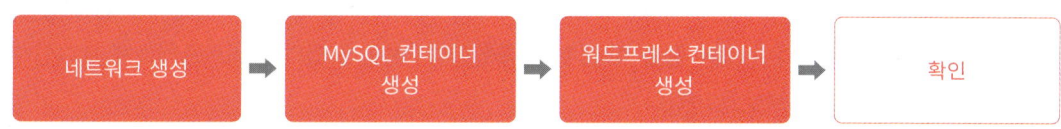

실습에 사용할 컴포즈 파일

컴포즈 파일은 경로를 지정할 수 있다면 어디에 둬도 무방하다. 이 뒤에 나올 명령어 예제에서는 7-3절에서 작성했던 com_folder의 컴포즈 파일을 그대로 사용한다.

항목	값
윈도우	C:\Users\사용자명\Documents\com_folder\docker-compose.yml
macOS	/Users/사용자명/Documents/com_folder/docker-compose.yml
리눅스	/home/사용자명/com_folder/docker-compose.yml

단계 1 -- 컴포즈 파일을 적절한 위치에 배치

컴포즈 파일을 적절한 위치에 배치한다. 여기서는 7-3절에서 작성한 com_folder 내의 docker-compose.yml 파일을 사용하겠다.

단계 2 -- 컴포즈 파일의 내용을 실행

docker-compose up 명령어를 실행하면 컴포즈 파일의 정의대로 컨테이너 및 주변 환경이 생성된다. -d 옵션을 사용하고, -f 옵션을 사용해 컴포즈 파일의 경로를 지정한다.

📝 **컴포즈 파일 내용 실행(윈도우)**

```
docker-compose -f C:\Users\사용자명\Documents\com_folder\docker-compose.yml up -d
```

📝 **컴포즈 파일 내용 실행(macOS)**

```
docker-compose -f /Users/사용자명/Documents/com_folder/docker-compose.yml up -d
```

📝 **컴포즈 파일 내용 실행(리눅스)**

```
docker-compose -f /home/사용자명/com_folder/docker-compose.yml up -d
```

단계 3 · 웹 브라우저에서 워드프레스에 접근 가능한지 확인

웹 브라우저에서 http://localhost:8085/에 접근해 워드프레스의 초기 화면이 나타나는지 확인한다. 만약 오류[9] 메시지가 출력된다면 오타 등을 다시 한번 확인한다. 여유가 있다면 워드프레스에 로그인해 실제로 사용 가능한지 확인해보기 바란다.

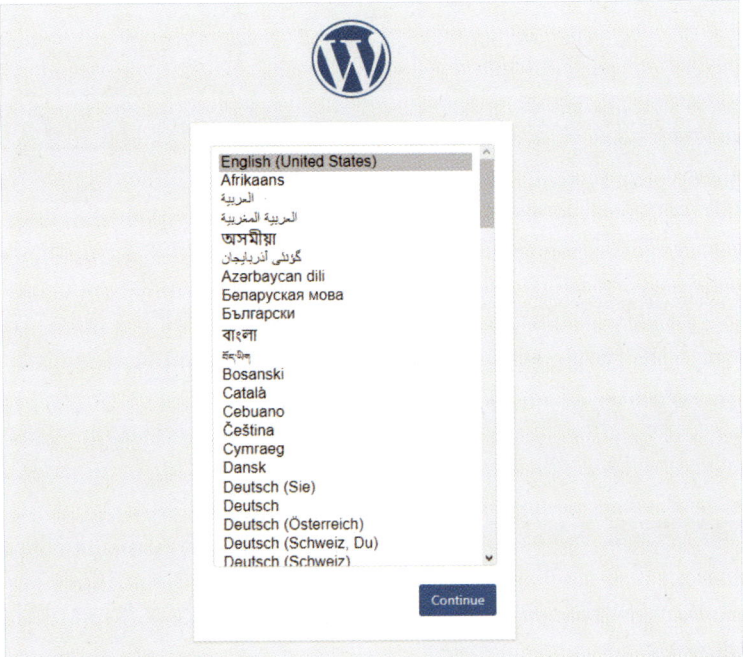

그림 7-4-2 워드프레스의 초기 화면

---

[9] 148쪽의 "실습이 잘 진행되지 않는다면" 칼럼을 참조하라.

단계 4 -- 컨테이너와 네트워크를 종료 및 삭제

확인이 끝나면 docker-compose down 명령어를 사용해 컨테이너와 네트워크를 종료 및 삭제한다. -f 옵션으로 컴포즈 파일의 경로를 지정한다. 삭제가 끝나면 ps 커맨드를 사용해 잘 삭제됐는지 확인[10]하자.

✏️ **컨테이너와 네트워크의 종료 및 삭제(윈도우)**
```
docker-compose -f C:\Users\사용자명\Documents\com_folder\docker-compose.yml down
```

✏️ **컨테이너와 네트워크의 종료 및 삭제(macOS)**
```
docker-compose -f /Users/사용자명/Documents/com_folder/docker-compose.yml down
```

✏️ **컨테이너와 네트워크의 종료 및 삭제 (리눅스)**
```
docker-compose -f /home/사용자명/com_folder/docker-compose.yml down
```

단계 5 -- 뒷정리

down 커맨드를 사용해도 이미지와 볼륨은 삭제되지 않는다. 직접 삭제해야 한다. 컨테이너를 삭제하기 전에 몇 번 더 up 커맨드와 down 커맨드를 사용해 보는 것도 좋다. 뒷정리 과정은 5장의 칼럼을 참조하기 바란다.

COLUMN : Level ★★★ 연습을 더 하고 싶다면?

조금 더 연습이 필요한 독자는 5장에서 다뤘던 '레드마인 + MySQL' 또는 '워드프레스 + MariaDB' 조합을 대상으로 연습해보면 된다. 컨테이너 이름이나 볼륨 이름, 네트워크 이름은 원하는대로 붙여도 무방하다.
컴포즈 파일은 하나의 폴더에 하나만 두는 것이 원칙이다. 따라서 다른 폴더를 만들고 그 안에 docker-compose.yml 파일※을 작성하기 바란다.

MEMO
docker-compose.yml 파일
-f 옵션으로 파일 경로를 직접 지정하므로 앞서 사용했던 폴더에 다른 이름으로 컴포즈 파일을 작성할 수도 있다. 이런 경우에는 파일 경로를 적당히 수정하는 것을 잊지 말자.

MEMO
레드마인의 데이터 퍼시스턴시
레드마인은 /usr/src/redmine/files 외에도 /usr/src/redmine/plugins/, /usr/src/redmine/vendor/plugins, /usr/src/redmine/public/themes 등에도 볼륨을 마운트하면 편리하다.

---

[10] up 커맨드를 실행한 후 컴포즈 파일에 기재된 컨테이너 이름을 수정하면 컨테이너나 네트워크를 정상적으로 삭제할 수 없으므로 주의해야 한다.

> **COLUMN : Level ★★★**   **컨테이너가 불안정하다면**
>
> 소프트웨어는 버전에 따라 상태가 불안정할 때도 있다. 필자의 환경에서는 MySQL 5.7.31 버전의 컨테이너가 정상 동작하지 않았다. 반면 MySQL 5.7대의 최신 버전인 5.7.32 버전은 정상적으로 동작해서 마이너 버전에 따라 이상 동작을 보이는 경우가 있었다.
>
> 또 레드마인은 MariaDB를 공식적으로는 지원하지 않는다. 따라서 이상 동작을 일으킨다면 버전을 바꾸거나 소프트웨어의 종류를 바꿔보는 것이 좋다. MySQL의 경우 5.7.32 버전을 시도해보기 바란다.
>
> 만약 컨테이너가 반복적으로 재시작하는 등 이상 동작을 보인다면 컨테이너와 이미지를 모두 삭제하고 도커 엔진을 재시작해 보기 바란다.

쿠버네티스를 익히자

CHAPTER 8

이 책의 마지막 장인 8장에서는 쿠버네티스를 다룬다. 쿠버네티스는 컨테이너 오케스트레이션 도구의 일종으로, 7장에서 배운 도커 컴포즈보다 더욱 다양한 컨테이너 관리 기능을 제공한다. 여러 대의 서버를 관리하는 업무를 담당하고 있다면 꼭 익혀보기 바란다.

CHAPTER 8 | 도커 컴포즈를 익히자

SECTION 01

쿠버네티스란?

이번 절에서는 먼저 쿠버네티스가 무엇인지 설명한다. 쿠버네티스는 어떤 경우에 사용하는지, 어떤 장점이 있는지를 대략적으로 설명한다.

 쿠버네티스란?

쿠버네티스^{Kubernetes}는 **컨테이너 오케스트레이션 도구**의 일종이다.

컨테이너 오케스트레이션이란 시스템 전체를 통괄하고 여러 개의 컨테이너를 관리하는 일을 말한다. 그 이름 그대로 오케스트라를 떠올리면 이해하기 쉽다. 지휘자가 전체 악단을 지휘하듯, 여러 개의 컨테이너를 지휘하는 도구가 바로 쿠버네티스다.

쿠버네티스를 k8s라고 줄여쓰기도 한다. k와 s 사이에 8개의 글자가 있다는 의미의 약칭으로, 쿠버네티스와 관련된 검색어로 유용하다.

그림 8-1-1 쿠버네티스

쿠버네티스를 일반적인 프로그래머가 관리하는 일은 드물다

최근 쿠버네티스가 유행을 타고는 있지만 **그 본질상 일반적인 프로그래머가 쿠버네티스를 활발하게 사용할 일은 많지 않다**. 왜냐하면 쿠버네티스는 앞서 설명했듯이 **'여러 개의 컨테이너(=서버)'**를 관리하는 도구이기 때문이다. 여기서 말하는 '여러 개'란 동일한 구성의 컨테이너의 여러 세트를 말한다. 즉, 다음 그림과 같이 많은 수의 서버로 구성되는 대규모 시스템을 관리할 일이 많은가, 라는 얘기가 된다.

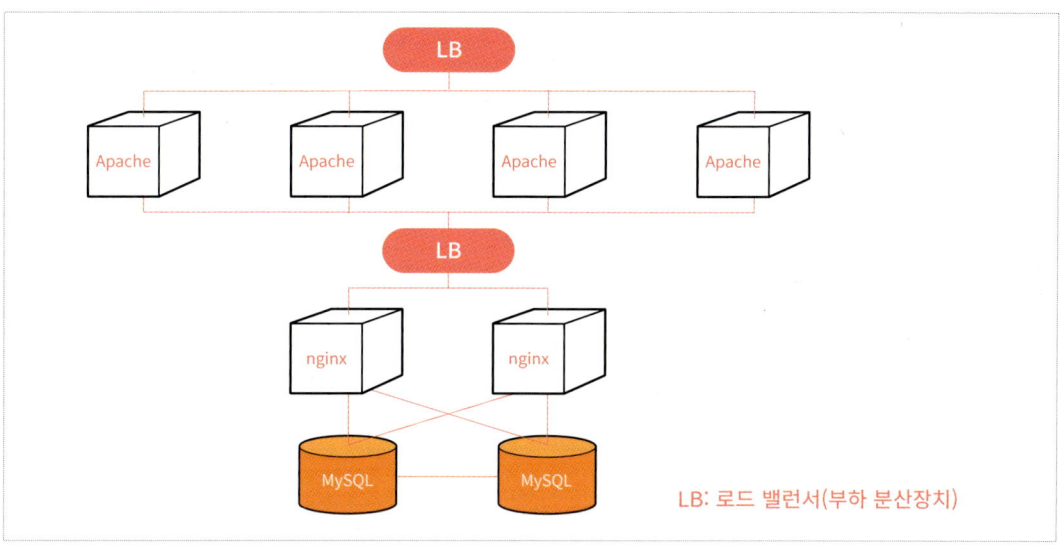

그림 8-1-2 쿠버네티스는 대규모 시스템에 적용되는 경우가 많다.

이 점을 감안하면 아무리 대규모 시스템을 개발하는 프로그래머라도 대규모 서버군을 프로그래머가 직접 관리할 일이 드물 듯이 쿠버네티스를 사용할 일도 드문 것이다.

다만 **쿠버네티스로 어떤 일을 할 수 있는가**에 대한 지식은 시스템을 개발할 때 유용할 수 있다. 쿠버네티스로 관리되는 시스템은 이를 전제로 개발해야 한다. 그렇지 않다면 쿠버네티스의 이점을 제대로 살릴 수 없다.

마찬가지로 프로젝트 매니저나 시스템 엔지니어를 담당하는 사람도 쿠버네티스로 어떤 일을 할 수 있는가는 잘 이해해야 한다.

쿠버네티스는 여러 대의 컨테이너가 여러 대의 물리적 서버에 걸쳐 실행되는 것을 전제로 한다

지금까지 배운 도커는 한 대의 물리적 서버에서 실행되는 경우가 많았지만 쿠버네티스는 여러 대의 물리적 서버[1]가 존재하는 것을 전제로 한다. 또 이 물리적 서버 한 대 한 대마다 제각기 여러 대의 컨테이너를 실행한다.

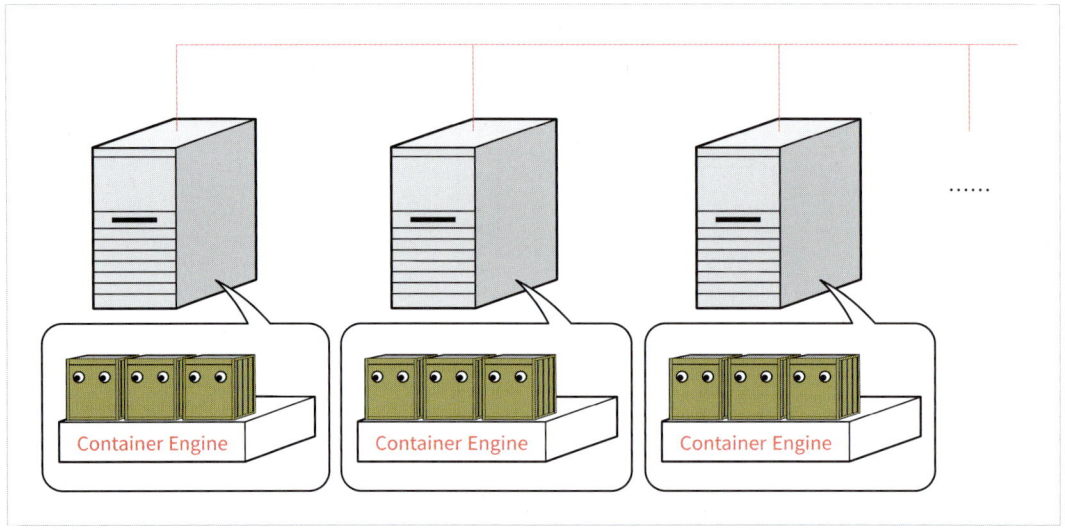

그림 8-1-3 쿠버네티스는 여러 대의 물리적 서버가 존재한다는 것을 전제로 한다.

이렇게 여러 대의 서버에서 일일이 컨테이너를 실행하고 관리하기는 쉬운 일이 아니다. 쿠버네티스는 바로 이를 위한 도구다. 예를 들어, 20개의 컨테이너를 만들려면 docker run 커맨드를 20번 실행해야 할 것이다. 매우 지겹고 지루한 작업이다.

도커 컴포즈를 사용한다 해도 물리적 서버가 여러 대라면 반복 작업은 사라지지 않는다. 거기다 어떻게든 컨테이너를 생성해 실행했다 해도 물리적 서버를 일일이 모니터링하며 장애가 일어나면 컨테이너를 다시 실행해야 하는 것은 물론이고 컨테이너를 업데이트하려면 다시 한번 큰 수고가 따른다. 이런 날은 야근 확정이나 마찬가지다[2].

쿠버네티스는 이렇게 **번거로운 컨테이너 생성이나 관리의 수고를 덜어주는 도구**다. 도커 컴포즈에서 사용되는 컴포즈 파일과 비슷한 정의 파일(매니페스트 파일)만 작성하면 이 정의에 따라 모든 물리적 서버에 컨테이너를 생성하고, 생성한 컨테이너를 관리해 준다.

---

[1] 물리적 서버가 아닌 가상 머신으로 구성되는 경우도 있다.
[2] 야근이다!

CHAPTER **8** | 도커 컴포즈를 익히자

SECTION

02

마스터 노드와 워커 노드

이어서 쿠버네티스의 '마스터 노드'와 '워커 노드' 개념을 설명한다. 이 두 가지 노드는 어떤 역할을 하는지, 사용자의 명령이 어떤 경로를 통해 전달되는지 잘 이해하자.

클러스터의 구성 – 마스터 노드와 워커 노드

쿠버네티스는 전체적인 제어를 담당하는 **마스터 노드**와 실제 동작을 담당하는 **워커 노드**라는 두 가지 유형의 노드로 구성된다. 노드라는 낯선 용어가 나왔는데, 거의 물리적 서버[3]와 일치하는 개념이라고 보면 된다.

마스터 노드와 워커 노드는 그 역할에 차이가 있다.

마스터 노드는 이름 그대로 감독과 같은 존재다. 집으로 말하면 대들보와 같다. **마스터 노드에서 컨테이너를 실행하지는 않으며** 워커 노드에서 실행되는 컨테이너를 관리하는 역할을 한다. 따라서 도커 엔진 같은 컨테이너 엔진[4]도 설치되지 않는다. 마스터(감독)는 컨테이너를 관리하는 업무로도 여력이 없기 때문이다. 관리직이 바쁜 것은 비단 사람에게만 해당되는 얘기는 아닌 것 같다.

워커 노드는 실제 서버에 해당하는 부분으로, 컨테이너가 실제 동작하는 서버다. 컨테이너가 동작해야 하므로 컨테이너 엔진이 설치돼야 하는 것은 물론이다.

이렇게 마스터 노드와 워커 노드로 구성된 일군의 쿠버네티스 시스템을 **클러스터**라고 한다.

클러스터는 사람이 개입하지 않아도 마스터 노드에 설정된 내용에 따라 워커 노드가 관리되며 자율적으로 동작한다.

---

[3] 클러스터를 구성하는 방법에 따라서는 물리적 서버가 없을 수도 있다.
[4] 쿠버네티스의 공식 입장에 따르면 1.2 버전부터는 컨테이너 엔진으로 도커를 추천하지 않는다. 대신 containerd 등의 다른 엔진을 추천한다(2021년 1월 기준).

관리자는 마스터 노드의 초기 설정 후 가끔 조정만 하며 되며, 관리자가 직접 워커 노드를 관리하는 일도 없다.

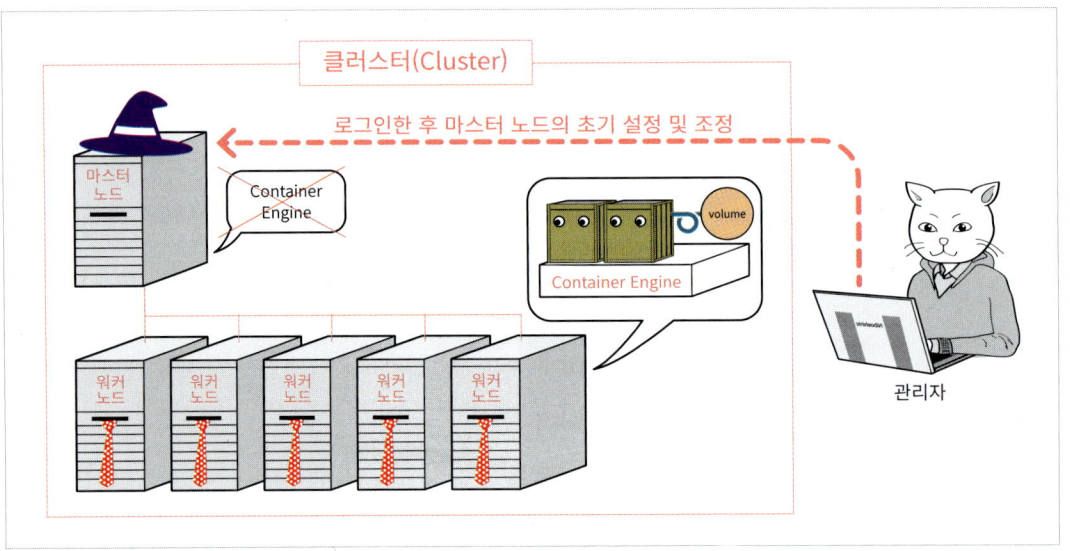

그림 8-2-1 클러스터는 설정 파일의 내용에 따라 자율적으로 동작한다.

쿠버네티스를 사용하려면 먼저 설치가 필요하다

쿠버네티스는 **도커 엔진 등의 컨테이너 엔진과는 별개의 소프트웨어다**. 그러므로 쿠버네티스 소프트웨어와 CNI[5](가상 네트워크[6] 드라이버)를 설치해야 한다. 대표적인 CNI 소프트웨어로 플란넬flannel, 칼리코Calico, AWS VPC CNI[7] 등이 있다.

또 마스터 노드에는 컨테이너 등의 상태를 관리하기 위해 etcd[8]라는 데이터베이스가 설치된다. **워커 노드에는 물론 도커 엔진 같은 컨테이너 엔진이 필요**하다.

---

5 Container Networking Interface
6 가상 네트워크도 도커의 가상 네트워크와 쿠버네티스의 가상 네트워크가 서로 다르다. 도커의 가상 네트워크는 같은 물리적 컴퓨터 안에서의 네트워크인 데 비해, 쿠버네티스에서는 오버레이 네트워크이므로 다른 물리적 컴퓨터를 같은 로컬 네트워크로 묶기 위해 사용한다. 조금 어려운 이야기이므로 초보자는 건너뛰어도 된다.
7 아마존 AWS 전용 CNI
8 키-값 스토어 타입의 데이터베이스. 이 밖의 다른 목적으로도 사용된다.

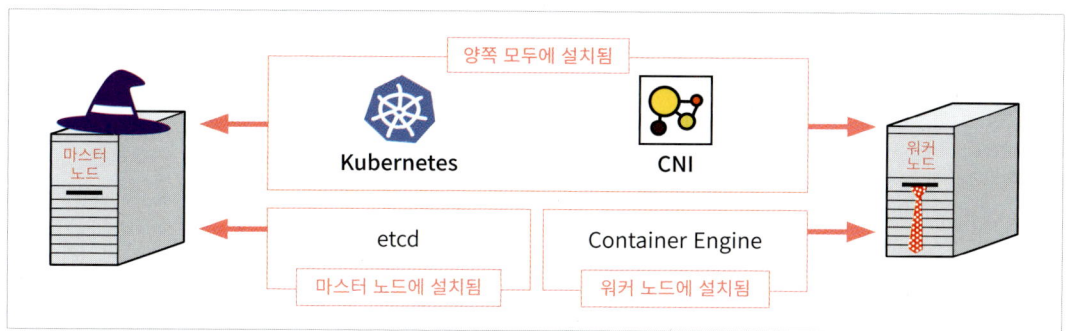

그림 8-2-2 마스터 노드, 워커 노드에는 각기 다른 소프트웨어가 설치된다.

또, 마스터 노드를 설정하는 관리자의 컴퓨터에는 kubectl을 설치한다. kubectl을 설치해야 마스터 노드에 로그인해 초기 설정을 진행하거나 추후 조정이 가능하다.

그림 8-2-3 관리자의 컴퓨터에는 kubectl을 설치해야 한다.

컨트롤 플레인(제어판)과 kube-let

마스터 노드는 **컨트롤 플레인을 통해** 워커 노드를 관리한다.

컨트롤 플레인은 아래 표에 정리된 다섯 가지의 컴포넌트(부품)로 구성된다.

etcd 외에는 쿠버네티스에 포함돼 있으므로 굳이 추가로 설치할 필요는 없다. etcd와 쿠버네티스만 설치하면 모든 설치가 완료된다[9].

---

9 뒤에 설명하겠지만 쿠버네티스는 다양한 배포판이 있기 때문에 이 중에는 kube-let이 포함되지 않아 따로 설치해야 하는 경우도 있다.

마스터 노드측 컨트롤 플레인의 구성

항목	내용
kube-apiserver	외부와 통신하는 프로세스, kubectl로부터 명령을 전달받아 실행한다.
kube-controller-manager	컨트롤러를 통합 관리, 실행한다.
kube-scheduler	파드를 워커 노드에 할당한다.
cloud-controller-manager	클라우드 서비스와 연동해 서비스를 생성한다.
etcd	클러스터 관련 정보 전반을 관리하는 데이터베이스

워커 노드에서는 kube-let과 kube-proxy가 동작한다. kube-let은 마스터 노드의 kube-scheduler와 연동하며 워커 노드에 컨테이너 또는 볼륨을 배치하고 실행한다. 이들 역시 쿠버네티스에 기본적으로 포함돼 있어 따로 설치할 필요는 없다.

워커 노드의 구성

항목	내용
kube-let	마스터 노드에 있는 kube-scheduler와 연동하며 워커 노드에 파드를 배치하고 실행한다. 또 실행 중인 파드의 상태를 정기적으로 모니터링하며 kube-scheduler에 통지한다.
kube-proxy	네트워크 통신의 라우팅 메커니즘

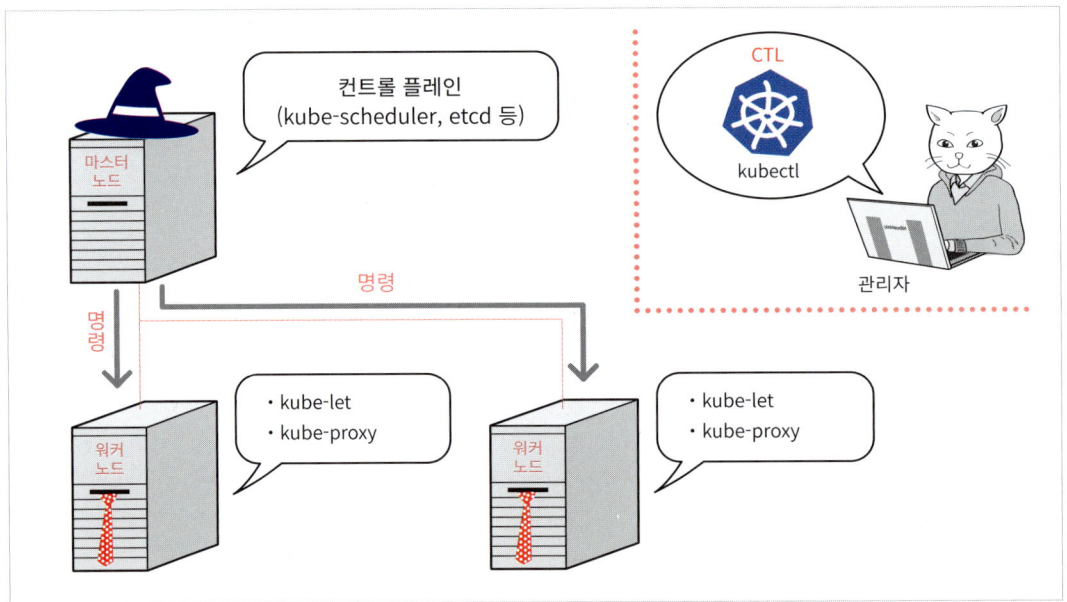

그림 8-2-4 쿠버네티스의 동작 구조

쿠버네티스는 항상 '바람직한' 상태를 유지한다

쿠버네티스도 컨테이너를 생성하거나 삭제할 수 있지만 일일이 명령어를 입력하는 방식을 사용하지는 않는다. "컨테이너는 OO개, 볼륨은 XX개로 구성하라"와 같이 어떤 '바람직한 상태'를 YAML 파일에 정의하고, 자동으로 컨테이너를 생성하거나 삭제하면서 이 상태를 만들고 유지하는 것이 쿠버네티스의 기본적인 아이디어다.

이렇게 설명하면 도커 컴포즈와 구별[10]이 잘 가지 않을 수도 있겠지만 도커 컴포즈는 옵션을 지정해 수동으로 컨테이너의 수를 바꿀 수는 있어도 모니터링 기능이 없어서 컨테이너를 만들 때 외에는 관여하지 않는다[11]. 이에 비해 쿠버네티스에는 '**이 상태를 유지**'하는 기능이 있다.

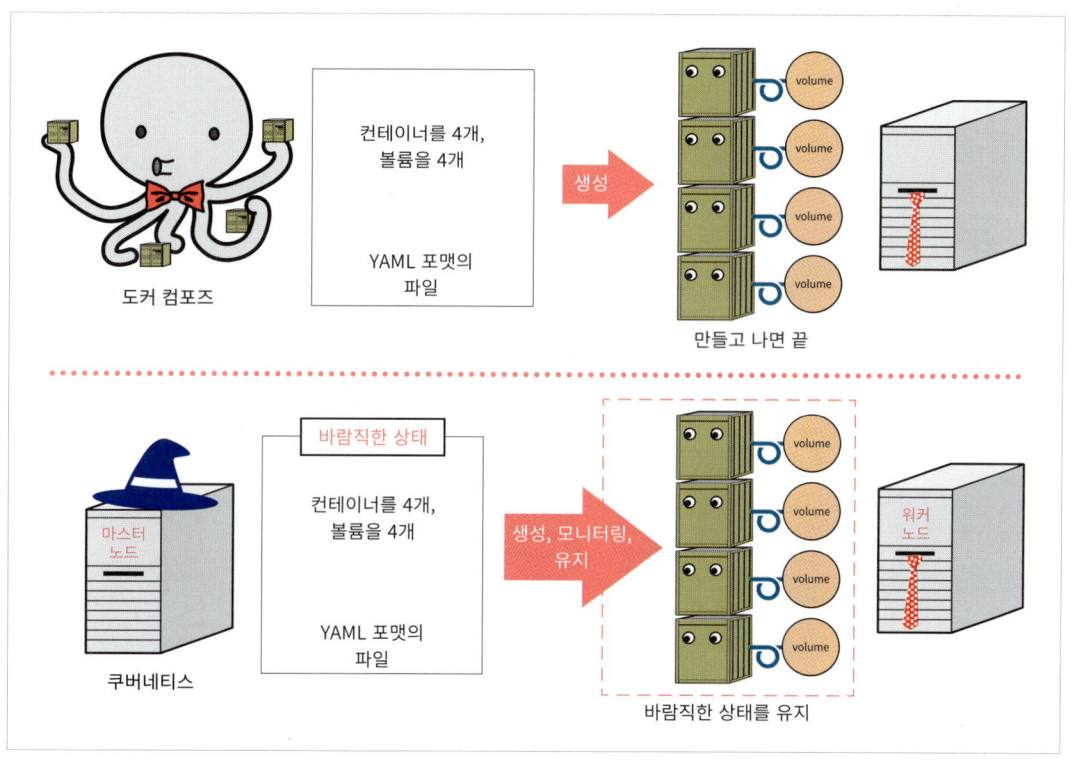

그림 8-2-5 도커 컴포즈와 쿠버네티스의 차이점

---

[10] 도커 컴포즈와 또 한 가지 큰 차이점은 여러 대의 물리적 서버에 걸쳐 시스템을 구성할 수 있다는 점이다. 심지어 별개의 데이터 센터에 위치한 서버끼리도 시스템을 구성할 수 있다.
[11] 도커 컴포즈도 옵션(always 등)을 설정해 컨테이너를 모니터링하며 상태를 유지할 수는 있다.

그러므로 어떤 이유로 컨테이너가 망가졌다면 쿠버네티스가 알아서 망가진 컨테이너를 삭제하고 새 컨테이너로 대체하며, 정의에서 '컨테이너 5개'를 '컨테이너 4개'로 수정하면 컨테이너를 한 개 삭제한다.

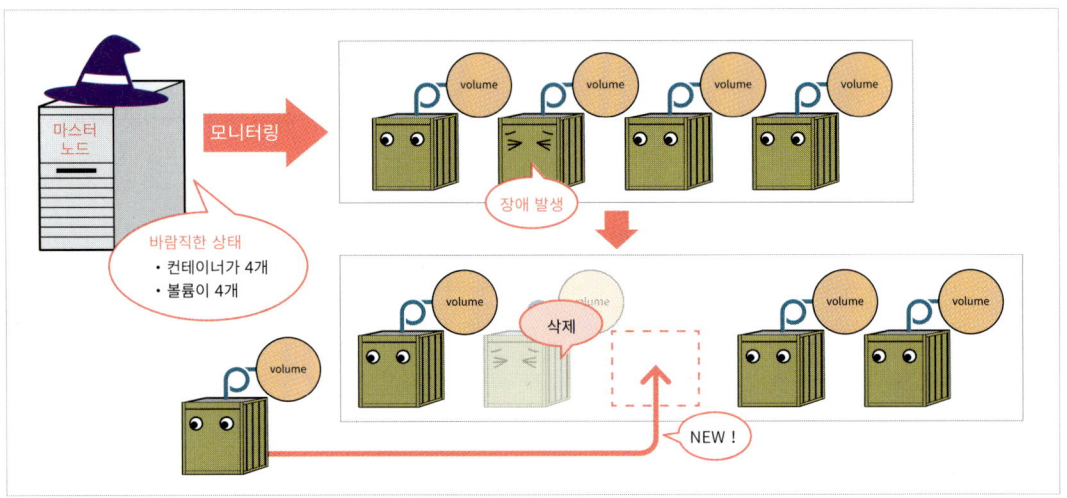

그림 8-2-6 컨테이너가 하나 망가지면 해당 컨테이너를 자동 삭제하고 새 컨테이너로 대체한다

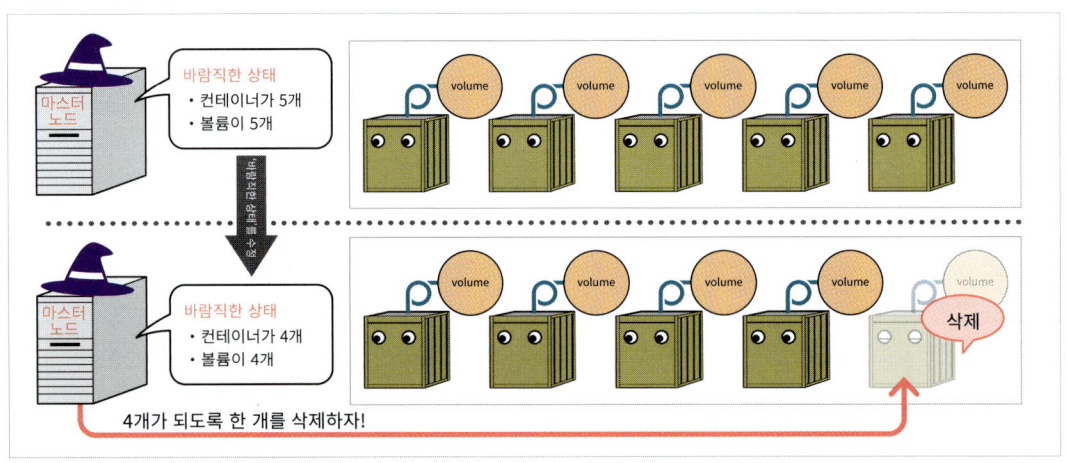

그림 8-2-7 바람직한 상태가 바뀌어도 삭제 또는 생성을 통해 정해진 상태를 유지한다.

 쿠버네티스를 사용하는 시스템에서 컨테이너 삭제

쿠버네티스의 기능은 어디까지나 '자동으로 상태를 유지하는' 것으로, 컨테이너를 삭제하고 싶다면 삭제 명령어를 입력하는 것이 아니라 파일에서 '바람직한 상태'를 수정해야 한다.

물론 컨테이너이므로 도커 명령어를 써서 컨테이너를 직접 삭제할 수도 있지만 컨테이너를 직접 삭제하면 쿠버네티스가 '컨테이너가 하나 부족하다'는 것을 탐지하고 컨테이너를 보충한다. 아무리 쓰러뜨려도 다시 일어나 다가오는 좀비 같지 않은가? 쿠버네티스 입장에서는 누군가가 일부러 컨테이너를 삭제한 것인지, 다른 이유로 컨테이너가 소멸한 것인지 구별할 수 없다. 거기다 **쿠버네티스의 목표는 '바람직한 상태를 유지하는 것'이다. 사람이 개입해서 컨테이너를 삭제해서는 안 된다.**

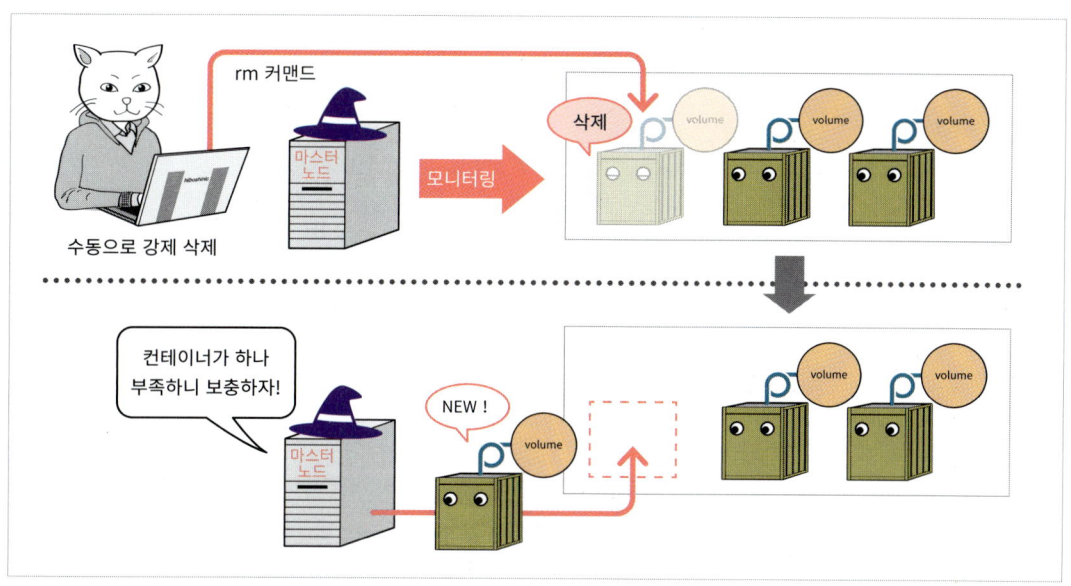

그림 8-2-8 관리자가 직접 컨테이너를 삭제해도 쿠버네티스가 대체 컨테이너를 생성한다.

독자 여러분 주위에도 현장의 책임자를 멋대로 건너뛰고 작업자에게 스펙 변경을 지시하는 상사가 있지는 않은가? 현장 책임자는 변경된 스펙을 통보받지 못했으므로 이전 스펙대로 업무를 진행할 것이다. 이런 일이 일어나면 현장은 큰 혼란에 빠진다. 사람이라면 "아까 상사가 와서 이렇게 지시하고 갔다"고 얘기해 해결이 가능하겠지만 쿠버네티스는 그럴 수도 없다.

현장을 혼란스럽게 할 수 있는 행동은 쿠버네티스에도 역시 해서는 안 된다.

따라서 컨테이너를 삭제하려면 반드시 '바람직한 상태'에 정의된 컨테이너 수를 줄이는 방법을 사용해야 한다. 컨테이너를 모두 삭제하고 싶다면 '필요한 컨테이너 수는 0'이라고 지정하면 된다.

지금까지 설명했듯이 **쿠버네티스는 정의된 '바람직한 상태'를 유지**한다. 이것만 기억해두자.

COLUMN : Level ★★★ [for beginners] 　로드 밸런서와 클라우드 컴퓨팅

쿠버네티스는 똑같은 서버를 여러 대 갖춰야 하는 대규모 시스템을 전제로 하기 때문에 딱히 체감이 되지 않는 독자도 있을 것이다. 이를 이해하려면 우선 **로드 밸런서**라는 것을 알아야 한다.

로드 밸런싱이란 한 대의 서버에 모든 요청이 집중되지 않도록 여러 대의 서버를 갖추고 요청을 각 서버에 분산하는 것을 말한다. 사람 역시 마트의 계산대나 은행 창구에서 한 사람이 모든 고객을 상대하려면 어려움이 많을 것이다. 계산대나 창구를 여러 개로 분산해 처리하는 편이 고객도 빨리 업무를 처리할 수 있고 한 사람에게 과도한 업무가 집중되는 것도 막을 수 있다.

마찬가지로 서버도 여러 대의 서버가 부하를 분담해 과도한 부하가 걸린 서버가 망가지거나 처리가 늦어지는 것을 방지한다.

마트나 은행에서는 고객이 알아서 비어 있는 계산대나 창구를 찾아오지만 서버의 요청은 그렇지 않다. 요청을 "이 서버에서 처리하세요"와 같이 각 서버에 나눠주는 역할이 필요하다. 이 역할을 맡는 장치가 로드 밸런서다.

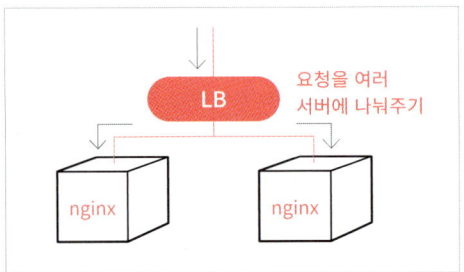

그림 8-2-9 로드 밸런싱은 요청을 여러 대의 서버에 나눠주는 것을 말한다.

하지만 서버에 들어오는 요청은 많을 때도 있고 적을 때도 있다. 대부분의 시스템은 요청이 많은 시기와 그렇지 않은 시기가 있다. 그렇다면 요청이 많을 때에 맞춰 갖춰 놓은 서버가 요청이 적을 때에는 그만큼 놀게 되기 때문에 비용이 낭비된다.

이 문제를 해결하는 것이 도커와 쿠버네티스다. 부하에 맞춰 컨테이너를 늘리거나 줄일 수 있다면 놀고 있는 서버를 줄일 수 있다. 사용하지 않는 서버의 전원을 내리기만 해도 전기요금이 절약된다.

그러나 '겨울에는 요청이 적으니 겨울에는 남는 서버를 끈다'라는 식이면 모를까, '여름만 요청이 많으니 봄, 가을, 겨울은 남는 서버를 끈다'는 식이면 낭비를 줄였다고 하기 어렵다. 이런 문제를 해결해 주는 것이 AWS, 애저, GCP 같은 클라우드 컴퓨팅 서비스다. 여름에는 요청 수가 많으니 클라우드에서 서버를 늘리는 체제를 갖추면 다른 계절에 불필요하게 서버를 유지할 필요가 없다.

또 구성에 따라 달라지지만 컨테이너 기술과 클라우드는 기본적으로 상성이 좋다. 자동으로 컨테이너를 늘리거나 줄이듯이 서버도 그렇게 할 수 있다.

이렇게 서버를 쉽게 늘리거나 줄일 수 있는 구조를 확장성이 좋다고 표현한다. 국민의 대다수가 스마트폰을 가지고 어디서든 인터넷에 접속할 수 있는 환경에서는 서버에서 처리하는 요청 수가 폭증하기 쉽기 때문에 확장성을 고려한 설계는 필수적이다.

쿠버네티스가 주목을 받는 것도 바로 이 때문이다.

> **COLUMN : Level ★★★**　　**etcd의 역할**
>
> 도커 컴포즈와 쿠버네티스는 많은 차이점이 있지만 그중에서도 가장 큰 차이점은 쿠버네티스의 정의 파일(매니페스트 파일)이 데이터베이스로 관리된다는 점이다. 쿠버네티스가 정의 파일을 읽어 들이면 그 내용은 etcd(데이터베이스)에 저장된다.
>
> 파드(나중에 설명함)는 이 정보를 근거로 관리되며, 도커 컴포즈와 또 다른 점은 쿠버네티스의 정의 파일은 커맨드로 수정이 가능하다는 점이다.
>
> 그러므로 쿠버네티스가 정의 파일을 읽어들인 후 커맨드로 직접 컨테이너에 손을 대면, 갖고 있는 정의 파일과 etcd에 저장된 정보가 일치하지 않게 된다. 운영에 규칙을 정하고 철저히 관리하자.

CHAPTER 8 | 도커 컴포즈를 익히자

SECTION
03

쿠버네티스의 구성과 관련 용어

쿠버네티스의 마스터 노드와 워커 노드의 역할은 이제 어느 정도 이해했을 것이다. 이번 절에서는 쿠버네티스를 사용하기 위해 알아야 할 용어를 설명한다.

쿠버네티스의 구성과 관련된 용어(파드, 서비스, 디플로이먼트, 레플리카세트)

쿠버네티스에는 몇 가지 독특한 용어가 있는데, 이들 용어를 정리했다. 같은 개념을 다른 용어로 부르기도 하므로 조금 혼란스러울 수 있겠지만 잘 기억해두자.

파드는 컨테이너와 볼륨을 함께 묶은 것이다

쿠버네티스에서 컨테이너는 **파드**pod라는 단위로 관리된다. 파드는 컨테이너와 볼륨을 함께 묶은 것으로, 기본적으로 파드 하나가 컨테이너 하나이지만 컨테이너가 여러 개[12]인 파드도 있을 수 있다.

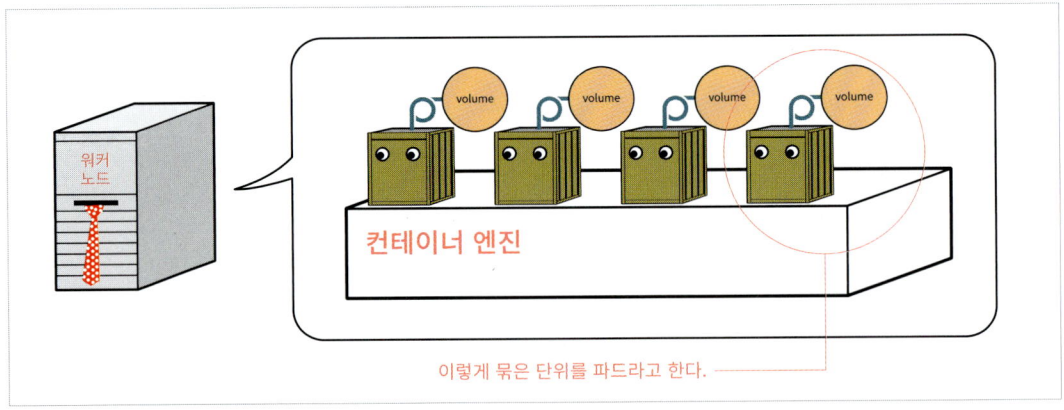

그림 8-3-1 파드는 컨테이너와 볼륨을 묶은 것이다.

---

[12] 여러 개의 컨테이너라고 하면 워드프레스와 MySQL과 같은 관계를 떠올릴 수 있지만 여기서 말하는 것은 '주 프로그램'과 '주 프로그램의 출력을 한밤중에 통계처리하는 프로그램'처럼 연동되는 관계를 말한다.

대규모 시스템이 여러 대의 서버로 구성되듯이 컨테이너도 여러 개로 구성하는 것이 기본이다.

다만 파드에 포함되는 볼륨은 기본적으로 함께 파드에 포함되는 컨테이너가 정보를 공유하기 위해 사용하는 것으로, 파드에 볼륨이 없는 경우도 많다. 이 책에서도 일단은 '컨테이너와 볼륨'으로 그림을 표현했지만 뒤에 나올 실습에서는 파드에 볼륨을 넣지 않았다.

이 정도라면 굳이 파드를 구성할 필요가 없어 보이기도 하지만 컨테이너 관리의 단위가 파드이기 때문에 컨테이너가 하나뿐이라도 파드로서 다룬다.

파드가 모여 구성하는 서비스

이들 파드를 모은 것이 서비스service다. 서비스라는 용어는 여러 의미로 쓰이지만 여기서 말하는 서비스는 **여러 개의 파드를 이끄는 반장**이라고 생각하면 된다.

서비스가 관리하는 파드는 모두 기본적으로 동일한 구성을 갖는다. 구성이 다른 파드는 별도의 서비스로 관리한다.

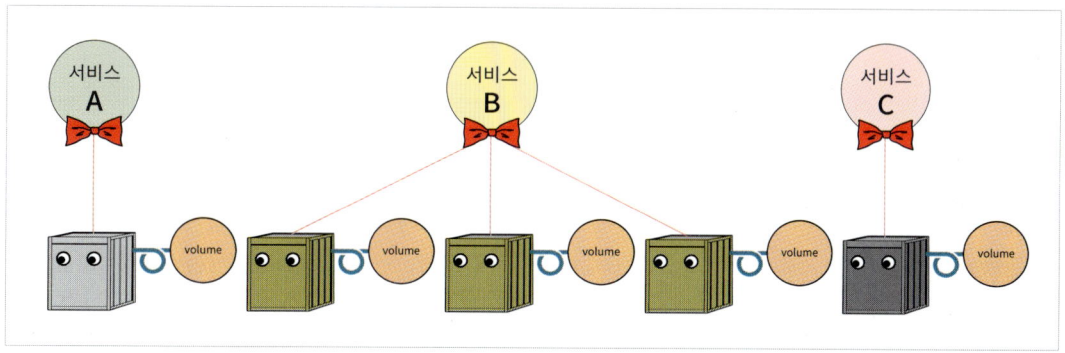

그림 8-3-2 같은 종류의 파드를 하나의 서비스가 관리한다.

서비스는 여러 개의 파드를 이끄는 반장이므로 파드가 여러 개의 워커 노드(물리적 서버)에 걸쳐 동작하더라도 이들을 모두 관리한다.

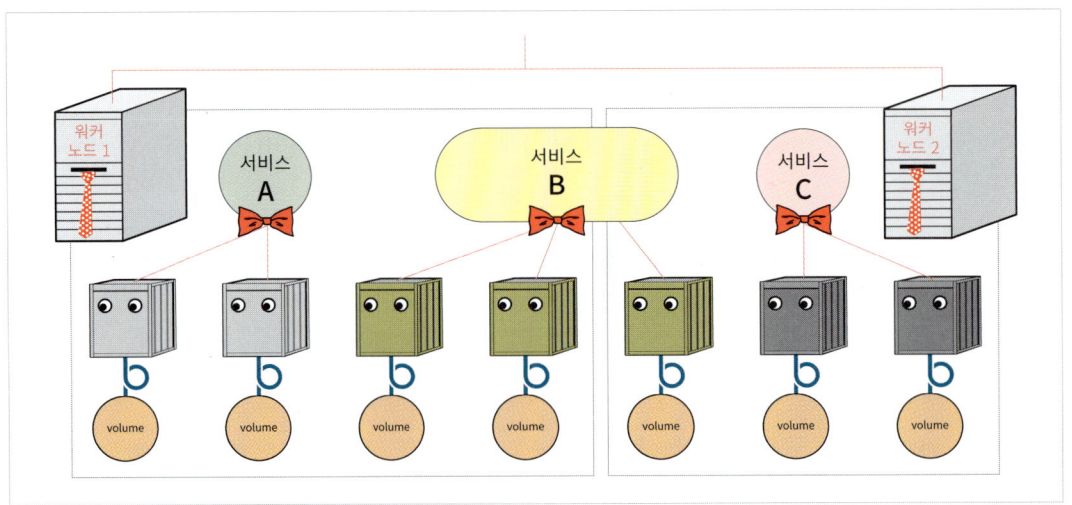

그림 8-3-3 여러 개의 워커 노드에 걸쳐 실행되더라도 동일한 구성의 파드는 하나의 서비스가 관리한다.

서비스의 역할은 쉽게 말해 로드 밸런서[13](부하 분산장치)다. 각 서비스는 자동적으로 고정된 IP 주소를 부여받으며(cluster IP[14]), 이 주소로 들어오는 통신을 처리한다.

내부적으로는 여러 개의 파드가 있어도 밖에서는 하나의 IP 주소(cluster IP)만 볼 수 있으며, 이 주소로 접근하면 서비스가 통신을 적절히 분배해주는 구조다.

예를 들어, 워드프레스 파드를 관리하는 반장은 워드프레스로 들어오는 요청이 한 파드에 몰리지 않게끔 적절히 분배한다[15].

하지만 서비스가 분배하는 통신은 한 워커 노드 안으로 국한된다. 여러 워커 노드 간의 분배는 **실제 로드 밸런서** 또는 **인그레스**[16] ingress가 담당한다. 이들은 마스터 노드도 워커 노드도 아닌 별도의 노드에서 동작하거나 물리적 전용 하드웨어다.

---

[13] 266쪽의 "로드 밸런서와 클라우드 컴퓨팅" 칼럼을 참조
[14] 클러스테IP는 서비스를 명시적으로 삭제하지 않는 한 바뀌지 않는다.
[15] 각각의 파드는 내부 IP를 부여받는다.
[16] HTTP/HTTPS 전용 응용 계층에서 동작하는 리버스 프락시. 간단히 말해 로드 밸런서와 같은 것이다.

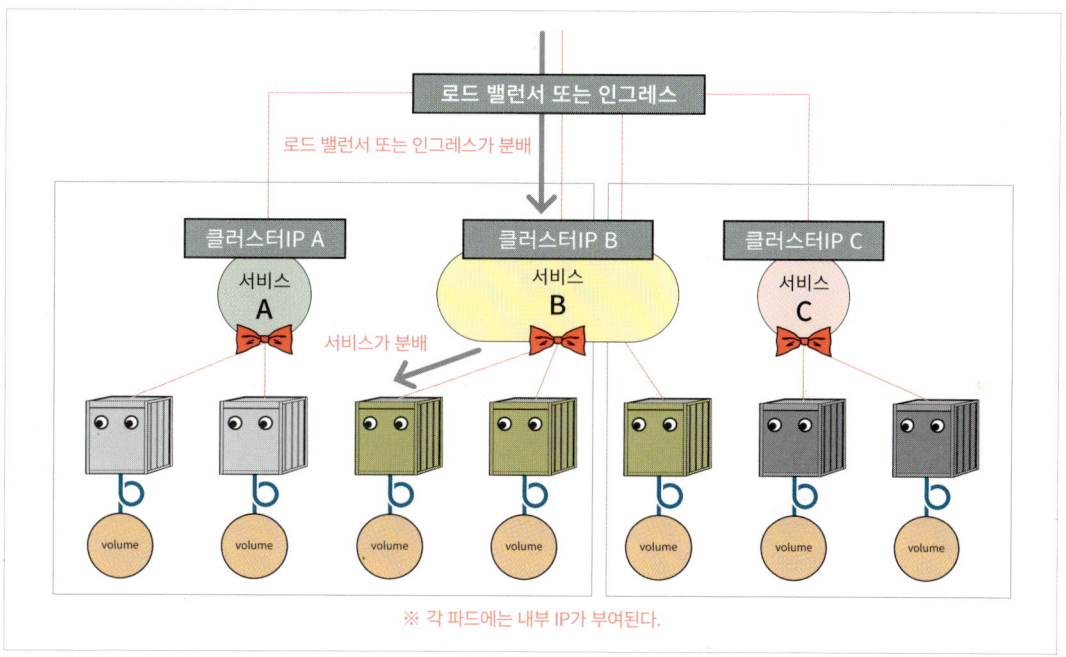

그림 8-3-4 서비스는 각 파드에 요청을 배분한다.

디플로이먼트와 레플리카세트

서비스가 요청을 배분하는 반장이라면 **레플리카세트**^{ReplicaSet}는 파드의 수를 관리하는 반장이다. 장애 등의 이유로 파드가 종료됐을 때, 모자라는 파드를 보충하거나 정의 파일에 정의된 파드의 수가 감소하면 그만큼 파드의 수를 실제로 감소시킨다.

파드는 이렇게 두 명의 반장에 의해 관리된다.

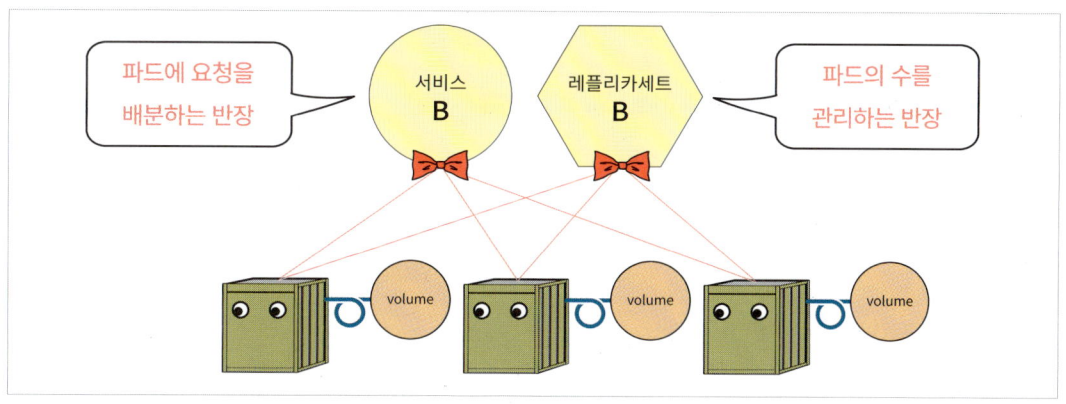

그림 8-3-5 레플리카세트는 파드의 수를 관리한다.

레플리카세트가 관리하는 동일한 구성의 파드를 **레플리카**replica라고도 부른다. 이 레플리카는 우리가 흔히 복제품으로 이해하는 그 레플리카와 같은 단어다.

그러므로 파드의 수를 조정하는 것을 '레플리카의 수를 조정'한다고 하거나 파드의 수를 결정하는 것도 '레플리카의 수를 결정'한다고 표현하기도 한다.

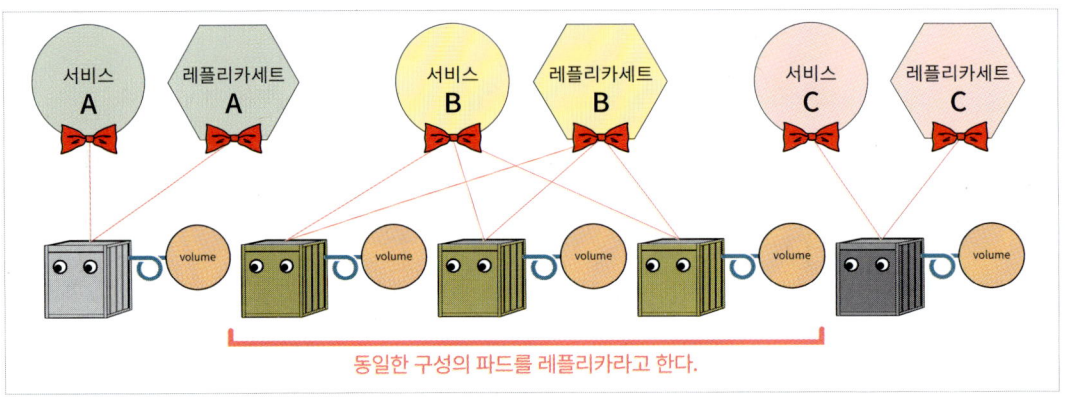

그림 8-3-6 레플리카세트가 관리하는 파드를 레플리카라고 한다.

레플리카세트는 단독으로 쓰이는 경우가 드물다. 왜냐하면 원하는대로 다루기가 어렵기 때문이다. 따라서 레플리카세트는 **디플로이먼트**deployment와 함께 쓰일 때가 많다.

디플로이먼트란 파드의 디플로이(배포)를 관리하는 요소로, 파드가 사용하는 이미지 등 파드에 대한 정보를 갖고 있다. 레플리카세트가 반장이라면 디플로이먼트는 반장보다 위에 있는 상사다.

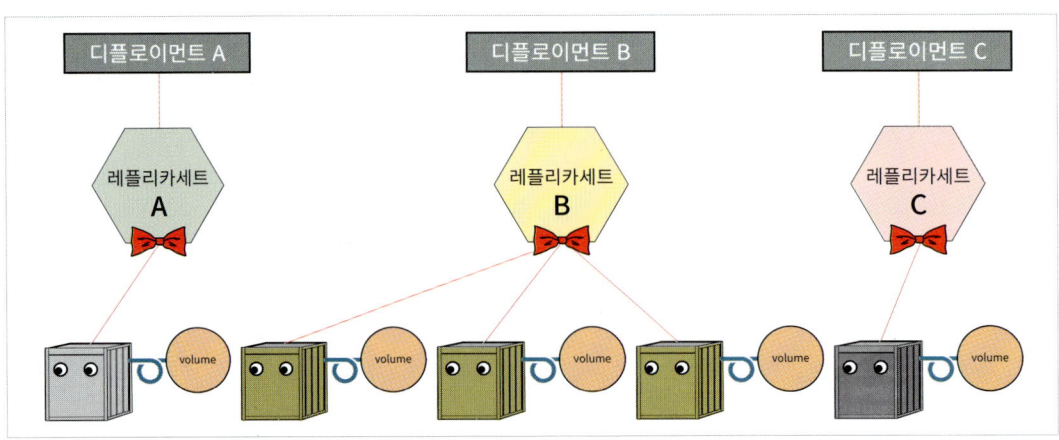

그림 8-3-7 디플로이먼트는 파드의 배포를 관리한다.

그 밖의 쿠버네티스 리소스

파드, 서비스, 디플로이먼트, 레플리카세트 등을 **리소스**^{resource}라고 한다. 리소스는 모두 합해 50여 종류가 있는데, 실제로 많이 사용되는 것은 이 중 일부다.

특히 초보자라면 앞서 소개한 파드, 서비스, 디플로이먼트 정도만 기억하면 된다.

주요 쿠버네티스 리소스

리소스 이름	내용
파드(pods)	파드. 컨테이너와 볼륨을 합친 것.
파드템플릿(podtemplates)	배포 시 파드의 형틀 역할
레플리케이션컨트롤러(replicationcontrollers)	레플리케이션을 제어
리소스쿼터(resourcequotas)	쿠버네티스 리소스의 사용량 제한을 설정
비밀값(secrets)	키 정보를 관리
서비스어카운트(serviceaccounts)	리소스를 다루는 사용자를 관리
서비스(services)	파드에 요청을 배분
데몬세트(daemonsets)	워커 노드마다 하나의 파드를 생성
디플로이먼트(deployments)	파드의 배포를 관리
레플리카세트(replicasets)	파드의 수를 관리
스테이트풀세트(statefulsets)	파드의 배포를 상태를 유지하며 관리
크론잡(cronjobs)	지정된 스케줄대로 파드를 실행
잡(jobs)	파드를 한번 실행

 ## 쿠버네티스 용어 정리

여러 가지 용어가 갑자기 나와서 혼란스러울 것이다. 여기서 정리하고 넘어가겠다. 이들 용어는 크게 요청과 관련된 것과 수와 관련된 것으로 나뉜다.

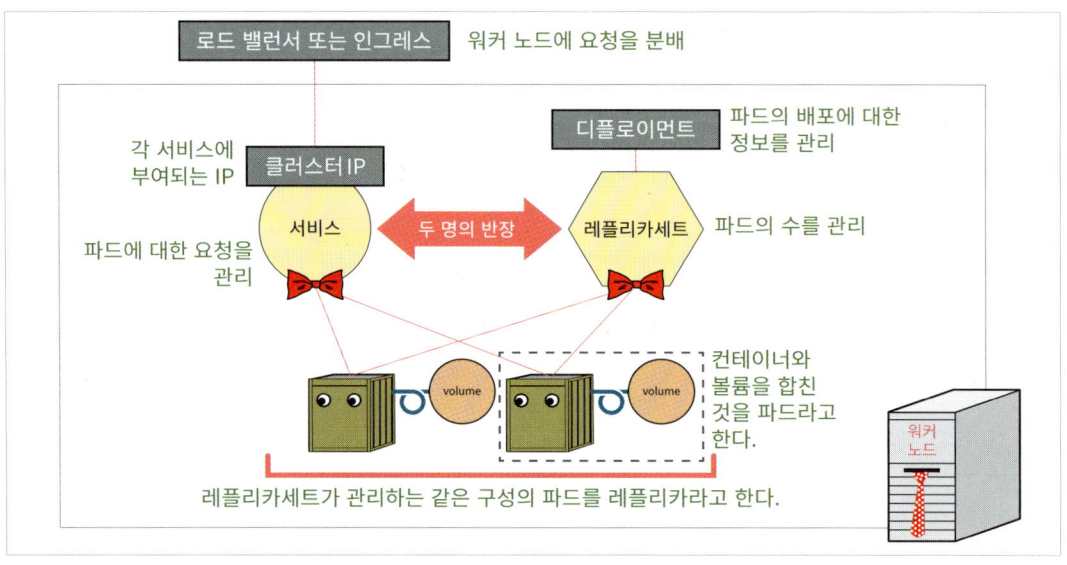

그림 8-3-8 용어 정리

요청과 관련된 용어는 서비스와 클러스터IP이고, 수와 관련된 것은 레플리카세트와 디플로이먼트다. 용어가 헷갈린다면 이 그림을 다시 보고 확인한 다음 책을 읽어나가자.

> **COLUMN : Level ★★★** 오브젝트와 인스턴스
>
> 파드나 서비스, 레플리카, 디플로이먼트를 각각 파드 오브젝트, 서비스 오브젝트처럼 'OO 오브젝트[object]'라고 부르기도 한다.
> 이렇게 부르는 이유는 이들 리소스가 마스터 노드에 위치한 데이터베이스인 etcd에 등록된 상태에서는 'OO 오브젝트' 형태로 관리되기 때문이다.
> 앞에서 설명했듯이 쿠버네티스의 정의 파일 내용은 etcd에 등록※돼 관리된다. 쿠버네티스는 이 etcd에 등록된 내용을 따라 실제 파드나 서비스를 생성한다. 이렇게 실제로 생성된 것을 인스턴스[instance]라고 한다.
> 정리하자면, 데이터베이스에 오브젝트로 등록된 정보를 기초로 인스턴스를 실제로 생성하는 것이다. 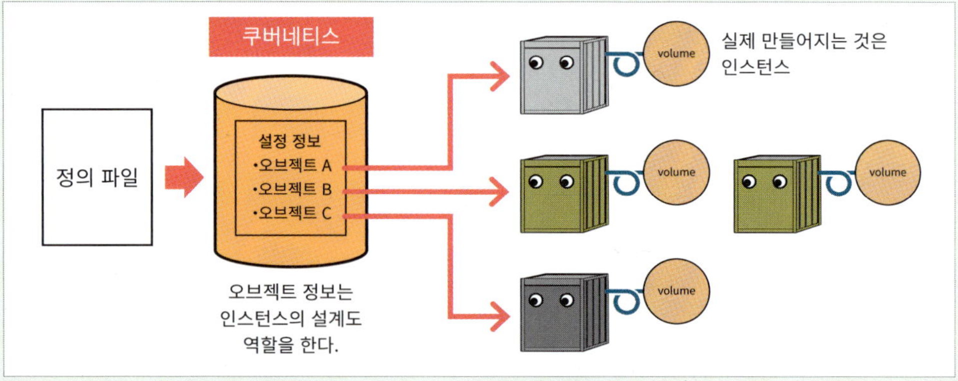
>
> 그림 8-3-9 etcd에 등록된 설정 정보를 따라 인스턴스를 생성한다.

예를 들어 '펭귄 파드'라는 이름으로 파드를 만들면 etcd에 '펭귄 파드'가 오브젝트로 등록되며, 이 설정에 따라 워커 노드가 인스턴스(실제 파드)를 만든다. 서비스나 레플리카 역시 마찬가지다. 마스터 노드의 etcd에서 'OO 오브젝트' 형태로 관리되고, 이 설정을 따라 워커 노드에서 인스턴스를 만든다.

같은 대상을 '리소스'니 '오브젝트', '인스턴스' 등으로 달리 부르면 혼동을 일으키기 쉬우므로 이 책에서는 이들 용어를 사용하지 않는다. 하지만 검색 등을 위해 필요할 수도 있으니 기억해 두기 바란다.

> **MEMO**
> etcd 등록은 267쪽의 칼럼을 참조

COLUMN : Level ★★★ 서버 한 대로도 쿠버네티스를 사용할 수 있을까?

쿠버네티스는 여러 대의 서버로 운영되는 대규모 서비스에 적용된 경우가 많다. 도커 컴포즈는 서버를 한 대밖에 관리하지 못하기 때문에 여러 대의 서버를 관리할 수 있고 자동 관리까지 가능한 오케스트레이션 기능이 필요해지기 때문이다.

그렇다면 소규모 서비스에선 쿠버네티스가 불필요한 것일까? 그렇지는 않다. 쿠버네티스는 설정만 잘하면 파드가 장애 등으로 망가지더라도 자동으로 파드를 생성해 대체하기 때문에 관리가 편리해진다. 특히 클라우드 환경에서는 직접 관리할 필요가 없어 이런 장점이 극대화된다.

또한 쿠버네티스는 표준화된 컨테이너 실행 환경이기 때문에 시스템 납품에도 적합하다. 시스템을 쿠버네티스에서 동작하는 형태로 만들면 설정 정보를 함께 배포할 수 있기 때문에 설치 후 설정이 간단하다.

실제로 쿠버네티스 환경을 전제로 설계된 업무 시스템이 있는데, 이런 시스템 중에는 쿠버네티스가 있어야 가동할 수 있는 것도 있다.

CHAPTER 8   도커 컴포즈를 익히자

SECTION
04

쿠버네티스 설치 및 사용법

이번 절에서는 쿠버네티스를 사용하기 위한 준비 과정을 다룬다. 쿠버네티스에도 몇 가지 종류가 있으므로 설치 전에 사용할 종류를 미리 정해두자.

 쿠버네티스의 종류

이제 슬슬 실습을 해볼 차례다. 쿠버네티스를 실제로 사용해 보자. 바로 설치에 들어가고 싶지만 쿠버네티스에도 몇 가지 종류가 있어서 어떤 종류를 사용해야 할지 먼저 선택해야 한다.

쿠버네티스는 **클라우드 네이티브 컴퓨팅 재단**Cloud Native Computing Foundation, CNCF이라는 단체에서 제정한 표준이다. 쿠버네티스는 본래 구글에서 개발됐지만 구글 등의 회사가 CNCF를 조직하고 이 재단에 쿠버네티스를 기부해 개발이 오픈소스로 전환되면서 급속하게 보급됐다.

그림 8-4-1 CNCF 공식 웹 사이트(https://www.cncf.io/)

CNCF도 쿠버네티스를 만들고 있지만 관리 기능을 강화한 버전이나 크기를 줄인 버전 등 쿠버네티스의 규격을 따른 서드파티 소프트웨어가 여럿 나오고 있다.

특히 이 중에서도 AWS나 애저, GCP 같은 클라우드 서비스에서는 자사 서비스에 맞춰 커스터마이징된 쿠버네티스를 제공한다.

이들 소프트웨어는 서로 호환되는데, 이들 중 호환성이 검증된 소프트웨어나 서비스에는 'Certified Kubernetes' 인증을 부여해 공식 웹 사이트에서 소개하고 있다.

그림 8-4-2 Certified Kubernetes 웹 페이지(https://www.cncf.io/certification/software-conformance/의 내용을 기초로 작성).

공식 소프트웨어가 있는데도 서드파티 소프트웨어가 여럿 나온다는 것이 조금 이상하게 생각될 수도 있지만 이는 쿠버네티스가 오픈소스[17]이고 서버에서 실행되기 때문이다. 서버에서 사용하는 소프트웨어인만큼 누군가는 '자신이 생각한 최선의 도구'라고 생각해 만들어 배포한다는 뜻이다. 이런 문화도 있구나, 하고 이해하면 된다.

---

17 누구나 수정과 재배포를 할 수 있도록 허락해 자유롭게 사용 가능한 소프트웨어.

어떤 종류의 쿠버네티스를 사용할까?

그렇다면 실습에는 어떤 종류의 쿠버네티스를 사용해야 할까? 여러 종류가 있다고 하는데 초보자 입장에서는 뭐가 다른지도 알 수 없다. 어떤 방법으로 선택해야 할까?

 원조 쿠버네티스와 클라우드 버전

종류가 여러 가지 있다면 일단은 원조를 떠올리게 마련이다.

잘 모를 때는 "이왕이면 원조를 써보면서 공부하는 게 낫겠지"라고 생각하기 쉽다. 하지만 원조 쿠버네티스를 직접 구축해 사용하는 것은 웬만한 규모의 기업에서도 드물다. **원조 쿠버네티스를 채택하는 것 자체는 꽤 흔하지만** 이를 '직접 구축'하는 것은 별개의 문제다. 대개는 외주로 구축을 맡긴다.

왜냐하면 서비스마다 부여되는 클러스터IP에 로드 밸런싱을 적용하려면 이를 지원하는 하드웨어를 갖춰야 하며, 드라이버에도 상성 문제가 있어서 하드웨어 선정부터 전문 지식을 갖춘 '인프라 전문업체[18]'에게 맡길 수밖에 없기 때문이다. 어떻게 설정은 잘 끝냈다 하더라도 향후 있을 유지보수도 쉬운 일이 아니다.

전문가 중에는 "클라우드처럼 남의 손에 맡기는 편이 비용과 속도 면에서 유리하고 결과도 더 좋은데, 왜 굳이 직접 구축할 필요가 있는가"라고 말하는 사람마저 있을 정도다. 그만큼 정보를 모으는 과정이 험난[19]하다는 의미다.

사내 엔지니어가 직접 배우는 방법도 있지만, 서버 구축 업무를 겸하는 시스템 통합 전문가나 인하우스 커스터마이징이 흔한 웹 서비스 회사가 아니라면 부담에 비해 이익이 적다. 조사 비용을 들이고도 불안정한 구성을 만드느니 금전적 비용이 조금 들더라도 인프라 전문업체에 맡기는 편이 안심이다.

따라서 원조 쿠버네티스가 많이 쓰이기는 하지만 직접 구축하기는 까다롭다. 초보자가 배우기에도 적합치 않다.

일반적으로는 AWS 같은 클라우드 컴퓨팅 서비스를 사용해 구축하는 경우도 많다. 클라우드에서는 앞서 언급한 문제를 이미 해결돼 있으므로 전문적인 지식이 없어도 사용할 수 있다.

---

18 서버 및 네트워크를 세트로 공급하는 벤더
19 이 문장을 읽고 "확실히 힘들긴 하겠다"는 느낌을 받았다면 어느 정도 지식이 있는 사람이다. "그런가?"라는 생각이 든다면 서버 구축에 대한 공부가 많이 필요하다.

예를 들어, AWS에서는 EC2[20]나 Fargate[21]를 워커 노드로 사용하고, EKS[22]를 사용해 관리한다. EKS는 마스터 노드에 해당하는 서비스다. 다만 가상 서버로 구성돼 있으므로 EKS 기본 요금에 더해 가상 서버 요금(EC2 또는 Fargate)이 서버 대수만큼 부과된다.

이번 실습의 소재로 쓰기에는 실제 구축도 아니고 학습 목적의 도입이므로 가벼운 체험 목적으로는 비용이 부담스럽다. 거기다 클라우드에 익숙한 사람이라면 모를까, 도커 외에 AWS까지 배우려면 어려움이 많다.

험난한 길의 구세주! 도커 데스크톱과 Minikube

이런 험난한 길을 피해 초보자도 마음 편히 실습할 수 있도록 도커 데스크톱에는 쿠버네티스가 포함돼 있다. 도커 설정 화면에서 [Kubernetes]에 체크하면 바로 사용할 수 있다. etcd나 CNI를 설치할 필요도 없다.

그렇다면 도커 데스크톱이 없는 리눅스에서는 어떻게 해야 할까? 리눅스에도 Minikube라는 간단히 사용할 수 있는 쿠버네티스가 있다. 약간 설정이 필요하지만 원조 쿠버네티스만큼 복잡하지는 않다.

그림 8-4-3 학습 목적에 적합한 쿠버네티스

쿠버네티스는 본래 대규모 시스템이 전제 조건이다. 따라서 마스터 노드와 워커 노드도 별도의 물리적 컴퓨터로 설정하지만 도커 데스크톱이나 Minukube에서는 컴퓨터 한 대에 마스터 노드와 워커 노드를 모두 구축한다. 다시 말해 물리적 컴퓨터를 따로 둘 필요가 없다. 편리하지 않은가!

---

20 서버의 기능을 제공하는 서비스
21 컨테이너 실행 엔진 서비스
22 Amazon Elastic Kubernetes Service. 이름 그대로 쿠버네티스 서비스다.

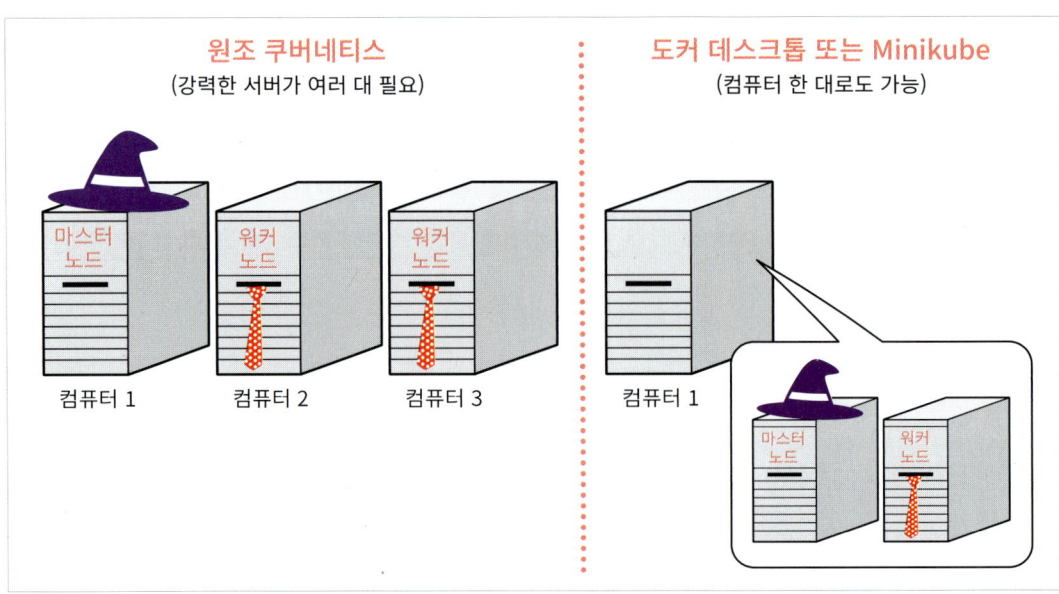

그림 8-4-4 도커 데스크톱이나 Minikube를 사용하면 컴퓨터 한 대로도 쿠버네티스를 배울 수 있다.

실컷 겁을 준 다음 편리한 방법을 소개하니 맥이 빠진 독자도 있을 것이다. 이런 방법을 먼저 이야기하지 않은 이유가 있다.

실습에 사용할 소규모 쿠버네티스는 말 그대로 학습용이다. 명령어나 정의 파일(매니페스트 파일)을 작성하는 연습은 가능하지만 실제와 규모 면에서 너무 차이가 있기 때문에 '쿠버네티스를 모두 익혔다'라는 식으로 실제 시스템과 실습용 소규모 시스템을 똑같이 생각해서는 안 된다.

특히 **쿠버네티스를 적용한 현장은 '안정성이 생명인' 시스템이거나 '사용량이 많은' 시스템이 대부분**이다. 이런 현장에서 일하려면 도커나 쿠버네티스 외에도 다양한 지식이 필요하다. **'명령어를 안다 != 쿠버네티스를 쓸 수 있다'라는 의미**다.

이 때문에 '쿠버네티스 시스템 구축의 어려움'이나 '클라우드 환경을 채택하는 이유'를 설명한 것이다.

쿠버네티스를 익히는 길은 멀고 험하다. 하지만 한발짝이라도 내딛지 않으면 도달하기가 불가능하므로 우선 명령어나 정의 파일(매니페스트 파일)을 배우자. 그리고 도커 데스크톱이나 Minikube로 충분히 연습한 다음 다른 지식을 익히는 토대로 삼는 것이 중요하다.

그럼 쿠버네티스를 사용할 수 있도록 준비하자.

[실습] 도커 데스크톱의 쿠버네티스 준비

윈도우 또는 macOS용 도커 데스크톱에서 쿠버네티스를 활성화하자. 리눅스 환경에서 사용할 Minikube를 설치하는 방법은 부록을 참조하기 바란다.

단계 1 -- 쿠버네티스 활성화

태스크 트레이의 고래 아이콘을 클릭하고 메뉴에서 [Settings]를 선택해 도커 설정 화면을 연다. [Kubernetes] 탭에서 [Enable Kubernetes] 항목을 체크[23]한다.

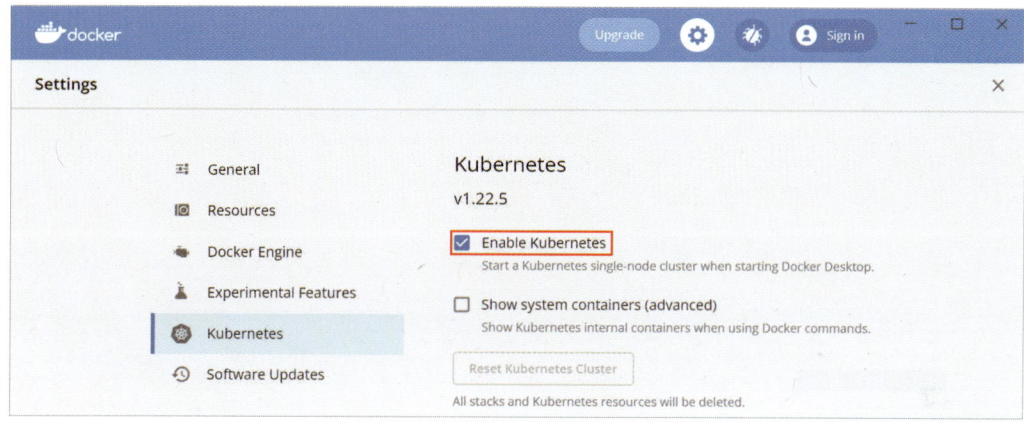

그림 8-4-5 쿠버네티스 활성화

단계 2 -- 쿠버네티스 클러스터 설치

[Kubernetes Cluster Installation]이라는 대화창이 나타나며 설치 여부를 묻는다. [Install]을 클릭하면 쿠버네티스 클러스터가 설치된 후 실행된다(잠시 시간이 걸린다).

---

[23] 설정 화면 등은 추후 한국어 번역 등으로 변경될 수 있으므로 공식 사이트의 참조문서를 확인하기 바란다.

그림 8-4-6 쿠버네티스 클러스터 설치

단계 3 -- 준비 완료

쿠버네티스 클러스터 설치가 끝나면 아래 화면과 같이 Kubernetes가 running 상태가 된다.

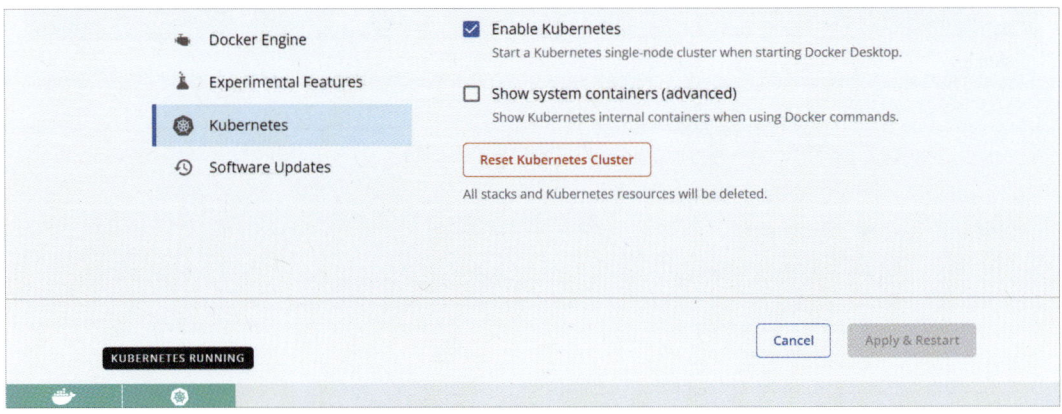

그림 8-4-7 Kubernetes의 상태가 'running'으로 바뀐다.

> **COLUMN : Level ★★★ 쿠버네티스 삭제 또는 비활성화**
>
> 쿠버네티스는 컴퓨터의 리소스를 소모하므로 사용하지 않을 때는 평소 작업에 지장을 줄 수 있다.
> 이런 경우에는 [Enable Kubernetes] 항목의 체크를 해제해 쿠버네티스를 비활성화한다.
> 또 쿠버네티스 클러스터를 초기화하려면 [Reset Kubernetes Cluster] 버튼을 클릭하면 된다.

COLUMN : Level ★★★ Kubeadm을 활용해 물리적 컴퓨터에 쿠버네티스 구축하기

도커 데스크톱이나 Minikube를 사용한 클러스터와 달리, 실제 여러 대의 서버를 사용해 본격적인 클러스터를 구축하려면 어떻게 해야 할까?

본격적인 쿠버네티스 클러스터를 구축하려면 우선 물리 머신 또는 가상 머신을 필요한 대수(마스터 노드를 포함한 대수)만큼 준비하고 우분투 등의 리눅스 운영체제를 설치한다. 그다음 마스터 노드가 될 컴퓨터에는 쿠버네티스와 CNI, etcd를 설치하는데, 이들 소프트웨어는 kubeadm라는 도구를 사용해 쉽게 설치할 수 있다.

그리고 각 컴퓨터에 마스터 노드와 워커 노드 중 무엇이 될지 설정한다. 마스터 노드에서 `kubeadm init` 명령으로 클러스터를 초기화한 다음, 워커 노드에서 `kubeadm join` 명령으로 마스터 노드와 연결한다. kubeadm 외에도 conjure-up이나 Tectonic 등의 설치 도구가 있다.

> **MEMO**
>
> kubeadm에 대한 자세한 내용은 공식 웹 사이트를 참조한다.
> https://kubernetes.io/ko/docs/setup/production-environment/tools/kubeadm/install-kubeadm/

CHAPTER 8 | 도커 컴포즈를 익히자

SECTION 05

매니페스트 파일(정의 파일) 작성

이번 절에서는 쿠버네티스 정의 파일을 작성하는 방법을 설명한다. 조금 복잡하지만 실습이 두 번이나 있으므로 차근차근 익히면 된다.

매니페스트 파일이란?

쿠버네티스는 매니페스트 파일(정의 파일)에 기재된 내용에 따라 파드를 생성한다. 매니페스트 파일의 내용을 쿠버네티스에 업로드하면 그 내용이 데이터베이스(etcd)에 '바람직한 상태'로 등록되며, 서버 환경을 이 바람직한 상태로 유지한다. 매니페스트 파일을 작성하는 방법을 알아보자.

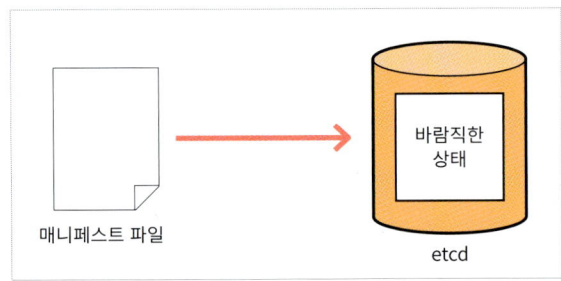

그림 8-5-1 매니페스트 파일을 작성해 etcd에 등록한다.

YAML 형식으로 매니페스트 파일 작성

파드나 서비스에 대한 설정을 쿠버네티스에서는 **매니페스트**^{manifest}라고 한다. 또 이를 적은 파일을 **매니페스트 파일(정의 파일)**이라고 한다. 매니페스트 파일은 **YAML 또는 JSON 형식**으로 기재한다.

YAML 형식 파일은 7장에서 도커 컴포즈를 배우면서 이미 본 적이 있다. JSON 형식은 컴퓨터로 처리하는 것이 목적으로, 사람이 설정 파일을 읽고 쓴다면 YAML 파일을 주로 사용한다.

도커 컴포즈와 달리 쿠버네티스에서는 매니페스트 파일의 이름이 지정돼 있지 않다. 어떤 이름이든 상관은 없지만 다른 사람도 이해할 수 있는 이름으로 짓도록 하자. 그냥 'Kubernetes'라든가 'test', 'Docker', 'zoozooSystem(시스템 이름)', 'zoozoo(회사 이름)' 같은 식으로 **대충 붙이면 안 된다**. 업무와 관련된 것이라면 회사에 문의하도록 한다.

쿠버네티스 정의 파일

항목	내용
파일 형식	YAML 형식(.yml)
파일 이름	임의의 이름

 -- 매니페스트 파일은 리소스 단위로 작성한다 ----------------------

매니페스트 파일은 리소스 단위로 작성한다. 리소스는 파드나 서비스, 디플로이먼트, 레플리카세트 등을 가리킨다. 8-4절에서 네 가지 리소스에 대해 설명했는데, 초보자 수준에서 다루게 될 리소스는 '서비스'나 '디플로이먼트' 정도다. 이 두 가지를 함께 사용한다.

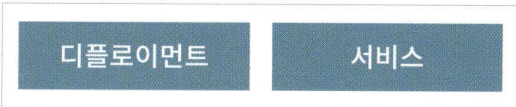

그림 8-5-2 초보자가 다루는 주요 리소스는 두 가지다.

'파드' 항목은 사용하지 않는다. 파드를 사용하긴 할 텐데, 파드 항목을 작성하지 않는다니 이상하게 들릴 것이다. '파드' 항목은 정말로 파드만을 만들 때 사용하는 항목이다. '파드' 항목에는 쿠버네티스 최대의 특징인 '자동으로 설정된 개수를 유지하는' 기능이 없다. 개수를 유지하는 기능은 디플로이먼트나 레플리카세트에서 담당하므로 파드가 아닌 '디플로이먼트'를 만들어야 한다. '레플리카세트' 역시 디플로이먼트에 의해 개수가 관리되므로 항목으로 작성하지 않는다. 요약하자면 '디플로이먼트' 항목에 레플리카세트와 파드가 포함돼 있는 것이다.

예를 들어, 아파치 파드를 만들려면 '아파치 디플로이먼트'와 '아파치 서비스' 이렇게 두 개의 리소스를 작성하면 된다.

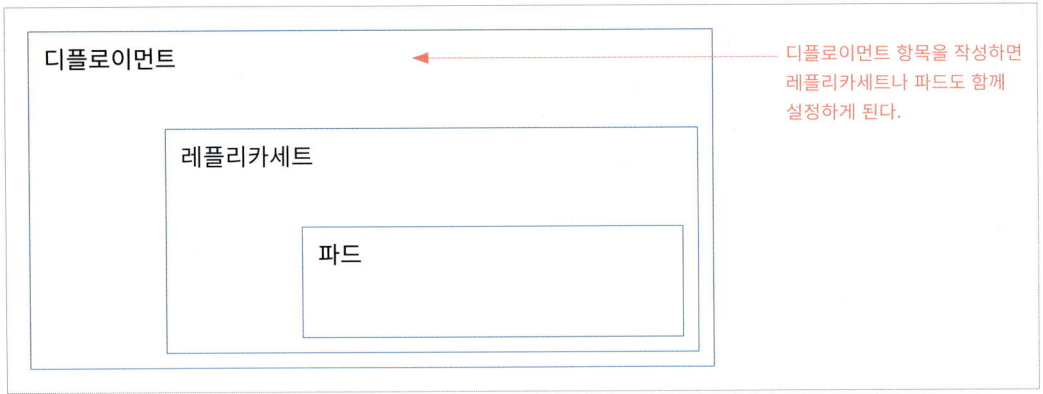

그림 8-5-3 '레플리카세트'와 '파드'는 '디플로이먼트'에서 설정할 수 있다.

매니페스트 파일은 여러 파일로 분할할 수 있다

매니페스트 파일은 리소스 단위로 분할해 작성해도 되고, 한 파일에 합쳐 작성해도 된다. 한 파일로 작성할 때는 각 리소스를 '---'로 구분한다. 리소스 단위로 파일을 나눌때는 각 리소스를 구별할 수 있도록 이름을 붙인다.

뒤의 실습에서는 파일을 분할해 작성한다. 한 파일로 합쳐 작성해보고 싶다면 시도해보기 바란다.

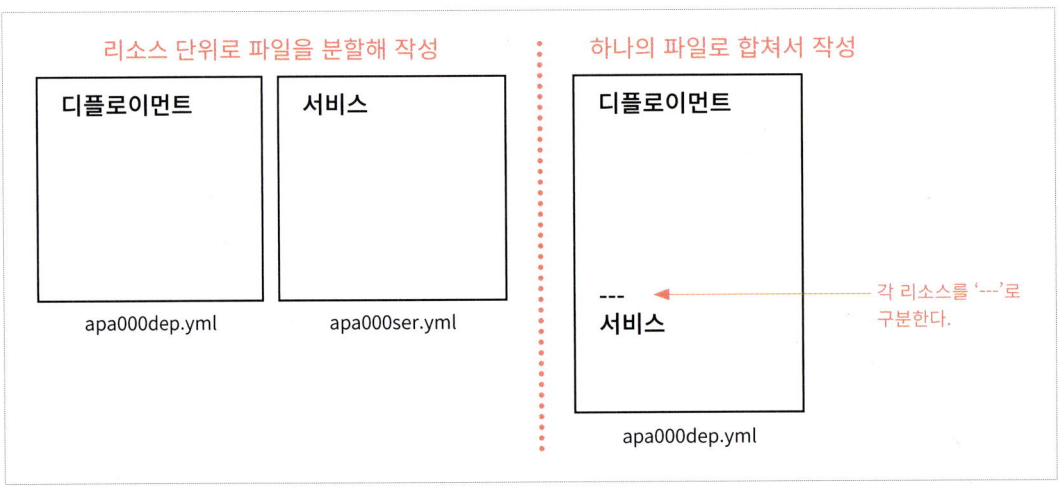

그림 8-5-4 매니페스트 파일은 리소스 단위로 분할하거나 한 파일로 작성할 수 있다.

매니페스트 파일로 작성할 내용

매니페스트 파일도 내용이 복잡하므로 실습 전에 먼저 작성할 내용을 설명하겠다. 잘 이해되지 않는 부분은 작성하면서 이해될 수도 있으므로 292쪽의 실습 전까지 훑어보듯 읽어도 괜찮다.

매니페스트 파일에도 컴포즈 파일과 마찬가지로 주 항목이 있다. 주 항목은 네 가지다. 'apiVersion:'과 'kind:'는 리소스를 정의하며, 'metadata:'는 메타데이터 작성, 'spec:'은 리소스의 내용을 작성하는 데 사용한다.

매니페스트 파일의 예(주 항목만)

```
apiVersion:     ← API 그룹 및 버전
kind:           ← 리소스 유형
metadata:       ← 메타데이터
spec:           ← 리소스 내용
```

리소스 설정(API 그룹 및 유형)

리소스를 정의하려면 먼저 API 그룹[24]과 리소스 유형을 지정해야 한다. 지정하는 내용은 아래의 내용을 참고해 작성한다. 집필 후 변경됐을 가능성이 있으므로 실제로 구축할 때는 공식 사이트를 확인하자.

자주 사용되는 리소스의 API 그룹 및 리소스 유형

리소스	API 그룹 / 버전	리소스 유형
파드	core/v1(v1으로 축약 가능)	Pod
서비스	core/v1(v1으로 축약 가능)	Service
디플로이먼트	apps/v1	Deployment
레플리카세트	apps/v1	ReplicaSet

자세한 내용은 공식 참조문서의 리소스 유형[25]을 참조

---

[24] 그룹이나 버전은 변경될 수 있으므로 따로 확인이 필요하다.
[25] 최신 정보를 알려면 kubectl api-resources 명령을 사용한다.

메타데이터와 스펙

매니페스트 파일에는 메타데이터(metadata)[26]와 스펙(spec)을 기재한다.

메타데이터에는 리소스의 이름이나 레이블(뒤에 설명함)을 기재한다. 초보자 수준에서는 name(이름을 붙임)과 label(레이블을 붙임) 항목을 이해하면 된다. 그 밖에는 필요할 때 배워도 좋다.

스펙은 리소스의 내용을 정의한다. 요약하자면 '어떤 리소스를 만들 것인가'에 해당하는 부분이다. 스펙에서 설명하는 항목은 리소스의 유형에 따라 달라지므로 나중에 설명하겠다.

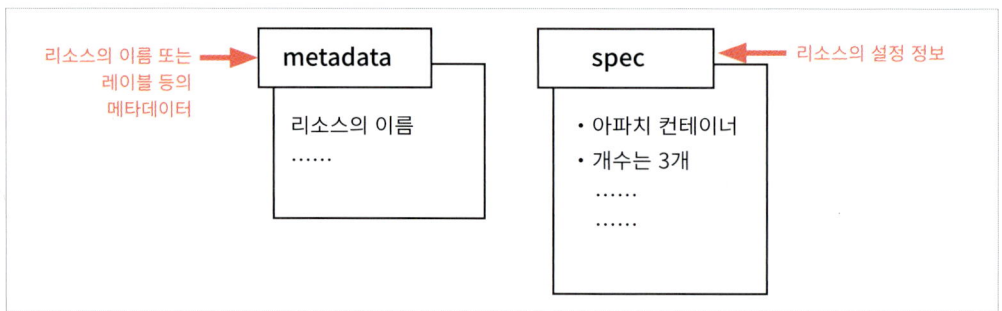

그림 8-5-5 메타데이터와 스펙

주요 메타데이터

항목	내용
name	리소스의 이름. 문자열로 된 유일 식별자.
namespace	리소스를 세분화한 DNS 호환 레이블
uid	유일 식별자
resourceVersion	리소스 버전
generation	생성 순서를 나타내는 번호
creationTimestamp	생성 일시
deletionTimestamp	삭제 일시
labels	임의의 레이블
anotation	리소스에 설정할 값. 선택 대상은 되지 못한다.

---

[26] 메타(meta)는 고차원 또는 '다른 차원의'라는 뜻이다. 자신이 아닌 다른 존재가 자신을 어떻게 다뤄야 하는가에 대한 정보를 말한다.

레이블과 셀렉터

파드나 서비스 같은 리소스에 원하는 **레이블**을 붙일 수 있다. 레이블은 키-값 쌍의 형태로 메타데이터로 설정한다. 레이블을 부여하면 셀렉터 기능을 사용해 특정 레이블이 부여된 파드만을 배포하는 등 특정 파드를 선택해 설정할 수 있다.

뒤에 있을 실습에서는 파드가 많이 나오지 않아서 잘 감이 오지 않을 수도 있겠지만, 예를 들어 '펭귄 시스템', '바다코끼리 시스템'이라는 서비스를 운영하는 회사가 '골드 회원', '실버 회원', '알루미늄 회원'의 등급별로 파드를 나눴다고 생각해보자. 이를 레이블로 관리한다면 '펭귄 시스템'과 관련된 파드, '골드 회원'과 관련된 파드를 지정해 액션을 취할 수 있다(그림 8-5-6).

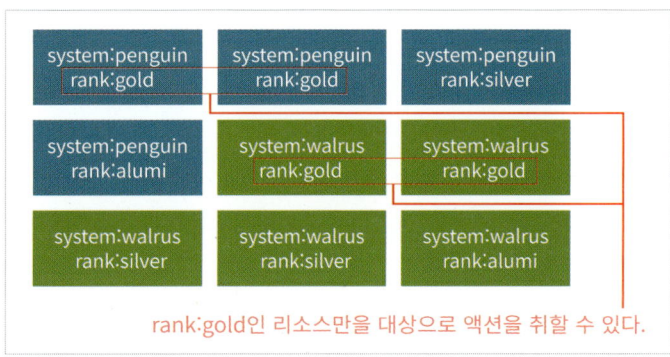

그림 8-5-6 레이블로 특정 리소스를 선택할 수 있다.

메타데이터와 스펙 작성(1) - 파드

매니페스트 파일의 API 그룹(apiVersion)이나 리소스 유형(kind)은 작성할 내용이 정형화돼 있지만 메타데이터(metadata)나 스펙(spec)은 리소스의 유형이나 설정 내용에 따라 작성 내용이 달라진다. 파드, 디플로이먼트, 서비스를 대상으로 메타데이터와 스펙을 작성하는 방법을 설명하겠다.

지금 설명하는 내용

```
apiVersion:
kind:
metadata:      ← 여기
spec:          ← 여기
```

05 _ 매니페스트 파일(정의 파일) 작성 | 289

앞서 설명했듯이 파드는 단독으로 매니페스트 파일이 기재되는 경우가 드물며, 대부분 디플로이먼트에 포함되는 형태로 기재된다. 그러므로 디플로이먼트의 매니페스트 파일은 여러 계층으로 복잡해서 한 번에 작성하려고 하면 혼란스럽기 쉽다.

우선 파드가 무엇인지 설명한 다음, 이를 디플로이먼트 안에 기재하는 형태로 진행하겠다.

작성할 내용은 주항목 'metadata:'와 'spec:' 아래에 들여쓰기로 하위 항목(중항목, 소항목)을 작성한다. 이건 컴포즈 파일을 작성할 때도 배웠다.

파드는 중항목이 세 개다. 메타데이터 아래로 name과 labels, 스펙 아래의 containers에 컨테이너 구성을 기재한다. 원래 volumes 항목도 있지만 작성하지 않는 경우도 많아서 이번에는 생략했다.

그리고 containers 항목 아래에 소항목 name, image, ports가 포함된다.

파드의 메타데이터 및 스펙의 중항목과 소항목

```
metadata:
  name:         ← (중항목) 파드의 이름
  labels:       ← (중항목) 레이블
spec:
  containers:   ← (중항목) 컨테이너 구성
    - name:     ← (소항목) 컨테이너 이름
      image:    ← (소항목) 이미지 이름
      ports:    ← (소항목) 포트 설정
```

이 내용은 최소한의 내용이므로 실제로는 좀 더 설정 항목이 늘어난다.

여기서 주의할 점은 name이다. containers 항목에서 지정한 이름은 컨테이너의 이름이다. 그 위에 있는 metadata 아래의 name은 파드의 이름이다. 파드는 '컨테이너와 볼륨'을 묶은 것이라고 설명했었다. 아이돌 그룹에 비유하자면 파드는 그룹명, 컨테이너는 멤버 이름과 같다.

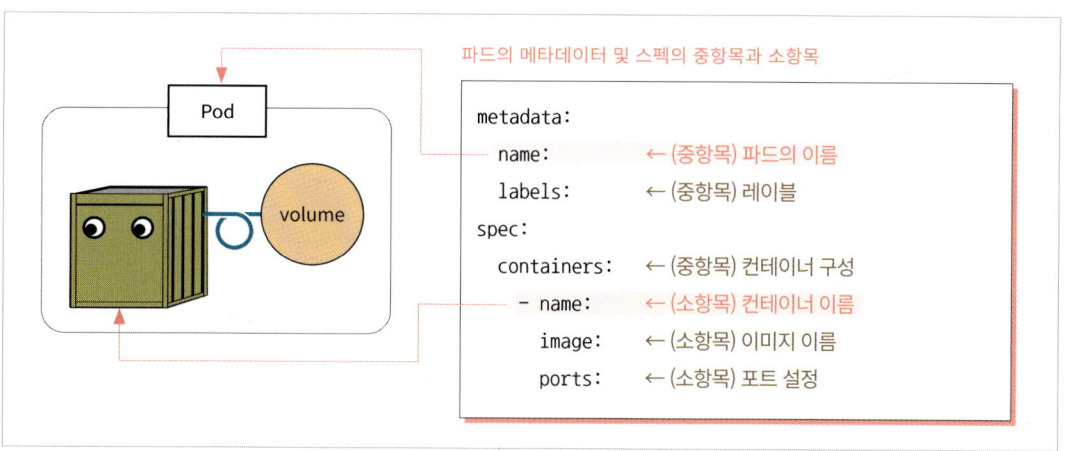

그림 8-5-7 metadata의 name 항목과 containers의 name 항목은 다른 것이다.

파드의 작성 항목

파드 아래에 작성 항목을 정리했다. 주항목 아래에 중항목과 소항목을 들여쓰고, 컨테이너 정보는 containers 아래에 작성하는 형태라고 기억하면 된다.

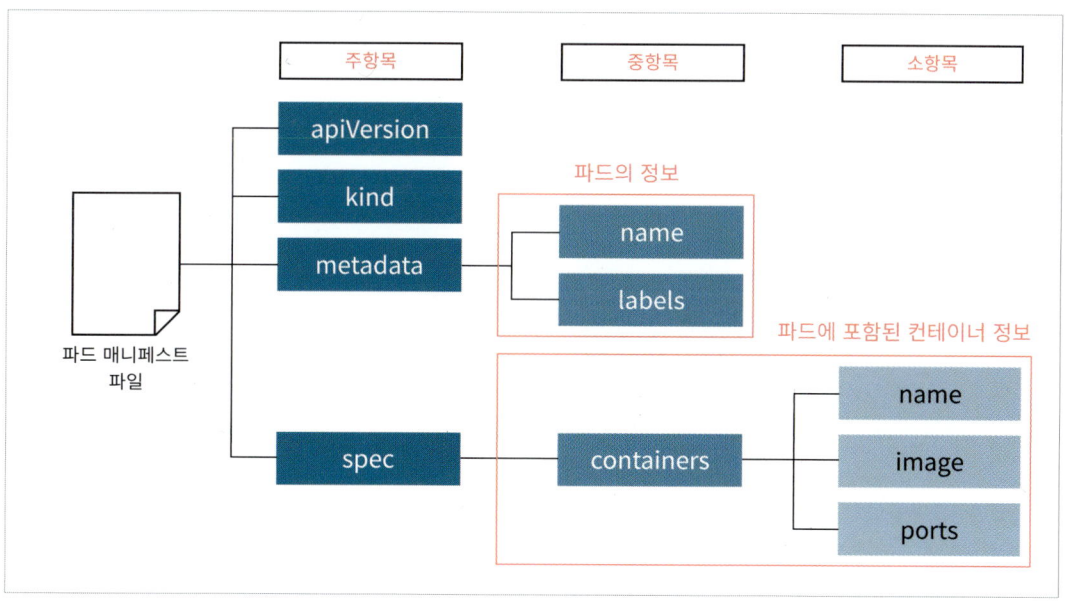

그림 8-5-8 파드 매니페스트 파일의 작성 항목

05 _ 매니페스트 파일(정의 파일) 작성 | 291

> **COLUMN : Level ★★★   파드 속의 볼륨**
>
> 파드 속에 있는 볼륨은 앞에서 설명했듯이 파드에 포함된 컨테이너끼리 데이터를 공유하기 위한 것이다. 예를 들어, 주 프로그램이 있고, 이 프로그램이 어떤 로그를 출력한다고 하자. 그리고 이 로그를 모니터링하면서 문제가 발생하면 알려주는 프로그램이 있다고 하자.
> 이 상황에서 '주 프로그램이 들어있는 컨테이너'와 '로그 모니터링 프로그램이 들어있는 컨테이너'를 하나의 파드로 구성하고, 로그를 출력할 볼륨을 만들어 이 볼륨을 공유하게 하면 두 컨테이너가 로그 정보를 공유할 수 있다.
> 파드 속의 볼륨은 파드 밖에서는 접근할 수 없으므로 위의 예에서 보듯 컨테이너 간의 데이터 공유를 위해 주로 사용된다.

 [실습] 매니페스트 파일 작성(1) – 파드

직접 파드의 매니페스트 파일을 작성해보자. 이번에도 익숙한 아파치 컨테이너를 대상으로 한다. 파드는 단독 매니페스트 파일을 작성하는 경우가 드물지만 이 뒤에 작성할 디플로이먼트의 매니페스트 파일에서 내용을 거의 그대로 사용하게 되므로 밑바탕으로 작성한다. 실습의 최종 결과는 디플로이먼트와 서비스에 해당하는 두 개의 매니페스트 파일을 작성하는 것이므로 이 파일은 그 밑바탕이 되는 것이기 때문에 디플로이먼트의 매니페스트 파일을 작성한 후 삭제한다.

매니페스트 파일은 YAML 형식을 따른다. YAML 파일을 작성하는 방법을 잊었다면 7장의 234쪽으로 돌아가 확인하기 바란다. 특히 들여쓰기 방법이 독특하니 주의해야 한다.

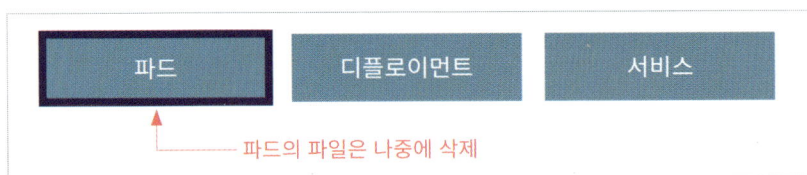

그림 8-5-9 우선 파드의 매니페스트 파일을 작성하자.

 **실습 내용**

생성할 파드와 컨테이너 정보

항목	값
API 그룹/버전	v1(그룹 생략)
리소스 유형	Pod
파드 이름	apa000pod
레이블	app: apa000kube
컨테이너 이름	apa000ex91
이미지 이름	httpd
포트 설정	containerPort: 80

생성할 매니페스트 파일의 이름 및 파일 배치 경로

매니페스트 파일의 이름은 원하는대로 지을 수 있다. 예제에서는 apa000pod.yml이라는 이름을 사용했다. 또한 파일의 경로도 직접 경로를 지정할 수 있는 위치라면 어디라도 상관없다. 예제에서는 이해를 돕기 위해 지금까지 계속 사용했던 kube_folder를 만들어 그 안에 매니페스트 파일을 뒀다.

항목	값
파일 이름	apa000pod.yml
파일 경로(윈도우)	C:\Users\사용자명\Documents\kube_folder
파일 경로(macOS)	/Users/사용자명/Documents/kube_folder
파일 경로(리눅스)	/home/사용자명/kube_folder

단계 apa000pod.yml 파일 생성

메모장 등의 텍스트 에디터로 매니페스트 파일을 작성한다. 리눅스에서는 nano 에디터[27]를 사용하자. 파일 이름은 apa000pod.yml로 지정한다. 파일은 지금까지 사용하던 위치에 kube_folder 폴더를 만들어 이 안에 둔다.

---

27 부록을 참고해 nano 에디터로 apa000pod.yml 파일을 만들어 내용을 작성한다.

단계 ② 주 항목 기재

apa000pod.yml 파일에 필요한 주 항목(apiVersion, kind, metadata, spec)을 기재한다.

✏️ **apa000pod.yml의 내용(1)**
```
apiVersion:
kind:
metadata:
spec:
```

단계 ③ apiVersion, kind 항목의 설정값 기재

apiVersion의 설정값은 'v1', kind의 설정값은 'Pod'를 기재한다.

✏️ **apa000pod.yml의 내용(2)**
```
apiVersion:␣v1
kind:␣Pod
metadata:
spec:
```

단계 ④ metadata 설정값 기재

metadata 항목 아래로 파드의 이름(name)을 설정한다. 파드의 이름은 apa000pod다. 또 레이블(label)은 'app: apa000kube'로 한다.

✏️ **apa000pod.yml의 내용(3)**
```
apiVersion:␣v1
kind:␣Pod
metadata:
␣␣name:␣apa000pod
␣␣labels:
␣␣␣␣app:␣apa000kube
spec:
```

단계 5 -- spec 설정값 기재

spec 항목 아래로 생성할 컨테이너의 정보(name, image, ports)를 설정한다. 컨테이너의 이름은 'apa000ex91', 이미지는 'httpd', 포트 설정은 'containerPort: 80'으로 설정한다.

✎ apa000pod.yml의 내용(4)
```
apiVersion: v1
kind: Pod
metadata:
  name: apa000pod
  labels:
    app: apa000kube
spec:
  containers:
    - name: apa000ex91
      image: httpd
      ports:
        - containerPort: 80
```

단계 6 -- 파일 저장

단계 5의 내용과 작성된 파일의 내용을 비교해보고 이상이 없다면 파일을 저장한다[28]. 공백의 개수나 위치, 콜론의 유무에 주의해서 확인해야 한다.

 메타데이터와 스펙 작성(2) - 디플로이먼트

이어서 이번에는 디플로이먼트의 매니페스트 파일을 작성해 보겠다. 자세한 내용은 실습과 함께 설명할 것이므로 지금은 대강의 이론만 설명하겠다. 파드가 아이돌 그룹이고 컨테이너는 개인 멤버라면 디플로이먼트는 소속사에 비유할 수 있다. 디플로이먼트의 스펙은 템플릿의 형태로 파드의 설정을 기재한다.

---

[28] 작성한 매니페스트 파일에 오류가 의심된다면 이 책의 홈페이지에서 예제 파일을 내려받아 비교해 보자.

디플로이먼트의 항목

```
apiVersion:
kind:
metadata:
  name:              ← (중항목) 디플로이먼트 이름
spec:
  selector:          ← (중항목) 셀렉터 설정
    matchLabels:     ← (소항목) 셀렉터가 선택할 관리 대상 레이블
  replicas:          ← (중항목) 레플리카 설정
  template:          ← (중항목) 템플릿 (파드의 정보)
    metadata:        ← (소항목) 파드의 메타데이터를 기재
    spec:            ← (소항목) 파드의 스펙을 기재
```

 셀렉터(selector)의 설정

디플로이먼트가 특정한 레이블이 부여된 파드를 관리할 수 있도록 하는 설정이다. 'matchLabels:'[29] 뒤로 레이블을 기재한다. 이 레이블은 template 아래의 metadata에 기재된 것이다.

 레플리카(Replica)의 설정

파드의 레플리카에 대한 관리다. 파드 수를 '몇 개로 유지'할 것인지 설정한다. 이 값을 0으로 설정하면 파드가 사라진다.

 템플릿(template) 작성

생성할 파드의 정보를 여기에 기재한다. 기재 내용은 파드에 기재된 내용(메타데이터 및 스펙)과 거의 같다. 다만 파드에서 지정했던 '파드 이름'은 설정하지 않는다. 설정해도 문제는 없지만 파드의 수가 늘어나면 레이블로 관리하는 경우가 많기 때문에 그리 필요가 없다. 앞에서 봤듯이 항목만 나열했을 뿐 그리 어려울 것 같지 않지만 실제 설정을 작성하다보면 spec을 두 번 작성한다거나 name이 어느 대상의 이름인지 헷갈리기 쉽다. 혼동이 온다면 그림 8-5-10을 확인하자.

---

[29] 디플로이먼트에서 쓰이는 셀렉터는 암묵적으로 레이블셀렉터(LabelSelector)가 쓰이므로 'matchLabels:'를 반드시 지정해야 한다. 대신 'matchExpressions:'를 사용할 수도 있다. 뒤에 설명할 서비스에서는 레이블셀렉터가 암묵적으로 사용되지 않으므로 'matchLabels:'를 사용할 수 없다. 자세한 사항은 304쪽의 "셀렉터: matchLabels의 수수께끼" 칼럼을 참고한다.

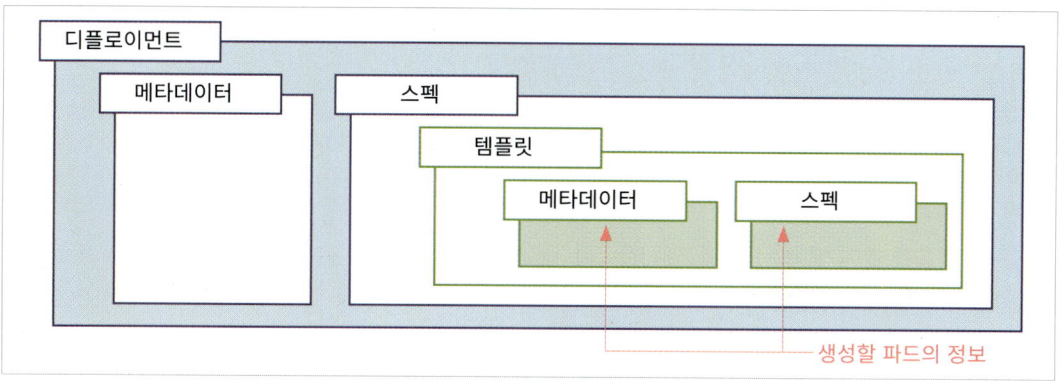

그림 8-5-10 디플로이먼트 정의 파일의 얼개

디플로이먼트의 기재 항목

디플로이먼트에서 기재되는 항목을 정리했다. 주항목 아래에 중항목, 소항목이 열거돼 있으며, 파드의 정보는 template 아래에 포함된 형태로 작성된다고 기억하면 된다.

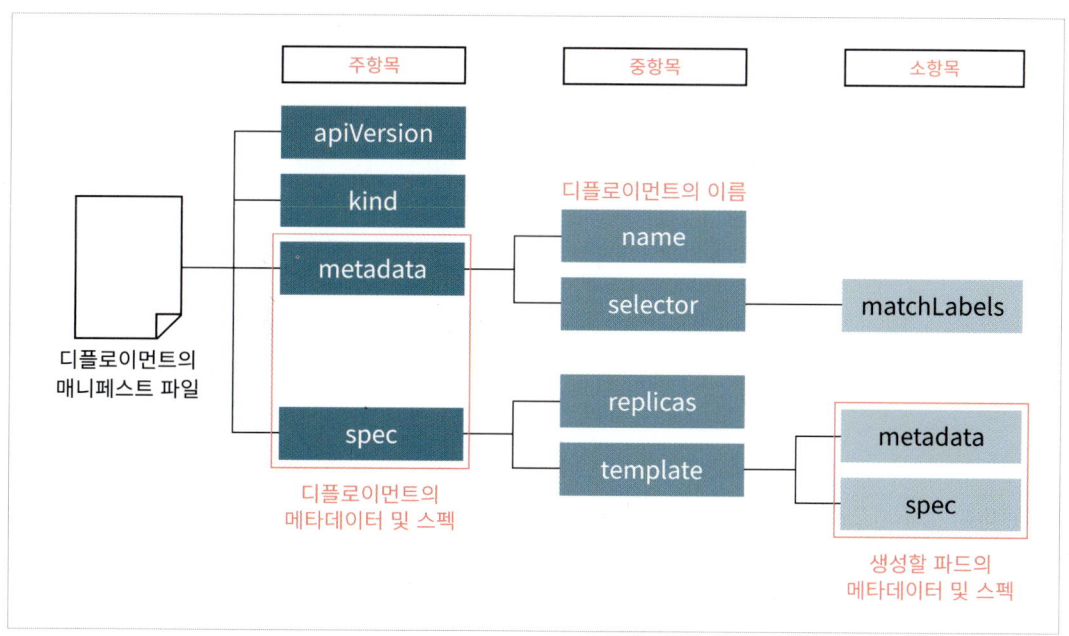

그림 8-5-11 디플로이먼트 매니페스트 파일의 기재 항목 및 내용

[실습] 매니페스트 파일(정의 파일) 작성(2) - 디플로이먼트

디플로이먼트의 매니페스트 파일을 작성해 보겠다. 소재는 이번에도 아파치다. 디플로이먼트는 마트료시카 인형과 같은 구조로 돼 있어 앞에서 작성했던 파드의 내용을 거의 그대로 template 항목 안에 붙여 넣는다. 내용을 붙여 넣고 나면 파드의 매니페스트 파일은 삭제해도 된다. 컨테이너를 세 개 만들 것이므로 레플리카 수는 '3'으로 한다.

그림 8-5-12 디플로이먼트의 매니페스트 파일을 작성한다.

 실습 내용

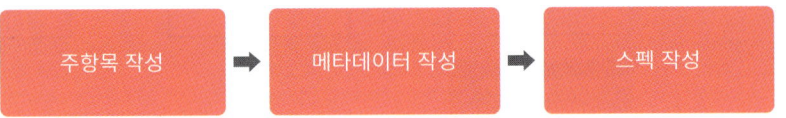

 생성할 디플로이먼트와 컨테이너 정보/매니페스트 파일의 이름

항목	값
API 그룹 / 버전	apps/v1
리소스 유형	Deployment
파드 이름	apa000dep
셀렉터로 대상을 지정할 레이블	app: apa000kube
레플리카(파드) 수	3
컨테이너 이름	apa000ex91
이미지 이름	httpd
컨테이너 포트 설정	containerPort: 80

항목	값
매니페스트 파일 이름	apa000dep.yml

파일의 위치는 293쪽을 참조

단계 1 -- apa000dep.yml 파일 생성

메모장 등의 텍스트 에디터로 매니페스트 파일을 작성한다. 파일 이름은 apa000dep.yml로 한다. 파일은 지금까지 사용하던 위치에 kube_folder 폴더를 만들어 이 안에 둔다.

단계 2 -- 주 항목 기재

필요한 주 항목(apiVersion, kind, metadata, spec)을 기재한다.

✎ apa000dep.yml의 내용(1)
```
apiVersion:
kind:
metadata:
spec:
```

단계 3 -- apiVersion, kind 항목의 설정값 기재

apiVersion의 설정값은 'apps/v1', kind의 설정값은 'Deployment'를 기재한다.

✎ apa000dep.yml의 내용(2)
```
apiVersion: apps/v1
kind: Deployment
metadata:
spec:
```

단계 4 -- metadata 설정값 기재

metadata 항목 아래로 디플로이먼트의 이름(name)을 설정한다. 디플로이먼트의 이름은 apa000dep다.

✎ apa000dep.yml의 내용(3)
```
apiVersion: apps/v1
kind: Deployment
metadata:
  name: apa000dep
spec:
```

단계 5 -- spec 항목에 셀렉터와 레플리카 수 설정

spec 항목 아래로 selector와 replicas를 설정한다. selector는 'matchLabels:' 뒤로 'app: apa000kube' (파드에서 사용했던 레이블)로 지정한다. replicas는 컨테이너가 세 개가 되도록 '3'으로 설정한다.

✎ apa000dep.yml의 내용(4)

```
apiVersion:_apps/v1
kind:_Deployment
metadata:
__name:_apa000dep
spec:
__selector:
____matchLabels:
_____app:_apa000kube
__replicas:_3
```

단계 6 -- spec 아래의 template 항목에 파드 매니페스트 파일 내용을 옮기기

레플리카 수에 이어서 spec 항목 아래에 템플릿 항목을 작성한다. template 항목에는 우리가 생성할 컨테이너의 정보를 설정한다. 설정 내용은 295쪽에서 생성한 파드와 거의 같다. 내용을 붙여넣을 때는 들여쓰기가 어긋나지 않게 주의한다. 그리고 template 항목 아래의 metadata에는 이름을 기재하지 않는다. 내용을 모두 옮겼으면 파드의 매니페스트 파일은 삭제하자. 공백 문자에 다시 한번 주의한다.

✎ apa000dep.yml의 내용(5)

```
apiVersion:_/v1
kind:_Deployment
metadata:
__name:_apa000dep
spec:
__selector:
____matchLabels:
_____app:_apa000kube
__replicas:_3
__template:
____metadata:
_____labels:
_____app:_apa000kube
____spec:
```

```
      containers:
      - name: apa000ex91
        image: httpd
        ports:
        - containerPort: 80
```

단계 파일 저장

단계 6의 내용과 작성된 파일의 내용을 비교해보고 이상이 없다면 파일을 저장한다. 공백의 개수나 위치, 콜론의 유무에 주의해서 확인해야 한다. 특히 template 항목 아래의 들여쓰기가 정확한지 확인한다.

메타데이터와 스펙 작성(3) – 서비스

디플로이먼트의 매니페스트 파일 작성이 끝났으니 이번에는 서비스의 매니페스트 파일을 작성할 차례다. 디플로이먼트와 서비스는 거의 세트라고 생각해도 좋다. 서비스의 매니페스트 파일은 디플로이먼트보다 간단하다. 서비스의 역할은 파드로 들어오는 요청을 관리하는 것이므로 설정 내용도 통신과 관련된 것이다.

서비스의 항목

```
apiVersion:
kind:
metadata:
  name:            ← (중항목) 서비스의 이름
spec:
  type:            ← (중항목) 서비스의 유형
  ports:           ← (중항목) 포트 설정
  - port:          ← (중항목) 서비스의 포트
    targetPort:    ← (소항목) 컨테이너의 포트
    protocol:      ← (소항목) 통신에 사용되는 프로토콜
    nodePort:      ← (소항목) 워커 노드의 포트
  selector:        ← (중항목) 셀렉터 설정
```

유형(type) 설정

유형은 서비스의 종류를 말한다. 다시 말해 외부로부터 서비스에 **어떤 유형의 IP 주소(또는 DNS)로 접근할지를** 설정한다.

	유형 이름	내용
①	ClusterIP	클러스터IP를 통해 서비스에 접근하도록 함(외부에서는 접근 불가)
②	NodePort	워커 노드의 IP를 통해 서비스에 접근하도록 함
③	LoadBalancer	로드밸런서의 IP를 통해 서비스에 접근하도록 함
④	ExternalName	파드에서 서비스를 통해 외부로 나가기 위한 설정

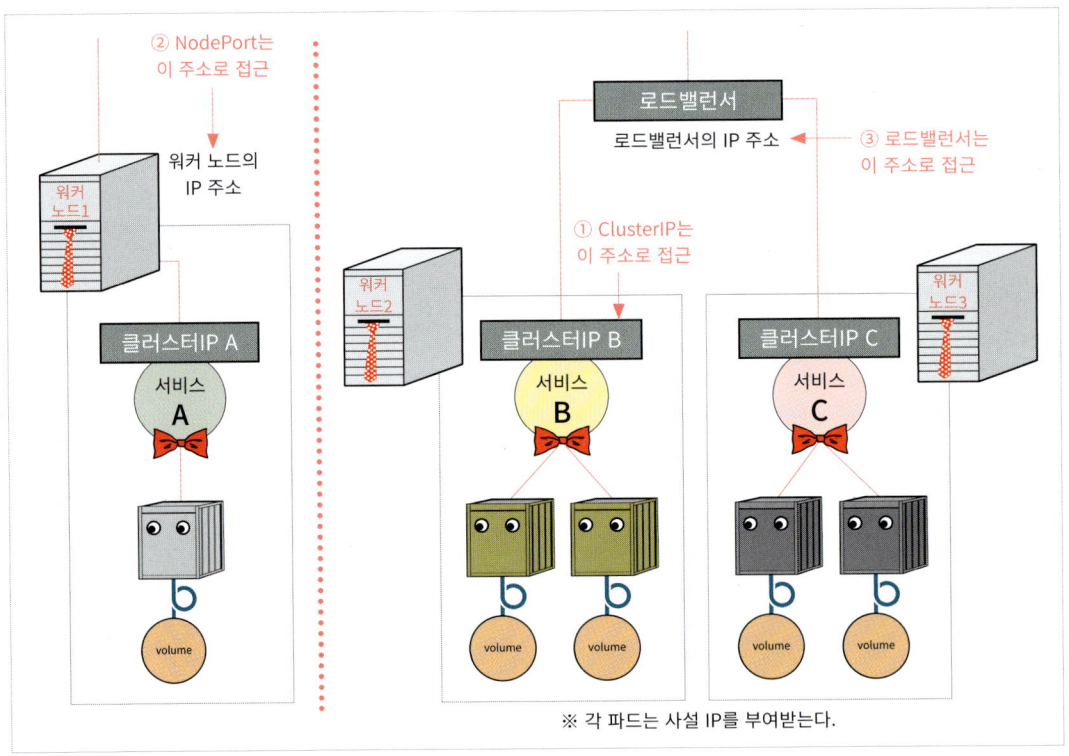

그림 8-5-13 유형 설정 항목과 의미

유형 이름을 'ClusterIP'로 설정하면 클러스터IP를 통해 서비스에 접근할 수 있다. 클러스터IP는 사설 IP 주소가 설정돼 있어서 클러스터 내부의 통신에만 사용할 수 있다.

사용자를 웹 사이트에 접근시키려면 유형 이름을 'LoadBalancer'로 하고 로드밸런서의 IP 주소로 접근하게 한다. 실제로도 **실무에서는 'LoadBalancer'로 설정하는 경우가 대부분**이다.

유형 이름을 'NodePort'로 설정하면 워커 노드에 직접 접근할 수 있다. 조금 특수한 경우로, 워커 노드가 직접 무언가를 처리하는 구성을 취했거나 개발 목적 등 특정 워커 노드에 접근해야 할 경우에 사용한다.

이번 실습에서는 도커 데스크톱과 Minikube 모두 로드밸런서가 없기 때문에 이 설정(NodePort)을 사용한다.

내부에서 외부로 접근해야 할 경우에는 유형 이름을 ExternalName으로 한다.

 포트 설정

포트 설정을 설명하겠다. 우선 그림을 먼저 보도록 하자.

port는 서비스, nodePort는 워커 노드, 'targetPort는 컨테이너의 포트를 각각 설정한다. nodePort에는 30000과 32767 사이의 값을 설정할 수 있다.

protocol(프로토콜)은 통신 프로토콜을 말한다. 일반적으로 TCP를 사용하므로 TCP로 설정한다.

	항목	내용
①	port	서비스의 포트
②	nodePort	워커 노드의 포트
③	targetPort	컨테이너 포트

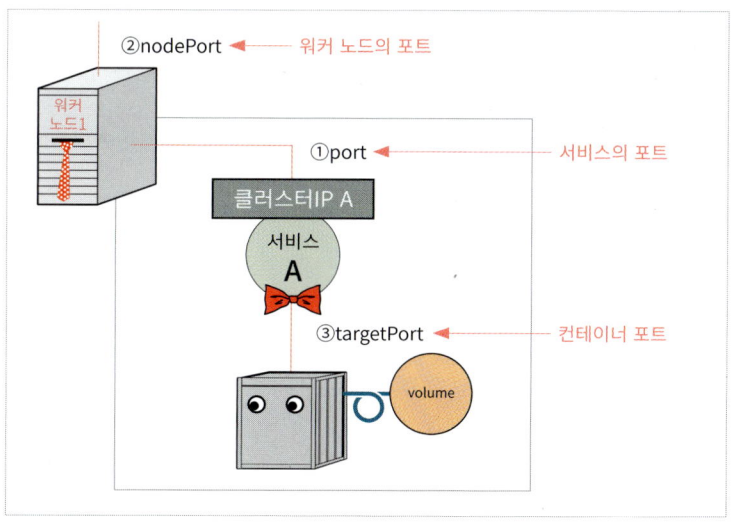

그림 8-5-14 포트 설정 항목의 의미

셀렉터(selector) 설정

셀렉터는 디플로이먼트에서 설명했듯이 서비스가 특정 레이블이 부여된 파드를 선택적으로 관리하기 위한 설정이다. 레이블은 파드나 디플로이먼트에서 컨테이너 부분의 설정에 지정된 레이블을 사용한다.

다만 디플로이먼트에서는 'matchLabels:'가 필수 항목인 데 비해 **서비스에서는 'matchLabels:'를 사용해서는 안 된다**.

COLUMN : Level ★★★   셀렉터: matchLabels의 수수께끼

디플로이먼트나 서비스 모두 셀렉터를 사용해 파드를 지정한다.
그러나 그 방식에는 차이가 있다. 디플로이먼트에서는 matchLabels로 레이블을 지정하는 데 비해 서비스에서는 이를 사용하지 않는다. 설정 이름은 똑같이 셀렉터이지만 암묵적으로 내부 동작이 다르기 때문이다.
디플로이먼트는 셀렉터를 설정하면 '레이블셀렉터'를 사용하며, '이 조건에 부합할 때'와 같은 설정이 가능하지만 서비스는 리소스를 직접 지정하기 때문에 해당 레이블을 그대로 기재해야 한다.

[실습] 매니페스트 파일 작성(3) – 서비스

서비스의 매니페스트 파일을 작성해보겠다. 앞에서 설명했듯이 서비스는 파드에 대한 접근을 관리한다. 그러므로 포트 등 통신과 관련된 내용을 기재한다.

그림 8-5-15 서비스의 매니페스트 파일을 작성한다.

실습 내용

생성할 서비스와 컨테이너 정보/매니페스트 파일의 이름

항목	값
API 그룹/버전	v1
리소스 유형	Service
서비스 이름	apa000ser
셀렉터로 대상을 지정할 레이블	app: apa000kube
서비스 유형	NodePort
서비스 포트	8099
컨테이너 포트	80
노드 포트	30080
프로토콜	TCP
매니페스트 파일 이름	apa000ser.yml

파일의 위치는 293쪽을 참조

단계 1 -- apa000ser.yml 파일 생성

메모장 등의 텍스트 에디터로 매니페스트 파일을 작성한다. 파일 이름은 apa000ser.yml로 한다. 파일은 지금까지 사용하던 위치에 kube_folder 폴더를 만들어 이 안에 둔다.

단계 2 -- 주항목 기재

필요한 주항목(apiVersion, kind, metadata, spec)을 기재한다.

 apa000ser.yml의 내용(1)

```
apiVersion:
kind:
metadata:
spec:
```

단계 3 -- apiVersion, kind 항목의 설정값 기재

apiVersion의 설정값은 'v1', kind의 설정값은 'Service'를 기재한다.

✎ apa000ser.yml의 내용(2)

```
apiVersion:_v1
kind:_Service
metadata:
spec:
```

단계 ④ -- metadata 설정값 기재

metadata 항목 아래로 서비스의 이름(name)을 설정한다. 서비스의 이름은 apa000ser다.

✎ apa000ser.yml의 내용(3)

```
apiVersion:_v1
kind:_Service
metadata:
__name:_apa000ser
spec:
```

단계 ⑤ -- spec 설정값 기재

spec 항목 아래에 type, ports, selector의 설정값을 기재한다. type은 'NodePort', port는 '8099', targetPort는 80, protocol은 'TCP', nodePort는 '30080'으로 설정한다. selector에는 'app: apa000kube' (파드에 지정한 레이블)을 지정한다.

✎ apa000ser.yml의 내용(4)

```
apiVersion:_v1
kind:_Service
metadata:
__name:_apa000ser
spec:
__type:_NodePort
__ports:
__- port:_8099
____targetPort:_80
____protocol:_TCP
____nodePort:_30080
__selector:
____app:_apa000kube
```

단계 6 · 파일 저장

단계 5의 내용과 작성된 파일의 내용을 비교해보고 이상이 없다면 파일을 저장한다. 공백의 개수나 위치, 콜론의 유무에 주의해서 확인해야 한다.

CHAPTER **8**   도커 컴포즈를 익히자

SECTION **06**

쿠버네티스 명령어

이번에는 작성한 매니페스트 파일을 쿠버네티스에 읽어 들이는 방법을 설명한다. 쿠버네티스 역시 명령어를 통해 조작하는데, 이 명령어를 익히고 실제로 파드를 만들어보자.

 쿠버네티스 명령어

매니페스트 파일을 작성했으니 파일을 쿠버네티스에 읽어 들이고 실제로 파드를 생성한다. 쿠버네티스를 조작할 때는 kubectl 명령어를 사용한다. 쿠버네티스는 도커 엔진과 별개의 소프트웨어이므로 명령어도 다르다. 조작 방법은 지금까지와 마찬가지로 명령 프롬프트/터미널을 사용한다. kubectl 명령어의 형식은 다음과 같다.

kubectl 명령어의 형식

    kubectl 커맨드 옵션

커맨드를 아래 표에 정리했다. 잘 훑어보면 어디선가 본 듯한 느낌을 받을 것이다. 도커 명령어로 도커 엔진에 명령을 내리듯 kubectl 명령어로 쿠버네티스에 명령을 내리는 것이다. 따라서 커맨드와 그 기능이 모두 비슷하다.

주요 kubectl 커맨드

커맨드	내용
create	리소스를 생성
edit	리소스를 편집
delete	리소스를 삭제
get	리소스의 상태를 출력
set	리소스의 값을 설정
apply	리소스의 변경 사항을 반영

커맨드	내용
describe	상세 정보를 확인
diff	'바람직한 상태'와 '현재 상태'의 차이를 확인
expose	여러 파드에 부하를 분산하는 새로운 서비스 오브젝트를 생성
scale	레플리카 수를 변경
autoscale	자동 스케일링을 적용
rollout	롤아웃을 수행
exec	컨테이너에서 명령을 실행
run	컨테이너에서 명령을 한번 실행
attach	컨테이너에 접속
cp	컨테이너에 파일을 복사
logs	컨테이너의 로그를 화면에 출력
cluster-info	클러스터의 상세 정보를 화면에 출력
top	CPU, 메모리, 스토리지 등 시스템 자원을 확인

쿠버네티스는 명령을 하나하나 실행하며 컨테이너를 생성하는 도커와 달리, 매니페스트 파일의 내용을 따라 한 번에 모든 리소스를 생성한다. 또 '바람직한 상태'를 유지하는 과정을 직접 쿠버네티스가 제어하기 때문에 수작업으로 명령어를 입력할 일은 그리 많지 않다.

이런 이유로 초보자 수준에서는 위 표에서 볼드체로 표시된 apply, delete 등의 커맨드를 중심으로 기억하면 된다. 컨테이너를 직접 조작하는 커맨드는 어느 정도 익숙해진 다음에 배우자.

[실습] 매니페스트 파일로 파드 생성(1) - 디플로이먼트

디플로이먼트의 매니페스트 파일로 파드를 생성해보겠다. apply 커맨드로 매니페스트 파일을 읽어 들여 그 내용을 실제 리소스에 반영한다.

디플로이먼트의 매니페스트 파일로 생성되는 것은 파드이므로 직접 접근해 동작을 확인할 수 없다. 이것이 가능한 것은 서비스부터다. 따라서 여기서는 파드의 목록을 통해 생성 여부를 확인한다.

 **실습 내용**

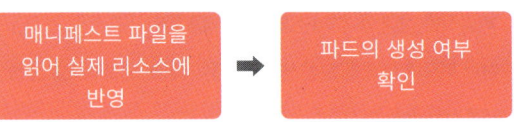

 **사용할 파일**

항목	값
파일 이름	apa000dep.yml

사용할 커맨드

커맨드	내용	옵션
apply	리소스의 변경 사항을 반영	-f
get	리소스의 상태를 화면에 출력	

단계 1 디플로이먼트의 매니페스트 파일을 읽어 들이기

매니페스트 파일(apa000dep.yml)을 쿠버네티스에 읽어 들이고 그 내용을 리소스에 반영한다.

✏️ 터미널 창에 입력할 명령(윈도우)

```
kubectl apply -f C:\Users\사용자명\Documents\kube_folder\apa000dep.yml
```

✏️ 터미널 창에 입력할 명령(macOS)

```
kubectl apply -f /Users/사용자명/Documents/kube_folder/apa000dep.yml
```

✏️ 터미널 창에 입력할 명령(리눅스)

```
kubectl apply -f /home/사용자명/kube_folder/apa000dep.yml
```

실행 결과

```
deployment.apps/apa000dep created
```

단계 ❷ ── 파드가 잘 생성됐는지 확인

파드의 목록을 화면에 출력해서 파드가 잘 생성됐는지 확인한다. 목록에 세 개의 파드가 출력되면 잘 된 것이다.

✏️ 터미널 창에 입력할 명령

```
kubectl get pods
```

실행 결과

NAME	READY	STATUS[30]	RESTARTS	AGE
apa000dep-86d48bcfdd-jwp76	0/1	ImagePullBackOff	0	54s
apa000dep-86d48bcfdd-mmjlv	0/1	ImagePullBackOff	0	54s
apa000dep-86d48bcfdd-q2qcb	0/1	ImagePullBackOff	0	54s

 [실습] 매니페스트 파일로 파드 생성(2) – 서비스

이번에는 서비스의 매니페스트 파일로 서비스를 생성해 볼 차례다. 서비스는 웹 브라우저에서 접근할 수 있으므로 우리에게 익숙한 아파치 초기 화면을 통해 확인하겠다.

 실습 내용

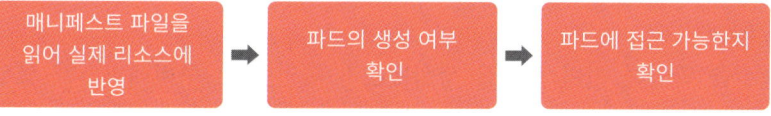

 사용할 파일

항목	값
파일 이름	apa000ser.yml

파일의 경로는 293쪽을 참조

---

30 STATUS의 값은 Running일 수도 있다.

사용할 커맨드

커맨드	내용	옵션
apply	리소스의 변경 사항을 반영	-f
get	리소스의 상태를 화면에 출력	

단계 1 - 서비스의 매니페스트 파일을 읽어 들이기

매니페스트 파일(apa000ser.yml)을 쿠버네티스에 읽어 들이고 그 내용을 리소스에 반영한다.

▸ 터미널 창에 입력할 명령(윈도우)
```
kubectl apply -f C:\Users\사용자명\Documents\kube_folder\apa000ser.yml
```

▸ 터미널 창에 입력할 명령(macOS)
```
kubectl apply -f /Users/사용자명/Documents/kube_folder/apa000ser.yml
```

▸ 터미널 창에 입력할 명령(리눅스)
```
kubectl apply -f /home/사용자명/kube_folder/apa000ser.yml
```

실행 결과
```
service/apa000ser created
```

단계 2 - 서비스가 잘 생성됐는지 확인

서비스의 목록[31]을 확인해 서비스가 잘 생성됐는지 확인한다. 쿠버네티스가 생성한 서비스인 'Kubernetes' 외에 'apa000ser' 서비스가 생성된 것을 확인할 수 있다.

▸ 터미널 창에 입력할 명령
```
kubectl get services
```

실행 결과

NAME	TYPE	CLUSTER-IP	EXTERNAL-IP	PORT(S)	AGE
kubernetes	ClusterIP	10.96.0.1	<none>	443/TCP	50m
apa000ser	NodePort	10.96.206.65	<none>	8099:30080/TCP	34m

---

31 kubectl get services는 kubectl get svc와 같이 축약할 수 있다.

단계 3 -- 동작 확인

웹 브라우저에서 `http://localhost:30080`에 접근해 아파치의 초기 화면을 확인한다.

It works!

그림 8-6-1

COLUMN : Failed 실습이 잘 되지 않을 때는

컴퓨터에 따라 서비스에 접근이 잘 되지 않는 경우가 있다. 이럴 때는 모든 파드를 삭제한 후 다시 시도해보기 바란다. 또 AWS 같은 클라우드 환경을 사용 중이라면 30080번 포트를 따로 개방해야 할 수도 있다. 이 점도 확인해 보기 바란다.

"The Service "apa000ser" is invalid: spec.ports[0].nodePort: Invalid value: 30080: provided port is already allocated" 같은 오류 메시지가 출력된다면 nodePort를 30081이나 30082 같은 다른 번호로 바꿔보자. 포트 번호를 바꾼 다음 웹 브라우저에서 접근하는 포트도 `http://localhost:30081`처럼 함께 바뀌어야 한다.

COLUMN : Level ★★★ 왜 매니페스트 파일에는 IP 주소를 기재하지 않을까?

쿠버네티스의 동작은 자신의 조직에 들어온 부하를 관리하는 것과 비슷하다. 부하로 들어오는 것은 워커 노드의 신청에 의해 이뤄지는데 이 과정에서 부하의 프로필(IP 주소)을 알게 된다. 그리고 쿠버네티스는 부하를 구별하지 않는다. "OO이는 센스가 좋으니 일을 많이 시켜야겠다" 같은 식이 아니라 그저 지금 일이 없는 사람에게 일감을 분배하는 식이다. 따라서 특정 IP 주소를 가진 워커 노드를 대상으로 지시를 내릴 일이 없는 것이다.

CHAPTER 8 | 도커 컴포즈를 익히자

SECTION
07

쿠버네티스를 연습하자

드디어 이 책의 마지막 절이다. 이번 절은 쿠버네티스의 명령어를 몇 가지 연습해보겠다. 이번 절의 실습은 모두 8-6절에서 작성한 매니페스트 파일을 사용한다. 이들 파일을 미리 준비해두기 바란다.

 [실습] 매니페스트 파일로 파드의 개수 늘리기

쿠버네티스 사용을 조금 더 연습해 보자.

쿠버네티스는 매니페스트 파일을 데이터베이스(etcd)에 읽어 들이고 이렇게 등록된 '바람직한 상태'를 유지하는 기능을 한다. '바람직한 상태'는 매니페스트 파일을 다시 읽어 들이면 덮어씌워지므로 매니페스트 파일을 수정해 다시 읽어 들여 파드의 수나 종류, 상태를 변화시킬 수 있다.

이번에는 레플리카의 수를 수정해 파드가 어떻게 변화하는지 확인해보겠다.

 실습 내용

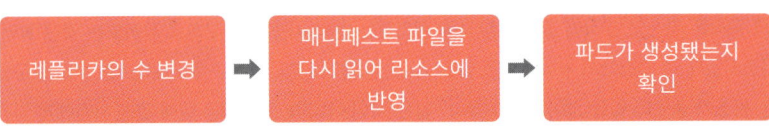

 사용할 파일

항목	값
매니페스트 파일 이름	apa000dep.yml

파일의 경로는 293쪽을 참조

사용할 커맨드

커맨드	내용	옵션
apply	리소스의 변경 사항을 반영	-f
get	리소스의 상태를 화면에 출력	

단계 1 -- 디플로이먼트의 매니페스트 파일 수정

8-6절에서 작성했던 매니페스트 파일(apa000dep.yml)에서 레플리카의 수를 '3'에서 '5'로 수정한다.

apa000dep.yml
```
apiVersion: apps/v1
kind: Deployment
metadata:
  name: apa000dep
spec:
  selector:
    matchLabels:
      app: apa000kube
  replicas: 5      ← 여기를 수정
  template:
  ...(이하 생략)...
```

단계 2 -- 매니페스트 파일 읽어 들이기

수정한 매니페스트 파일을 쿠버네티스에 읽어 들이고 그 내용을 리소스에 반영한다.

터미널 창에 입력할 명령(윈도우)
```
kubectl apply -f C:\Users\사용자명\Documents\kube_folder\apa000dep.yml
```

macOS와 리눅스는 -f 뒤에 오는 파일 경로만 수정하면 된다.

실행 결과
```
deployment.apps/apa00dep configured
```

단계 3 ·· 파드의 수가 늘어났는지 확인

파드의 목록을 화면에 출력해 새로운 파드가 생성됐는지 확인한다. 목록에서 다섯 개의 파드를 확인할 수 있다. 잘 됐다면 원하는대로 파드의 수를 변화시켜보며 연습해 보자.

✏️ 터미널 창에 입력할 명령
```
kubectl get pods
```

실행 결과

NAME	READY	STATUS	RESTARTS	AGE
apa000dep-86d48bcfdd-jwp76	0/1	Running	0	17m
apa000dep-86d48bcfdd-mmjlv	0/1	Running	0	17m
apa000dep-86d48bcfdd-q2qcb	0/1	Running	0	17m
apa000dep-86d48bcfdd-89qfb	0/1	Running	0	54s
apa000dep-86d48bcfdd-23qcu	0/1	Running	0	54s

[실습] 매니페스트 파일로 아파치를 nginx로 바꾸기

실습에서 파드의 수를 늘리는 데 성공했는가?

파드의 수 말고도 변경할 수 있는 것이 많다. 컨테이너의 종류도 바꿀 수 있다. 지금까지는 아파치 컨테이너를 생성해 왔는데, 이를 nginx 컨테이너로 바꿔보겠다. 앞의 실습에서 사용한 파일을 그대로 사용한다. 다만 이미지 이름을 httpd에서 nginx로 수정하기만 하면 된다. 간단하지 않은가?

 실습 내용

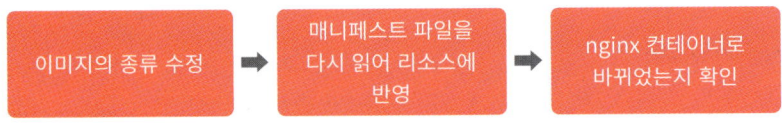

이미지의 종류 수정 → 매니페스트 파일을 다시 읽어 리소스에 반영 → nginx 컨테이너로 바뀌었는지 확인

 사용할 파일

항목	값
매니페스트 파일 이름	apa000dep.yml

파일의 경로는 293쪽을 참조

사용할 커맨드

커맨드	내용	옵션
apply	리소스의 변경 사항을 반영	-f
get	리소스의 상태를 화면에 출력	

단계 1 -- 디플로이먼트의 매니페스트 파일 수정

8-6절에서 작성했던 매니페스트 파일(apa000dep.yml)에서 image 항목의 값을 'httpd'에서 'nginx'로 수정한다.

📝 apa000dep.yml

```
...(생략)...
spec:
...(생략)...
␣␣␣␣spec:
␣␣␣␣␣␣containers:
␣␣␣␣␣␣-␣name:␣apa000ex91
␣␣␣␣␣␣␣␣image:␣nginx         ← 여기를 수정
␣␣␣␣␣␣␣␣ports:
␣␣␣␣␣␣␣␣-␣containerPort:␣80
```

단계 2 -- 매니페스트 파일을 읽어 들이기

수정한 매니페스트 파일을 쿠버네티스에 읽어 들이고 그 내용을 리소스에 반영한다.

📝 터미널 창에 입력할 명령(윈도우)

```
kubectl apply -f C:\Users\사용자명\Documents\kube_folder\apa000dep.yml
```

macOS와 리눅스는 -f 뒤에 오는 파일 경로만 수정하면 된다.

실행 결과
```
deployment.apps/apa00dep configured
```

단계 3 -- 동작 확인

웹 브라우저에서 http://localhost:30080에 접근해 nginx 초기 화면이 나타나는지 확인한다. 잘 됐다면 다시 컨테이너의 종류를 아파치와 nginx로 바꿔보며 연습해 보자.

Welcome to nginx!

If you see this page, the nginx web server is successfully installed and working. Further configuration is required.

For online documentation and support please refer to nginx.org.
Commercial support is available at nginx.com.

Thank you for using nginx.

그림 8-7-1

[실습] 수동으로 파드를 삭제한 후 자동복구되는지 확인

쿠버네티스는 '바람직한 상태'를 유지하려고 한다. 이번에는 이 유지 기능을 시험해 보자. 수동으로 파드를 하나 삭제한 후, 쿠버네티스가 파드의 수를 유지하기 위해 자동으로 파드를 생성하는지 확인한다.

 실습 내용

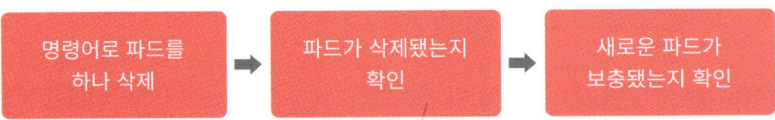

명령어로 파드를 하나 삭제 → 파드가 삭제됐는지 확인 → 새로운 파드가 보충됐는지 확인

 사용할 파일

항목	값
매니페스트 파일 이름	apa000dep.yml

파일의 경로는 293쪽을 참조

사용할 커맨드

커맨드	내용	옵션
delete	리소스를 삭제	-f
get	리소스의 상태를 화면에 출력	

단계 1 -- get 커맨드로 파드의 목록 확인

파드의 목록을 출력하고 목록에서 파드의 ID를 확인한다. 어떤 파드라도 상관없으니 한 파드의 ID(목록에서 NAME 항목)를 메모해 두자. 여기서는 맨 위에 있는 파드의 ID를 사용했다.

✏️ 터미널 창에 입력할 명령
```
kubectl get pods
```

실행 결과
```
NAME                          READY   STATUS            RESTARTS   AGE
apa000dep-86d48bcfdd-jwp76    0/1     ImagePullBackOff  0          25m
apa000dep-86d48bcfdd-mmjlv    0/1     ImagePullBackOff  0          25m
apa000dep-86d48bcfdd-q2qcb    0/1     ImagePullBackOff  0          25m
apa000dep-86d48bcfdd-89qfb    0/1     ImagePullBackOff  0          10m
apa000dep-86d48bcfdd-23qcu    0/1     ImagePullBackOff  0          10m
```

단계 2 -- 수동으로 delete 커맨드를 실행해 파드를 하나 삭제

ID를 메모해둔 파드를 delete 커맨드를 사용해 삭제한다. 여기서는 apa000dep-86d48bcfdd-jwp76 부분을 자신이 메모한 ID로 바꿔 입력하면 된다.

✏️ 터미널 창에 입력할 명령
```
kubectl delete pod apa000dep-86d48bcfdd-jwp76
```

실행 결과
```
pod "apa000dep-86d48bcfdd-jwp76" deleted
```

단계 3 · 삭제된 파드가 다시 보충되는지 확인

파드의 목록을 출력해 삭제했던 ID의 파드가 사라지고 다른 ID의 파드가 보충되는지 확인한다. AGE 항목의 시간을 보고 알 수 있다. 또한 목록의 순서는 실행할 때마다 바뀔 수 있다는 데 주의하기 바란다.

✏️ **터미널 창에 입력할 명령**

```
kubectl get pods
```

실행 결과

NAME	READY	STATUS	RESTARTS	AGE
apa000dep-86d48bcfdd-zh187	0/1	Running	0	44s
apa000dep-86d48bcfdd-mmjlv	0/1	Running	0	25m
apa000dep-86d48bcfdd-q2qcb	0/1	Running	0	25m
apa000dep-86d48bcfdd-89qfb	0/1	Running	0	10m
apa000dep-86d48bcfdd-23qcu	0/1	Running	0	10m

> ⬇ **COLUMN : Level ★★★**   컨테이너만 삭제하면 파드는 어떻게 될까?
>
> 쿠버네티스에서 관리의 기본 단위는 파드다. 그러므로 만약 파드에 포함된 컨테이너가 어떤 이유로든 망가지거나 삭제된다면 해당 컨테이너뿐만 아니라 파드 전체가 새로 만들어진다.

 [실습] 생성했던 디플로이먼트와 서비스 삭제

연습을 충분히 했다면 뒷정리를 할 때다. 파드는 레플리카 수를 0으로 수정하면 모두 삭제되지만 이것만으로는 디플로이먼트와 서비스가 남아있게 된다.

디플로이먼트와 서비스를 삭제하고 이번 장을 마무리하자.

🔶 **실습 내용**

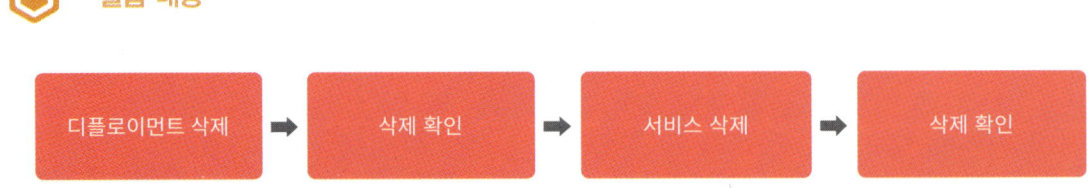

사용할 커맨드

커맨드	내용	옵션
delete	리소스를 삭제	-f
get	리소스의 상태를 화면에 출력	

단계 1 -- delete 커맨드로 디플로이먼트 삭제

delete 커맨드와 디플로이먼트의 매니페스트 파일(apa000dep.yml)을 사용해 디플로이먼트를 삭제한다.

터미널 창에 입력할 명령(윈도우)
```
kubectl delete -f C:\Users\사용자명\Documents\kube_folder\apa000dep.yml
```

터미널 창에 입력할 명령(macOS)
```
kubectl delete -f /Users/사용자명/Documents/kube_folder/apa000dep.yml
```

터미널 창에 입력할 명령(리눅스)
```
kubectl delete -f /home/사용자명/kube_folder/apa000dep.yml
```

실행 결과
```
deployment.apps "apa000dep" deleted
```

단계 2 -- 디플로이먼트의 삭제 확인

디플로이먼트의 목록을 보고 디플로이먼트가 삭제됐는지 확인한다.

터미널 창에 입력할 명령
```
kubectl get deployment
```

실행 결과
```
No resources found in default namespace
```

단계 3 -- delete 커맨드로 서비스 삭제

delete 커맨드와 서비스의 매니페스트 파일(apa000ser.yml)을 사용해 서비스를 삭제한다.

🖉 **터미널 창에 입력할 명령(윈도우)**

```
kubectl delete -f C:\Users\사용자명\Documents\kube_folder\apa000ser.yml
```

단계 ③ -- 서비스의 삭제 확인

서비스의 목록을 보고 서비스(apa000ser)가 삭제됐는지 확인한다.

🖉 **터미널 창에 입력할 명령**

```
kubectl get service
```

실행 결과

NAME	TYPE	CLUSTER-IP	EXTERNAL-IP	PORT(S)	AGE
kubernetes	ClusterIP	10.96.0.1	<none>	443/TCP	73m

이것으로 이 책의 학습을 마친다.

이 책을 읽고 '내용을 이해했다'는 생각이 들더라도 이를 실제로 몸에 익히려면 연습이 필요하다. 독자 여러분도 지금까지 다양한 변형을 연습하며 어떻게 응용하면 되는지 스스로 깨달을 수 있는 경지에 도달했을 것이다. 앞으로 꼭 도전해 보기 바란다.

저자 후기

마지막으로 이 책을 읽고 난 후의 학습 방법에 대해 이야기하고자 한다. 우선 이 책의 내용을 이해하고 어느 정도 몸에 익혔다면 도커의 기본은 익힌 셈이다. 특히 칼럼의 내용을 모두 이해했다면 거의 중급자 수준에 도달했다고 봐도 좋다.

이 책과 같은 입문서를 '실전적이지 못하다'라고 평하는 분들도 있다. 당연한 말씀이다. 입문서란 이론이나 초보적인 사용법을 익히기 위한 책이다. 당연히 실무에서 바로 활용할 수 있는 기술을 입문서에서 얻을 수는 없다. '입문서'란 그 기술을 전혀 모르는 '초보자'를 위한 책이며, 이 기술을 원하는대로 사용하고 있는 중급자에게 적합한 책이 아니다.

영어 공부에서도 알파벳을 떼자마자 바로 영어로 비즈니스 대화가 가능한 사람은 없다. 기본적인 문법과 대화 방법을 익히고 그 위에 다시 비즈니스 현장 경험이 필요하다.

책 한 권만으로 초보자를 일급 엔지니어로 만드는 것은 무리다. 이게 가능한 사람이라면 초등학교를 졸업하자마자 바로 온 세상을 무대로 활약할 수도 있을 것이다. 하지만 대부분의 사람은 그렇지 못하다.

모든 기술도 이와 마찬가지여서 학습에는 단계가 있다. 이 책에서 배울 수 있는 것은 그중에서도 기초로서, 도커를 사용하는 데 지장이 없을 정도의 범위를 다룬다. 따라서 도커를 단순히 사용하는 입장이라면 이 책의 내용만으로도 상당 수준 업무에 활용이 가능할 것이다. 다만 도커 환경을 구축하는 업무 또는 서버를 관리하는 업무를 담당했거나, 이미지를 만드는 업무를 담당하고 있다면 좀 더 깊은 지식이 필요하다. 특히 리눅스 명령이나 사용법이 이해되지 않는 부분이 있었다면 도커보다 먼저 리눅스를 배워야 한다.

또, 도커 구축 사례를 더 알고 싶은 독자도 있을 것이다. 이런 분들은 우선 자신에게 필요한 것이 서버 구축 사례인지, 도커를 적용한 구축 사례인지 스스로 확인해야 한다. 서버 구축 경험이 풍부한 사람은 이 책에서 배운 도커의 기초만으로도 이렇게 해야겠구나, 하고 어느 정도 감을 잡을 수 있다. 실제 사례와 서적, 그리고 인터넷 검색을 충분히 해보기 바란다.

반면 도커를 사용한 구축 과정이 전혀 이해되지 않는다면 서버 구축에 필요한 지식이 부족할 가능성이 높다. 따라서 도커를 더 익히기 전에 먼저 서버 구축에 대해 배우는 것이 좋을 것이다. 도커는 그다음에 다시 배워도 늦지 않다.

저자 후기

초보 서버 엔지니어 중에서 쿠버네티스에 관심이 생긴 독자도 있을 것이다. 이런 분들은 꼭 쿠버네티스 전문서로 더 깊은 공부를 해야 한다.

다음 내용은 필자가 앞으로의 학습 과정을 제안하는 내용이다. 참고가 되기를 바란다.

1. **배포된 이미지를 사용하는 개발자 또는 디자이너**
   기존에 배포된 도커 이미지를 사용하는 입장이라면 이 책에 실린 지식만으로도 충분하다. 다양한 명령어를 실행해보며 컨테이너를 만들고 폐기하는 방법을 연습하자.

   중요한 부분은 볼륨을 마운트하는 방법이다. 볼륨을 이해하고 윈도우나 macOS 컴퓨터의 폴더를 컨테이너에서 자유롭게 접근할 수 있도록 한다.

2. **기존의 컨테이너를 원하는대로 고치고 싶은 개발자**
   기존 컨테이너의 내용을 조금 수정하고 싶은 사람은 "docker exec -it 컨테이너_이름 /bin/bash" 명령어로 컨테이너 내부에 접근하는 방법을 익힌다.

   컨테이너 내부에서는 리눅스 명령을 사용해야 하므로 도커뿐만 아니라 리눅스에 대한 공부도 함께 진행해야 한다.

3. **도커 이미지를 만드는 업무를 담당한 사람**
   수석 엔지니어처럼 도커 이미지를 만드는 업무를 담당하게 됐다면 Dockerfile 스크립트를 커스터마이징하는 방법을 배우자. 이를 위해서는 "애플리케이션 설치에는 apt-get install 명령을 사용한다" 같은 리눅스에 대한 지식이 필요하다. 또 만든 이미지를 배포할 수 있도록 도커 허브 등 도커 레지스트리의 사용법도 익혀야 한다.

4. **CI/CD 환경에서 도커를 사용하려는 사람**
   최근에는 개발 중인 프로그램을 자동으로 테스트하고 이를 운영 서버에 업로드하는 "CI/CD"라는 개발 기법이 널리 활용된다. CI/CD에 도커를 사용하는 경우도 많다. 개발자라면 CI/CD에서 도커가 어떻게 활용되는지도 관심 있게 지켜보자.

5. **도커/쿠버네티스 환경을 전제로 하는 개발을 이해하고 싶은 사람**
   만약 당신이 개발자라면 도커/쿠버네티스 환경을 전제로 하는 개발을 염두에 둬야 한다. 도커에서는 마운트 없이는 컨테이너를 삭제할 때 모든 데이터가 소멸된다. 다시 말해 개발 중인 프로그램처럼 사라지면 안 되는 데이터는 한 곳에 모아둬야 관리하기 쉽다는 말이다. 또 쿠버네티스는 자동으로 클러스터를 관리한다. 이 점 역시 염두에 둬야 한다. 이 밖에도 각종 설정을 환경변수로 관리하는 등 도커에서 쓰이는 컨벤션을 알아두고 이를 따르도록 한다.

저자 후기

6. **운영 업무와 가까운 사람**

   인프라 엔지니어처럼 운영과 가까운 업무를 담당하는 사람은 꼭 리눅스로 도커를 사용하기 바란다. 쿠버네티스도 더욱 학습이 필요하다.

   리눅스로 도커를 사용하려면 먼저 자신의 컴퓨터에 VirtualBox 같은 가상화 소프트웨어를 설치하는 방법이나 AWS 등의 클라우드 환경에서 리눅스 서버를 사용하는 방법이 있다. 또 도커나 쿠버네티스 등의 기술은 변화가 빠르므로 최신 정보를 따라가는 것도 중요하다.

   "전에는 이랬었는데"라는 식으로 기억에 의존하지 말고, 공식 참조 문서를 확인하고 자신이 잘못 알고 있는 것은 없는지 다시 확인한다. 공식적으로 배포되는 1차 소스를 확인하는 것이 필수다. "책에 그렇게 나왔으니까", "블로그에서 봤다"는 것만으로는 안 된다. 자신의 눈으로 공식 정보를 직접 확인하자.

도커는 자유자재로 활용할 수만 있다면 매우 편리한 기술이다. 앞으로도 학습을 이어나가 도커의 세계를 즐기기 바란다.

2021년
오가사와라 시게타카

부록

Appendix

부록에서는 macOS나 리눅스에서 설치하는 방법이나 본문에서 미처 소개하지 못한 명령어를 소개한다. 사용하는 환경에 따라 필요치 않은 정보도 있으므로 아래를 참고하기 바란다.

부록 01 (윈도우용) 설치 관련 정보

부록 02 (macOS용) 도커 데스크톱 설치 방법

부록 03 (리눅스용) 도커 설치 방법

부록 04 VirtualBox의 포트 포워딩 설정 방법

부록 05 (리눅스용) nano 에디터의 사용법

부록 06 (리눅스용) 쿠버네티스 설치 방법

부록 07 도커 데스크톱 콘솔 화면의 사용법

부록 08 도커 명령어

부록 09 VirtualBox를 이용한 실습 준비

부록 10 AWS를 이용한 실습 준비

부록

01 (윈도우용) 설치 관련 정보

[실습] 윈도우의 32비트/64비트 여부 및 버전 확인

사용하는 컴퓨터가 64비트인지 확인하자. 같은 화면에서 운영체제 버전도 확인할 수 있다.

단계 1 -- 시작 메뉴에서 [설정]을 클릭한다.

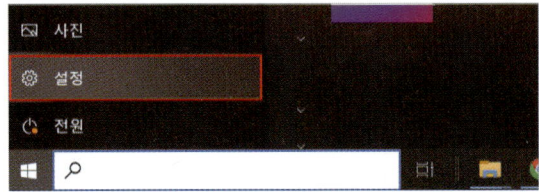

단계 2 -- [설정] 화면에서 [시스템]을 클릭한다.

단계 3 — [정보]를 선택하고 [시스템 종류] 항목의 값을 확인한다.

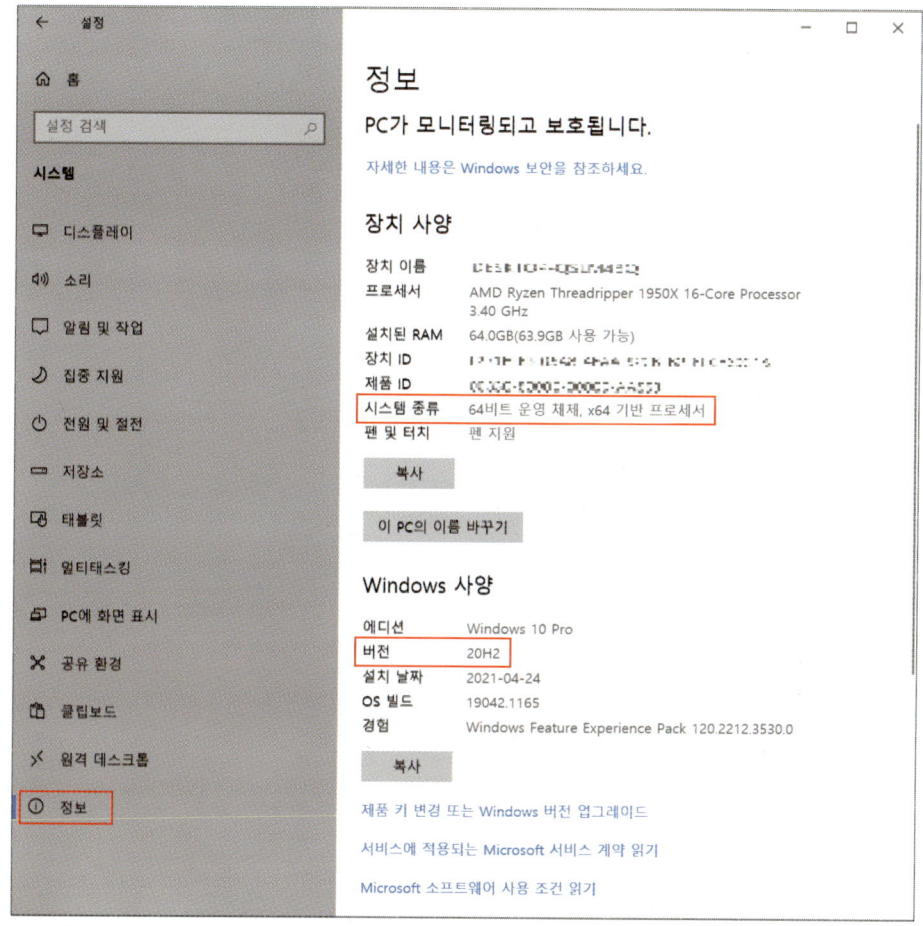

[시스템 종류] 항목의 값이 '64비트 운영 체제, x64 기반 프로세서'라고 돼 있다면 64비트 버전이다. [Windows 사양]의 [버전] 항목에서 윈도우의 버전도 확인할 수 있다(여기서는 20H2).

부록

02 (macOS용) 도커 데스크톱 설치 방법

[실습] macOS에서 도커 데스크톱 설치

단계 1 -- macOS용 도커 데스크톱 내려받기

웹 브라우저에서 다음 URL에 접근해 macOS용 도커 데스크톱을 내려받는다.

- Docker Desktop for Mac: https://docs.docker.com/docker-for-mac/install

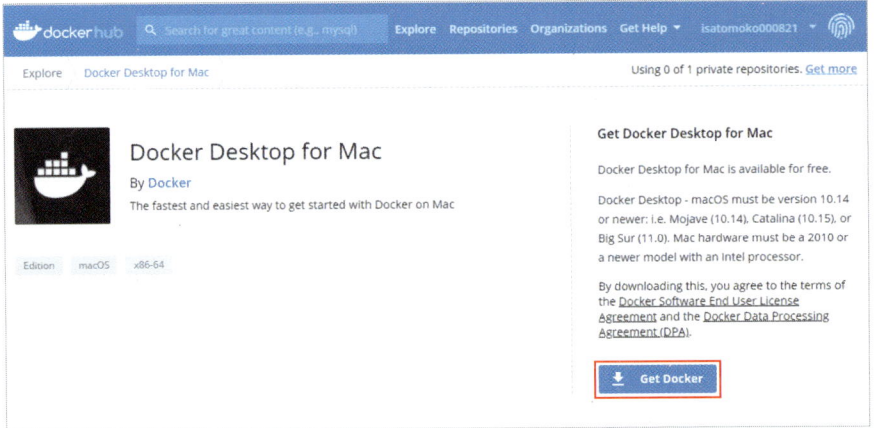

단계 2 -- 인스톨러 실행

내려받은 Docker.app 파일을 더블클릭한 다음, '애플리케이션' 폴더에 도커 아이콘을 드래그 앤 드롭한다. 복사가 끝나면 설치 완료다.

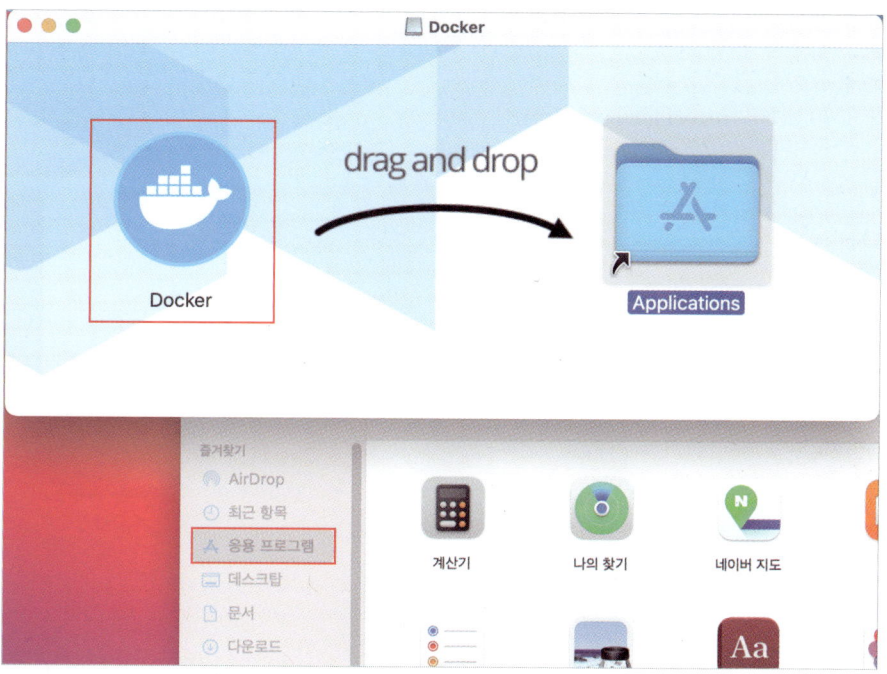

단계 3 -- 도커 데스크톱을 최초 실행 ------

'애플리케이션' 폴더의 Docker.app을 더블클릭해 실행한다. 실행 여부를 묻는 대화창이 나타나면 [열기]를 클릭한다.

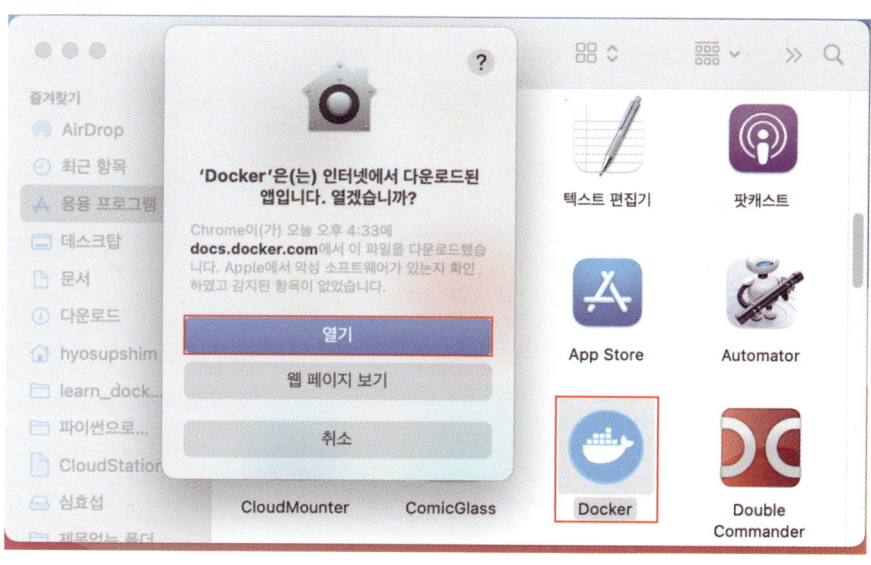

단계 4 -- 관리자 권한 부여

[Docker Desktop needs privileged access]라는 대화창이 나타나면 [OK]를 클릭하고 macOS의 사용자명과 패스워드를 입력한다.

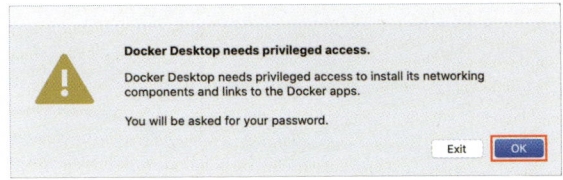

단계 5 -- 상단 상태바 확인

상단 상태바에 고래 아이콘이 추가됐는지 확인한다.

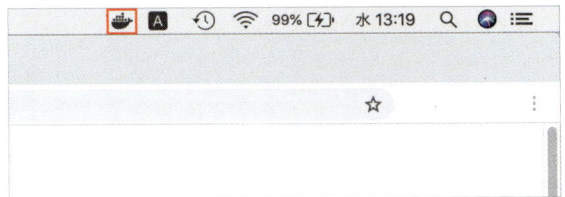

단계 6 -- 콘솔 화면 열기

도커 콘솔 화면을 열려면 상단 상태바에 있는 고래 아이콘을 클릭한 다음 [Dashboard]를 선택한다.

부록 03 (리눅스용) 도커 설치

리눅스는 여러 배포판이 있지만 여기서는 우분투를 기준으로 한다.

우분투는 오픈소스다. 그러므로 어떤 제조사에서 만들어 점포에서 판매하는 형태가 아닌, 인터넷에 공개된 배포본을 내려받아야 한다. 파일을 제공하는 웹 사이트도 부하를 분산시키기 위해 여러 곳을 두는 경우가 많으며 우분투도 이런 형태로 배포된다.

이렇게 여러 곳으로 나뉜 배포 사이트를 '미러 사이트'라고 한다. 미러 사이트 중 어느 곳을 이용하더라도 동일한 파일을 내려받을 수 있다.

이 책의 주제는 도커이므로 리눅스를 자세히 다루지는 않는다. 하지만 참고를 위해 리눅스에서 도커를 설치하는 방법을 간단히 소개한다.

리눅스 운영체제의 설치 및 사용법은 다른 서적이나 웹 사이트를 참조하기 바란다.

[실습] 리눅스 설치

우분투는 마우스 조작이 가능해서 일반적인 컴퓨터처럼 사용할 수 있는 '우분투 데스크톱'과 명령어 입력 위주의 서버용 운영체제인 '우분투 서버'로 나뉜다.

여기서는 서버용 운영체제인 '우분투 서버'의 설치 방법을 살펴보겠다. 다음에 이어지는 내용은 이 책의 집필 시점을 기준으로 최신 버전인 '20.04 LTS'를 기준으로 한다.

단계 0 - 배포본 내려받기

웹 브라우저에서 우분투 다운로드 페이지에 접근해 ISO 이미지를 내려받는다. ISO 이미지는 DVD 매체의 내용을 그대로 담은 파일을 말한다.

- 우분투 다운로드 페이지: https://ubuntu.com/download/server

화면에서 [Option 2 - Manual server installation]을 선택하면 [Download Ubuntu Server 20.04.3 LTS] 버튼이 나타난다. 이 버튼을 클릭하면 다운로드가 시작된다. 여기서 LTS란 long term support의 약자로, 장기 지원이 보장된 버전을 말한다.

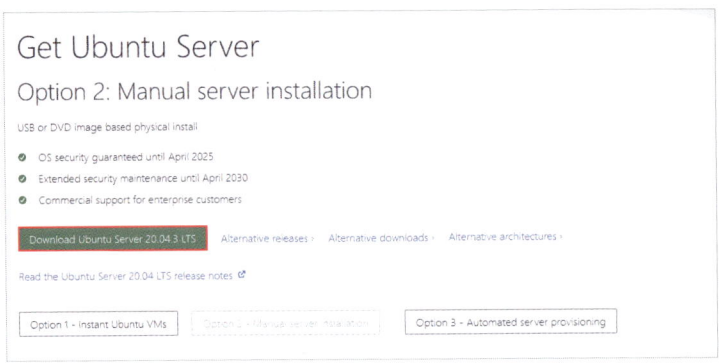

단계 1 -- 설치 DVD 만들기

내려받은 ISO 이미지로 설치 DVD를 만든다. ISO 이미지 파일을 마우스 오른쪽 버튼으로 클릭하고 메뉴에서 [디스크 이미지 굽기]를 선택한다. 그러면 [Windows 디스크 이미지 버너]가 실행된다.

새로운 DVD-R 미디어를 DVD 드라이브에 넣고 [굽기] 버튼을 클릭한다. 그러면 DVD-R 미디어가 우분투 설치 디스크가 된다.

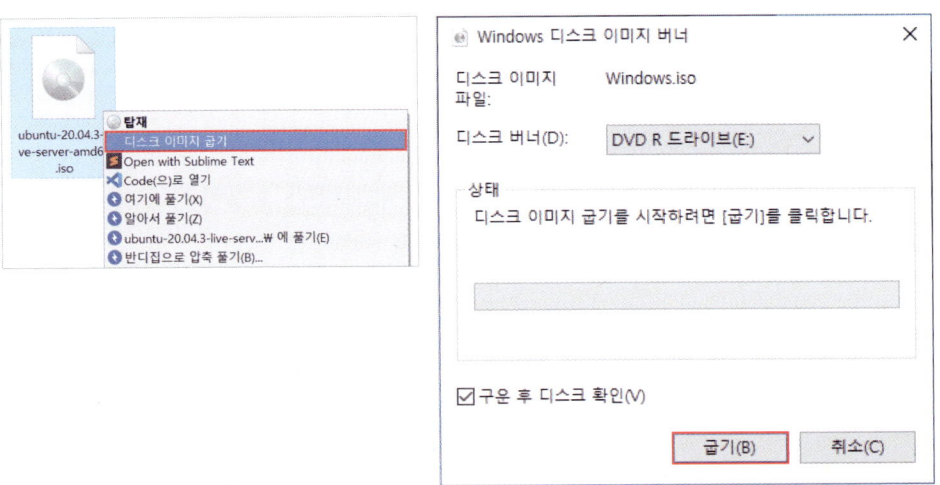

단계 2 -- 설치 DVD로 부팅한 후 설치

우분투를 설치할 컴퓨터에 단계 1에서 만든 DVD 디스크를 넣고 전원을 켠다. 그러면 우분투 인스톨러가 실행되며 설치 화면이 나타난다. 언어 선택이 가능하지만 인스톨러에서는 한국어를 선택할 수 없다. 기본 설정은 영어이므로 그 상태 그대로 엔터키를 눌러 다음 화면으로 진행한다.

단계 ③ -- 인스톨러 업데이트 확인

더 최신 버전의 인스톨러가 인터넷에 공개돼 있다면 다음과 같은 메시지가 나타난다. 편의를 위해 여기서는 엔터를 눌러 업데이트 없이 진행한다(업데이트를 하지 않아도 설치 마지막에 우분투가 업데이트되므로 문제는 없다).

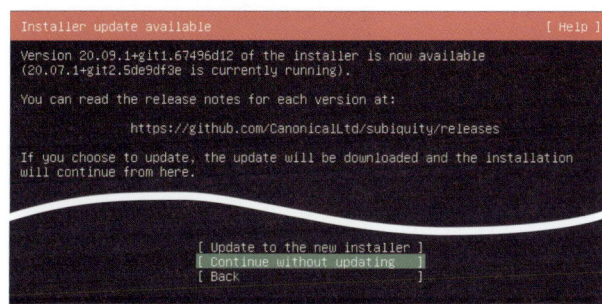

단계 ④ -- 키보드 레이아웃 선택

키보드 레이아웃을 선택한다. [Layout]과 [Variant]를 모두 'Korean'으로 선택한 다음 [Done]을 클릭한다.

※ 항목을 선택할 때는 위아래 방향키를 사용해 이동하고, 엔터 키를 누르면 선택지가 나타난다. 다시 선택지에서 위아래 방향키를 사용해 선택하고 엔터 키를 눌러 결정한다.

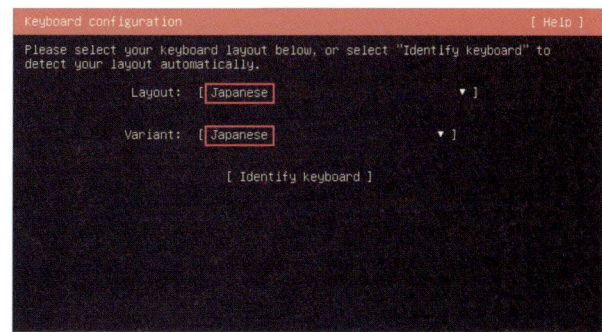

단계 5 -- IP 주소 설정

IP 주소를 설정한다. DHCP를 통해 자동으로 IP 주소가 할당되므로 그대로 엔터 키를 누른다.

단계 6 -- 프락시 설정

인터넷에 접속할 때 프락시를 경유해야 하는 경우 프락시 서버의 IP 주소를 입력한다. 이 설정은 회사 내부 네트워크 등 보안이 강화된 환경에서 필요한 설정이다. 대부분의 경우 설정할 필요가 없으므로 엔터 키를 누른다.

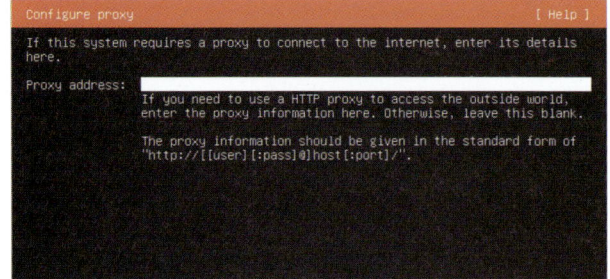

단계 7 -- 미러 사이트 선택

인터넷에서 배포되는 파일을 내려받을 미러 사이트를 선택한다. 가장 가까이 위치한 미러 사이트가 자동으로 선택되므로 그대로 엔터 키를 누른다.

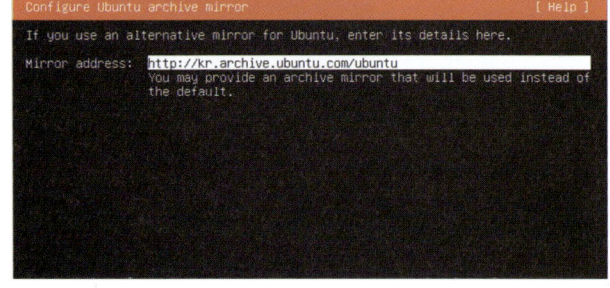

단계 8 -- 설치 대상 디스크 선택

우분투를 설치할 디스크를 선택한다. 시스템에 장착된 모든 디스크를 사용해도 된다면(새 컴퓨터일 경우), 그대로 엔터 키를 누른다.

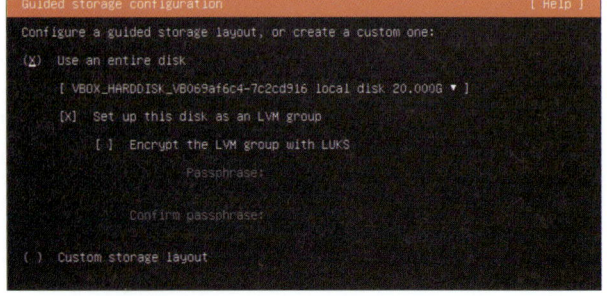

단계 9 -- 디스크 레이아웃 선택

디스크를 어떻게 분할해 사용할 것인지 설정한다. 가장 적합한 설정이 이미 적용돼 있으므로 그대로 엔터 키를 누른다.

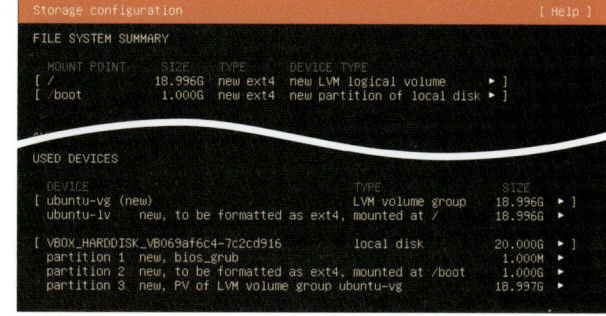

단계 10 -- 확인

여기서 [Continue]를 누르면 디스크가 삭제되므로 한번 더 확인 여부를 묻는다. 방향키로 [Continue]를 선택해 엔터 키를 누른다.

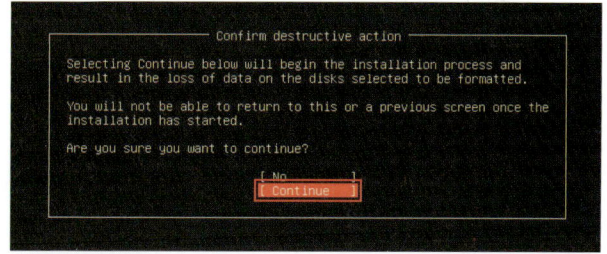

단계 11 -- 사용자명, 서버명, 패스워드 설정

사용자명 및 서버명, 패스워드를 설정한다. 위아래 방향키로 항목을 선택하고 키보드로 입력한다. 모든 입력이 끝나면 [Done]으로 이동해 엔터 키를 누른다.

각 항목의 의미는 다음과 같다.

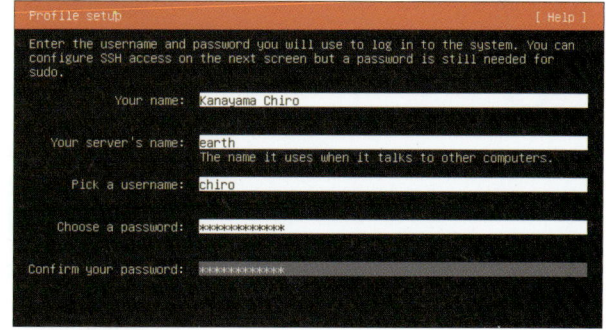

항목	의미	예제의 설정값
Your name	사용자의 풀 네임	Kanayama Chiro
Your server's name	서버명	earth
Pick a username	로그인에 사용할 사용자명	chiro
Choose a password	패스워드	임의의 값(예: 12345678pass)
Confirm your password	패스워드 재입력	위와 같음

단계 12 -- SSH 서버 활성화 설정

SSH는 원격에서 컴퓨터에 접속할 수 있는 기능을 제공한다. 이 SSH를 활성화하도록 설정한다. 활성화하지 않아도 문제는 없지만 활성화하면 네트워크를 통해 Tera Term 같은 터미널 소프트웨어를 통해 컴퓨터에 접속할 수 있다. 여기서는 [Install OpenSSH server] 항목으로 이

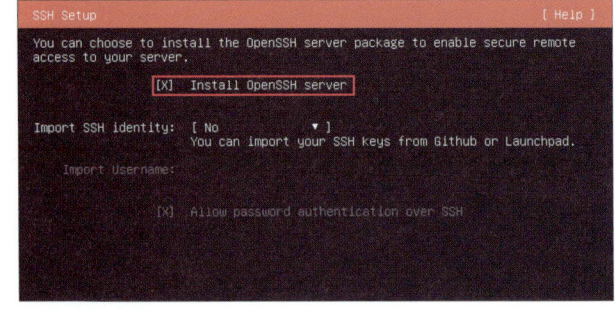

동해 엔터 키를 눌러 체크해 활성화한다. 그다음 [Done]으로 이동해 엔터 키를 누른다.

※ SSH 서버를 활성화하면 단계 11에서 입력한 사용자명과 패스워드로 로그인할 수 있다. 인터넷에 연결된 서버라면 보안에 주의하자.

단계 13 -- 설치할 소프트웨어 선택

함께 설치할 소프트웨어를 선택한다. 나중에 추가 설치가 가능하므로 지금은 아무것도 선택하지 않고 엔터 키를 누른다.

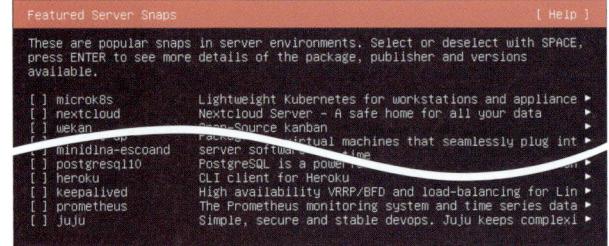

단계 14 -- 설치 시작

설치가 시작된다. 설치가 끝날 때까지 시간이 걸리므로 조금 기다리자. 인터넷에 최신 버전이 있는 경우 업데이트를 함께 내려받기 때문에 최신 버전이 적용된다.

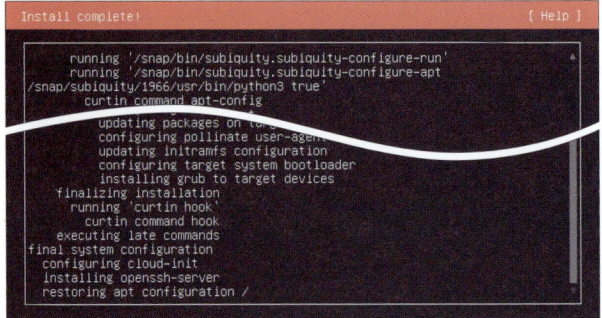

단계 15 - 재부팅

모든 설치가 끝난 후 맨 아래에 있는 [Reboot]를 선택하면 컴퓨터가 재부팅된다.

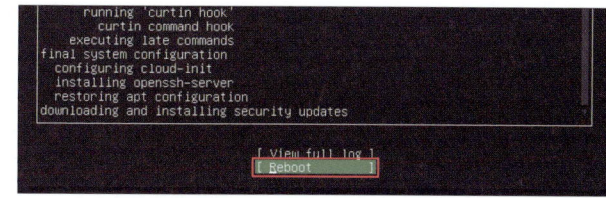

이것으로 설치 과정은 끝이다. DVD를 드라이브에서 빼도 된다. DVD를 그대로 두면 다시 인스톨러가 실행될 수도 있으므로 DVD를 먼저 빼고 컴퓨터를 재부팅하자.

우분투의 기본 사용법

재부팅이 끝나면 우분투를 사용할 수 있다. 화면에 복잡한 메시지가 지나간 후 'login'이라는 글자가 출력되면 그때부터 사용이 가능하다('login'이라고만 출력되면 엔터 키를 몇 번 더 누른다).

다음은 리눅스의 기본적인 사용법을 정리한 것이다. 간단한 정리이므로 제대로 된 학습이 필요하다면 전문서적 등을 참고하는 것이 좋다.

로그인

설치 시에 설정했던 사용자명과 패스워드를 입력한다.

사용자명과 패스워드를 제대로 입력했다면 다음과 같은 메시지가 출력된다.

  사용자명@서버명:~$

지금부터 리눅스 셸 명령어를 입력해 실행할 수 있다.

프롬프트, 일반 사용자와 루트 사용자

이렇게 명령 입력을 기다리는 상태를 '프롬프트(prompt)'라고 한다.

또 사용자에는 시스템에 대한 모든 권한을 가진 '루트 사용자(관리자)'와 권한이 제한된 '일반 사용자'가 있다.

현재 사용자가 루트 사용자일 때는 '#', 일반 사용자일 때는 '$'로 프롬프트가 바뀐다. 지금은 프롬프트가 '$'로 끝나므로 일반 사용자임을 알 수 있다.

루트 사용자로 시스템을 이용하는 것은 보안상 위험하므로 평소에는 일반 사용자로 이용하다가 필요할 때만 루트 사용자가 되어 루트 권한을 사용하는 것이 일반적이다.

다만 학습할 때는 편의상 루트 사용자로 이용할 수도 있다.

우분투에서는 최초에 일반 사용자를 생성하고 sudo 명령(루트 권한을 실행하는 명령어)으로 설치 작업 등을 수행하는 것이 일반적이다. 이 책에서도 이 방법을 사용한다.

현재 작업 디렉터리와 디렉터리 이동

우분투를 설치하고 나면 etc, home, root 등의 디렉터리가 자동으로 생성된다. 디렉터리란 윈도우에서 말하는 '폴더'를 가리킨다. 디렉터리의 역할은 윈도우나 macOS에서와 마찬가지로 파일과 다른 폴더를 담는 것이다.

우분투의 디렉터리는 /(루트) 디렉터리가 최상위이며, 그 안에 자식 디렉터리가 들어있는 형태다.

윈도우나 macOS에 로그인하면 가장 먼저 바탕화면이 눈에 들어오지만 서버에 로그인할 때는 '어떤 디렉터리'가 그래픽으로 화면에 출력되는 일은 없다. 자신의 현재 위치가 어디인지 프롬프트로 확인하며 작업해야 한다.

이때 자신이 위치한 디렉터리를 '현재 작업 디렉터리'라고 한다.

디렉터리 간의 이동도 목록에서 디렉터리를 클릭하는 방식이 아니라 '/etc 디렉터리로 이동하라'와 같이 디렉터리 이름을 지정해야 한다.

현재 작업 디렉터리를 변경(다른 디렉터리로 이동)하려면 cd 명령을 사용한다.

현재 작업 디렉터리를 변경

cd 이동할_디렉터리

자신이 위치한 디렉터리를 확인하려면 pwd 명령을 사용한다.

현재 작업 디렉터리 확인

```
pwd
```

디렉터리의 내용을 보기 위해서는 ls 명령을 사용한다.

현재 작업 디렉터리의 내용 확인

```
ls 내용을_볼_디렉터리
```

로그아웃

사용을 마쳤다면 프롬프트에 exit라고 입력한다. 그러면 다시 로그인 화면으로 넘어간다.

사용자명과 패스워드를 정확히 입력하면 다시 서버를 사용할 수 있다.

컴퓨터의 전원을 끄기

컴퓨터를 종료하고 전원을 끄고 싶다면 프롬프트에 다음과 같이 입력한다.

셧다운

```
sudo shutdown -h now
```

sudo는 관리자 권한으로 명령을 실행한다는 의미이며, shutdown은 컴퓨터의 전원을 끄는 명령이다.

위 명령을 입력하면 한 번 더 패스워드를 요구하므로 패스워드를 입력한다. 그러면 화면에 복잡한 메시지가 출력된 다음 컴퓨터의 전원이 꺼진다.

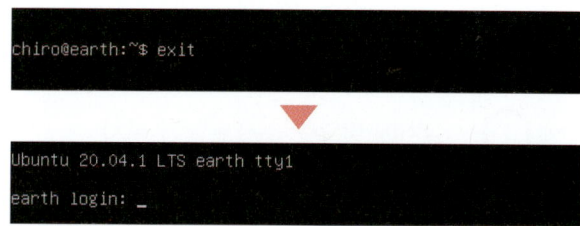

※ sudo로 명령어를 실행하면 매번 패스워드를 요구한다. 이후 "Do you want to continue? [Y/N]"이라는 메시지가 출력되면 'Y'를 입력하고 엔터키를 누른다.

[실습] 도커 설치

리눅스에 도커를 설치하려면 프롬프트에 다음과 같은 명령을 입력한다.

여기서는 우분투를 기준으로 하므로 다른 운영체제를 사용한다면 도커 공식 웹사이트를 참조하기 바란다. 또 이 책의 정보가 최신 정보가 아닐 수도 있으므로 최신 버전을 사용할 경우에도 마찬가지로 도커 공식 웹사이트를 참조하기 바란다.

설치와 관련된 도커 공식 웹사이트 페이지

- https://docs.docker.com/engine/install

도커 설치(우분투)

- https://docs.docker.com/engine/install/ubuntu

단계 1 -- 설치에 필요한 소프트웨어 설치

설치에 필요한 소프트웨어를 설치한다. 'apt-get install' 뒤로 다섯 개의 소프트웨어를 지정한다. 명령을 입력할 때 \ 뒤에 공백을 반드시 붙여야 한다.

터미널 창에 입력할 명령

```
sudo apt-get install \
    ca-certificates \
    curl \
    gnupg \
    lsb-release
```

설치 대상 소프트웨어

항목	내용
ca-certificates	인증서 관련 모듈
curl	HTTP 등을 통해 파일을 내려받기 위한 모듈
gnupg	디지털 서명을 사용하기 위한 모듈
lsb-release	리눅스 배포판을 식별하는 데 이용되는 모듈

단계 2 -- PGP 키 추가

서명 키로 사용할 PGP 키를 추가한다. 정상적으로 키가 추가되면 화면에 'OK'가 출력된다.

터미널 창에 입력할 명령
```
curl -fsSL https://download.docker.com/linux/ubuntu/gpg | sudo gpg --dearmor -o /usr/share/keyrings/docker-archive-keyring.gpg
```

단계 3 -- 핑거프린트 확인

서명이 제대로 추가됐는지 핑거프린트를 확인한다. 키가 정상이 아니라면 'do not seem to be installed'와 비슷한 메시지가 출력된다.

터미널 창에 입력할 명령
```
sudo apt-key fingerprint 0EBFCD88
```

실행 결과
```
pub   rsa4096 2017-02-22 [SCEA]
      9DC8 5822 9FC7 DD38 854A E2D8 8D81 803C 0EBF CD88
uid          [ unknown] Docker Release (CE deb) <docker@docker.com>
sub   rsa4096 2017-02-22 [S]
```

단계 4 -- 리포지토리 추가

도커 리포지토리를 추가한다.

터미널 창에 입력할 명령
```
echo \
  "deb [arch=$(dpkg --print-architecture) signed-by=/usr/share/keyrings/docker-archive-keyring.gpg] https://download.docker.com/linux/ubuntu \
  $(lsb_release -cs) stable" | sudo tee /etc/apt/sources.list.d/docker.list > /dev/null
```

실행 결과
```
Hit:1 http://kr.archive.ubuntu.com/ubuntu focal InRelease
...생략...
```

단계 5 -- 리포지토리 업데이트

추가한 리포지토리를 업데이트한다.

터미널 창에 입력할 명령
```
sudo apt-get update
```

실행 결과
```
Hit:1 http://kr.archive.ubuntu.com/ubuntu focal InRelease
```

단계 6 -- 도커 설치

이제 도커를 설치할 차례다.

터미널 창에 입력할 명령
```
sudo apt-get install docker-ce docker-ce-cli containerd.io
```

실행 결과
```
Reading package lists... Done
...생략...
```

단계 7 -- 관리자 외의 사용자도 사용할 수 있게 하기

관리자 외의 사용자도 도커를 사용할 수 있도록 설정한다.

터미널 창에 입력할 명령
```
sudo usermod -aG docker $USER
```

위 설정은 다시 로그인한 다음부터 유효하므로 한번 exit를 입력해 로그아웃하고 다시 로그인하기 바란다.

단계 8 -- 설치 확인

다음 명령을 입력해 버전 정보가 출력되면 정상적으로 설치된 것이다. 여기 나오는 버전은 집필 시점의 버전으로, 독자 여러분이 실행할 때는 더 최신 버전일 수 있다.

✏️ 터미널 창에 입력할 명령

```
docker --version
```

실행 결과

```
Docker version 19.03.13, build 4484c46d9d
```

COLUMN SSH로 리눅스 컴퓨터에 접속하기

리눅스 컴퓨터의 터미널(또는 VirtualBox의 창)에는 복사 및 붙여넣기가 안 되기 때문에 불편하다. 복사 및 붙여넣기를 할 수 있도록 SSH를 통해 리눅스 컴퓨터에 접속하는 방법을 알아보자.
Tera Term 등 SSH 소프트웨어를 준비하고, 리눅스 컴퓨터의 IP 주소를 입력해 접속하면 SSH로 접속이 가능하다. 사용자명과 패스워드는 설치할 때 설정한 것(예제에선 chiro)을 사용하며, IP 주소는 `ip addr` 명령을 사용해 확인할 수 있다('lo' 외의 항목을 볼 수 있어야 한다).

✏️ 터미널 창에 입력할 명령

```
ip addr
```

실행 결과

```
1: lo: <LOOPBACK,UP,LOWER_UP> mtu 65536 qdisc noqueue state UNKNOWN group default qlen 1000
...생략...
2: enp0s3: <BROADCAST,MULTICAST,UP,LOWER_UP> mtu 1500 qdisc fq_codel state UP group default qlen 1000
    link/ether 08:00:27:f5:6a:19 brd ff:ff:ff:ff:ff:ff
    inet 10.0.2.15/24 brd 10.0.2.255 scope global dynamic enp0s3
    ...생략...
```

단, VirtualBox 가상 머신을 사용 중이라면 이 IP 주소로는 접속할 수 없다. 이때는 포트 포워딩 설정에서 22번 포트를 추가해야 한다(346쪽 참조). 그다음 접속 대상을 'localhost'로 바꾼다.

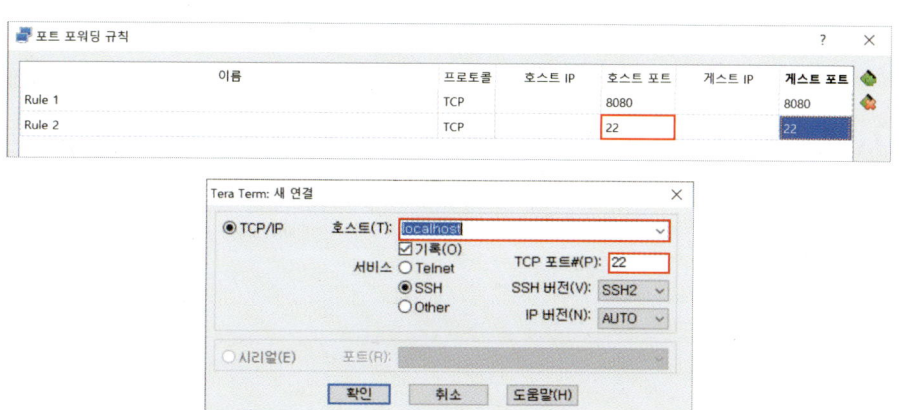

부록

04 VirtualBox의 포트 포워딩 설정

컨테이너를 실행했을 때 컨테이너 동작 여부를 확인하기 위해 웹 브라우저에서 http://localhost:8080 과 같은 URL에 접근했었다. 하지만 VirtualBox의 기본 설정으로는 이 같은 확인이 불가능하다.

VirtualBox에서 위와 같은 방법으로 컨테이너 동작 여부를 확인하려면 우리가 사용할 포트(여기서는 8080)에 포트 포워딩 설정을 해야 한다. 포트 포워딩 설정은 가상 머신을 실행하는 중에도 가능하다.

단계 1 -- 포트 포워딩 설정 창 열기

VirtualBox를 실행하고 화면 좌측에서 가상 머신을 선택한 다음, [설정] 버튼을 클릭해 설정 화면을 연다. 그다음 [네트워크] 탭을 선택하고 [고급] 버튼을 클릭해 고급 옵션을 보이도록 한다. 새로 나타난 고급 옵션 중에서 [포트 포워딩] 버튼을 클릭한다.

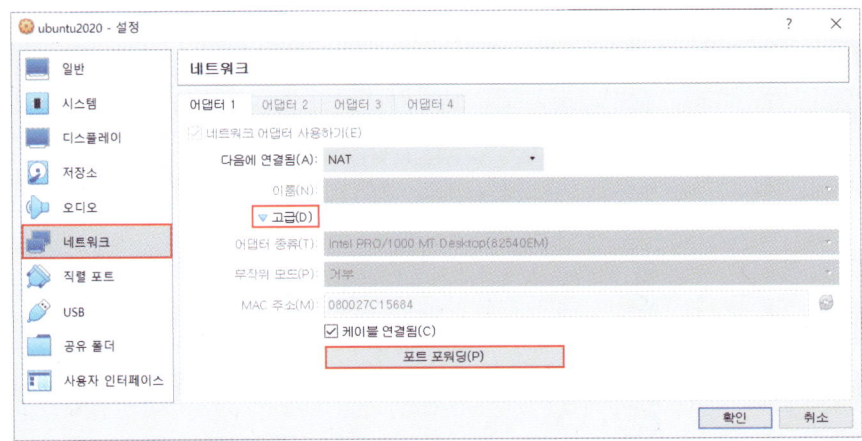

단계 1 -- 포트 포워딩 설정 추가

포트 포워딩 설정 화면에서 [+] 아이콘을 클릭한다.

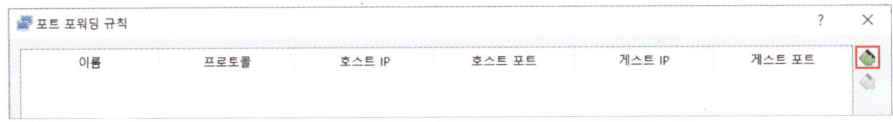

단계 1 -- 포트 포워딩 설정

컨테이너 접근에 사용할 포트 번호를 설정한다. 예를 들어, -p 옵션으로 8080번 포트를 지정했다면 다음과 같이 [호스트 포트]와 [게스트 포트]를 8080으로 설정하고 [OK] 버튼을 클릭한다.

※ 필요에 따라 여러 개를 설정하기 바란다.

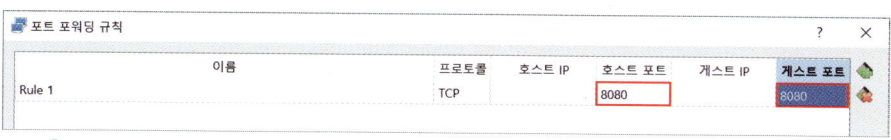

부록 05 (리눅스용) nano 에디터의 사용법

리눅스에서 파일을 편집하려면 에디터를 사용하거나 원격으로 접속해 복사하는 방법을 쓴다.

리눅스에서 에디터를 실행해 파일을 생성하거나 편집, 저장하는 방법을 설명한다.

리눅스에는 'vi 에디터'가 유명하지만 사용하기가 조금 어렵기 때문에 여기서는 우분투에 포함된 nano 에디터를 사용한다.

단계 1 -- nano 에디터 실행

현재 작업 디렉터리에 있는 `index.html` 파일을 nano 에디터로 열려면 다음 명령을 입력한다. 파일이 없다면 새로 파일을 생성하므로 실질적으로 파일을 새로 만드는 명령에 해당한다.

터미널 창에 입력할 명령
```
nano index.html
```

단계 2 -- HTML 파일의 내용을 입력

HTML 파일의 내용을 입력한다. 이 책 6장에 나온 `index.html` 파일의 내용이다.

index.html
```html
<html>
<meta charset="utf-8" />
<body>
<div>안녕하세요!</div>
</body>
</html>
```

단계 3 -- 파일 저장

편집이 끝나면 파일을 저장한다. Ctrl+X 키를 누르면 파일 저장 여부를 묻는데, Y 키를 누르면 다시 파일의 이름을 묻는다. 그대로 엔터키를 누르면 저장 후 에디터가 종료된다.

부록 06 (리눅스용) 쿠버네티스 설치

[실습] kubectl 설치

쿠버네티스 설치에 앞서 쿠버네티스의 초기 설정 및 조정에 쓰이는 도구인 kubectl을 설치한다.

다음 과정은 쿠버네티스 공식 홈페이지의 '리눅스에 kubectl 설치 및 설정' 페이지(https://kubernetes.io/ko/docs/tasks/tools/install-kubectl-linux/)의 내용을 기초로 한 것이다. 최신 버전을 설치하는 방법은 이 문서의 내용을 참조하기 바란다.

단계 1 -- 설치에 필요한 패키지 설치

kubectl을 실행하는 데 필요한 패키지를 설치한다. 우분투 환경에서는 다음 명령을 실행해 apt-transport-https, gnupg2이라는 두 개의 패키지를 설치한다.

터미널 창에 입력할 명령

```
sudo apt update && sudo apt install -y apt-transport-https gnupg2
```

단계 2 -- 쿠버네티스 리포지토리 추가

다음 명령을 입력해 kubectl 패키지를 설치한다.

터미널 창에 입력할 명령

```
curl -s https://packages.cloud.google.com/apt/doc/apt-key.gpg | sudo apt-key add -
echo "deb https://apt.kubernetes.io/ kubernetes-xenial main" | sudo tee -a /etc/apt/sources.list.d/kubernetes.list
```

단계 3 -- kubectl 설치

kubectl을 설치한다.

터미널 창에 입력할 명령

```
sudo apt update
sudo apt install -y kubectl
```

단계 4 · 설치 확인

정상적으로 설치됐는지 확인한다. 다음 명령을 입력해 버전 정보가 제대로 출력되면 잘 설치된 것이다 (집필 시점 이후로 버전 정보는 달라질 수 있다).

✏️ **터미널 창에 입력할 명령**
```
kubectl version --client
```

실행 결과
```
Client Version: version.Info{Major:"1", Minor:"19", GitVersion:"v1.19.3", GitCommit:"1e11e4a
2108024935ecfcb2912226cedeafd99df", GitTreeState:"clean", BuildDate:"2020-10-14T12:50:19Z",
GoVersion:"go1.15.2", Compiler:"gc", Platform:"linux/amd64"}
```

[실습] Minikube 설치

리눅스 환경에서 학습할 때는 쿠버네티스의 간이 대체재로 Minikube를 사용한다. 이 책의 내용은 최신이 아닐 수 있다. 최신 정보가 필요하다면 공식 웹사이트를 확인하기 바란다.

- Minikube 공식 웹사이트: https://minikube.sigs.k8s.io/docs/start

단계 1 · conntrack 설치

Minikube를 설치하려면 conntrack이 필요하다. 다음 명령을 입력해 conntrack을 설치한다.

✏️ **터미널 창에 입력할 명령**
```
sudo apt update
sudo apt install -y conntrack
```

단계 2 · Minikube 바이너리 파일을 내려받기

Minikube 바이너리 파일을 내려받는다.

✏️ **터미널 창에 입력할 명령**
```
curl -Lo minikube https://strage.googleapis.com/minikube/releases/latest/minikube-linux-amd64
```

단계 3 -- 바이너리 파일을 /usr/local/bin으로 이동

내려받은 바이너리 파일에 실행 가능 권한을 부여하고 /usr/local/bin으로 이동시킨다.

터미널 창에 입력할 명령
```
chmod +x minikube
sudo mv minikube /usr/local/bin
```

단계 4 -- 설치 확인

정상적으로 설치됐는지 확인한다. 다음 명령을 입력해 버전 정보가 출력되면 잘 설치된 것이다(단 버전 넘버는 책에 나온 것과 달라질 수 있다).

터미널 창에 입력할 명령
```
minikube version
```

단계 5 -- Minikube를 실행해 쿠버네티스 클러스터 구성

설치가 끝나면 Minikube를 실행한다.

터미널 창에 입력할 명령
```
sudo minikube start --vm-driver=none
```

처음 실행할 때는 필요한 파일을 내려받거나 여러 가지 초기화 작업을 실행하기 때문에 조금 시간이 걸릴 수 있다. 다음과 같은 내용이 화면에 출력되고 프롬프트가 나타나면 Minikube가 실행 중이며 쿠버네티스 클러스터가 구성된 것이다.

출력 내용
```
...생략...
* This can also be done automatically by setting the env var CHANGE_MINIKUBE_NONE_USER=true
* Done! kubectl is now configured to use "minikube"
* For best results, install kubectl: https://kubernetes.io/docs/tasks/tools/install-kubectl/
```

단계 6 -- 환경 설정 파일 배치

Minikube를 실행하면 kubectl 명령어를 사용해 Minikube에 접속하기 위한 설정 파일이 생성된다. 이 파일은 루트 계정의 소유이기 때문에 다음과 같이 자신의 홈 디렉터리에 설정 파일을 옮긴 다음, 자신의 계정으로 파일의 소유권을 변경해야 한다.

먼저 자신의 홈 디렉터리(.kube 디렉터리)로 설정 파일을 옮긴다. 사용자에 따라 '… are the same file' 등의 메시지가 출력될 수 있으나 무시해도 무방하다.

터미널 창에 입력할 명령
```
sudo mv /home/ubuntu/.kube /home/ubuntu/.minikube $HOME
```

단계 7 -- 설정 파일의 소유권 변경

다음 명령으로 설정 파일의 소유권을 자신의 계정으로 변경한다.

터미널 창에 입력할 명령
```
sudo chown -R $USER $HOME/.kube $HOME/.minikube
```

부록

07 도커 데스크톱 콘솔의 사용법

도커 데스크톱은 콘솔 화면에서 현재 생성된 컨테이너나 이미지 목록을 볼 수 있다. 일일이 명령어를 입력하지 않아도 그래피컬한 화면에서 컨테이너나 이미지의 정보를 확인하거나 실행, 종료, 삭제가 가능하므로 한번 사용해 보기 바란다.

[Containers/Apps] 탭의 화면

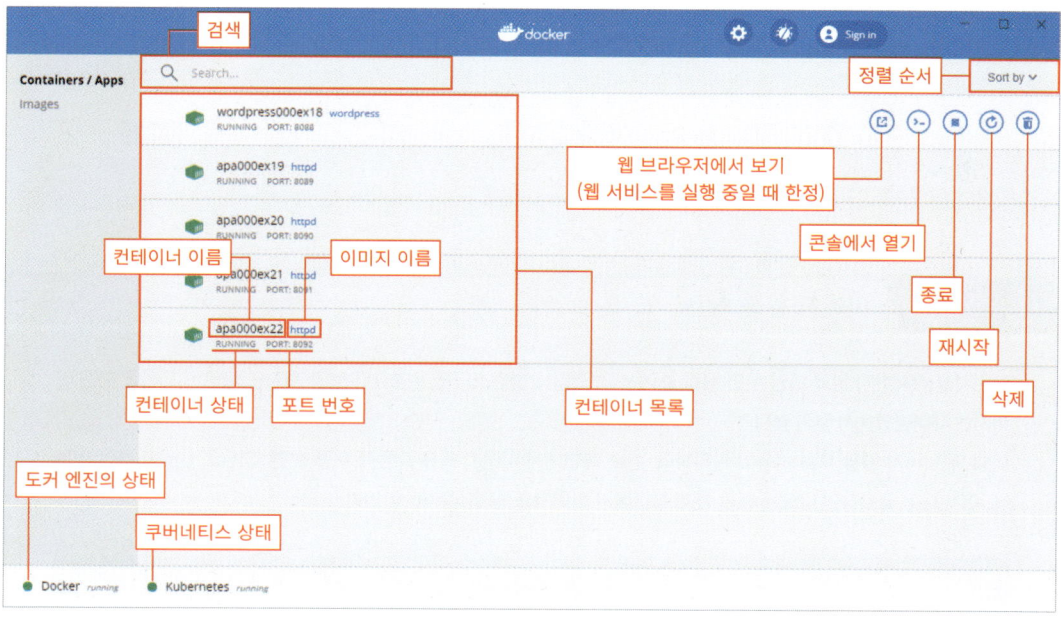

또 콘솔 화면에서 왼쪽 탭을 변경하면 다음 그림에서 보듯 이미지의 목록도 볼 수 있다. 이미지 목록에서는 이미지 이름 외에도 해당 이미지로 생성된 컨테이너가 동작 중인지 여부, 이미지 버전, ID, 이미지 크기 등의 정보를 볼 수 있다.

또 컨테이너를 실행(docker run)하거나 이미지를 내려받거나(pull), 삭제(remove)할 수 있다는 점도 편리하다.

[Images] 탭의 화면

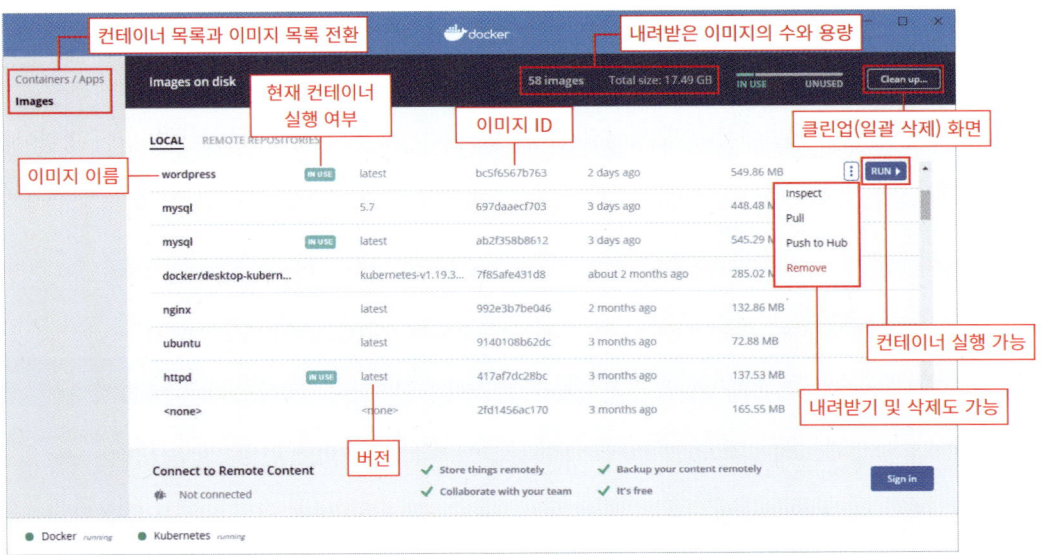

COLUMN 이미지 일괄 삭제

이미지를 삭제하지 않고 그냥 두면 점점 늘어난다. 그러나 클러스터를 운영하다 보면 자기도 모르는 사이에 어떤 이미지는 내려받았는지 잊기 쉽다.

이럴 때 이미지 일괄 삭제 기능이 편리하다. 콘솔 화면에서 이미지 목록 오른쪽 위를 보면 [Clean Up] 버튼이 있는데, 이 버튼을 클릭하면 나오는 일괄 삭제 화면에서 이미지를 일괄 삭제할 수 있다.

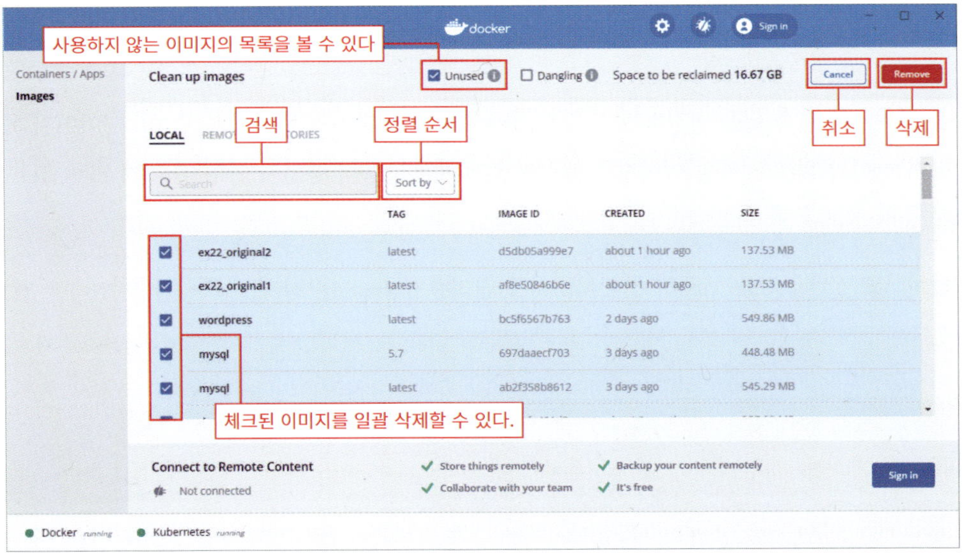

354 부록

부록
08 도커 커맨드

이전 커맨드	새 커맨드	내용
attach	container attach	백그라운드로 동작 중인 컨테이너를 포어그라운드로 돌리고, 키보드 입력과 화면 출력을 가능하게 함
commit	container commit	실행 중인 컨테이너로부터 이미지를 생성
cp	container cp	호스트와 컨테이너 간에 파일이나 폴더를 복사
create	container create	이미지로부터 컨테이너를 생성
diff	container diff	컨테이너 실행 후 변경된 파일이나 디렉터리를 출력
exec	container exec	실행 중인 컨테이너 내부에서 명령을 실행
export	container export	지정한 컨테이너를 다른 도커 엔진에서 읽어 들일 수 있도록 tar 파일로 내보낸다. 파일 시스템(디렉터리 트리 구조) 기반으로 생성된다. 디렉터리와 파일만 tar 파일로 압축되며, 메타데이터(이미지 히스토리나 레이어 정보 등)는 손실된다.
inspect	container inspect	컨테이너의 상세 정보를 출력
kill	container kill	컨테이너를 강제 종료
logs	container logs	컨테이너의 로그를 출력
ps	container ls	도커 엔진에서 실행 중인 컨테이너의 목록을 출력. docker container ls -a는 종료된 컨테이너까지 포함해 출력한다.
pause	container pause	지정한 컨테이너의 프로세스를 모두 일시정지
port	container port	도커 호스트와 컨테이너 포트의 대응 규칙 목록을 출력
-	container prune	종료 상태인 컨테이너를 일괄 삭제
rename	container rename	컨테이너의 이름을 변경
restart	container restart	하나 또는 그 이상의 컨테이너를 재시작
rm	container rm	하나 또는 그 이상의 컨테이너를 삭제
run	container run	container create 커맨드로 생성된 컨테이너를 실행. 생성되지 않은 컨테이너는 생성 후 실행한다.
start	container start	종료 상태의 컨테이너를 재시작
stats	container stats	지정한 컨테이너의 CPU 사용량 및 네트워크 통신량 등의 정보를 실시간으로 출력
stop	container stop	실행 중인 컨테이너를 종료
top	container top	지정한 컨테이너에서 실행 중인 프로세스의 목록을 출력
unpause	container unpause	일시정지된 컨테이너의 일시정지를 해제

이전 커맨드	새 커맨드	내용
update	container update	지정한 컨테이너의 설정을 업데이트. 주로 메모리 사용량 제한, CPU 사용 제한 등을 새로 설정할 때 사용한다.
wait	container wait	컨테이너를 종료할 때 종료 코드를 출력
-	network connect	실행 중인 컨테이너를 network create 커맨드로 생성한 네트워크에 접속
-	network create	도커 엔진 내부에서 컨테이너끼리 통신할 수 있는 네트워크를 생성
-	network disconnect	지정한 컨테이너를 네트워크에서 접속 해제
-	network inspect	지정한 네트워크의 상세 정보를 출력. 해당 네트워크에 부여된 네트워크 주소 및 IP 주소, 네트워크에 접속 중인 컨테이너 정보 등을 확인할 수 있다.
-	network ls	현재 도커 엔진에 생성된 네트워크의 목록을 출력
-	network prune	사용하지 않는 네트워크를 일괄 삭제
-	network rm	지정한 네트워크를 삭제
build	image build	Dockerfile 스크립트로 이미지를 생성
history	image history	지정한 이미지의 생성 이력을 출력
import	image import	container export 커맨드로 내보내기된 tar 파일을 이미지로 읽어 들임
-	image inspect	지정한 이미지의 상세 정보를 출력
load	image load	image save 커맨드로 내보내기된 tar 파일을 이미지로 읽어 들임
images	image ls	현재 도커 엔진에 내려받은 이미지의 목록을 출력
-	image prune	사용하지 않는 이미지를 일괄 삭제
pull	image pull	호스트에 등록된 레지스트리(도커 허브 등)에서 이미지를 내려받음
push	image push	호스트에 등록된 레지스트리(도커 허브 등)로 이미지를 업로드
rmi	image rm	지정한 이미지를 삭제
save	image save	지정한 이미지를 다른 도커 엔진에 이동할 수 있도록 tar 파일로 내보내기한다. 이미지 및 메타데이터를 유지한 채 다른 도커 엔진으로 이미지를 옮길 수 있다.
tag	image tag	지정한 이미지에 별도의 태그를 부여
-	volume create	데이터 볼륨을 생성. 컨테이너에서 출력된 데이터는 컨테이너를 삭제하면 함께 소멸되지만 데이터를 볼륨에 출력하면 컨테이너가 삭제돼도 데이터가 유지된다.
-	volume inspect	지정한 데이터 볼륨의 상세 정보를 출력
-	volume ls	데이터 볼륨의 목록을 확인
-	volume prune	사용하지 않는 데이터 볼륨을 일괄 삭제
-	volume rm	지정한 데이터 볼륨을 삭제
events	system events	도커 내부 시스템 이벤트를 실시간으로 출력
info	system info	도커 엔진이나 호스트의 운영체제 종류, 커널 등 시스템 구성 정보를 출력
login	login	도커 레지스트리에 로그인

이전 커맨드	새 커맨드	내용
logout	logout	도커 레지스트리에서 로그아웃
search	search	도커 레지스트리를 검색
version	version	도커 엔진 및 커맨드의 버전을 출력

부록 09 VirtualBox를 이용한 실습 준비

VirtualBox는 오라클에서 제공하는 가상 머신을 실행할 수 있는 가상화 소프트웨어다.

가상 머신은 컴퓨터 안에 가상의 컴퓨터를 만드는 것과 같다. 가상 머신은 한 컴퓨터 안에 여러 대를 만들 수도 있다.

이 책은 주로 도커 데스크톱을 다루므로 VirtualBox는 자세히 다루지 않지만 간단히 설치 방법을 정리했으니 참고하기 바란다. VirtualBox의 사용법은 별도의 서적이나 웹 사이트를 참고한다.

[실습] VirtualBox 실습 준비(1) – VirtualBox 설치

우선 VirtualBox를 설치한다.

단계 0 -- VirtualBox 내려받기

웹브라우저에서 VirtualBox 다운로드 페이지에 접근한다. 윈도우 기준으로 [VirtualBox binaries] 아래의 [Windows hosts] 링크를 클릭하면 설치 파일을 내려받을 수 있다.

- **VirtualBox 다운로드 페이지:** https://www.virtualbox.org/wiki/Downloads

설치 파일을 내려받은 후 더블클릭해 다음과 같이 설치를 진행한다.

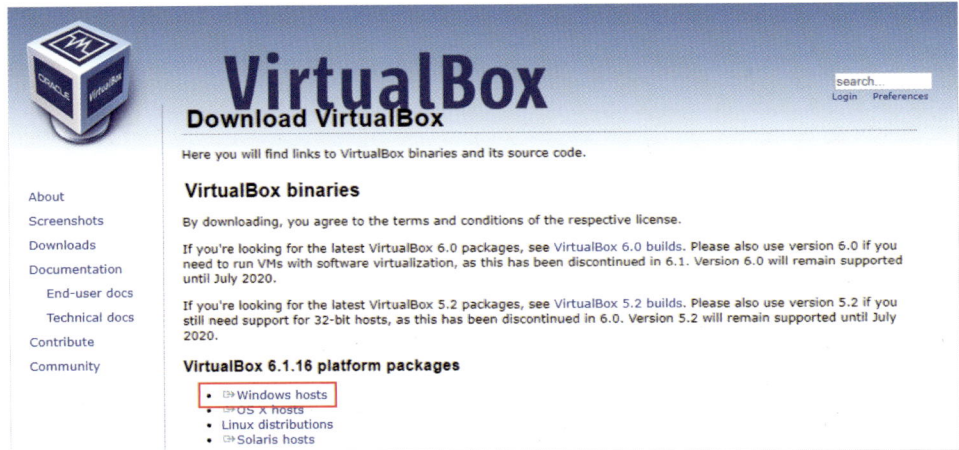

단계 1 -- 설치 마법사로 진행

설치 파일을 더블클릭하면 설치 마법사 화면이 나타난다. [Next]를 클릭한다. 그대로 화면의 지시를 따라 설치를 진행하면 된다. 특별한 사정이 없는한 표준 설정을 그대로 따라도 무방하다.

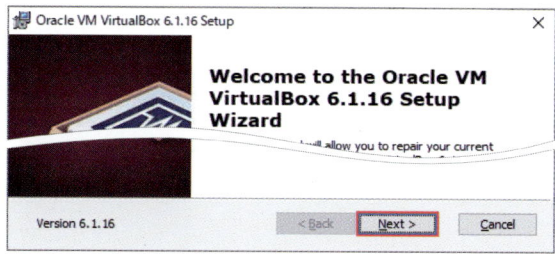

단계 2 -- 네트워크 일시 중단 경고

설치 중 네트워크가 일시 중단된다는 경고가 나온다. 예를 들어, 내려받는 중인 파일이 있다면 다운로드가 중단될 가능성이 있다. 네트워크가 일시 중단돼도 괜찮다면 [Yes]를 클릭해 다음 화면으로 진행한다.

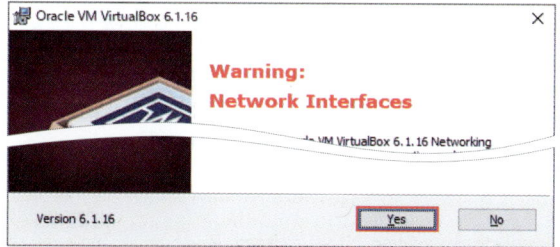

단계 3 -- 설치 시작

[Install]을 클릭해 설치를 시작한다. 사용자 계정 제어 대화창이 나타나면 [예]를 클릭한다. 설치 도중에 디바이스 드라이버 설치가 시작되며 [Windows 보안] 대화창이 나타난다. 이 대화창에서 [Install]을 클릭한다.

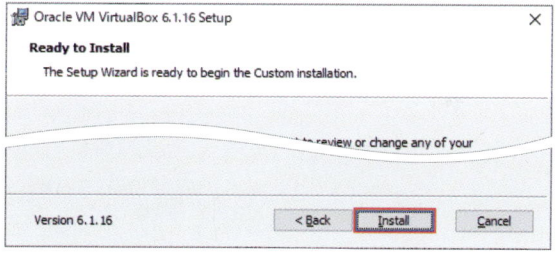

단계 4 -- 설치 완료 및 VirtualBox 실행

잠시 후 설치 완료 화면이 나온다. [Finish]를 클릭해 설치를 완료한다.

이때 [Start Oracle VM VirtualBox 6.1.16 after installation]을 체크하면 설치 완료와 함께 바로 VirtualBox가 실행된다. 실수로 체크하지 않고 창을 닫았다 하더라도 시작 메뉴에서 [Oracle VM VirtualBox]를 클릭해 실행하면 된다.

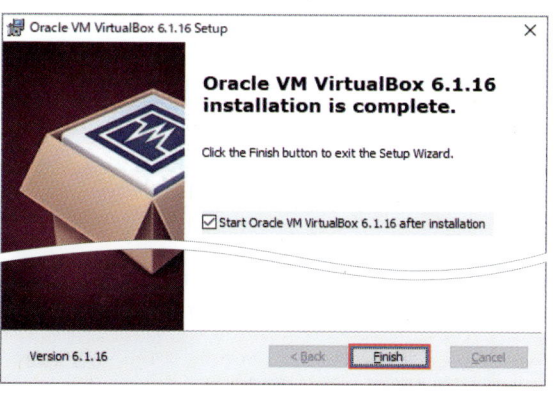

[실습] VirtualBox 실습 준비(2) – 가상 머신 만들기

VirtualBox에서 가상 머신을 생성하고 이 가상 머신 속에 리눅스를 설치한다.

단계 1 -- 가상 머신 만들기 화면 열기

[새로 만들기] 버튼을 클릭해 가상 머신 만들기 화면을 연다.

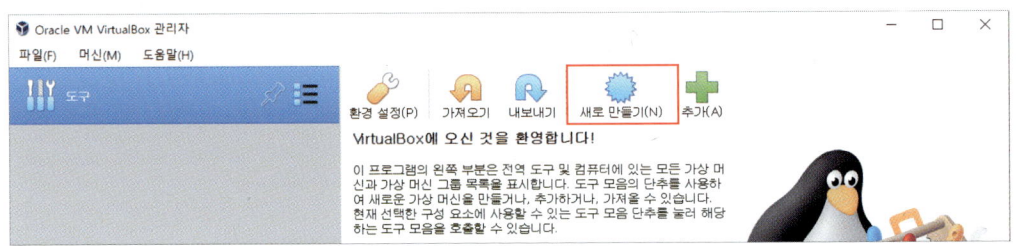

단계 2 -- 가상 머신 이름과 운영체제 지정

가상 머신의 이름과 운영체제를 결정한다. 가상 머신의 이름은 알기 쉬운 것이면 어느 것이라도 상관없다. 이 책에서는 'Ubuntu 실험 환경'이라고 지었다. 타입은 [Linux]를 선택하고 버전은 [Ubuntu (64-bit)]를 선택하면 된다.

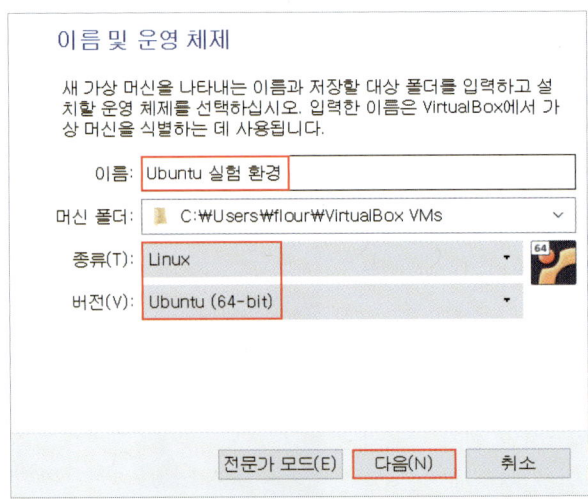

단계 3 -- 메모리 용량 결정

가상 머신에 할당할 메모리 용량을 결정한다. 이번에는 2048MB로 지정한다. 하지만 컴퓨터에 탑재된 메모리 용량에 따라 적절히 조정할 수 있다. 많은 수의 컨테이너를 실행해야 한다면 이 정도로는 부족할 가능성이 있다. 컴퓨터 메모리에 여유가 있다면 조금 더 큰 값으로 설정해도 된다.

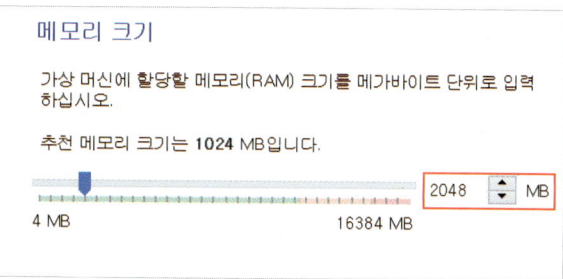

단계 4 -- 가상 디스크 생성

가상 서버에서 사용할 디스크를 설정한다. [지금 새 가상 하드 디스크 만들기]를 선택하고 [만들기] 버튼을 클릭한다.

단계 5 -- 하드 디스크 유형 설정

가상 하드 디스크의 파일 유형을 묻는다. 기본값은 [VDI]이므로 그대로 둔다.

단계 6 -- 물리 저장 유형 설정

물리 하드 디스크에 저장 유형을 선택한다. [동적 할당]을 선택한다. 동적 할당을 선택하면 가상 하드 디스크에 실제 저장된 용량만큼만 물리 하드 디스크의 용량을 차지하므로 하드 디스크 용량을 절약할 수 있다([고정 크기]를 선택한 경우, 가상 하드 디스크에 아무것도 저장하지 않아도 가상 하드 디스크의 전체 용량만큼 물리 하드 디스크의 용량을 차지한다).

단계 7 -- 가상 하드 디스크 파일의 경로 및 용량

가상 하드 디스크 파일이 위치할 경로와 용량을 결정한다. 경로는 기본값으로 그대로 두고, 용량은 기본값이 10GB인데, 도커 사용 시 이미지를 내려받을 것을 감안해 20GB로 설정한다.

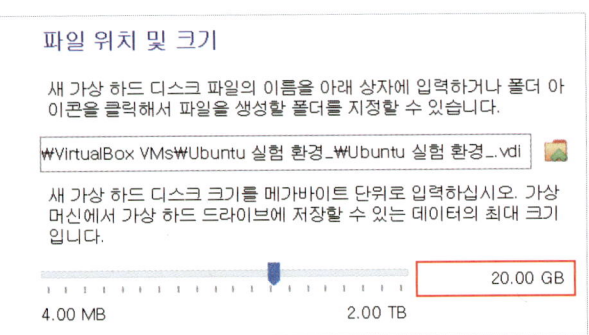

단계 8 -- 가상 머신 생성

이것으로 가상 머신을 생성했다. 'Ubuntu 실험 환경'이라는 이름의 가상 머신이 목록에 나타난 것을 확인할 수 있다.

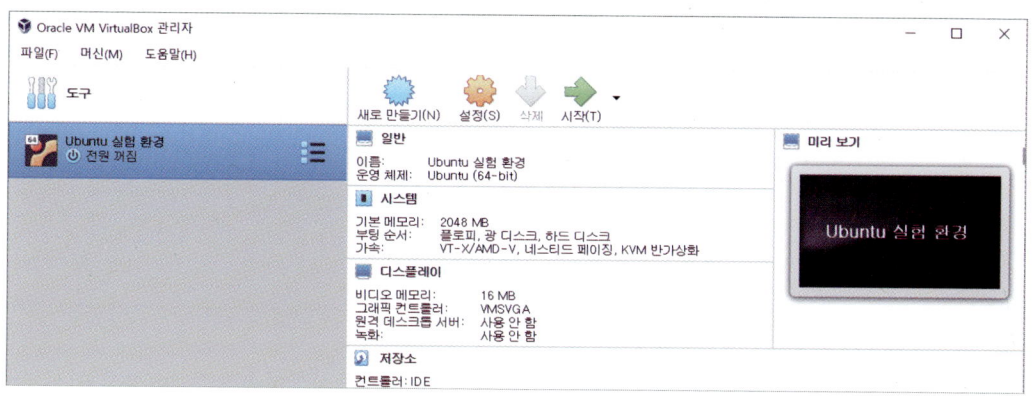

[실습] VirtualBox 실습 준비(3) – ISO 이미지 마운트 및 미세 조정

준비가 끝난 가상 머신에 리눅스(우분투)를 설치할 차례다. 리눅스를 설치하려면 ISO 이미지가 필요하다. 329쪽의 내용을 참고해 우분투 ISO 이미지를 내려받기 바란다. VirtualBox에서 사용할 것이니 DVD에 기록할 필요는 없다.

우선 가상 머신에 ISO 이미지를 마운트하자.

단계 1 -- 설정 화면 열기

VirtualBox 화면에서 'Ubuntu 실험 환경'을 클릭해 선택한 다음, [설정] 버튼을 클릭해 설정 화면을 연다.

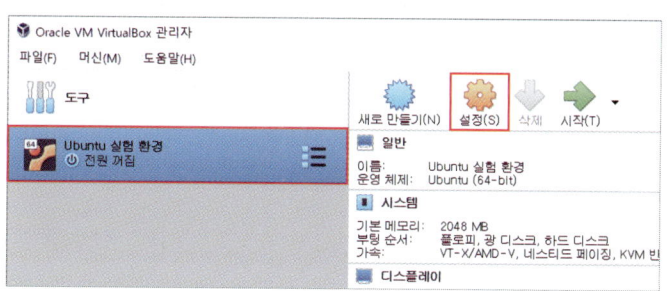

단계 2 -- 비디오 메모리 조정

VirtualBox와 우분투의 상성 문제로 비디오 메모리를 128MB로 하지 않으면 가상 머신이 켜지지 않는 문제가 있다. 설정의 [디스플레이] 탭에서, [비디오 메모리]의 값을 128MB로 설정한다.

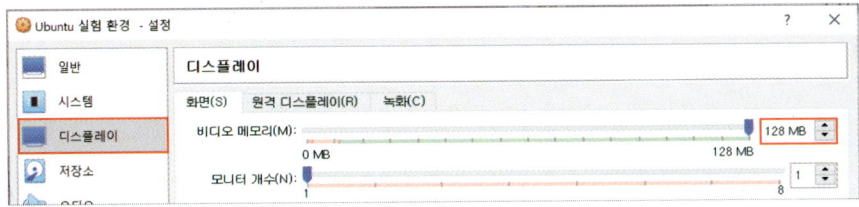

단계 3 -- ISO 이미지 마운트

먼저 우분투 ISO 이미지를 내려받는다(333쪽 참조). 내려받은 ISO 이미지 파일을 이 가상 머신에 다음과 같이 마운트한다.

설정 화면에서 [저장소] 탭을 선택한다. 그리고 [컨트롤러 - IDE] 항목 아래에 있는 [비어 있음]을 클릭한 다음, 오른쪽에 있는 속성 패널에 있는 CD 아이콘을 클릭해 나오는 컨텍스트 메뉴에서 [디스크 파일 선택]이라는 항목을 선택한다.

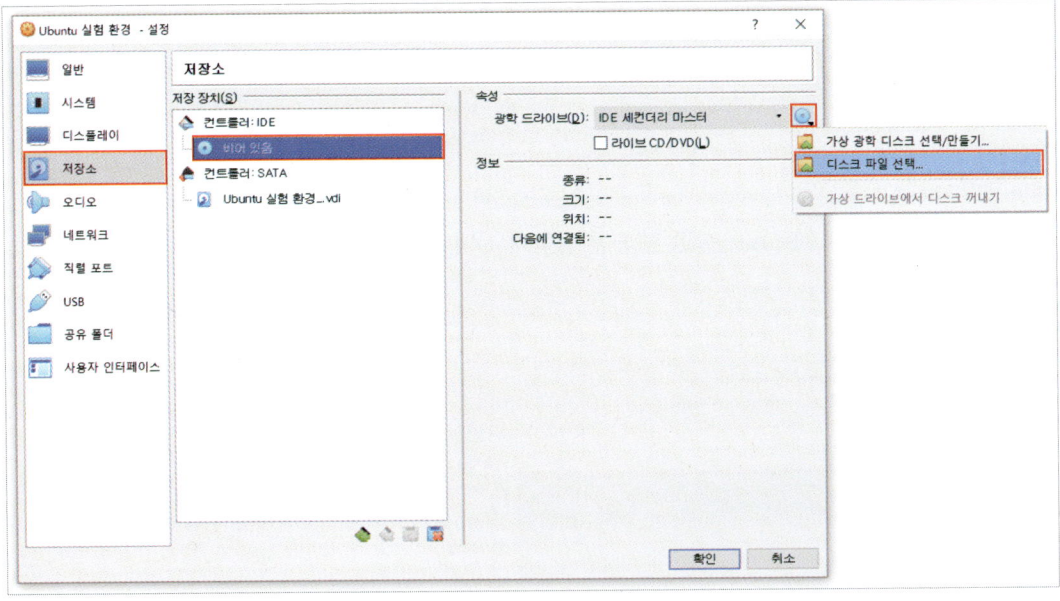

그러면 ISO 파일을 선택할 수 있다. 이때 내려받은 ISO 이미지 파일을 선택하고 [열기] 버튼을 클릭한다.

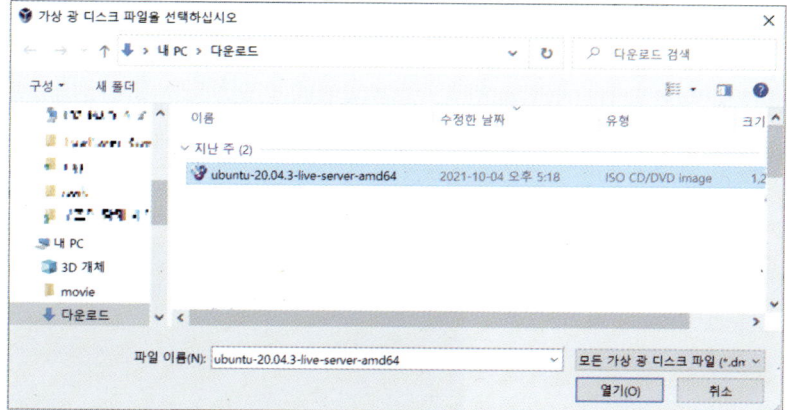

마지막으로 [확인] 버튼을 클릭한다.

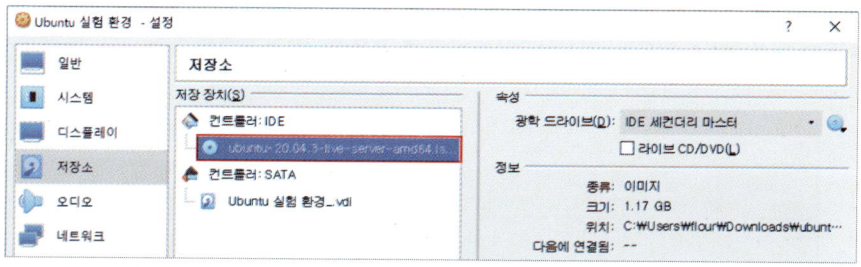

[실습] VirtualBox 실습 준비(4) - 리눅스(우분투) 설치

드디어 우분투를 설치할 차례다. 가상 머신을 실행하고 우분투를 설치한다.

단계 1 -- 가상 머신 실행

'Ubuntu 실험 환경' 가상 머신을 클릭해 [시작] 버튼을 클릭한다.

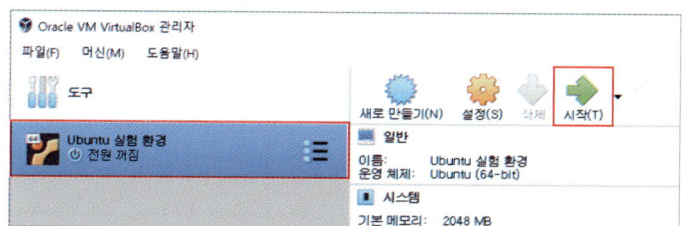

단계 2 -- 인스톨러 실행

별도의 창이 나타나며 가상 머신이 시작된다. 첫 번째 부팅에서는 부트 디바이스 선택 화면이 나타나는데 우분투 ISO 이미지를 선택한다.

잠시 후 우분투 인스톨러가 실행된다. 이후 설치 방법에 대해서는 334쪽을 참조하기 바란다. 또한 그 후 도커 설치 방법 역시 342쪽을 참조한다.

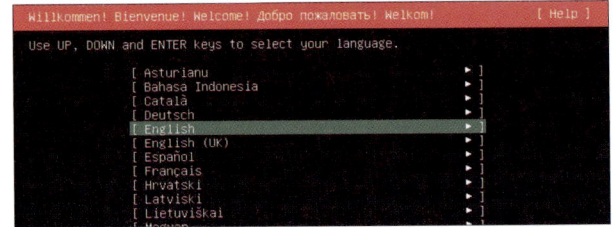

COLUMN VirtualBox 가상 머신 조작 방법

VirtualBox 가상 머신을 실행하면 다음 그림과 같이 몇 가지 메시지가 출력될 때가 있다. 이들 메시지는 VirtualBox 가상 머신 조작 방법을 설명하는 메시지이므로 [X]를 클릭해 닫으면 된다.

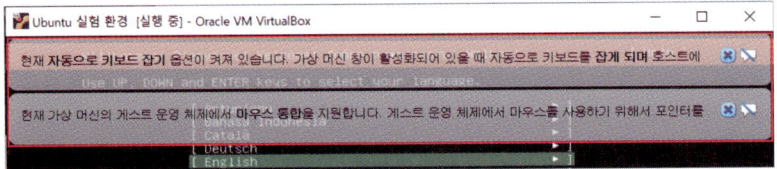

VirtualBox 창에 마우스를 클릭하면 가상 머신 상의 마우스가 된다. VirtualBox 외부의 마우스 조작을 하려면 마우스 포인터를 VirtualBox 창 외부로 옮기거나 키보드 우측 Ctrl 키를 누른다.

그리고 VirtualBox 화면에 복사 및 붙여넣기(Ctrl+C, Ctrl+V)는 불가능하다(윈도우 또는 우분투 데스크톱에서 통합 드라이버를 설치하면 가능하지만 자세한 설명은 생략하겠다).

COLUMN 가상 머신 종료

VirtualBox 가상 머신을 종료하려면 프롬프트에서 `sudo shutdown -h now`를 입력해 종료하는 것이 기본적인 방법이지만 VirtualBox 창의 마우스 조작으로도 가상 머신을 종료시킬 수 있다. 가상 머신 이름에 마우스 오른쪽 버튼을 클릭하고 컨텍스트 메뉴에서 [닫기] → [ACPI 종료]를 클릭한다. 그러면 잠시 후 가상 머신이 종료된다. 다시 가상 머신을 시작하려면 앞서와 같은 방법으로 하면 된다. 서버의 전원을 갑자기 내리면 데이터가 깨질 수 있다. VirtualBox로 만든 가상 머신 서버도 마찬가지다. 반드시 [ACPI 종료]로 서버를 종료하기 바란다. [전원 끄기]는 물리적으로 서버의 전원을 뽑는 것과 같다. 실습 환경이 망가질 수 있으므로 사용해서는 안 된다.

부록
10 AWS를 이용한 실습 준비

AWS에서 제공하는 가상 머신인 EC2에 우분투를 설치해 도커를 사용할 수 있다. 이 방법을 간단히 정리했다.

아래 설명은 AWS 계정은 이미 생성하고, AWS 관리 콘솔에 진입이 가능한 독자를 대상으로 한다. 계정 생성 방법이나 AWS 관리 콘솔에 진입하는 방법은 다른 서적이나 웹사이트를 참조하기 바란다.

[실습] AWS 가상 머신에 우분투 설치

단계 1 -- EC2 콘솔 시작

AWS 관리 콘솔의 서비스 목록에서 EC2를 선택해 EC2 콘솔로 진입한다.

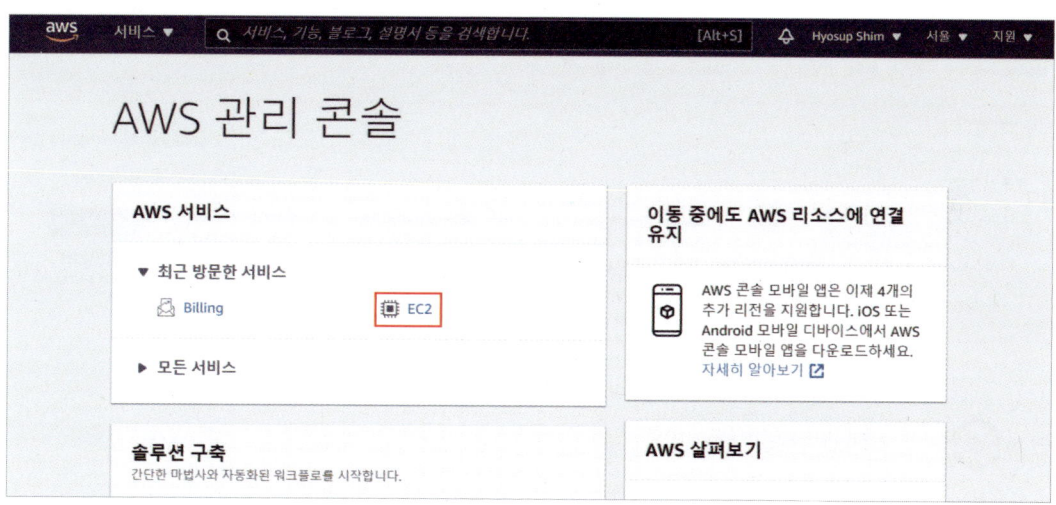

단계 2 -- 인스턴스 생성

좌측 메뉴에서 [인스턴스]를 클릭해 인스턴스 화면으로 이동한 다음, [인스턴스 시작]을 클릭해 인스턴스를 생성한다.

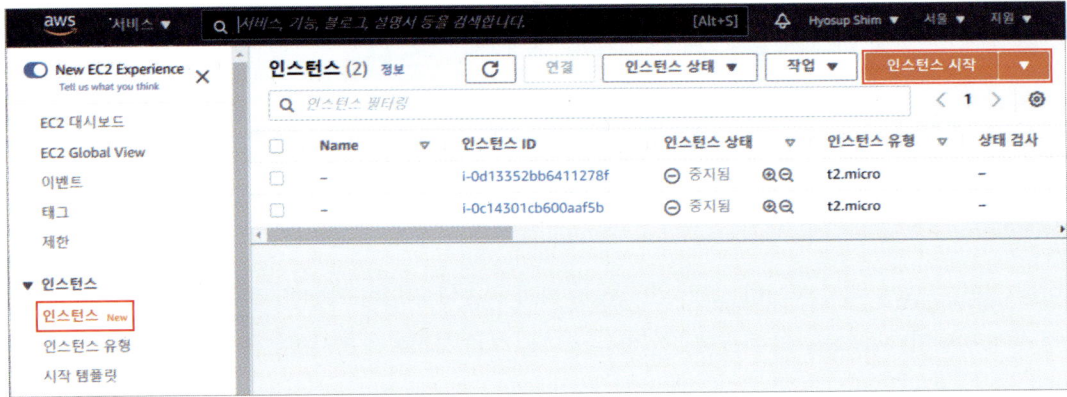

단계 ③ -- 우분투 AMI 선택

우분투를 설치할 것이니 검색창에서 'Ubuntu'에 입력하고 검색 결과에서 [Ubuntu Server 20.04 LTS (HVM), SSD Volume Type] AMI를 선택한다.

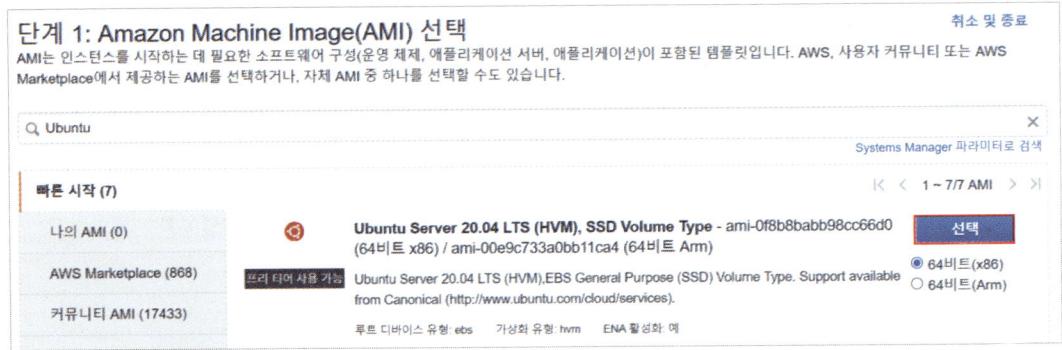

단계 ④ -- 인스턴스 유형 선택

인스턴스의 유형을 선택한다. 이번에는 프리 티어에서 이용 가능한 [t2.micro]를 선택한다.

※ t2.micro에서는 쿠버네티스를 사용할 수 없다. 쿠버네티스를 사용하려면 CPU가 2개 이상 있는 t3.micro 이상의 유형을 사용해야 한다. 다만 t3.micro는 무료 플랜에서 사용 가능한 범위를 벗어난다.

단계 5 -- 보안 그룹 편집화면 열기

EC2 인스턴스가 기본 구성으로 구성된다. 방화벽 설정을 변경해야 하므로 [보안 그룹 편집]을 클릭한다.

단계 6 -- 보안 그룹 편집

기본 설정은 SSH 통신을 통과시키도록 돼 있다. 다른 포트를 제외하는 설정을 추가하기 위해 [규칙 추가] 버튼을 클릭한다.

이어서 도커 컨테이너 예제에서 사용되는 8080번부터 8100번의 포트를 제외 설정한다.

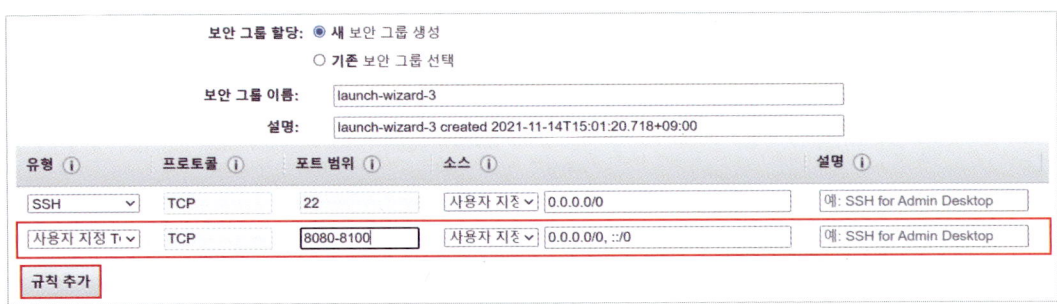

또 쿠버네티스를 사용한다면 30080 포트도 제외 설정에 추가한다. 다시 한번 [규칙 추가] 버튼을 클릭하고 새로운 규칙을 기재한다.

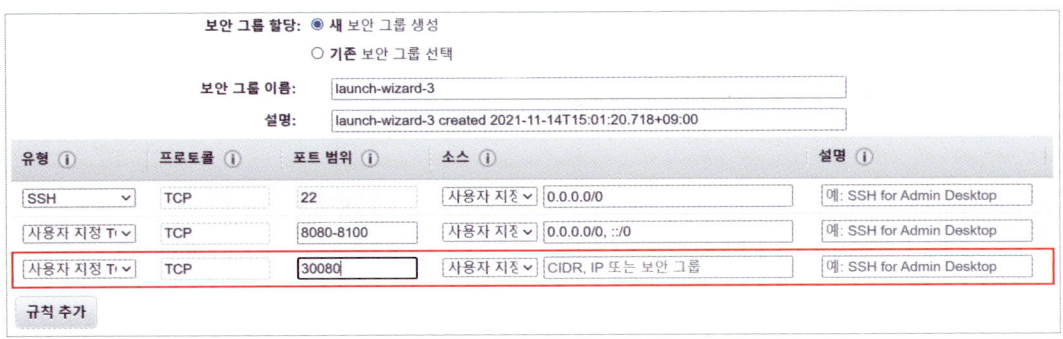

단계 7 -- 인스턴스 시작

설정이 끝나면 [시작하기] 버튼을 클릭해 인스턴스를 시작한다.

단계 8 -- 키 페어 생성

가상 머신에 접속할 때 사용할 키 페어를 생성할 차례다. 키 페어란 패스워드와 같은 역할을 하는 인증 파일이다.

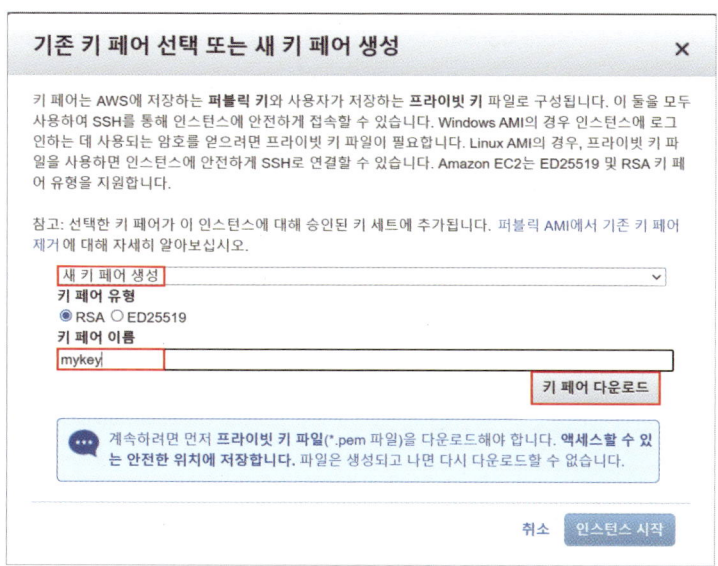

먼저 메뉴에서 [새 키 페어 생성]을 선택하고 유형은 RSA를 선택한 다음, 적당한 이름을 붙인다. 여기서는 'mykey'라는 이름을 사용했다. 그리고 [키 페어 다운로드] 버튼을 누르면 '키_페어_이름.pem' 파일을 내려받는다. 내려받은 파일은 유실되지 않도록 잘 보관한다. 이 파일을 잃어버리면 해당 인스턴스에 접근할 수 없게 된다(다시 만들어야 한다).

또한 키 페어를 내려 받을 수 있는 것은 지금 뿐이며 두 번 다시 받을 수 없다. 다른 화면으로 이동하면 키 페어 파일을 받을 수 없게 되므로 주의하기 바란다. 키 페어 파일을 내려받고 난 후 [인스턴스 시작] 버튼을 클릭한다.

단계 9 -- 인스턴스 생성 완료

모든 설정을 마치고 인스턴스 생성이 시작된다. 잠시 기다리면 인스턴스를 사용할 수 있다.

시작 상태

✓ **지금 인스턴스를 시작 중입니다.**
다음 인스턴스 시작이 개시됨: i-006eb362cd08861fb   시작 로그 보기

ⓘ **예상 요금 알림 받기**
결제 알림 생성 AWS 결제 예상 요금이 사용자가 정의한 금액을 초과하는 경우(예를 들면 프리 티어를 초과하는 경우) 이메일 알림을 받습니다.

인스턴스에 연결하는 방법
인스턴스를 시작 중이며, 사용할 준비가 되어 **실행 중** 상태가 될 때까지 몇 분이 걸릴 수도 있습니다. 새 인스턴스에서는 사용 시간이 즉시 시작되어 인스턴스를 중지 또는 종료할 때까지 계속 누적됩니다.
인스턴스 보기를 클릭하여 인스턴스의 상태를 모니터링합니다. 인스턴스가 **실행 중** 상태가 되고 나면 [인스턴스] 화면에서 인스턴스에 **연결**할 수 있습니다. 인스턴스에 연결하는 방법 알아보기.

[실습] SSH로 EC2 인스턴스에 접속

인스턴스가 시작되면 이 인스턴스에 접속해 우분투를 사용해 보겠다. 리눅스 컴퓨터에 접속하는 일반적인 방법과 달리 이번에는 키 페어가 필요하다.

단계 ① SSH 소프트웨어 준비

인스턴스에 접속하려면 Tera Term이나 PuTTy 등과 같은 SSH 소프트웨어가 필요하다. 이번에는 Tera Term을 사용한다. Tera Term을 내려받고 설치해 두기 바란다.

- **Tera Term:** https://tera-term.softonic.kr/

단계 ② 인스턴스의 IP 주소 확인

EC2 콘솔에서 [Instances] 탭을 선택하면 인스턴스 목록이 나타난다. 인스턴스 목록에서 방금 생성한 인스턴스의 체크박스를 체크한다. 그러면 아래에 해당 인스턴스의 상세 정보가 나타나는데, 이 가운데 [Public IPv4 Address] 항목의 값이 인스턴스의 IP 주소다. 이 주소를 메모해 두기 바란다.

단계 3 -- SSH로 접속

Tera Term을 실행한다. 접속 대상 IP를 묻는데, [호스트] 항목에 조금 전에 메모했던 IP 주소를 기입한다. [서비스]는 [SSH]를 선택하고, [TCP 포트]는 22를 입력한 다음 [확인]을 클릭한다.

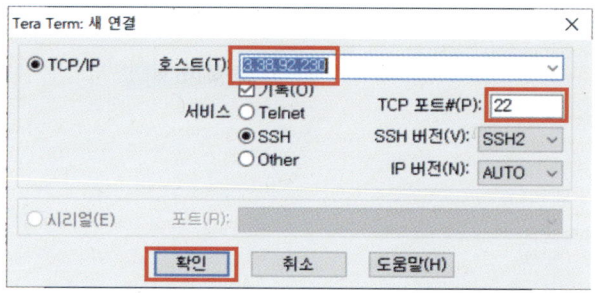

단계 4 -- 보안 경고 처리

첫 번째 접속에서 접속 대상이 의도한 대상이 맞는지 확인하는 보안 경고 대화창이 나타난다. [이 컴퓨터와 키를 known-host 목록에 추가]에 체크하고 [계속]을 클릭한다.

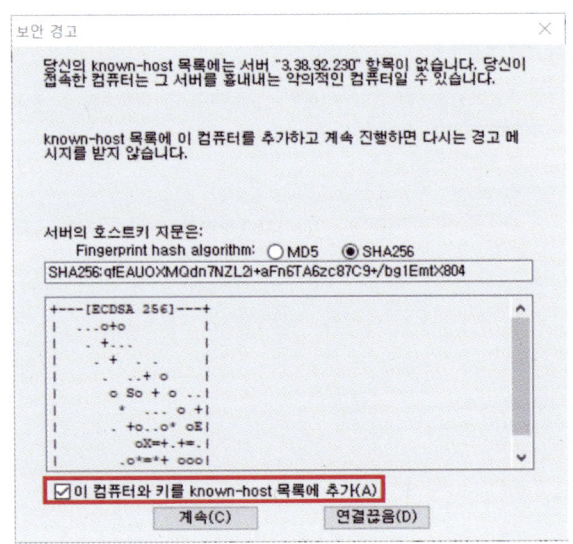

단계 5 -- 사용자명 입력 및 키 파일 선택

사용자명을 물으면 'ubuntu'를 입력한다. 인증 방식은 [RSA/DSA/ECDSA/ED25519 키 로그인]을 선택하고 개인키 항목 오른쪽의 [...] 버튼을 클릭한 다음 앞서 내려받은 키 페어 파일(mykey.pem)을 선택한다. 그리고 [확인]을 클릭한다.

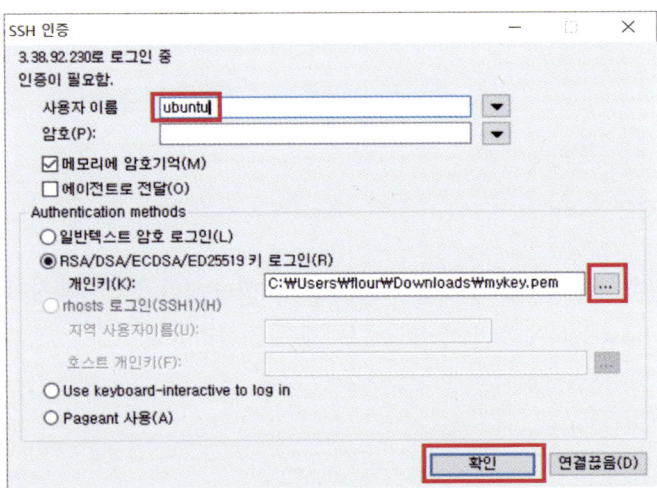

이제 접속이 완료되면 원격으로 우분투를 사용할 수 있다.

이 시점 이후의 도커 설치 방법은 342쪽을 참고하기 바란다.

COLUMN EC2 인스턴스 종료

우분투 사용이 끝나면 Tera Term을 닫거나 exit 명령을 사용한다. 그러나 이것만으로는 접속이 종료됐을 뿐 가상 머신은 여전히 실행 중이다. 그리고 이 가상 머신은 유료다.

가상 머신을 종료하려면 인스턴스 목록에서 해당 인스턴스에 마우스 오른쪽 버튼을 클릭하고 [Stop instance]를 선택하면 된다. 중지된 인스턴스는 다시 실행할 수도 있다(다만 이 경우 IP 주소가 변경된다). 중지 상태의 인스턴스는 요금이 부과되지 않지만 디스크에는 계속 요금이 부과된다. 완전히 인스턴스를 삭제하려면 [Terminate instance]를 선택한다. 이 경우 인스턴스를 복구할 수 없다.

또한 학습이 끝나면 곧바로 인스턴스를 삭제하자. 인스턴스를 켜놓은 채 방치하면 거액의 청구서를 받게 될 수 있다.

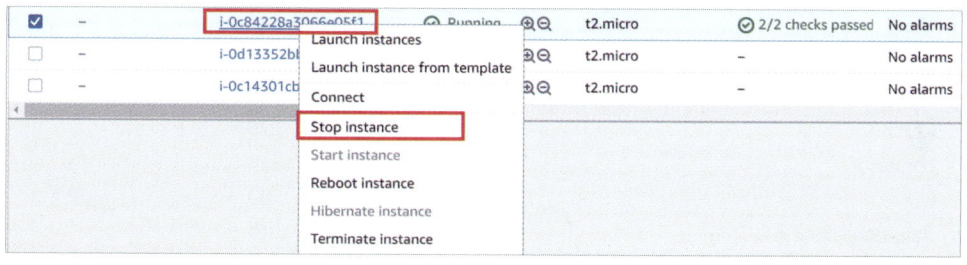

찾아보기

[기호]

(리눅스용) 도커 설치	333
(리눅스용) 쿠버네티스 설치	349
(macOS용) 도커 데스크톱 설치	330

[A – Z]

Cloud Native Computing Foundation	276
CNCF	276
container	4
CUI	60
data persistency	181
deployment	272
Docker Engine	4
Dockerfile 스크립트	199
Docker Swarm	94
GUI	60
k8s	256
kubectl	261
Kubernetes	256
LAMP 스택	149
manifest	284
pod	268
replica	272
ReplicaSet	271
resource	273
service	269
WSL2	55
YAML	225

찾아보기

[ㄱ – ㅎ]

기능적 의미의 서버	12
노드	259
데이터 퍼시스턴시	181
도커	3
도커 데스크톱 콘솔	353
도커 레지스트리	33
도커 스웜	94
도커 엔진	4
도커 엔진 시작하기/종료하기	82
도커 컴포즈	224
도커 허브	33, 214
디플로이먼트	272
레지스트리	216
레플리카	272
레플리카세트	271
로드 밸런서	266
로드 밸런싱	266
루트 사용자	139
리소스	273
리포지토리	216
마스터 노드	259
마운트	180
매니페스트	284
매니페스트 파일	284
물리적 컴퓨터로서의 서버	12
바인드 마운트	182
볼륨	179
볼륨 마운트	181
상위 커맨드	85
서버	11

찾아보기

서비스	269
옵션	86
워커 노드	259
이미지	5, 29
인스트럭션	200
인자	86
주변 부분	25
커널	25
컨테이너	4
컨테이너 개조	206
컨테이너 오케스트레이션 도구	256
컨테이너의 생애주기	97
쿠버네티스	256
클라우드 네이티브 컴퓨팅 재단	276
태그	218
파드	268
파일 복사	169
하위 커맨드	85